民世安在鴻選集 五

安在鴻選集刊行委員會

編輯委員

李康勳(代表)　李文達　愼鏞廈
安浩相　尹炳奭　任重彬
安京模　朴成壽　安惠初
方一榮　趙東杰　鄭用大

目次

隨想(一)(一九四五 以前)

隨想(二)(一九四五 以後)

隨 想(三)

紀行

凡　例

(一)《民世安在鴻選集》 全五卷의 編次는 대략 다음과 같다。

第一卷 論說 上……一九四五年 이전의 時事論說。〔附〕 刊行辭・解題。

第二卷 論說 下……一九四五年 이후의 時事論說(既刊 《新民族主義와 新民主主義》 등 포함)・放送原稿・聲明・公翰・政界回顧錄。

第三卷 歷史 上……《朝鮮上古史鑑》(既刊)・追慕記。

第四卷 歷史 下・新聞論……(a) 《朝鮮通史》(未完)・檀君研究・丁若鏞研究・近世人物論, 기타 歷史敍述 (b) 新聞史・新聞論 및 弔詩・가족의 말씀・年譜。

第五卷 隨想・紀行……隨想・紀行(既刊 《白頭山登陟記》 포함)。

(二) 原文의 國文綴字法・띄어쓰기・符號 등은 現行慣例 대로 고쳤고, 意味 파악에 支障이 없는 한도 내에서 原文의 漢字를 많이 國文字로 고쳤다。 또 句讀點을 原文보다 많이 늘렸으며, 처음 活字化된 후에 筆者가 친히 保存綴에 誤字校正 혹은 약간의 語句修正을 가해 두었던 部分은 고쳐진 대로 收錄하였다。

(　)는 原文에 있는 그대로의 筆者註記이며, 編者가 약간의 說明이 필요하다고 여긴 것은 本文 속에서 〔　〕로 註記하거나 혹은 本文에 番號를 붙여 末尾에 註記하였다。

隨 想(一)〔一九四五 以前〕

(一九二三·10《東明》)

苦心慘澹한 一平生

黃浦灘頭斜陽裡에、別恨이 惻惻하게 뜨거운 握手를 교환하면서、「保重하시오」 하는 최후의 一言으로써 다시 묵묵하게 悽恨한 凝視를 계속하는 중、襄陽丸은 重濁한 물결을 헤치고 벌써 江口로 나왔었다。回顧하매 이미 十閱年、楚水와 吳山、薊樹와 遼雲、公의 德容과 함께 心頭와 夢裡에 배회하기 얼마、이제 이미 故人을 지었으니、나는 그의 期待를 영영 孤負하였구나。

「歲月蹉跎 老將至矣 功業未半 是以悲耳。」뉘 가로되 陳腐한 말이라고、千古의 박명한 志士가 可히 同聲一哭할 바이다。歇價의 樂天으로 영영 過去할까、滔滔 日下하는 沈淪의 現勢를 어찌하며、空疎한 達觀으로 茫然히 解脫을 粧할까、그의 生命意識·民族意識、共存의 意識이 본능적으로 躍動迸發됨에 어찌하랴。

만일 또 間關萬里에 深誼와 至契로써 魚水相得하였던 伊時의 知己들이 相繼하여 刺客의 毒手에 넘어질 때의 黯然한 情思、그의 斷腸의 悲哀가 없었으랴。蹉蹬과 齷齪、困橫과 落魄、意外는 意外로부터 失敗는 失敗로부터 꼬리를 맞물고 닥쳐올 적에 慘然한 心事、그의 胸臆을 塡塞함이 몇 번일런고。그는 드디어 頹然히 病臥하였도다。

아아、決裂·渙散·紛糾·渾沌、萬馬가 爭犇하는 듯한 現下의 우리 社會、차라리 彭咸의 遺則을 依코자 함이、孤憤한 자의 心事가 아니랴。그 愛함이 深한지라 그 慮함이 切하고、그 慮함이 切한지라 그 悲함이 또한 絕大하다。이 絕大한 悲哀로써 이 絕大混亂한 時局에 대하니、그가 어찌 致命의 憂憤이 없으랴。「나는 이 社會를 모른다、나는 이 社會를 모른다。」이 아니 一篇의 哀史이냐。公은 死하매 오히려 瞑目치 못하셨으리라。

그리고 또、向者에 北方의 變報에 놀라고 금일엔 다시 南國의 凶音에 울게 되니、이 어찌 一大不祥事가 아니냐。그의 人格의 高潔함、문자대로 苦心慘澹하던 一平生의 苦節、그 同志와 後進에게 경주하던 友情、그가 支那關係에 대한 唯一人이라는 사실、우리는 民族的 大不幸으로서 그의 長逝를 痛悼하노라。

그러나 諸公이여、이러한 憤死・愁死・恨死・橫死의 人士가 속출할진대、奈何、아、나는 深大한 隱憂로써 擱筆할밖에。

編者註 一九二三年 上海에서 病歿한 이로、民世보다 十年長인 申圭植이 있다。的確히 말하기는 어려우나、혹시 그 訃音을 듣고 쓴 것이 아닌가도 한다。

民族性과 그의 反映

(一九二四·六·一九~二〇《時代》社說)

사람은 그의 얼굴이 서로 같지 않은 것같이, 그의 性能과 氣質도 서로 다 다른 것이다。 여기에서 이른바 個性이 성립한 바거니와, 개성은 개인에게 한한 것이 아니요, 그 개인의 血統的 擴大體인 一民族이나, 혹 全人種에게도 이러한 特殊性이 있는 것이다。 世間에서 이르는 民族性 혹은 國民性은 곧 이것을 가리킴이다。 種族的 遺傳의 관계나, 風土的 또는 敎化的 環境이 얼마나 民族性이나 혹은 國民性에 영향을 주는지는, 오늘날 吾人이 論評할 範圍 밖이거니와, 이 民族性이나 혹은 國民性이 어떠한 점으로써 서로 差違가 있는지, 또는 어떠한 形式으로 그의 生活方式上에 反映되는지는, 吾人에게 자못 얕지 않은 관계가 있는 바이다。 더구나 그의 政治運用上에 미치는 民族性의 관계는, 吾人에게 가장 深切한 敎訓을 주는 것이다。

앵글로색슨의 優越性을 說하는 者 많다。 오늘날 그 種族의 世界的 地位로 말하든지, 또는 그들의 모든 國民的 措置를 보든지, 그의 優越性을 자랑함이 구태여 無理라고는 할 수 없을 것이다。 그들이 嬌激에 흐르지 않고, 頑冥에 빠지지 않고, 가장 健實中正한 태도로써 四圍에 있는 諸國民의 成敗의 역사를 冷眼으로써 쳐다보며, 그 累百年 隆盛의 運을 지속하는 것은, 그들이 占有한 天然의 形勝으로 보아서, 비록 天惠가 偏重한 幸運兒의 일이라 할 것이다. 그 一面에, 人種的 倫理的 特殊性에 基因함을 首肯할 바 있은즉, 앵글로색슨人의 今日의 地步는, 역시 그의 優越한 民族性에 原由함을 알 것이다. 그들이 國家存亡의 危機, 大戰亂의 最中에 있어서, 二大政黨交替의 政治的 傳統을 一擲하고, 保守·自由라는 부르주아 二黨이 서로 提携하였을 뿐 아니라, 당시 議會에서 勢力이 자못 미미하던 勞動黨의 領袖까지 入閣케 하여, 軍事內閣員의 一人이 되게 하고, 擧國一致의 步調로써 능히 그 破滅의 威嚇를 벗어나게 한 것은, 吾人으로서 보매, 그 老獪함은 가장 可憎하거니와, 그 健實함은 또한 배울 바가 있었다. 이에 대하여 吾人이, 獨逸人의 그것을 비교할 때에, 또한 異樣의 感이 있다.

獨逸人은 너무 男性的이어서, 각 개인이 각각 자기의 所信대로 생활하는 고로, 그들로만 支配하기는 곤란하다. 그러나 한번 統一擁抱되면, 마치 長江의 奔流함과 같이, 아무것도 그를 막을 수 없다 한 것은, 비스마르크가 獨逸人의 特性을 喝破한 바이다. 비스마르크의 鐵血的 統一에 의하여, 世界 중 가장 强固한 團結을 形成하였던 獨逸人이, 戰敗後의 危境에 서서, 支離滅裂한 상태로서 마치 帝國形成 以前의 分裂狀態에 復歸코자 하는 傾向이 있는 것을 볼 때에, 論者는 獨逸人의 偏見과 不寬容性을 지적하여, 그의 强制的 統一이나, 혹은 그의 無政府的 分裂이 있을 뿐인 것을 운운한다. 그의 實際의 結果가 어떠할는지, 吾人은 그를 전부 承認코자 않거니와, 그들이 主權的 偏見에 끌리어 寬容과 和衷의 점에서 어떠한 缺陷이 있는 것만은 사실이다. 一九一七年 미하엘리스內閣이 出現되며, 호헨촐레른家의 運命이 거의 衰索하여진 때까지, 貴族과 軍閥은 오직 强制的 統一로써, 그의 機械的 一致에만 급급하여서, 議會의 大勢力인 社會民主黨과 아무 精神的 理解와 合致가 없이, 오직 對露單獨講和에서 그 軍國的 威光만 드러내고, 밖으로 聯合列國民의 心理的 趨向과, 안으로 그 新興階級들의 숫아오는 疑懼를 諒察하지 못하고, 졸연히 합부르크의 革命의 烽火로 하여금 全獨逸의 崩壞를 오게 한 것은, 또한 그 民族性·國民性 一面의 大缺陷을 설명하는 바이다.

앵글로색슨人의 優越性이 어떠하거나, 獨逸人의 民族性의 缺陷이 어떠하거나, 그는 오늘날 吾人에게는 아무 痛痒의 感이 없을 바이다. 그러나 吾人은 冷靜히 列國民의 性能과 氣質을 살피어, 그 長短과 得失을 돌아볼 때에, 또한 深切한 反省이 없을 수 없을 것이다. 오늘날 朝鮮人의 處地에 비추어보아, 動搖된 그들의 社會에서 일어나는 온갖 狀態를 돌아보고, 그의 反映으로써 尺度되는 그들의 民族性은 과연 어떠하다 할는지, 그는 容易히 말하기 어려운 바이나, 또한 매우 興味깊은 問題일 것이다. 이제 吾人은 다시 이 民族性의 本質을 一瞥하여, 그의 生活上에 미치는 反映을 探索하여 볼까.

게르만人은 男性的이요, 슬라브人은 女性的이라고 단언한 論者가 있다. 甲乙 兩族을 對照하여, 一은 男性的이요, 一은 女性的이라고 論斷함이, 가할지 불가할지는 별문제로 하고, 슬라브人의 特性이 자못 柔和한 女性的 一面을 가진 것은 사실이다. 그들이 그 漠然尨大한 天然의 環境과 같이, 漠然尨大한 天禀 속에, 항상 現世를 否認하는 逍遙無爲의 傾向을 띠고 一切의 形質的 煩累를 超越하여서, 驀然히 그 憧憬의 理想鄕으로 突進하는 性向이 있는 것은 사실이다. 그들은 그 非常獰猛한 鬪爭性을 가진 一面으로, 女性과 같이 柔和한 性向으로써 남에게 信賴하고 順服하는 半面의 常習을 가졌다. 그러므로 차르의 獨裁下에 일찍 그 侵略의 猛威를 발보이던 그들은, 또다시 소비에트獨裁下에 그 世界革命의 運動으로 몰리게 되었다. 그러면 슬라브人으로 말미암아 開創된 소비에트政治는、그들의 온갖 天然的 人文的 環境 外에、이 殊異한 民族性의 傾向을 看過하여서는 아니될 것이다。여기에 對照하여 또 흥미있는 것은、즉 多血質인 라틴系의 最强民族 佛蘭西人의 性向이다。

英吉利人은 自由를 사랑하고、佛蘭西人은 平等을 좋아한다는 것은、兩民族의 性向의 差違를 表明한 말이다。전자는 順應自在한 融通性이 있는 것이요、후자는 一律均等의 機械的 水平이란 傾向이 있음을 暗示하는 것이다。英人의 自由는 融通自在하므로、그들은 항상 立憲的으로 平和的으로 그의 自由를 實現하고 擁護할 수 있다는 모양이요、佛人의 平等은 좀 機械的 水平으로서 一切의 差別을 없이 하려는 傾向을 가졌다 하는 모양이다。그는 아마 그러하다고 承認할 수 있을 것이다。그러나 佛蘭西人이 多血質인 特性으로 因하여、항상 熱情이 激하는 바에、문득 그 穩健中正함을 잃는 것은 그들 一面의 缺陷을 말함일 것이다。一八〇〇年 나폴레옹一世의 統領政治가 시작된 후、一八七〇年 九月 四日의 세당陷落과 나폴레옹三世의 降服으로 因하여、第三共和政이 樹立되기까지、약 七十年간에、전후 六次의 政體 變革이나 혹은 王統의 變革이 있었고、이후 半世紀間 세 차례나 大統領의 驅逐을 보게 되는、激動되기 쉬운 佛蘭西人의 民族性은 또한 吾人의 深切한 留意를 要할 바이다。

吾人이 오늘날 轉換되는 世局에 있어서、一切의 種族的 集團的 差別觀을 벗고서、渾然融和하는 人類愛의 世界로 나아가야 할 것은 물론이다。그러나 吾人은 主義로부터 自我를 遊覽함이 아니라、自我로부터 主義에 나아가는 것이다。吾人이 主義에 忠實함이、殉道者가 그의 神에 대함 같이 하여야 할 것이거니와、사람이 主義로 因하여 생겨남이 아니요、主義가 사람으로 因하여 생겨난 것을 承認하는 이상、吾人은 먼저 사람에게 돌아와서 그의 實際를 檢討하여 보아야 할 것이다。吾人이 世界人類에게 臨하여、그의 높은 理想과 깊은 사랑을 宣揚하여야 하겠지마는、吾人은 猝地에 전세계를 相對로 그의 힘과 뜻을 펼 수 없다。吾人은 결국 다 자기의 種族과 集團들을 引率하고、한걸음씩 社會改造・世界革新의 길에 나아가야 할 것이다。吾人은 이에서、重要한 列國民의 다 다른 民族性을 一瞥하여 우리의 民族性으로 돌아오고、다시 우리 民族性으로부터 출발하여 萬人洽和의 신천지로 나아가야 할 것이다。그러나 그의 실현이 매우 곤란한 것같이、그의 論議도 또한 심상치 않을 것이다。

吾人은 일찍 우리의 현재와 장래를 약론하여、우리에게 오직 침통한 免死의 勝利가 있을 것을 말하였다。그러고 吾人은 오늘날、백방으로 궁지에 빠진 우리의 同胞들이、과연 남과 같은 大氣魄이 있어、능히 그 千重難關을 깨치고서 한결같이 나아갈 수 있겠느냐고 반문하였었다。不幸에 因하여 獲得한 모든 不寬容・非和衷의 氣習이、現在와 將來를 통하여 적지 않은 魔障이 될 것을 憂嘆하였었다。또는 時下 各地에 단편적으로 돌발하는 大小의 軋轢과 紛糾의 어수선한 사건들을 돌아보아서、그들이 혹은 穩健中正함을 떠나 急燥한 行動에 失하며、혹은 그 主觀에 偏합으로써 능히 現實에 即하여、自他를 相對的으로 觀察하고 批判할 소질이 적다 할 경향이 있다。이로써 그 사건의 당사자는 항시 그 處置의 妥當을 잃고、그의 傍觀者는 늘 그 批判의 正鵠을 벗어나는 弊가 많다。그 둘은 지금 다 각각 구구한 自己의 城壁에 들어앉아、그의 周圍에서 奔走하는 群衆들을 보고、가지각색의 冷評과 熱罵만 일삼는 것 같다。참으로 또 금일의 군중 속에 만인의 信望을 모을 만한 至誠의 人物이 있는지 없는지、寡聞한 吾人이 明言할 수 없는 바이다。

그러나 吾人은 중요한 列國民의 特殊한 民族性을 一瞥하여서 自家의 實際를 돌아볼 때에、가장 용이하지 아니한 慨嘆이 있는 바이다。 世間의 有心人은、 반드시 이 점에서 觀感하고 또 興起하는 바가 있을 줄로 믿는다。

編者註 編者 選。 본래 「動搖되는 社會現狀을 보며」라는 副題가 붙어 있다。

沙漠으로 向하여 가는 朝鮮人

(一九二四·六·八《時代》社說)

埃及人의 暴虐한 압박을 벗어난 六十萬의 猶太人은, 쫓아오는 파라오의 鐵騎를 떼치고서, 물결 험한 紅海를 곱게 건넜으나, 渴望하는 가나안의 福地는 용이하게 그들의 安定地가 되지 못하였었다。 그들은 支離한 四十年 동안을 가이없는 아라비아沙漠에서 헤매던 끝에, 그의 근소한 殘存者와 그 동경하는 「福地」에 갔었다 한다。 吾人은, 배암을 섬긴 것이 그들 唯一의 罪蘖이 되었다는 猶太人의 記錄을 물을 여가는 없다。 그러나 暴虐한 敵國을 벗어나서, 오히려 四十年의 헤매는 생활이 있었다 하면, 그는 꼭 그네들에게 絕大한 心的 缺陷이 있었던 것을 의미함이다。 그러고 그네들의 이러한 心的 缺陷이, 그의 前後에 遭際한 社會的 境遇에 原因함도 물론이다。

오늘날 朝鮮人은, 그의 자랑할 만한 錦繡江山 즐거운 땅에 있으면서, 그의 온갖 생활상태는 벌써 이미 가이없는 沙漠으로의 첫걸음을 내디딘 지 오래였다。 그들은 暴虐한 埃及人을 벗어남도 없이, 물결 험한 紅海를 건넘도 없이, 벌써 이미 헤매는 沙漠으로 들어섰다。 그들은 하늘로 오는 糧食을 먹으리라고 꿈꾸어 볼 수도 없고, 여전히 말쑥한 가이없는 沙漠으로 그의 飢渴을 견디면서 속절없이 헤매는 길을 나아갈밖에 없이 되었다。 그는 반드시 數千年來의 墳墓의 땅을 버리고서, 國境을 넘어서 四散奔走하는 것으로써만 형용할 것이 아니다。 그들이 그 故鄕에 있고, 그의 都府에서 橫行하는 중에도, 그들은 이미 漂浪의 길을 가고 있는 것이다.

첫째로, 조선인은 迷信의 沙漠을 헤매고 있다. 굿바닥을 듣고 꽹쇠를 치는 崇神人으로 進化된 巫祝들의 일은 말할 것도 없고, 무수한 인민들은 全然 科學의 世界, 合理의 世界, 可知의 世界를 떠나서, 荒唐無稽하고 虛無孟浪한 不可知 不可思議의 世界로 끌려가려 한다. 이러한 沙漠의 길은 그 해독이 심하지 않다. 그 개인이나 그들의 사회를 물론하고, 가장 進步의 機能을 狀害하고, 進取의 氣勢를 沮喪케 하는 바이다. 그들은 어떠한 超自然的 勢力의 發動과 超人的 神雄의 出現을 기대하는 경향이 있다. 그들은 그 각자의 誠力과 智力과 意力을 스스로 否認하고, 즐겨 자기를 水準 以下로 떨어뜨리려 하는 것 같다. 이러한 상태를 벗어나지 못하는 이상, 그들로 더불어 千古에 드문, 時局挽回·時代創造의 大事業을 하리라고는 생각되지 않는다. 그들 같아서는 여전히 그 精神的 沙漠의 길로 헤맬밖에 없을 것이다.

둘째로, 조선인은 射倖의 沙漠을 헤맨다. 오늘날 조선인이 產業方面에서도 어찌할 수 없는 窮極한 상태에 빠졌다 하면, 그들은 결국은 射倖의 한길밖에, 그의 獲得衝動을 만족하려 할밖에 없을 것이다. 十五, 六世紀頃의 歐洲人들이 新世界의 發見과 東洋航路의 開通으로 因하여, 一攫千金하는 꿈같은 虛榮에 떠서, 크면은 王公貴人으로부터 적으면 무리한 파락호에까지, 혹은 寶貨의 搜探에 沒頭하고, 혹은 소위 泡沫會社 등 幽靈的 事業으로 집과 몸이 아울러 결단나던 것은 世人이 익히 알던 바이다. 오늘날 조선인이 傾覆한 나머지에서, 不安과 混亂한 世局 속에 앉아서, 가장 짓지 진실한 때도로써 나아가기는 어려운 바 많을 것이다. 그러나 그들은 마

射倖의 病에 중독되었다。京鄕을 물론하고 모두 破産의 危境에 빠지는 것은、그들의 經濟事情에 暗昧하거나、商業術에 서투르다는 것보다、태반이 一攫千金하는 投機事業에 無謀한 失策을 한 데 원인이 있다。小民은 官憲의 耳目을 避하여서 小規模의 정직한 投機를 일삼고、豪强한 者들은 官憲의 公許와 擁護를 등에 지고 白晝大都에서 당당한 賭博을 한다 할 것이다。현대의 사회조직에서、이른바 세계의 列强들이 모두 이러한 짓을 公許하고 奬勵하는 것은 물론이다。그러나 그것이 朝鮮에서는 거의 全經濟行爲를 대표하고、더구나 그것이 일개의 劣弱集團으로부터 일개의 優越集團에로 執定的으로 富의 移動을 조성하는 것은、우리들이 가장 눈씻고 보아야 할 일이다。이것이 社會的 必然이거나、혹은 그들의 心的 缺陷에서 나옴임을 물론하고、현하의 朝鮮人은 확실히、投機와 射倖의 가이없는 沙漠에서 헤매고 있다。이러한 民衆들과 더불어、左右에 쏟아지는 失石을 무릅쓰고、깐깐하고 꾸준하게 求存의 鬪爭길로 나아갈 수는 없을 것이다。

조선인의 이러한 妄信과 射倖의 경향이、그의 가장 중대한 政治的 社會的 運動에까지 미치는 것은 필연한 일이다。그는 吾人이 여러 말할 여유가 없는 바거니와、吾人은 결국 境遇의 奴隷로서 그지없이 헤매는 沙漠으로만 나아갈 수는 없다。吾人은、이러한 생활의 機能을 戕害하고 진취의 氣勢를 꺾어주는 모든 社會的 病毒에 대하여、猛然히 먼저 그 征討의 銳鋒을 돌려야 할 것이다。조선인을 영구하게 이러한 精神의 沙漠에서 헤매게 하는 것은、그들이 영원히 復活의 길을 찾지 못하게 하는 것이다。吾人은 그 자신을 祭物로써、자기를 解放할 光明의 一路를 찾아나가야 할 것이다。

編者註 編者 選。본래「光明은 天의 一方에 바라보자」라는 副題가 붙어 있다。

危險한 속에 살라

(一九三四・七・六《時代》社說)

「危險한 속에 살라。」 뢰첸의 哲人 프리드리히 니체는 이같이 부르짖었다。 그가 「超人의 道德」을 說法하여, 一切衆愚를 그의 司令下에 두고자 하는 貴族主義・英雄主義・專制主義의 化身인 것같이 指彈되는 것은 免치 못할 事勢이다。 그러나 人心의 頹廢와 風紀의 紊亂이 그 극에 달하고, 個性의 放縱이 그지없어 가는 十九世紀의 말기에 그에 대한 峻烈한 反抗으로서 이러한 주장을 把持하게 된 것은 도리어 당연한 일일 것이다。 그리고 그가 生卒에 當하여 온 무한한 고통 가운데서, 인생을 「영원히 輪廻」하는 고통의 연속으로 보고, 猛然히 그에 대한 투쟁의 生涯를 주장한 것은, 또한 그의 인생에 대한 誠惆과 熱情을 欽佩할 만한 것이다。

인생이란 워낙 무수한 矛盾 속에서 생겨났다。 그는 나며 成長을 요구하고, 또는 그 자체의 生存과 種의 保存과 繁殖을 요망한다。 그러나 成長은 곧 老衰를 함께 하고, 生存은 곧 경쟁을 동무하며, 種의 保存이나 繁殖을 진행하는 과정에는 직접 혹 간접으로 그 생명 자체의 減損을 조건으로 한다。 그들은 나며 個人으로나 集團으로나 天然한 性能의 선천적인 불평등이 있다。 그러나 그들은 본능적으로 平等을 요구하여, 양보하려고 하지 않는다。 이 物的 條件과 心的 要求가 서로 다른 데에서 또 비상한 葛藤이 있고, 피차에 怨恨이 있고, 따라서 비상한 苦痛이

동무한다. 그리고 인생이나 온갖 생물들을 물론하고, 그의 생활의 資料는 그의 생활의 慾求와 竝行하지 못한다. 즉 무수한 生命體는 그의 營養資料의 有無·足不足을 不計하고, 제멋대로 生을 받아 나온다. 여기에 또 무수한 悲劇·慘劇, 따라서 그의 고통이 생긴다. 吾人은 다른 생물과 함께, 필경은 이러한 矛盾 속에 한없는 고통을 뒤집어쓰고 생겨난 것이다.

인생과 만물을 樂觀하는 자 곧 그의 相互扶助를 주장한다. 그는 事實이요 眞理이다. 또는 우리 生活上에 원칙이 되어야 할 것이다. 그러나 現實의 社會는 결코 이러한 天定的인 원칙을 꼭 다 준수치 않는다. 그들은 相互扶助의 원칙을 깨뜨리며, 보다 많은 利福을 자기의 專有로 하려 하는 경향을 가졌다. 그리고 이러한 弊瘼은 전부가 人爲的인 現代社會 組織의 缺陷에 있다. 그곳에 개인과 개인의 隷屬關係도 있고, 階級과 階級의 隷屬關係도 있고, 또는 種族과 種族의 隷屬關係도 있다. 이러한 예속관계는 곧 被隷屬인 一便에 절벽된 고통을 담아주고, 이러한 불합리한 상태를 匡正하려 하고, 解放으로의 戰陣을 베풀려 하며, 거기에 또 무한한 고통이 따라온다. 一片의 說法으로 현대의 魔群들을 退治할 수도 없으며, 거기에는 자연 투쟁의 고통이 있다. 인생은 필경은 苦痛의 세계이다.

우리 조선인은 인생으로서, 조선인으로서, 이중 삼중의 고통으로 싸여 있다. 우리가 人生인 故로 받는 고통 외에, 조선인인 까닭으로 받는 바 고통이 말할 수 없도록 많다. 조선인인 까닭으로 생기는 고통의 원인을 없이 버리려고 노력할 때, 또 비상한 고통이 있다. 또는 한 隷屬階級으로서의 고통을 벗어보고자 할 때 또 새로운 고통이 있다。 그의 前途를 생각하여 보고 따져볼 때에、또 무한한 不安과 恐怖의 고통이 있다。 이것을 도무지 다 잊어버려볼까 할 때에는、더욱 千緖萬端의 고통이 있다。 그는 無性한 土石과 같이 지낼 수도 없고、아메바나 水母 모양으로 거저 밀려다닐 수도 없고、한치의 벌레도 五分의 魂은 있다고、魂도 무엇도 없이 그럭저럭할 수도 없고。 그러나 그는 고통을 사랑하고 고통의 길을 나아갈밖에 없다。 그가 고통을 회피하기에는 무수한 장래의 고통이 거침없이 꽁지를 맞물고 닥쳐오는 까닭이다。

우리가 白衣를 입고 저들과 대립하매、거기에 固定된 被壓服者의 悲哀가 있다。 우리가 발가벗은 몸으로、海外에서 輸來한 타월과 비누를 들고 廣袖人이 坐守하는 浴場에 들어갈 때에、가장 그 赤貧한 種族的 悲運을 살이 저리도록 느끼게 된다。

그러나 우리가 이러한 經濟組織에서、그의 특수한 政治的 條件下에서、이런 赤貧한 運命을 飜覆하겠다는 胸算도 나서지 않는다。 모든 生產機關이 바다 저편에 있어서、그 勞動大衆의 團結과 訓練으로써 사회의 機軸을 뒤흔들 신기한 策戰도 아니된다。 우리가 飢餓를 바라보고 飢餓의 길을 갈 때、今古 累千年의 人世興亡의 자취를 돌아보며 우리가 내딛는 발밑창을 내려다볼 때、우리는 어찌 또 무한한 고통이 없으랴。 우리는 帝國主義의 煩悶을 말하였고、世界의 苦悶을 말하였다。 그러나 우리 자체의 煩悶苦痛은 또 어떻다 하랴。 그러나 이것이 타고난 인생의 運命이요、또 우리의 運命이라면、우리는 홀로 또 어찌하랴。 회피하여서 안되겠고、또 회피할 길도 없다면 그는 또 어찌하랴。

嗚呼、吾人은 凡人이로다。 무엇으로써 천하의 同胞에게 提唱하랴。 그러나 다만 이 한 말、「危險한 속에서 살라。」 苦痛을 그대로 사랑하자。 인생은 成功과 失敗를 떠나서 다만 永遠未了한 事業이 있을 뿐이다。 그는 사람에 따라서는 영원한 苦痛도 되고、 또 영원한 感激과 鬪爭과 希望도 될 것이다。

編者註 編者 選。 본래 「苦痛은 人生의 本態」라는 副題가 붙어 있다。

戰鼓를 울리면서

(一九三四·六·八《朝鮮》社說)

고요하고 캄캄하던 밤은 또다시 새어간다。멀리 東天에서 밝아오는 희미한 빛은、또 하루 낮의 光明이 우리에게 오는 始初이다。雲霞와 같은 敵軍의 온갖 武器와 戰術을 다하여 鐵桶같이 에워싼 속에서、그들의 得勝한 노래를 들으면서、불안한 중에 風露를 무릅쓰고 野營에 누웠던 戰士의 몸은 찌뿌드드한 줄도 모르고 불끈 일어섰다。사면에서는 의연히 得勝의 노래가 들린다。戰士는 萬古名將의 勝捷하던 戰法을 追考하되、아무 勝利의 策戰은 案出되지 않는다。프리드리히大王은 알렉산더의 戰法을 祖述하고、나폴레옹은 프리드리히를 祖述하였고、몰트케는 또 나폴레옹을 祖述하여서、모두 損益할 바를 알고 必勝의 妙策을 세웠다 하거니와、역사는 반드시 單純한 되풀이만은 아니다。

그러나 戰士는 어찌하랴。戰士는 몇 번 聲言한 것같이、결코 一代의 功名을 탐내도 아니요、편협한 感情으로 勝負를 計較함도 아닌 이상、그에게는 進攻의 一路가 있을 뿐이다。그의 추악한 降服은、다만 일편 體面論으로써 武士의 名譽만을 위함이 아니다。降服은 곧 스스로 死滅의 길을 選擇함임을 의미하는 것인 까닭이다。「비가 오매 땅이 굳어진다」는 것은 某國民의 俗談이다。이는 反目과 葛藤이 있은 끝에、일층 더 융화한다는 것을 암시하는 말이다。 그러나 그는 이러한 경우에는 어림도 없는 空疎한 말일 뿐이다。 혹은 體面·名譽를 떠나서 오직 生活과 安樂의 一實利가 있을 뿐이라고 하는、 타락한 現實家나 혹은 無節操한 機會主義者도 있을 것이다。 그러나 그는 다만 敵軍의 陰險한 毒手에 걸려서、 가장 醜陋한 죽음으로 그 존귀할 義戰의 犧牲을 바꾸어 한갓 가련한 尸骸로서 沙場에 나뒹그러짐이 있을 뿐이다。 그러면 戰士는 부질없이 갑옷을 벗고 敵의 轅門에서 降服을 빌어야 할까。

나의 칼은 꺾어지지 않았다。 나의 살은 다하지 않았다。 나의 戰意、 그 四肢에 부르르 떨리어 올라오는 抗爭의 鬪志는 조금도 덜어짐이 없다。「今日之事 有死而已」를 부르짖은 古代의 戰士도 있다。 그러나 그는 물론 죽음을 위하여 죽음을 부르짖음은 아니었을 것이다。 죽음이란 나의 實現의 途程上에 걸쳐 있는 解放의、 아니 救濟의 戰線에서 봉착할 부득이한 필연일 뿐이다。 현대의 戰士는 一百番 고쳐살아서 그의 雲霞와 같은 敵軍과 死活의 싸움을 하여야 할 것이다。 그러나 그는 무슨 虛僞로써 廻避와 降服의 구실을 삼지 말아야 할 것이다。 降服은 곧 自滅을 초래함이다。 醜陋한 死滅을 招來함인 까닭이다。 그는 現代의 엄숙한 現實이 오직 陰險한 侵略의 무리가 있을 뿐이요、 아직도 胸襟을 열고서 융화할 아무 충실한 隣人이 없는 까닭이다。 그는 천년에 河淸을 기다리는 일편의 空想이라고는 아니하되、 吾人이 봉착한 現下의 情勢는 절대로 그러한 까닭이다。 그는 우리의 戰鬪로써 그러한 時代를 創造하기까지는。

吾人 戰士는 서슴을 것 없이、 고려할 것 없이 일어나며、 戰鼓를 울리는 바이다。 지새는 안개 속에 멀리 보이는

것이 다 敵軍뿐이라 할지라도, 그는 戰士의 알 바가 아니다。 吾人은 「每戰必勝 非善之善者也」라는 孫子流의 侵略本位의 古代 戰略家의 論法을 祖述할 겨를이 없다。 그의 死命을 制하고 있는 敵軍의 包圍陣地에 빠져 있는 吾人은, 進擊이 곧 나의 自身이요, 生命이요, 生活인 까닭이다。 勝敗利鈍을 떠나서 오직 戰鬪가 있을 뿐이다。 그는 吾人이 잃을 것은 오직 鐵鎖가 있을 뿐이요, 얻을 것은 우리의 天下가 있는 까닭이다。 인생의 運命이 결국 生老病死가 있을 뿐이라 할진대 또 무슨 名利가 있으랴, 또 무슨 權謀術策이 있으랴, 또 무슨 阿附屈從이 있으랴。 一千年이나 살아서 現世의 榮華를 골고루 享樂할 수 있다 할진대, 吾人은 이 비장한 求存의 투쟁을 말고서, 혹은 阿附屈從의 길을 取하면서도 그 평범한 生에 집착할지 모를 것이다。 그러나 人生百年, 필경은 이 죽음의 한 길이 있을 뿐이다。 그는 싫거나 좋거나 죽음의 한 길이 있을 뿐이다。 百年 以後의 나의 存在나, 또는 그의 어줍지 않은 榮華나 富貴를 알아줄 자 몇 사람이랴。 천년 後에 이른바 그 功名과 權力을 알아줄 자 누구이냐。 다 같이 草露人生으로 돌아가고 만다 할진대, 한번 俯仰天地에 거침이 없이, 그의 혈관 속에서 뛰어오르는 대로, 그의 五臟 속에서 끓어오르는 대로, 남이 알거나 모르거나, 후세에 전하거나 못 전하거나 이 거룩한 전투의 一兵卒이 되자。

平明에 일어나서 戰鼓를 울린다。 四面의 楚歌를 들으면서, 허둥지둥하는 戰友들의 攪亂된 步調를 눈꼬리로 보면서, 아아, 승리의 策戰은 무엇이냐, 大策=無策, 無策=大策。 나는 다만 攪亂되는 전우의 步調만 恨한다。

編者註 編者 選。 본래 「四面楚歌를 듣는 中에」라는 副題가 붙어 있다。

아아, 그러나 그대는 朝鮮사람이다

(一九二四·五·二○《時代》)

神이 있거나 佛이 없거나 그는 별문제이다。 宇宙는 秩序가 있고 統一이 있는 一大生命體이다。 原本的 絕對的인 一大生命體이다。 眞·善·美가 그의 存在의 意義인지 아닌지는 별문제이다。 그러나 그는 永遠부터 永遠까지 관철하는 一大精力——生命意志에 因하여 스스로 進化와 發展의 길을 나아가는 것은 사실이다。 吾人이 神의 子인지 아메바의 後孫인지 그는 지금 論斷할 要가 없다。 그러나 吾人은 宇宙의 아이인 것만은 廻避할 수 없는 사실이다。 吾人은 宇宙의 一小部에서 물거품같이 났다가 물거품같이 사라지는, 자칭 萬物의 靈長이라는 인생이다。 인생에게 만물의 영장될 價値와 權威의 있고 없는 것은 별문제이다。 그러나 吾人이 인격의 權威를 自認하고 그의 價値와 意義와 使命을 自覺하는 이상, 吾人이 그의 生存權을 保障할 요구와 노력과 투쟁은 없을 수 없는 일이다。

人生은 짧고 藝術은 길다고 嗟嘆하였다。 인생은 짧으나 意圖는 길다。 吾人이 世界를 統一하여 그 帝王이 된다든지, 혹은 懸軍萬里하여 胡地에 紀功碑를 세우는 野心家의 意圖는 물론 배척하여야 할 것이다。 그러나 吾人이 짧은 一生으로써 始末이 終結되지 않는 이상, 그 스스로 하루살이같이 심심하고, 草木같이 거저 썩는 것을 즐기

자 않는 이상, 吾人은 스스로 無涯한 苦痛을 지고 난 것이다. 吾人이 願하였거나 願치 아니하였거나 금일의 朝鮮人이 되었다. 吾人은 될는지 안될는지, 무엇으로써 꼭 되게 할는지 못할는지, 百萬의 雄兵과 山積한 軍資를 가진 天才的 軍略家같이 必勝의 策戰을 하기는 다 틀렸다. 그러나 吾人은 우리의 同胞——아니 他人에게 위탁할 곳 없는 朝鮮人들의 運命을 開拓하여 보고자, 生平의 努力을 다하여야겠다. 여기에서 吾人은 日來로 주장하는 救濟的 誠忠, 殉道者的 情熱, 犧牲, 勞動 등을 또다시 말하는 것이다.

吾人은 무슨 主義者로 나기 전에 먼저 사람으로 났다. 吾人은 朝鮮人으로 나기 전에 먼저 사람으로 났다. 그런 고로 理論上 吾人은 먼저 사람다운 짓으로 사람답게 잘 살아보자 하는 것이 문제이다. 우리가 무슨 主義者라는 特殊한 경향을 갖게 되는 것은, 偶像下에 굴복하는 迷信家와 같이, 主義 그것에 盲目的으로 굴복하는 것은 아니다. 吾人이 사람답게 살기를 꾀할 때에, 그 遭際한 바 특수한 境遇가 吾人을 몰아서 그에게 순응할밖에 없이 하매, 吾人은 비로소 이 特殊化한 사람——一主義者가 된 것이다. 吾人은 境遇, 즉 現實을 超越할 수 없다. 吾人이 遭際한 現下의 특수한 경우가 짧은 吾人의 一生보다 훨씬 길 것이라 하면, 吾人은 필경 一主義者로 나서 主義者로 썩어버리는 특수한 사람이 되고 말 것이다.

뿐만 아니라 吾人은 먼저 사람으로서 이 세상에 왔겠지마는, 와서 보니 어찌할 수 없는 朝鮮사람이었다. 그는 檀君의 자손을 말할 것까지도 없고, 言語와 風俗을 끌어낼 필요도 없이, 넓은 세계 十六億의 人叢 중에 누구나 저희의 生存과 幸福과 名譽보다 조선사람의 그것을 존중할, 또 代行할 사람이 없는 까닭이다. 고로 吾人은 동일한 大宇宙의 아이들로서、萬民平和의 高遠한 人類愛를 동경하고 추구하여야 하겠지마는、결국은 남의 일은 남에게 맡기고 당장에 利害休戚을 같이하는 조선사람의 生存을 위하여 일생을 희생할밖에 없는 것이다。吾人은 그의 主義와 政見을 초월하여서 空漠한 一致를 呼號하지 않는다。走狗로 하여금 走狗가 되게 하라。叛逆者거든 叛逆者로 驅逐을 하거나 根絶케 하라。그러나 吾人은 일편으로 自由統一의 大路를 나아가는 感泣할 현명한 民衆들을 보는 동시에、가장 無用한 軋轢을 일삼는 증오할 小才策士들의 蠢動하는 것을 본다。

吾人이 天氣淸朗한 날、혹은 高山의 絶頂이나 曠遠한 平野、靜寂한 곳에 默然히 앉아서 생각하여 보자。그 雄大한 宇宙는 곧 무한대로 확대된 나이다。四圍에서 呻吟하는 一切蒼生은 곧 身外의 身인 나이다。내가 무한한 感慨로써 「救濟하자」고 소곤거리고 또 부르짖을 때、나의 앞에는 人種과 國境의 差別相이 없었다。그러나 와서 보니 역시 조선사람이었다。나는 먼저 그들로부터 시작하여야 하였었다。그 事業이 그다지 크고 나의 一生이 그다지 길지 않다 할진대、나는 一生을 조선사람으로 나서 조선사람으로 썩을밖에 없을 것이다。그러나 나는 물론 그 곁에 있는、무수한 고통 속에 있는 색다른 사람들을 발로 차내버리자고 생각할 수 없는 至願과、四圍의 둘러선 敵의 형세를 볼 때、功名으로서가 아니요、事業으로서가 아니요、단일한 救濟의 행위인 이상、吾人은 거기에서 아무 合致나 信賴나 協調를 운위할 겨를이 없다。植物은 스스로 그 무럭무럭 끓어오르는 汁을 멈출 수 없다。그는 스스로 그 잎과 꽃과 열매를 맺기 위하여 그 精力이 老衰하고 消耗하는 것을 그칠 수 없다。잎과 꽃과 열매는 그의 使命이요、意義요、價値이다。그는 그를 위하여 곧 말라비틀어진 枯木이 되었다。그러나 그는 존귀한 희생이다。自己實現의 수단이다。영원한 生命創造의 一過程이다。고로 實現은 희생과 正比例한다。아니 實現은 犧

牲、犧牲은 實現이다。 이러한 존귀한 實現＝犧牲의 道程에서 吾人은 其間에 反目・軋轢・中傷・讒謗이 있을 수 없다。 아아、 개천에 떠내려가는 고양이를 건지려고 一身으로 濁流에 뛰어들던 一青年 에이브러햄 링컨은、 필경 未曾有한 大內亂을 일으켜 가면서도 千餘萬의 黑人을 解放하고 政敵의 毒手에 죽어 넘어지던 세계의 偉人이었다。 조선은 이러한 殉道的 情熱을 가진 救濟的 偉人의 배출을 기다린다。 아아、 그러나……。」

編者註 編者 選。

深化・純化・淨化

(一九二四・五・九《時代》社說)

사람은 危難에서 살고, 安逸에서 죽는다。 個人으로도 그러하거니와, 一國民이나 一民族으로도 그러하다。 古今의 志士・仁人・英雄・豪傑이 많이 貧困과 艱難을 거쳐서, 그 深化・純化・淨化의 계단을 밟아 비로소 그 찬연한 광휘가 있도록 玉成 또 大成한 것은 立志傳 중 그 예가 너무 많다。 그러나 一國民, 一民族이 역사적으로 非常艱困한 시기를 지나서, 국민적으로 민족적으로 그 氣風과 性習이 豁然히 換新 또 改善된 일도, 東西史上에 그 예가 적지 않다。 금일의 勇堅剛實한 英國民의 氣風이, 엘리자베드女皇時代에 고조된 淸淨敎의 信仰과 그 宗敎革命의 전시기를 통하여, 苦心血鬪하는 동안에 양성된 것이라 한다。 또는 三千年戰役 이후 나폴레옹戰爭時代까지, 전후 몇십번이나 佛蘭西人의 鐵騎에 유린된 獨逸人民이, 혹은 헤르더・괴테・실러 등의 文學과 피히테의 講論에 인하여, 그 독특한 獨逸流의 深遠한 國民的 情操를 함양하며 憤慨奔放하는 애국적 기풍을 고조하고, 그것이 슈타인・하르젠베르크의 組織的 社會改革과 샤른호르스트・그나이제나우 등의 軍事思想의 고취 및 軍隊의 改善 등으로 인하여, 그 强勇堅實한 우수한 國民性을 創成한 것도 가장 特書할 史實이다。 최근에 그 淫逸遊墮한 기풍으로 糜爛頹廢의 위기에 瀕하였던 佛國民이, 大戰亂중 鐵火와 敗亡의 威嚇중에 猛然히, 그 정신적 소생의 눈을 뜨게 된 것은 또 吾人의 가장 새로운 역사적 경험이다。

吾人은 個人이나 民族이나를 물론하고, 즐겨서 自意로 窮困과 艱難을 만들 수는 없다。또는 어떠한 일정한 시기까지는 전연 그 主觀的 욕구대로, 그 窮困 艱難한 世局을 挽回할 수 없을 것도 인정한다。그러나 吾人에게 태워준 窮困 艱難 중에서 修練과 磨琢으로 인하여 심각하게 과거와 현재의 自家의 결함과 오류를 반성하며, 悲愁와 憂嘆과 苦難으로써 殉敎者的 痛烈한 참회를 할 것이다。아니 피와 땀과 한숨은, 우리의 비싸고 비싼 贖罪와 復活의 代價가 될 것이다。오늘날의 시대는, 이미 十六세기나 十八、九세기의 過去한 시대는 아니다。조선인이 遭際한 것이, 英國民이나 獨逸人이나 또는 佛國民의 당시 처지와 비할 수 없다。그러나 이 未曾有한 民族的 危境에 서서, 물질적으로는 그 강대한 資本과 機械와 技術을 抗爭할 준비가 없고, 그의 生物學的 社會學的 條件은 竝立兩全의 영원한 불가능을 刻刻으로 체험하면서, 그러나 그 民族的 情操와 社會的 紐帶는 날로 그 解體와 散亡의 깊은 구렁으로 빠져간다 하면, 이 또한 絶對致命의 害惡이 아닌가。

集團 內部의 어느 정도의 충돌과 반대는, 舊習癖의 붕괴와 新習癖의 성립에 常態的 附隨物이다。그러나 오늘날 朝鮮人이 舊時代의 모든 慣習과 道德과 權威를 부인하고, 新時代의 모든 慣習과 道德과 權威를 창조하려 할 즈음에, 모든 解體와 散亡과 그 反目軋轢이 있는 것은, 아무 비판할 이유가 없다 할 것이다。그러나 危難한 시기에서 그 集團 內部의 영속하는 反目軋轢이, 그 집단 전부의 敗滅을 오게 하는 일은 또다시 역사를 떠들어서 그 例證을 구할 필요도 없는 바 아닌가。等量의 精力은 그를 善用하지 않으면 반드시 惡用의 길로 廻轉하는 것이다。鮮滿대륙에 鼎立하였던 朝鮮民族이, 그 국제적 爭覇를 그치고, 沈鬱不滿한 小國民的 생애에 沈淪하게 된 이래, 渤海 二百年의 역사가 끝나며, 이내 鴨江 以南 구구한 天地에 退嬰하게 된 이래, 그들의 정력은 對外發

展으로써 宏遠한 기백을 드러내지 못하고, 한갓 內面으로 향하여 그 黨派와 氏族間의 충돌을 일삼게 되었었다. 그의 末流가 드디어 영속하는 당파와 씨족의 遺傳的 軋轢으로 바뀌어, 偏頗齷齪한 不信任·不寬容의 痛心할 新傾向을 낳게 된 것은, 또한 吾人의 深省猛省할 바이라 하노라.

吾人은 지금 묵고 묵은 先天事를 들어서, 전환되는 新時代의 분위기 외에 兀然히 고립코자 함도 아니다. 그러나 吾人이 과거를 들어서 현재를 검토하고, 현재를 검토하여 장래를 推斷코자 할 때에, 무한한 隱憂를 금치 못하는 바가 있다. 고로 吾人은 大聲疾呼한다. 오늘날 朝鮮人은 이 절대한 危境에 있는 것을 어찌할 수 없는 一機會로써, 온갖 悲愁와 憂嘆과 苦難 가운데에서, 다 각각 殉敎者的 痛烈한 참회로써, 피와 땀과 한숨으로써 그의 비싸고 비싼 贖罪와 復活의 代價를 치르기로 하자. 吾人은 主義와 主義의 충돌을 드디어 어찌 할 수 없다. 그러나 「主義者間의 싸움이 되고 또 同族間에 一致할 가망이 없다」는 一語는 海內外 二千萬 民衆의, 참으로 猛省深省할 바 아닌가. 아아, 吾人의 一筆이 어찌 천하의 時弊를 갖추 말하며, 微誠이 어찌 천하의 通弊를 匡救할 수 있으랴. 그러나 二千萬의 靈慧한 天性은 날로 그 覺醒의 길로 눈이 뜨일 줄 믿는다. 아아, 深化·純化·淨化! 이는 금일 朝鮮人 그 스스로를 부활케 할 精神生活의 一路이다.

[編者註] 編者 選. 본래 「相互不信으로 相互磨琢에」라는 副題가 붙어 있다.

人間價値의 騰落

(一九三六・八・一三~一九《朝鮮》社說)

仁取와 京取의 合倂問題가 적지 않게 관계 있는 사람들의 입살에 오르내린다。合倂의 可否를 논코자 함은 아니다。다만 取引所에 들어가서 뭇사람들이 목통이 찢어지도록 값을 부르는 동안、市勢의 오르고 내림을 생각한다。市勢의 絶對的 安定을 바랄 수 없는 일이다。그러나 萬物의 靈長이라고 뽐내는 인간의 價値도、그 騰落은 걷잡을 수 없는 경우가 많다。이렇게 忙中閑筆로써 인간 가치의 騰落을 쓰는 것부터 인간의 嚴尊을 傷하는 짓이니、인간의 가치가 현대에 와서 얼마큼 헐하여진 것을 表明함이다。舊朝鮮敎育의 初等敎科書가 되었던 책에는「萬物之中 唯人最貴」라고 特書하였으니、무슨 까닭인 줄은 몰라도 대체 인간이 존귀한 줄만 알았다。그러나 인간의 사회에 尊卑貴賤의 熟語가 있느니만큼 가치의 高下가 있었고 또 騰落이 덧없던 것은、萬人이 모두 경험한 바이다。

宗敎家가 말하기를 사람은 神의 아이라고。神의 아이면 즉 天子이다。宗敎家가 한번 나서매 천하의 萬衆이 모두 天子가 되었고、인간의 가치는 하늘만큼 올라갔다。鍾路의 거지도 모양은 허름할망정、제법 萬乘의 天子와 함께 神의 아이인 영광을 얻었다。進化論者가 말하기를 사람은 원숭이의 자손이라고。아니 아메바의 자손이라고。

天子로부터 庶人에 이르기까지 모두 원숭이의 자손이요, 또 아메바의 자손이 되었다. 그들의 말에 의하건대, 神이 흙으로 아담을 만들고 콧구멍으로 영혼을 불어넣었다는 猶太人의 神話는, 어지간치 않은 거짓말이요, 사람은 분명히 아메바라는 가래침덩이 비슷한 原始生物로부터, 올챙이 적 개구리 적을 다 지내어, 비로소 頂天立地하는 紳士·淑女, 그리고 卿相·帝王에까지 진화한 모양이다. 進化論者가 한번 나서매, 제법 내로라고 하고 다니던 卿相·帝王으로부터 黃童白叟에 미치기까지가 모두 멀쑥하게 되었다. 인간 가치의 大暴落이라 할 것이다. 근자 米國에서는 進化論 禁止를 法律로 정한 州가 여러 곳이다. 米國人은 勝癖이 많은 국민이다. 무엇이든지 세계 제일을 자랑하는 판이니 모처럼 뽐내는 판에, 아메바의 자손이란 별로 반갑지 않은 일일 것이다. 進化論의 금지는 彼等 당연한 일일까.

「이놈, 상놈의 나이, 양반의 나이 半 몫이나 되느냐?」 하고 새파란 兩班 少年이, 머리가 허연 상놈의 老人을 막하여 대던 시절이 있었다. 이 점으로 보면 천한 인간의 값이 귀하다는 자의 반절만도 못 하던 것이다. 그러나, 至尊이라고 하던 데로부터 下賤이라고 하던 데까지 가기에는 적지 않은 층계가 있었으니, 물론 下賤이란 자와 至尊이란 자의 價値의 高下는 指數가 없다시피 다를 것이다. 日食萬錢하되 下箸處가 없다고 개탄한 자가 예전에 있었다 하거니와, 하루에 十錢 내외의 食料로써 간신히 露命을 이어가는 빈궁한 자에 비하면, 적어도 千으로써 헤일 만한 價値의 차이가 있다. 班常의 貧富의 條件에 의하여 價値의 高下가 그다지 다르지마는, 時勢를 따라서 價値의 騰落됨이 자못 엄청나다 할 것이다.

階級의 制가 朝鮮에만 있음이 아니다。 다만 가까운 예로서 朝鮮 것을 듦이다。 東學亂이 생기고、 또 憲兵補助員이 생겨서、 朝鮮의 兩班이란 자가 여지없이 결딴났다는 諧謔이 있다。 요컨대 인간의 가치가 아무리 높다 하더라도 알아주는 사람을 만나야 비로소 높은 것이다。 宋人이 章甫를 資하고 越에 갔더니、 越人이 모두 被髮 文身하고 裸體로 다니매、 章甫를 차린 자가 도리어 코가 납작하였다 한다。 궤짝 속에 웅크리고 앉아서 저리 비켜달라고 천연스럽게 말하던 犬儒 디오게네스 앞에、 알렉산더大王의 威光도 몇푼어치가 안되었던 것이다。 만일 그 틸러리宮中에 침입하였던 賤民 앞에는 루이十六세의 尊嚴으로도 一身을 주체할 길 없었고、 모조리 쓰레기더미에 묻어버리는 變亂을 만나서는 로마노프家의 영예도 하소할 곳조차 없었던 것이다。 인간의 가치가 절대적으로 騰落하는 경우도 있거니와、 이러한 점은 상대적 騰落의 현저한 一幕이다。

萬乘의 至尊이란 자가 있어、 그 居하는 데는 金殿玉樓요、 食하는 바는 山珍海錯이요、 妃嬪姬妾으로부터 車馬僕從에 미치기까지 費하는 바 날마다 鉅萬이요、 그에 대한 一語의 不敬으로써 족히 몇 사람의 생명을 빼앗을 수 있으니、 그 庶民에 비해서의 價值는 가히 명상할 수 없다。 그러나 勞兵會가 天下를 장악하매、 冬宮의 壯麗함은 몸을 囚配에서 일으킨 레닌의 萬衆을 호령하는 本據를 짓던 적도 있었고、「朕、 勝利를 얻기 前에는 빼었던 칼을 되꽂지 아니하리라」고 宣戰의 詔勅을 宣布하던 투스트카텐을 내려다보는 伯林皇宮의 露臺에는、 스파르타쿠스의 徒黨을 策勵하는 리프크네히트의 粗雜한 몸뚱이를 올려세웠던 적도 있었으니、 이러한 때는 인간 가치의 顚倒騰落이 자못 정반대되는 경우라고 할 것이다。 뿐만 아니라、 오랫동안 土地의 一附屬物로 斗落數와 어울려 賣買되어 다니던 러시아의 農民들이 한참、 이른바 民衆의 勝利라고 날뛰는 반면에、 플래카드 한 조각도 변변히 못

가지고 異國의 公園에서 露宿하고 다니며 昔年 榮華의 白日夢을 꾸고 있던 그들의 貴族들을 보더라도, 人間地位의 顚倒, 價値의 騰落이 다만 朝夕으로 變改되는 取引市場의 指數 그것뿐이 아니다.

보통의 人情으로 보아서, 男尊女卑의 기풍은 전인류 사이에 가득하다. 즉 남자의 인간 가치가 여자의 가치보다는 높다 할 것이다. 勞動賃金으로 말하더라도 여직공의 임금은 남자의 그것보다 싼 것이 항례이다. 능률의 관계도 있겠지마는, 여자인 고로 싸게 쓰려는 경향도 없지 않다. 그러나 司馬遷은 數十金의 贖 바칠 돈이 없어 腐刑의 생고자가 되매, 千古의 激語를 그의 文章에 남겼거늘, 綠珠는 一妓女로되 明珠 十斛으로써 石崇에게 팔려갔으니, 천고의 大文豪 司馬子長이 一妓女에 비하여 가치의 떨어짐이 어림없었다. 不重生男 重生男。 값 아니 나가는 남자보다는 값 많이 나가는 여자를 낳기 좋아하는 것은, 俗野한 人情을 거저 나무랄 수 없다. 美人一笑百媚生이라고 한다. 楊太眞의 一嚬一笑에 넋을 잃어, 大唐天下로 漁陽鼙鼓動地來하는 판에 다 날려보낼 뻔하던 唐玄宗의 일에 보면, 一女性의 값이 天下의 興敗를 결정할 만하다. 클레오파트라의 어여쁜 콧부리에 英雄 안토니우스의 사지가 축 늘어져서 옥타비아누스에게 羅馬의 天下가 다 들어가는 것도 갈망을 못하고 앉았었고, 夫人 퐁파두르의 妖艶한 聲色에는 루이十五세로 하여금 歐洲에 覇制하는 佛蘭西의 國運이 나날이 기울어져가는 것도 정신차릴 새 없었으니, 그는 모두 天下 國家로써 一女性을 바꾼 것이다. 누가 女子의 값이 男子만 같지 못하다 하랴.

근자의 소식에 의하건대, 酒債를 辨償코자 一金 百圓에 愛妻를 판 자, 또는 다소의 路費를 얻고자 正妻를 淸

料理집에 판 자가 있다。이따위 남성들에 의하여 천대 학대되는 여성은 그 수를 알 수 없을 만큼 많다。그러나 男子를 사는 자 없으므로 여자를 파는 자 있으니、그도 또한 여자의 가치가 귀함에 인함이나。浇薄한 돈세상의 개탄할 일이다。一脚에 五十萬圓씩、兩脚을 百萬圓의 保險에 부친 파리의 名女優가 있으니、兩脚의 가치만도 줄잡아 百萬圓 이상이라、여성의 가치가 귀하다는 좋은 일례이다。昔者에 西太后 寒門에 나서、纖巧妖艷한 姿質 때문에 商人에게 값싸게 팔려나갔고、한번 팔려 宮掖에 들어간 후 一躍하여 咸豊帝의 皇后가 된 때부터는、그는 곧 清朝 四百餘 州의 천하를 一身으로 代하게 되었다。만일 더군다나 彼가 垂簾聽政하는 동안 二百七十年의 清朝 社稷이 그로 인하여 팔려갔다고도 볼 것이니、매우 高價인 여성이다。榮祿 李鴻章 등 천하 大小의 男兒들이 모두、그 치맛대는 치마폭의 그늘 속에 놓아났다 할 것이다。여성의 값이 왕왕 男性輩를 압도함이 이 같고녀。

「英雄竪子浮生裡」라고、蔡樊菴은 그의 金剛山詩에서 浪吟하였다。「孔丘盜跖俱塵埃」라고 杜少陵을 잘파하여 후세의 儒門에서 다소의 非議를 일으키게 되었었다。英雄도 가고 竪子도 가니、萬世 후에 보면 英雄・竪子가 한가지로 幻滅이 있을 뿐이다。그러나 때묻은 얼굴、헤어진 옷에、不具한 주린 몸을 끌고 路上人을 향하여 푼푼의 돈을 애원하는 乞食者의 생활도、十年이 一日같이 영속한다。生에 집착함이 매우 질기다 할 것이다。彼는 零碎한 돈에 맛들임이나、그에게 오히려 人生無常한 생명의 가치가 있느냐、한푼에 두 마리씩 팔리는 참새 하나도 造物者의 뜻이 아니고는 땅에 떨어질 수 없다 하며、세계의 富로써도 人生生命의 가치를 바꿀 수 없는 것을 역설한 耶蘇는、인간가치를 그의 絕頂에까지 高調한 것이다。그러나 聖者들로 인하여 高調되고 또 擁護되려던 인생의 가치는 世間의 强者・暴者・富者 및 權力者에 의하여 왕왕 여지없이 유린되었다。존귀한 인생이지마는 이렇게 가치의 暴落을 당하고 있었다。

盜跖은 人肝을 膾하여 먹었다 한다。食人의 風은 中國歷代에 많이 존속되었다。먹는 者의 가치가 얼마나 높았던지는 알 수 없으나、먹히는 者의 가치는 塵芥와 같이 짓밟힘이다。네로는 悲劇詩의 材料를 얻기 위하여、繁榮한 羅馬市에 불질렀다。그러나 자기의 죄악을 감추기 위하여서는、수만의 異民族을 가지각색의 慘刑으로 屠殺하였다。一暴君 네로 앞에는 雄麗한 도시 羅馬의 市民들과 수만의 異民族도、일찍 一文의 가치도 안되어 보였다。新世界를 발견한 후、白人들은 富源의 開拓을 위하여 黑奴의 採用을 勵行할새、마치 獵人이 野獸를 捕獲함과 같은 방법으로 하여서、毆打·結縛·殺戮·廢棄가 一點의 慈悲心을 씀이 없었으매、수단으로부터 아비시니아 一境에는、잡혀간 찌꺼기의 黑人 尸骸로써 白骨이 山積하는 慘狀을 이루었다。彼等 아프리카人은 文野의 程度는 달랐을망정、强暴者의 앞에 가치의 蔑如함이 形言할 수 없던 바이었다。西班牙의 一國으로서도 新世界를 개척한 지 五十年에 무릇 一千萬의 土着民을 殺戮 혹은 致死케 하였다。파리목숨 같다는 것은 이를 두고 말함이다。日本의 武士들이 刀劍을 시험하려고 「斬捨御免」의 한마디로써 平民의 목을 무우 밑동 자르듯한 것을 생각하면、彼等 特權階級 앞에 被壓迫 人民은 인간으로서의 가치가 全空이었다 할 것이다。

義人 先驅者란 자가 모두、더운 한숨과 뜨거운 피로 鐵鎖에 묶이어 遠州에 추방될 때、貴族·僧侶·富豪 등은 層棟疊榭의 속에서 美衣와 美食에 파묻히고 長夜의 宴樂에는 도리어 人生 倦怠의 情을 느끼었다。이른바 盜跖은 壽富로써 천하에 횡행하거늘、夷齊는 首陽山에서 굶어죽었다는 것과 동일한 慨嘆을 發하게 하는 바이다。西人이

愛犬하는 癖이 있으매、朱欄繡臺에 臥하고 軟肉純乳로써 먹이며 犬猫의 病을 專治하는 博士의 位가 있는 者數人으로 그를 看護함이 있게 하니、만일 君王公侯에 侍함이 그에 대한 數等의 낮은 價値인 人生인 것을 의미한다 할진대、畜犬에게 侍하는 자는 비록 學士・博士의 位가 있고 刀圭界의 明星인 見識이 있다 하더라도、畜類에 비하여 오히려 數等의 價値低落이 있다 할 것이다。率獸而食人하는 것은 治道의 大惡이라고 痛論한 聖者가 있다。이제 窮民이 한데서 棲屑하며 飢餓에 넘어지거늘、畜犬이 오히려 珍味를 먹고 錦繡에 싸이며 醫藥으로써 侍하는 바 있다 할진대、人間價値가 따라서 低落되었음을 알 것이다。하물며 良民이 虐政에 넘어지고 婦女가 金權에 賣買되며、呻吟悲痛의 소리가 天下에 가득하되、回救될 方策이 어렵다 할진대、人間價値의 低落을 말할 수 없다。그러나 人間價値가 그지없이 저락되고 또 유전되는 곳에、천하의 禍源은 뿌리박고 자라가는 것이다。

編者註 編者 選。

磨劍乎 讀書乎

(一九二六·九·一七《朝鮮日報》社說)

「十年磨一劍」이라는 漢詩가 있다。人世의 不平을 풀고자 長時日을 두고 武器를 鍛鍊함을 이름이다。十年을 두고 간 칼이 서릿발같이 시퍼렇고、닥치어 베어지지 않는 것이 없는 것이다。그러나 十年에 한 칼을 가는 것은 칼로서도 무서우려니와、十年 동안에 칼을 갈고 벼르는 猛悍한 一念은 칼날 이상으로 무서운 것이다。楚 비록 三戶이나 秦을 亡하게 할 者는 반드시 楚라 하니、楚人의 深刻、또 猛烈한 敵愾心이 반드시 秦을 쳐부수고 말 것을 이름이다。무릇 個人이나 國民이나 혹은 또 一個의 階級集團인 것은 물론하고、敵愾心이 있지 아니치 못할 때에 반드시 그를 풀어볼 方法을 講究하여야 하는 것이요、敵愾心이 반드시 必要한 것이 아닐지라도 一個人이나 一國民이나 또는 一階級의 集團들이 自己의 生存을 確固히 하고、그를 戕害하는 勢力을 排除하려 함에는 반드시 그 鬪力을 養成하여야 하는 것이니、一劍을 갈고 있는 것은 그 方策의 一條件이라 할 것이다。그러나 다만 그러한 兵器를 準備하는 것만이 鬪力을 養成하는 것이라고는 볼 수 없다。

때는 벌써 仲秋節에 가까웠다。하늘은 높고 말쑥한데、서늘한 金風이 가지득 가을의 意思를 깊게 한다。猛士가을에 興感되는 바 많거니와、가을은 또 硏究하기에 적당한 時期이다。옛사람이 가을로써 讀書의 季節을 삼으니, 요컨대 그로써 硏究하는 時期를 짓고자 함이다. 吾人은 이에서 判定할 바가 있다. 猛士를 본받아서 長劒을 갈고 駿馬에 걸터앉는 流의 態度를 가져야 할까. 혹은 書齋에 틈을 타서 讀書硏鑽하는 態度를 가져야 할까? 極히 平易한 듯하지마는 실로 자못 重大한 問題이다. 우리는 讀書하는 사람이 되어야 한다. 무릇 時代가 要求하는 대로, 自己의 趣味에 맞는 대로, 또 自己의 天分에 適合한 대로, 모든 技術·政策·制度·原理·思想의 諸家書에 관하여 自己가 擔當할 科目을 選擇하고, 또 專力하여야 할 것이다. 극히 閑話와 같은 이점에 관하여 우리의 靑年들은 그것이 곧 大事件인 줄로 알고 眞摯한 態度로 대하여야 할 것이다.

戰前의 獨逸이 많은 學者·硏究家를 가짐으로써 世界의 一大權威가 되었던 것은 贅言을 요치 않는다. 伯林大學과 같은 것은 나폴레옹戰役에 慘敗한 國民的 恥辱을 紀念하기 위하여 프리드리히二世大學이라고 命名하고, 後進들로 白熱的인 硏鑽을 거듭하게 하였다. 戰敗 이후 모든 점에서 獨逸人이 世界憎惡의 標的이 되었음에 不許하고 碩學 아인슈타인의 相對性原理의 巡講은 世界人의 尊敬心을 돋우게 하였고, 그로 因하여 獨國民의 權威도 돋워진 바 있었다. 아인슈타인이 猶太種이거니와, 碩學을 輩出하였으므로 猶太人의 聲價가 높아진 例는 枚擧할 길이 없고, 梵의 行者인 타고르氏의 哲學에 관한 闡明으로 因하여 印度人의 國民的 聲價가 높아진 것도 重要한 事實이다. 하물며 한두 個人의 偉大한 硏究家와, 그보다도 大多數의 硏鑽이나 修練의 結果로 國民的 또는 民衆的 鬪力을 增進함으로써 生存을 確固케 한 前例는 극히 많다.

일찍 獨逸의 領地로서 佛國에 割讓되었던 알사스·로렌 二州에서, 저문 밤 울타리가에서 오히려 獨逸말을 속살

거림을 듣고, 隷屬된 同胞를 救하겠다고 一生동안 兵學을 硏究하여, 大家와 大成功家를 이루었다는 몰토메에 관하여 수차 實例로써 들었었다. 五世相韓한 張子房이 그 祖國을 위하여 報仇하고자, 博浪沙의 鐵椎를 던진 것이 萬古의 名談이지마는, 이른바 太公兵法을 反覆硏究하였다가, 劉邦이라는 一大英傑을 利用하여 宿昔의 所願을 達한 것은 特筆할 일이다. 카를 마르크스가 流離轉輾하여 倫敦의 客窓에 파묻혀 있으면서 大英圖書館에서 半生동안 經濟書를 뒤적인 結果, 有名한 《共產黨宣言》과 《資本論》을 著作하여, 天下 後世 解放運動者들의 經典을 이루어준 것은, 그 效力이 數萬의 軍隊로써 幾個月의 叛亂을 일으킨 것보다 도리어 偉大하다 할 것이다. 追放과 禁錮의 중에서 오히려 硏究思索을 게을리하지 아니하여, 스스로 明晰·堅確한 理論的 指導者를 짓고, 오히려 尊貴한 著述을 남겨둔 레닌과 같은 이도 그의 適例로서 들 수 있다. 吾人은 이 선선한 金風이 無限한 懷思를 일으키는 秋期를 當하여, 滿天下 靑年들이 각각 陣頭에 나서는 覺悟와 마찬가지로, 모두 讀書硏鑽하는 사람들이 되기를 促한다. 少하여 學치 않고, 壯하여 健鬪치 않고, 老하는 대로 맡기어, 다만 怨嗟愁嘆만 하는 者는 賊이라 할 것이다.

編者註 編者 選. 본래 「新秋에 臨하여 靑年讀者에게」라는 副題가 붙어 있다.

凡人과 國士

(一九三六·三·二九《朝鮮日報》社說)

凡人이 있고 非凡人이 있다。非凡한 時代에는 非凡한 事業을 要하고、非凡한 事業을 하려 할진대、非凡한 人物을 要한다 하니、이는 즉 非凡한 英才를 이름이다。非凡한 英才라는 意味로서의 非凡人은、客觀的 意味로서 非凡人의 判定을 받을 만한 條件을 갖춘 사람이지마는、凡人과 國士란 것은 各個의 主觀的 境地로 보아서 辨別함이다。「士는 知己者를 爲하여 死한다」하니、友情이나 信任 등을 包含한 一種의 知遇의 感에 因한 意氣의 共鳴을 말함이다。사람은 자기의 見地에서 살고 自己의 衝動感激이나 主義에서 사는 것이니、友情과 信任이 반드시 그의 生活을 決定하는 것은 아니다。一家가 否타 하고、一鄕이 否타 하고、天下의 民衆이 모두 否타 하는 境遇에도、오히려 屹然히 特立하고 沛然하게 獨行하는 것은 萬世에도 드문 偉人의 일이지마는、人生處世의 實際는 友情과 信任 등 知遇의 感으로 因하여 좀더 鼓舞되고 激勵되는 것이다。凡人과 國士의 論은 이러한 데서 일어나는 것이다。

人生處世함에 가장 어려운 것은 知己를 얻음이요、그리고 또 어려운 것은 그에 따른 友情이나 信任이다。司馬懿가 諸葛亮의 陣地를 밟고서 天下奇材라고 感歎하였다。司馬懿는 諸葛亮의 知己이다。그러나 友情이나 信任의

見地로는, 그들은 전혀 正反對의 傾向을 가지고 있었다. 茫中行이 豫讓을 凡人으로서 待하매 豫讓이 또한 凡人으로서 茫中行을 對하였고, 智伯이 豫讓을 國士로서 갚으려 하였다. 거기에는 一種의 支配關係가 있었지마는, 그 實質은 순전히 友情의 感激에 因함이다. 百里奚란 者가 虞에서는 愚하고 秦에서는 智하였다는 것은, 그 位를 얻고 얻지 못함과 信任을 가지고 가지지 못한 데서 나온 것이니, 이것도 소위 凡人과 國士의 論으로써 律할 수 있는 바이다. 비스마르크와 빌헬름大帝와의 關係는 君臣의 사이이지마는, 純然한 友情과 信任의 關係이다. 아직까지도 閭巷人의 이야깃거리가 되어 있는 諸葛亮과 劉備와의 關係도 그의 재미있는 一例이다. 東洋에서 友誼를 말하는 者 흔히 管仲·鮑叔의 일을 例로 들지마는, 管鮑의 關係같은 것은 知己와 友情의 典型인 것이다. 다만 그것은 凡人 國士의 論으로는 律할 수 없는 바이다.

知己가 어렵고 信任과 友情이 아울러 있기는 퍽 어렵다 하는 바이다. 하물며 形勢가 전혀 글러지면 비록 渾身의 勇과 滿腹한 經綸을 가지고서도 필경 어찌하지 못하는 것이다. 그러므로 昔者 崔瑩은 古寺落日에서 行脚僧을 만나 다만 熱淚沱滂하였었고, 許生이란 者는 數十萬의 黃金을 海中에 던지고 一生을 넝마옷으로써 지냈으며, 하우턴卿은 末年에 氣狂같이 부르짖으면서, 나로써 남을 줄 수 없는 것같이 人生에게 害惡이 되는 것은 없다고 慨嘆하였다. 屈原이 汨羅水에 빠져서 차라리 魚腹에 장사하는 潔癖을 부린 것이라든지, 魯連이 惡政을 보지 않겠다 한 것 같은 것은 혹 高士·達士의 일이라고 景仰할 수도 있고, 또 偏屈漢의 갑갑스러운 일이라고도 하겠지마는, 知己가 없고 信任과 友情이 힘입을 데 없는 것은, 사람으로 하여금 失敗者의 運命을 甘受할밖에 없이하는 수도 있는 것이다. 凡人·國士의 論은 自己確立의 意志가 薄弱한 바이라 하겠지마는, 또한 전혀 그로서만 責일 수 없는 바이다。

사람의 노력은 반드시 어떠한 말할 수 없는 感激에 因함이다。 그는 반드시 一定한 成功만 노리고 있는 功利的 見地로만 하는 것은 아니다。 四面을 둘썩이는 楚歌聲中에서도 오히려 蓋世勇을 뽐내어 나아가는 것은、그의 멈추어지지 않는 自己滿足의 源泉인 生命力의 衝動 때문이지마는、한편으로는 오히려 信任과 友情으로써 함께 하고 따르는 者 있기 때문이다。 그러나 이 信任과 友情으로써 힘 있는 知己가 되어주지 않는 자리에는 悄然이 슬프기도 하고、또 赫然히 怒할 수도 있는 것이다。 世의 不幸이라 할 者 여러 가지니、일이 成功을 期하기 어려움이 一不幸이요、成敗利鈍도 돌아보지 아니할 때에、뜨거운 感激으로 最終까지 같이할 友情과 信任을 아울러 가진 知己가 없는 것도 또 一不幸일 것이다。 凡人과 國士를 論하는 것은 또한 반드시 偏屈漢의 말이 아니다。

編者註 編者 選。

溫突嘆

(一九三九・八・一七《朝鮮日報》社說)

南支那 방면에서 흠씬 많은 수증기를 담아가지고、東北으로 몰려닫는 유력한 颱風이 朝鮮地方을 접어들며、一陣霖雨로 쏟치게 되었다。두번째 드는 稀有한 旱魃에 三南의 農作物 大部가 絶望狀態라 하지마는、이 一陣甘霈로 전에 없던 苦熱도 씻겨가고、民物이 아울러 回蘇의 기쁨을 가졌다。霖雨期의 끝장을 보는 七夕물이란 것이다。朝鮮은 乾燥한 나라라 동뜨게 말쑥하게 하니、天地明朗의 形容은 이에 因함이다。그러나 霖雨期의 축축한 空氣는 저절로 尋常치 아니하니、무더운 三伏허리의 氣候에는 누진 자리에 버섯이 난다 할 지경이다。朝鮮의 居室은 溫突이 本位로 되어 있으니、불 안 땐 溫突의 여름 濕氣란 保健을 害함이 실로 크다。溫突의 長點도 한두 가지가 아니지만 溫突의 弊點은 그 以上이다。溫突에 生長하여서 溫突嘆을 씀은 대개 無用한 일은 아닐까?

溫突은 새 法이 아니니、朝鮮의 先民들이 溫突을 利用한 지는 매우 오래되었고、朝鮮뿐이 아니니、滿洲人과 北支那地方에서 炕을 使用하는 것은 사람이 아는 바이다。그러나 溫突이 一般으로 퍼진 것은 그리 古代의 일이 아니니、仁祖 때 京城四山 빽빽한 樹林에 마른 枝葉이 켜로 쌓여서、걷듯하면 山火가 일어 延燒되므로、이 枝葉을 處置하고 山火를 防止하는 妙案으로、領相 金自點이 獻策한 바 있어서 溫突을 奬勵하매、퍼져서 少壯男女

의 別이 없이 溫突을 使用케 됨이요、三百年前 朝鮮에는 老弱을 기르는 特殊한 방 외에는 溫突이 없었다 한다。溫突이 생긴 지 百年이 못 되어서、그것이 人民의 體質과 精神上에 미치는 모든 點을 痛論하여 「自點誤國甚矣」라고 지적한 바 있었을 쯤이거니와、오늘날에 와서는 溫突體質보다는 차라리 溫突嘆을 아니할 수 없다。

溫突이 防寒으로는 자못 適宜하니、깨끗한 溫突、輕暖한 寢具에서 明朗한 映窓을 다 터놓고 한잠 자고나는 맛이란 確實히 世界 稀有의 일로서、러시아의 페치카가 이에 견줄 수 없다。그러나 그는 一部의 일이요、흔히는 허름한 장판에 火毒내가 나고、더욱이 土室의 멀어진 자리이면 土烟이 서린 내가 코를 찔러 아리게 할 쯤이다。뿐 아니라 더운 기운이 몸에 닿아서 四肢가 느른하게 活氣가 빠지고、猝然히 찬겨울의 外氣 쏘이매、문득 感寒에 병들기 쉬우며 溫突의 따뜻한 맛이 때로는 冒寒直進의 氣魄을 졸이게도 하니、이는 溫突의 功用이 가장 많은 冬期의 일이다。만일 또 요사이 같은 霖雨期에 누축한 기운이 불 안땐 고래구멍에서 올라와、자리도 寢具도 아울러 축이는 때에는 骨肉이 아울러 늘어져서、그 健康을 傷함이 크다。여름의 溫突은 불을 때서 식히고、淸風이 窓間으로 스쳐듦으로써 그 妙用의 極致라 하는데、이는 도저히 저마다 할 수 없다。溫突은 결국 좋고도 어려운 朝鮮의 걱정이다。

방바닥에 앉아뭉개는 生活은 進步된 人民으로 朝鮮이 있고 또 日本이 있을 쯤이니、「다다미」에 무릎 꿇고 앉아 叩頭喧談하는 것은 日本에도 德川 以來 三百年에 어느덧 固定된 風俗이라 하지마는、梅雨철에 곰팡 스는 다다미나 마찬가지로、누추해지는 溫突에서 뒹굴지 아니하면 아니 될 朝鮮人의 生活도 憂患이다。만일 또 山野가 모두

畫灌하여 말숙하니、土皮를 벗겨 먹게 되는 것은、다만 소위 惡政의 結果이나、自然虐待의 痼閉된 情性의 產物만이 아니요、실로 이 溫突의 無盡한 燃料要求에 因함이다。 이를 人民保健의 점에서 보건대、물론 숫자로 表示할 길은 없으나 三百年來 朝鮮人의 體質·氣習 등이 溫突의 影響으로 눈에 띄게 劣化하였다는 것을 推斷할 事實은 퍽은 많다。 朝鮮人은 胴體가 길고 下體의 足部가 짧은 것을 骨格이라 하여왔으나、溫突의 精褥 위에 다리를 서리고 安坐함에서 形成된 體質일 것이요、안짱다리에 오금이 벋게 되는 擁腫한 體格이 다다미生活하는 日本人과 서로 伯仲하는 것은 意外의 반갑지 아니한 彼此의 類似이다。

朝鮮은 北域나라라、겨울의 保溫이 퍽은 必要하니、대신할 良策도 없이 漫然弊害만 걱정하는 것은 不可하다。 이미 生活上의 重要한 樣式으로 固定되었으니、經濟上의 重大한 變動으로 自發的 革新이 아니요、溫突廢止 혹은 그의 改新을 말함도 자못 迂遠한 일이다。 하물며 나뭇잎과 잔대미를 긁어서 간신히 溫突을 녹이고、몇 식구가 옴닥옴닥 防寒을 하는 朝鮮人生活에 있어서 溫突문제는 가벼이 건드릴 수 없다。 그러나 朝鮮生活의 特徵이요、家屋營造의 根本條件이 되는 이 溫突에 관하여、우선 이만큼 嘆聲을 發하여 두는 것도、溫突에서 博弈에 汨沒하는 것보다는 여간 낫지 않은 일이다。

編者註 編者 選。

過去의 先驅者와 將來의 先驅者

先驅者라 하여도 社會·文化의 각 방면에 뻗치어가진 각색의 先驅者가 있으니, 어느 것만 모잡아서 先驅者라고 말하기 어렵고, 過去·將來를 가르지만 지금부터 上古 正確한 歷史가 있던 時期까지는 모두 過去의 範圍로 論할 수 있으니 이 문제가 어렵습니다.

그러나 先驅者라 하면 우선 直接으로 人生度濟의 事業을 위하여 努力하는 者를 가리킴이라 볼 것이니, 여기에는 信仰生活로써 個人과 社會를 理想的으로 淨化케 하여 그 衆生度濟의 목적을 달하려는 耶蘇·釋迦 流의 聖者로서의 先驅者도 있는 것이요, 政治的 또는 變革的 手段에 의하여 결국에 힘의 鬪爭으로서의 民衆解放의 目的을 貫徹하려는 現代的 意味로서의 各様의 先驅者가 있다고 보겠습니다. 愛니 慈悲니 혹은 또 仁義니 하는 것이 요새의 眼目으로 보아 퍽 陳腐한 말이지만, 衆生이고 大衆이고 不合理한 現實社會에서 苦悶懊惱하는 것을 보고 救濟의 一念이 가실 줄이 없이 솟아나는 것은, 먼저 이 慈悲라고 부르는 人類愛의 衝動에서 發端하는 것이니, 救濟의 一念이 動하여서 그 手段을 고르기까지는 聖者이고 反逆者이고 아무 다른 바 없는 것입니다. 그 手段이 하나는 主觀的 방면에, 또 하나는 客觀的 방면에, 하나는 社會를 構成한 各 個人의 倫理的 反省에 의한 自己淨化的 方法으로, 또 하나는 逆境에 있는 各 個人들의 政治的 團結의 힘에 의한 鬪爭으로 判別됨에 의하여, 前者와 後

者、甲과 乙이 저절로 判別되는 것입니다。前者와 後者를 아울러 論하기는 자못 浩繁할 일이니、主로 後者를 論하기로 하지요。

다만 聖者로서 先驅者인 耶蘇와 釋迦와 이에 準할 人物들은 대체 純熱한 度濟의 願이 淸高한 理想의 敎訓으로 되어서、스스로 높은 데 올라서서 苦海에 憂悶하는 可憐한 衆生들에게 구부려서 救濟를 푸는 것부터가、가장 尊貴한 채로 그대로 차차 現代의 鬪志가 많은 民衆과는 건듯하면 疎隔되는 傾向이 생기는 것입니다。耶蘇가 山上에서、모여든 群衆을 내려다보며 敎訓을 드린 것이 山上垂訓이요、釋迦가 恒河가에서 大衆에게 說法을 하는 데、한손을 곧추들고 또 한손은 내려덮어 信畏의 姿勢를 가진 것은 모두 有名한 바이지만、여기에는 모두 人類의 스승으로 스스로 높은 데 세우고 내려다보며 救援을 베푼다는 것을 象徵할 수 있습니다。憂苦 속에서 崇信歸依의 마음으로 主觀的인 解脫을 求하는 者에게는 실로 거룩한 救主이겠지마는、客觀界에서 허다한 懊惱不滿을 가지는 現實의 奮鬪者에게는 그 淸高한 곳으로 따라 올라가기가 不可能한 것을 어찌하지 못하게 될 것입니다。그는 그러한 聖者들의 敎訓이 아무리 平易簡明하다 하더라도、그 形態에서「이 높은 데로 올라오너라、그리하여 救濟를 받아라」하는 데 歸着되는 것입니다。

前者의 敎訓이 上述과 같은 데 比하여、後者의 態度는 어떻다고 할까요。그는 스스로 害毒을 당하는 一員이 되어서 다른 無邊衆生——大衆들의 틈에 섞여서 한가지、自己를 解放할、결국 救濟할 努力을 가장 組織的이고 政策的인 方法에 의하여 하는 者라고 보겠습니다。어느 의미로「이것을 하지 아니 하면 아니 된다」하는 當爲的 態度에서 일치되지 않습니다。前者는 항상「이것을 믿어라。이것을 하지 아니하면 아니 된다。너는 惡人이다」고 高調하게 되고、後者는「이렇게 하여라。이 方法으로 하면 꼭 된다。너는 愚人이다」고 力說하게 되는 것입니다。

前者는 좀더 主觀的이고 當然論的이요, 後者는 客觀的, 그리고 必然論에 立脚한 當爲論的이라고 할 것입니다。이렇게 말한즉 마치 先驅者의 種別을 分類만 하는 것 같으므로 그만두지요。

不幸한 地位에 빠진 一部 혹 大部의 人類에 대하여 客觀的 條件으로 그 解放의 幸福을 주기에 努力한 先驅者가 그 수로서 퍽은 많고 그 種類로서도 적지 않습니다。

그 수는 일일이 枚擧할 수 없지마는, 먼저 높은 곳으로부터 解放의 恩澤을 내려서 史上에 그 名聲을 드러낸 者 있으니, 公民과 奴隷, 富者와 貧者 사이에 反感과 軋轢이 바야흐로 激成되는 때에, 〈貧民救濟法〉 등을 制定施行하여, 이른바 「솔론의 立法」이란 이름을 남겨둔 希臘 七賢人의 하나인 솔론도 이러한 先驅者의 一人이요, 羅馬時代에 貴族·平民의 爭鬪가 있어서 平民의 聖山會合이 유명하지만, 護民官 設置의 媒介者로 아그리파의 이름이 남았으나 그다지 特筆할 바 없는 모양입니다。

北米合衆國의 에이브러햄 링컨이 켄터키州의 貧農의 아들로서 세인트루이스邑內인가에 갔다가, 一家族의 黑人들이 鐵絲에 매인 채로 각각 東西南北으로 팔려가는 可憐한 一幕을 目擊하고, 慨然히 한몸으로 黑奴解放의 勇士가 되겠다고 法律을 공부하여 辯護士가 되고, 드디어 大統領에까지 選出되어, 南北戰爭으로 因한 國家分裂의 危險까지 무릅쓰면서, 黑人을 自由民이 되게 하였다는 것 같은 것도, 지금까지 「人道의 勇士」라는 名稱으로 偉大한 先驅者의 하나가 됩니다。黑奴解放이란 것은 그렇게 훌륭한 人道精神과 한 가지로 資本主義 經濟의 發展過程에서 奴隷使用으로부터 賃傭勞動者 使用要求의 階段으로 進出함을 要하는 經濟史的 原由를 看過할 리는 없겠지만, 링컨이 이를 위하여 戰爭을 斷行하였고, 또 自身 橫死까지 한 고로, 그는 그 솔직하던 動機와 한 가지로 人道上의 先驅者로 崇敬되는 것은 당연할 것입니다。「人民의, 人民 때문에, 人民에 依해서의」의 標語가 黑奴解放의 事業과 한가지로 그가 데모크라시 運動上에 金言을 남겨둔 것 또한 누구든지 아는 것입니다.

몽테스큐·볼테르·루소 등이 佛蘭西革命의 先驅者로 된 것은 누구나 잘 아는 바이지만, 三人 모두가 思想的으로 그 先驅됨에 그치고, 直接으로 運動에 干與한 바 없으니, 많이 말할 것이 없습니다만, 링컨의 思想이 이 佛蘭西革命의 思潮를 繼承한 것만은 길게 말할 必要가 없습니다.

朝鮮에서 貴族·平民의 對立은 그 由來가 자못 오래니, 漢字로 완전한 飜譯은 古來에 없었으나, 公民과 常民, 仕宦階級과 庶民階級, 그 외에도 賤民階級들은 오랫동안 不合理한 制度에 呻吟한 것입니다.

前代에는 文獻이 없고, 高麗時代에는 楊水尺(白丁)을 비롯하여 奴隷賤民들이 왕왕 反亂을 일으킨 바 있었으니, 萬積이 그 亂首로서 겨우 名字를 전할 뿐이나 그 抱負를 엿볼 수 없고, 高麗 高宗 때 蒙古入寇 당시, 龍仁 石城山에서 蒙軍元帥 撒禮塔을 射殺하여 敵勢를 꺾이게 하고 그 勇名을 드날린 金允侯가 忠州에 가서 奴隷賤民을 모두 解放하여, 良民――公民으로 하고, 堅固한 團結로써 潮水같이 밀리는 蒙古편의 攻圍軍을 數月동안 迫擊 大破하였다는 것은, 非常時의 應急한 處置이지마는, 史上에 허다한 兵亂을 겪으면서 이쯤의 勇斷을 한 者도 없었으니, 金允侯가 또한 賤民解放의 先驅者라고 하겠지요. 이 외에 만일 累百年來 滔滔한 漢化的 傾向에 대하여 朝鮮民으로서 自尊的 精神을 代表하여 前後에 奮鬪한 者 있으니, 이것을 歷論하는 것은 蒼蒼한 일입니다.

그러나 훨씬 내려와서 漢陽朝의 英祖·正祖 이후 史上에서 復興期를 稱하던 時代에는 學術 著作의 편에서 先驅者를 輩出하였으니, 꼭 한 예는 아니지만 歷史·地理·言語·風俗·天象·地理·經濟·山林 등 各 科目에 걸쳐 輩出한 先驅者를 일일이 紹介하는 것보다는, 차라리 新進史家의 著作인 《朝鮮史》를 사보라는 것이 나을 줄 압니다.

그러나 壬辰의 亂, 丙子의 役에 宮庭을 중심으로 한 權貴의 威信이 全然히 땅에 떨어지자, 民衆은 蔚然히 興

起하여 스스로 光明을 開拓하려 하였으니, 英祖·正祖代를 중심으로 朝鮮의 特殊性을 위한 前記 各種의 學이 勃興한 것이요, 이 潮流를 타고서 胚胎勃興하는 勢力이 다시 民衆反抗 形式으로 나타나니, 洪景來가 淸川江 北에서 蹶起한 것은 地方的 不平을 좀더 많이 表現한 바 있으나 粗率한 初期的 先驅者였고, 水雲 崔濟愚는 東學의 說로써 人民을 糾合하여 드디어 民衆反亂의 倡首로 되었으니, 최초에 말한 聖者로서의 先驅者인 宗敎의 開祖이며, 因하여 反亂의 先驅者로 되었습니다. 哲宗 壬戌, 晋州에서 시작한 賤民들의 三政의 亂이 金海·咸興·咸平 등지에 蔓延되었고, 第四階級的인 그들의 一揆式의 反亂이 자못 重要한 歷史性을 가졌으나 불행히 모두 이렇다 할 指導者로서 그 先驅者的 價値를 表할 만한 者의 事蹟이 남지 않았습니다. 그보다도 늦어서 甲午 東學黨의 反亂에 古阜의 全琫準을 필두로 金啓男 孫化中 등 이른바 草澤英雄 식의 先驅者가 배출되었으니, 이는 모두 잘 記憶하는 바입니다. 崔水雲으로부터 全琫準 諸人은 마치 中國의 洪秀全·石達開 등 太平天國의 指導者들을 聯想케 하는데, 崔水雲은 말하지 말고 全琫準 등의 抱負謀畧은 자세한 것을 알 길 없으니 遺憾입니다.

대체로 당시 人物들이, 氣慨에의 빼어남은 있으되 理想에서는 貧弱하였고, 豪勇으로서 壯한 바 많으나 企劃으로서는 疎忽함을 면치 못하였으니, 初期에 공통된 現象입니다. 그들이 人民 不平의 氣流에 合作하여 決然히 일어났으니, 그 感情을 代表한 데서 强勇하였고, 周到한 經驗을 構成할 餘裕는 없었을 것이며, 破壞에는 勇하되 建設에는 오히려 素昧할밖에 없을 것입니다. 感情이 經綸의 理智와 함께 하고 破壞가 建設의 抱負와 동무하지 않고서는 具全한 先驅者일 수는 없습니다.

愛國的 혹은 國民的 또는 民族的 思想을 代表하는 者로 西에는 코스트가 있고 마치니가 있고, 東에는 아키날도가 있으니, 이들은 모두 先驅者입니다. 코스트가 奧地利帝國을 향하여 匈牙利人의 幸福인 自由 때문에 努力하

였으니、요컨대 그는 모두 소위 自由主義를 代表하는 十九世紀的인 民族運動의 先驅者입니다。 코스트가 白人에 대한 黃色人、게르만族에 대한 마자르族으로서의 自尊心을 高調하고 奧地利에 대한 匈牙利人의 自存을 위해 努力하였으니、그의 灼熱한 情感、純高한 人格은 匈牙利人을 淨化興起케 하는 큰 敎訓이 되었다 합니다。 뿐만 아니라 그의 時代의 前後 民族文學의 樹立과 完成、그리하여 民族意識의 深化와 純化라고 하는 時代의 情勢는 注意하여야 할 점일 것입니다。 코스트는 當年에 있어서 功業을 그 自身으로 完成한 者는 아닙니다。

마치니의 先驅者로서의 態度와 色彩는 羅馬의 千年文化를 回顧 感傷하고、그 榮譽롭던 時代를 追憶憧憬하는 데서 일종의 光復的 思想에서 出發된 것이므로、자연히 現代의 先驅者와는 다릅니다。 그가 理想으로 하는 것은 (一) 榮譽 있는 古羅馬國 再現、(二) 十八世紀 이래 歐洲를 風靡하던 民權思想에 立脚한 民主政治의 樹立이었을 것입니다。 그러나 伊太利의 統一이 成立될 때、그는 사보이아王家를 推戴하는 카밀로 카브르 一派에게 機先을 制한 바 되어 現實의 先敗者로 되고 말았습니다。 當時의 流로 批評하면、소위 理想에 치우치고 現實에 迂闊하였다고 간단히 칠까요。 二十年 이전 梁啓超 流의 思想을 배우던 당시、朝鮮의 新人들은 걸핏하면 마치니를 들먹거리던 것이、마치 요새 다른 누구를 추드는 것과 같았습니다。

아키날도가 比律賓에서 西班牙와 米合衆國을 향한 反亂을 꾀하던 것도 지금은 케케묵은 일입니다。 이 사람의 先驅的 色彩는 現代에도 通하니、愛蘭의 데 발레라에 比하여、그는 十九世紀의 色彩가 濃厚하다고나 말하여 두지요。

이러한 人物들에 比하여 朝鮮에서 그 類似한 이를 찾자면 甲申運動때의 人物들부터 손가락을 꼽아야 하겠지요。 金玉均・洪英植・徐光範 등 諸人과 現存한 數氏가 모두 그때의 中心人物인데、어찌 되었든 金玉均을 그 代

表人物로 박지게 되는 터이오, 金玉均의 人物에 關하여 紹介 論評한 바 가장 많으니, 冗說이 無用, 다만 그 當時의 사람들이 (一) 自覺이 없는 民衆들과는 거의 痛痒의 感조차 서로 없는 一部 封建層의 사람들로서, (二) 宮廷을 中心으로 한 極少數한 權貴한 사람들 사이에 局限되는 쿠테타 方式으로 된 것, (三) 甲國의 勢力을 除去키 위하여 乙國의 勢力을 利用하는 데에 重要한 成敗의 條件을 붙였던 것 등은 그와 같은 失敗를 오게 하는 本質的 缺陷이었던 것인데, 當時로서는 어찌 할 수 없다고 보겠지요.

當時 이 모든 名聲의 背後에서 그들을 指導하는 巨星으로서, 京城의 中人階級 출신인 劉大致라는 人物이 있어서, 天主敎의 信徒로서 泰西의 事情과 世界의 形勢를 잘 觀察하였더라고 합니다. 이 人物이 黑幕 속에 黑幕으로 감겨버리고 영영 出現치 아니하였으니, 그 思想·經綸 등을 明白히 알 수 없습니다. 다만 그 着想과 企劃만도 크게 非凡하였던 것은 承認할 것입니다.

이 時代의 先驅者들이 소위 形勢 日非에 着急한 생각이 들어서 民衆을 啓發하며 運動을 組織化하기에는 너무 前途遼遠하였고, 우선 宮廷 中心으로 陰謀的 쿠테타의 手段으로 나와 忽然히 넘어진 것은 또한 어찌 할 수 없었을 것입니다.

過去의 先驅者이자 또 現代의 先驅者인 者 있으니, 마르크스니 엥겔스니 레닌이니 孫逸仙이니 간디니 하는 이들이 상당히 많습니다. 여기에는 成功者도 있고 아직 未成功者도 있고, 혹은 그 一生을 통해서 成就치 못하였으되 그 繼承者들을 가진 者도 있습니다. 이러한 先驅者는 現下에 많이 問題되는 者들이오, 여기에서 길게 말하기는 어렵습니다.

그러나 한마디로 끝을 막자면, 過去의 先驅者가 (一) 혹은 人民의 一局部에서만 놀고 있던 대신, 將來의 先驅

者는 반드시 大衆的으로 進出하여야 하는 것, (二) 過去의 先驅者가 感情的·氣分的으로, 또는 思想的으로 社會의 旣成勢力層의 一部 혹은 大部를 動作시킴으로써 大部의 結果를 이루던 것을, 將來의 先驅者는 이것들 이외에 다시 方法·政策 등으로써 組織結成의 방면에 注力하게 될 것, (三) 二目的을 위하여는, 感情·名分 등만의 問題가 아니요, 一般의 즉 各 方面 사람의 各種의 利害를 目標로써 自己들의 權益擁護와 그 獲得을 위한 動作으로써 漸層的 集中과 進出을 하도록 할 것이라고 믿습니다.

요컨대 現實에 立脚한 一般의 利害를 떠나서 누구를 引導할 수도 없고, 集中 結成이나 振作할 수도 없는 것이 將來의 先驅者들이 만나는 境遇, 즉 情勢일 것입니다.

編者註 이 글은 金東煥 編, 〈平和와 自由〉(一九三二·二)에 收錄된 것으로, 〈平和와 自由〉는 一九三七年 九月에 治安을 理由로 販賣禁止가 되었다.

상투우환

──왜 朝鮮人은 保守的인가

(一九三〇・八・一三《朝鮮日報》社說)

「識者憂患」이라고, 몇푼어치 아니되는 文字를 통하여 얻은 智識으로 겉핥기적 識者가 되어, 무슨 일에고 긁어 부스럼 만드는 작자들이 퍽 많다。 識者憂患이 一熟語된 것은 까닭이 있다。「상투우환」이 있으니, 몇 千年來 내려오던 慣習이라 버린다는 것도 그리 쉽지 않을 법은 하나, 때에 절고 땀으로 전 냄새나는 상투를 원수진 듯이 틀어얽고, 정수배기가 물어터질 듯한 더위에 시치미 뚝 떼고 街路에 다니는 것은, 보는 눈이 좀 딱할 지경이다。 頭角이 峥嶸이라고 魚變成龍을 그윽히 비기는지는 몰라도, 변해가는 新時代에 酋長의 머리에 뿔 얹어주던 原始的인 長上의 象徵인 삐죽한 상투의 保有는 찡그리지 아니할 수 없다。 왜 斷髮을 決行하지 아니할까。

百體의 으뜸인 정수배기에 냄새나는 상투를 묶어놓은 것만도 保健과 아울러 儀容上에 아니되었거든, 하물며 말총으로 결어서 조금의 彈力조차 없는 漫性의 殺人的인 網巾으로 이마를 잔뜩 졸라매어, 柚子본으로 잘록해진 頭腦가 神經의 脈動을 치들리는 것은 얼마일까。 中國女子의 발죔과 西洋女子의 허리죔과 日本女子의 이에 칠함과 함께 이른바 人類의 四大災厄이라고 하거니와, 外他는 거의 문제없고 中國의 발죔조차 近者 大部 廢棄되었거늘, 홀로 朝鮮人의 상투만은 의연히 古來의 權威를 가지고 있다。 朝鮮人이 따로 이따위 保守癖을 가진 것은 時代의

局面이 얼마큼 變革에 대한 反撥心을 일으킨 만큼 됨에서 因함이지만 어찌됐든 웃고 말 일은 못 된다。

상투를 짜는 것은 原始時代의 遺型이려니와、網巾을 졸라매는 것은 人物의 生長을 束縛하자는 專制君王의 深遠한 惡意조차 담겼던 것이다。그때는 몰라서 시키는 대로 따라갔거든、이제 고치지 못함은 무던히 自由의 氣像이 缺如된 것이다。

상투를 소중하다고 기쓰고 保有하는 것은 京畿의 郡部와 三南의 地方이오、그중에도 忠淸·慶尙 數道로써 그 宗을 삼을 수 있으니、某郡의 某ㅣ門에서 斷髮한 數三 少年 때문에 門長耆老가 數百人의 宗會를 모으고 「一定한 理由、이를테면 面書記라도 하였으면 몰라도」의 例外條件을 베풀면서 無故 斷髮者는 일체 宗會에서 除外하고、祭祀에 參席지 못한다는 制裁를 가하려다가 直言者의 逆襲에 그대로 흐지부지되고 만것과 같은 것은 苦笑할 一挿話려니와、迂儒劣紳의 思想·智見이 이다지도 固陋하여 變通의 中正함을 얻지 못하는 것은 참으로 慨嘆할 일이다。

長白府는 滿洲의 一邊陬라、오히려 斷髮한 女性들이 개울가에서 빨래하는 것을 틈틈이 보았다。奇를 좋아하고 新을 다투어서 즐기어 그 皮相만 흉내내는 것은、變革의 不乘이겠지만、中國人이 保守를 내던지고 變革으로 나아가는 것은 近者 실로 迅速한 바이라、여기에는 그 自動的인 것과 被動的인 점이 人心에 影響되는 微妙한 점도 있는 터이나、그러나 沈滯된 時代人心이 朝鮮에서 더 심한 것은 외려서 깨우칠 바이다。

朝鮮의 人性이 왕왕 淺薄한 바 있어、상투를 틀고 網巾을 조르는 것이 朝鮮代를 固守하는 手段으로 되어、상투를 자르고 網巾을 팽개치며 문득 沒批判한 崇外的 傾向을 가지는 바 있으니、이는 원래 안된 바이나、만일 朝鮮意識의 基礎가 이처럼 虛妄薄弱하다면、그 어찌 별세나는 상투로써 守護할 수 있을 것이랴。돌아보아 아까울 것 없고 오직 決然히 깎아버릴 뿐이다。

오늘날에 오히려 상투의 醜觀을 固守하고 保健을 戕害하여 돌아보지 아니하니 奇怪한 일이다。

編者註 《朝鮮日報 名社說 五百選》에 收錄。 본래는 「왜 朝鮮人은 保守的인가」라는 副題가 붙어 있다。

(一九三五・二《學燈》)

讀書開進論

—— 一生을 일하고 一生을 읽으라

黃菊丹楓이 어느덧 무르녹아、달 밝고 서리 찬 밤에 울어예는 기러기도 오늘 내일에 볼 것이다。독서하기 좋은 季節이다。하늘 높고 바람 급한 적에 胡馬가 길이 소리쳐、丈夫의 팔이 부르르 떨리면서 넌지시 萬里의 뜻을 품는 것은 가을의 情感이다。

그러하매、옛사람이 가을밤 壁上에 長劍을 걸고 홀로 兵書를 읽었다고 하니、가을의 肅殺한 氣運이 無限 征進의 意圖를 충동일 제、그 機와 境이 알맞게 意圖를 펼 수 없는 것이 人世의 常事인 고로、걸린 長劍에서 그 意圖 식지 않고 읽어가는 兵書에서는 더욱 天下의 뜻이 굼닐어 나아가는 것이니、讀書의 意義와 靈感이 여기에 있는 것이다。

그러나 반드시 가을이 아니니、언제나 讀書는 自我인 人生을 客觀의 境에서 새로 發見하는 것이요、졸고 있던 停頓되었던 偉大한 나를 古人의 자취에서 고쳐 認識하는 것이며、하필 男子만의 일이 아니니、男性이건 女性이건 누구나 讀書에서 새로운 智見과 生新한 天地를 開拓하여 가는 것이다。兵書——오로지 讀書子의 經綸에 投合할 바 아니니、무릇 社會 百家의 書와 科學 諸門의 述을 각각 그 趣味와 功用에 따라 自在하게 選擇할 것이다。

讀書는 꼭 높은 것을 貴하다고 안하나니、모름지기 自家의 智力에 맡기어 消化되는 것으로 비롯할 것이요、반드시 많은 것을 탐낼 일이 못 되나니、우선 沈潛反覆하여 알고 깨달아 이른바 融會貫通하는 바 있음을 要하는 바이다。

나는 讀書함을 자랑할 바 없는 者이나 讀書를 좋아는 하는 者이니、혹 十歲 前後에도 틈을 타서 혼자 그윽히 書籍을 뒤지는 趣味를 알았던 바이요、二十歲 前後에는 자못 그를 즐기는 편이었고、二十四、五歲가 되어 學窓을 갓 벗어나자、때마침 歐洲의 戰亂에 부르터나는 感懷 많은 際會이던 것도 한 刺戟이었겠지마는、그 즈음에는 대체로 소위 「貪多務得」하는 건너듬이 式의 讀書傾向이었던 것이다。

그러나 讀書에도 階段이 있는 것이매、반드시 深刻하게 파고들고 冷靜하고 思辨하고 그리하여 洞徹하게 깨달음이 있어、안으로는 自己인 人生에 굳은 信念이 서고、外郭인 宇宙에 밝은 觀照가 이루어지며、그 立脚한 環境인 社會를 향하여는 또 確乎한 見解가 있어、天地間에 處하매 그 究竟에 갈 바를 알고、安樂과 危難에 살아 그 밟아갈 길을 정할 만큼 된 후에야、비로소 讀書가 人間生涯의 尊貴한 經驗이요、感悟요、開拓으로 되는 것이다。

이러한 뒤에야 바야흐로、글은 글、나는 나로、읽되 그 珍味를 모르고、외웠으되 얻음이 없음과 같은 失敗를 저지르지 않게 되는 바이니、妙理眞境이 여기에 있는 것이다。

患難은 너를 玉成한다고 한다。사람은 한바탕의 風霜이나 困苦나 혹은 기타 深憂大患 따위로써 洗鍊되지 않은 한 凡人으로서는 玉成키 어려운 것이다。 人世의 波動이 그 心靈의 속속들이까지 뜸들여 움직이고、 生命의 秘境에까지 그 感觸과 思考의 深刻한 震動이 미치지 않고서는、 人生으로서 겉꺼풀만 벗기어 넘어가는 皮相의 生活로 될 이가 매우 흔한 것이요、 讀書가 이미 人生 眞正한 生活開進의 必須한 方法이라고 하면、 그러한 類의 讀書는 또한 이에 따라 수박 겉핥기로 되지 말라는 법이 없는 것이다。

내 己未의 해에 南獄에 매인 지 三、 四年에、 답답하되 願에 따라 시원할 수 없고、 덥되 때맞춰 서늘할 수 없고、 추위와 주림과 온갖의 괴로움과 不自由와 主觀에 應하여 나를 滿足시키지 않을 적에、 喜・怒・哀・樂・愛・惡・欲의 온갖 情念이 奔馬같이 닫고 秋猿같이 뛰어、 스스로 걷잡을 수 없은 지 무릇 몇몇 고팽이에、 비로소 喟然히 걱정하고、 渙然히 풀리고、 超然히 깨닫기도 하고、 다시 愀然히 거두기도 하여、 沈默에서 凝視함이 허수아비처럼 될 수도 있고、 茫然히 생각을 모음이 處女의 幽閑함과 비슷하여、 이로써 새로이 讀書에 臨하매、 혹 毫分厘析하는 때에 數日에 몇 페이지로 만족할 수 있고、 만일 放膽讀破할 판이라면 數時間에 幾百 페이지라도 풀풀 넘길 수 있었나니、 이는 나에게 讀書에도 一紀元이었고 人生으로서도 더욱 큰 關嶺을 넘어선 것이다。 그리하여 批判의 마음이 먼저 서고 銓索의 눈은 冷靜한 데 두어、 스스로 讀書하는 작은 蹊徑을 얻었노라고 믿게 된 바이다。 아마 讀書의 方法과 趣味가 꼭 있는 것이라고 하면、 이것이 확실히 그 一面相일 것이다。

讀書는 順序 있음 뿐 아니어서、 그 總體인 者 있고、 또 各個의 部門이 있는 것이니、 酒公 馬上에서 天下를 얻었거니、 뭘 詩書를 일삼으랴고 하는 無識英雄이란 者는、 그 器局의 큼과 機智의 툭 트임이 때로는 혹 無學의 大識인 者가 아주 없음은 아니나、 이는 저마다 본받아서 못 이룰 바이요、 하물며 文明을 시새워서 精密을 崇尙

하는 現代에서는 될 수 없는 바이다。

그리고、혹 一書의 良한 者를 만나 그로써 終生토록 人生 開悟의 거울로 가질 者 있는 것이니、信徒的 天分을 가진 者 一經典으로 그럴 수 있는 바이요、혹은 許多한 讀書 가운데 몇몇 種쯤의 服膺하는 良書가 있어 그 感化와 參照거리로 되는 者도 많으니、이는 각 사람 갖가지로 그 境과 機에 좇아 될 일이요、구태여 成法을 만들 수 없는 바이다。

무릇 사람은 그 氣禀이 서로 같지도 않고 그 器局도 제각기인지라 一律로 論할 바는 아니나、먼저 自我인 人生이 서고서의 뒷일이니、宇宙觀과 따라서 社會觀은 아니서서 안될 것이요、人類의 成敗와 社會 萬般은 그 生成轉變과 興廢와 發展이 由來한 途程이 꼭 있는 것인지라 簡易한 바 아니나、朝鮮으로서는 우선 自家의 過去를 남달리 究明 領得함을 모름짓는 터이라、줄잡아서 그 朝鮮史의 忠實한 涉獵이 緊切한 것이요、東西洋史와 外他 諸史가 또 따라서 緊切한 바이며、古人이 간 길에서 나의 갈 길을 대보아야 하겠으매、偉人의 傳記를 따로 읽어야 할 것이다。

現代의 社會됨이、滿天下 種種의 사람들로、다만 사람으로서만 훌륭한 人格者일 뿐더러、社會에 대한 한 모퉁이의 일꾼으로 勤務者로 또 技術者로서 一定 熟練된 쓸모 있는 人材됨을 求하나니、그러므로 專門學校가 있고、實業敎育이 있고、職業敎育 奬勵의 소리가 높은 바이다。누구나 一技가 있어야 하고、一業을 가질 만하여야 하겠고、一家를 이룰 만치 제가 하는 일에는 좀 專門的인 造詣와 技倆이 있음을 要하는 것이니、朝鮮의 社會的 諸條件이 아직도 이렇게 人物을 陶冶시키도록 成熟치 못하였으나、그러나 그러면 그럴수록 우리의 青年들은 더욱더 그것을 目標로 一定한 技와 業과 「家」를 이루기에 心要할 만큼 읽고 배우고 體驗하는 用意를 하여야 할 것은 두말이 없다。

나는 이렇게 友人에게 말하는 때가 있다。『만일 文筆로써 社會가 나에게 밥먹일 수 없다면、果樹·農藝의 一勞動者로 一身을 扶養할 自信이 있노라』고。

어떠한 先驗者는 말하였다。軍事的으로 一社會를 掌握할 수 있더라도 그들에게 「科學·技術 및 管理의 幹能」이 없고서는 그를 永久히 把握 保全하여 最終까지의 成功으로 할 수 없는 것이라고 하였다。

어느 社會에만 限한 말이 아니어서 朝鮮人 社會에는 더욱더 이 「科學·技術 및 管理의 幹能」을 切要하게 되는 것이나、오직 形而上學的인 道學的 書籍에서나 혹은 吟風詠月하는 田園詩人的 氣分 속에서 中世記的인 數世紀를 지내온 우리 識者들의 過去가 現代에까지도 적지 않은 影響을 끼치고 있는 것을 돌아보면、靑年 諸君의 讀書·思索과 그에 따른 訓練도 반드시 이 「科學·技術 및 管理의 幹能」에 있어야 할 것이다。

사람은 그 天性에서 社會的 動物이라、그러므로 또 政治的이지 않을 수 없는 것이나、政治·經濟의 大綱을 짐작할 만큼의 見識을 얻을 만치 이 方面의 書籍을 涉獵할 必要가 있는 것이요、그리고 모든 學에 通하여 그 會通的인 理論을 領得하자면 倫理·哲學의 書籍을 약간은 閱讀하여야 할 것이다。

무릇、宗敎·倫理의 書를 涉獵하여 人生의 行路에서 一定한 信念이 서고、歷史·社會學에서 社會 成敗를 達觀할 見識이 생기고、偉人傳記의 生活의 토막토막에서 比較 評釋한 그윽한 산 敎訓도 얻으며、政治·經濟 방면에서 社會人으로서의 蒙昧를 벗고、 그리고 自己의 技와 業과 「家」를 이루는 점에서 精力을 集中하고、 그 위에 혹은 社會와 文藝 방면에서 때때의 趣味를 건져 얻을 만치의 素養과 讀書力이 있어、 이를 매양 現實에서 實踐할 수 있다면、 그는 嚴然한 現代의 文化的 市民이요、나아가서는 혹 一世를 指導하는 先驅者 되기에 缺如한 바 없을 것이다。

내 讀書를 論하여 이에 이르매、 우선 一段의 終結을 본 것이라고 한다。

吾人은 남들에게 宗敎人 되기를 勸하지는 않는다。 그러나 茫茫한 大宇宙가 整然한 秩序로써 一定한 發展과 進化의 途程을 걸어가고 있는 生命의 大源泉인 것은 認識치 아니할 수 없고、 蕩蕩한 大宇宙에서 自然으로 온 나의 人生이니、 옴 있으면 반드시 감이 있는 것인지라、 다시 大宇宙에 還元할 必然의 約束을 믿어야 하고、 物質的으로 본 人生의 運命은 결국 北邙山에 뒹구는 一個의 髑髏밖에 아니됨을 알아야 하고、 아무리 鬪志에 날뛰고 鋼鐵같이 굳은 마음이로되、 언제인가는 人世의 無常과 無力을 깨닫고 意識할 날이 있어야 할 人生의 멀고 먼 나그네길인 것을 알아차려야 하는 것이요、 人生은 짧되 藝術은 긴지라、 짧은 人生에도 永遠히 꺼지지 않는 靈火를 宇宙의 한 구석에 켜두고 가려는 것이 人生의 本能的인 稚氣임을 알아야 한다。

때와 곳、 時間과 空間、 歷史와 鄕土、 二十世紀 오늘날에 朝鮮人으로 되어 있는 天然한 約束、 出生의 因果、 즉 時와 空과 故(왜? 무엇을 하려고?)에 말미암아서 내가 나고 살고 생각하고 일하고 근심하고 기뻐하고、 그리하여 죽는 終極의 날이 나의 턱 밑에 다가들 적까지 虛無에서 放浪하는 弱志薄行의 徒가 단연 아닌 대신、 줄곧 구준히 人生의 힘든 奉仕의 길을 나아가는 征進의 殉道者가 되는 것이、 人生으로서 그리고 忠誠한 朝鮮人으로서 타고서, 神秘를 超越한 神秘의 約束임을 알아야 하는 것이요, 이들에 應하셔의 讀書·思索과 그에서 艱難되는 實踐이 있어야 할 것이다。

무릇 仁人이요 達士인 者는, 一百번 고쳐죽어 넋이라도 있고 없고의 드거운 犧牲心과 한가지, 一百年 늙어 살아 두고두고 民族과 社會에 奉仕하고 싶은 老婆心的인 念願도 있는 것이니, 이것도 대권은 讀書 修鍊으로부터 솟아나오는 마음의 때문인 바이다。

古人들은 흔히 程朱의 學에 盲目으로 追從하고 直譯으로 隨參하는 者 많더니, 今人들은 흔은 外國의 左翼○○라는 言論에 盲目으로 追從하는 者 많아, 그 境遇와 歷史와 現實의 情勢란 것이 갈되 나는 眞境 秘義를 미처 모르는 者 적지 않은 터이다。

古人의 그리함이 반드시 程朱의 罪가 아님과 마찬가지여서, 今人의 그리함도 역시 外國의 右翼○○者의 허물이 아닐 것이다。무릇 批判的이 아닌 곳에 程朱가 朝鮮을 그 思想的 植民地로 삼아 一世의 儒冠된 者로 全域을 들어 崇外의 祭物로 바주려고 하였으니, 그 愚의 莫甚한 者였었다。批判的이 아닌 곳에 現代의 讀書·思索하는 者도 意外의 過誤를, 指導者로서 犯할 수 있는 것이니, 讀書와 그에서 나오는 實踐이 쉬나 쉬운 바 아니다。

나의 處地를 밝히려고 거기에서 남의 지난 자취를 찾을 때에 비로소 남이 갖지 못하는 眞正한 進路가 띠지는 것이다。내 일찍 智異山의 風雪 속에 길을 잃어 密林을 헤치고 溪谷의 바위 틈을 더위잡아 길 없는 길을 더듬어 내려올 새, 荒涼한 古木의 그루에서 樵夫에게 찍힌 도끼자국을 보고 눈이 번쩍 띄어, 먼저 다녀간 그님의 자취를 기껍노라 恭敬하였었다。사람은 自己의 힘찬 實踐의 努力을 끊임없는 값으로 치르면서, 그리고 앞서 지나간

先路者의 끼친 터를 찾을 때에서만、바야흐로 참으로 非常 尊貴한 人世의 敎訓과 價値를 얻는 것이다。讀書의 秘訣이 여기에 있을 것이다。

그러나 무릇 讀書는 그 때와 사람이 따로 있지 않으니、現代人은 모두 一生 일하고 一生 讀書함을 要한다。

나의 警句

(一九三六·四《朝光》)

一, 힘껏, 마음껏, 재주껏(人生生活의 態度로).

二, 오늘 일은 오늘에, 내(我) 일은 내가(此項, 某氏의 主張으로, 나도 여기에 共鳴).

三, 人生을 일하고 人生을 읽으라(讀書와 人生, 관계는 緊切하다. 특히 우리 社會에서 讀書는 學者님——많은 경우에 곧 선생님을 의미함——이나 할 일인 줄로 여기는 弊가 있기로).

四, 쓸 데 있는 것을 쓸 데 없이 버리지 말라(生命·時間 및 物資에 대한 態度).

五, 死後 百年에 가서 들이켜 自己를 바라보라(모든 無用한 傲慢·嫉妬·紛爭의 마음이 冷然히 식어 없어집니다).

六, 남을 작기로서니, 제야 잘 되느냐(一言을, 남 排擊 잘하는 분들에게).

七, 첫 壯談이 五割만 實踐키로 하라(自己는 가만히 앉았으며 舌端으로만 남을 죽이고 살리는 분들에게).

八, 中心에 들거나, 그만두거나(무슨 重大問題에 대한 進出의 態度. 但, 우리 社會의 首領爭奪戰의 弊와 混同치 말기를 특히 주의하여 둠).

九, 一技 一家 一業(朝鮮人 現下 市民的 生活의 目標로).

十, 각 길로서 한곳에(朝鮮人 現下 政治文化的 標語로서).

十一、혼자는 英雄 노릇 못한다。

編者註 原題 《나의 警句集》에서 拔萃。

나의 人生觀

(一九三六·六《新東亞》)

나는 지금 내가 가지는 人生觀에 관하여 얼만큼 쓸 責任을 졌다。 내 天稟이 로맨틱한 傾向도 다소 있었던 바이요、 또 내가 자라던 時代는 주로 그 二十歲 前後가 社會의 風潮로서 人生觀問題에 관하여 相當한 思索을 하게 되던 時期였으므로、 저절로 人生은 무엇이냐、 어떻게 살아가야(道德的으로) 하느냐의 問題에 부딪혔던 것이다。 이제 幼年時代부터 나의 눈에 비치고 思考와 認識에 들어오던 人生觀의 成立過程을 말하여 그 結辭를 지음이 妥當하리라고 믿는다。 사람은 感受性이 많고 悟性이 있는 動物이다。 早晩에 自己인 人生을 意識하게 될 때에는 그 視角이 반드시 周圍 自然인 宇宙에 미치고 또는 交互錯綜되는 人間의 綜合體로서의 社會에 미치는 것이다。 그런데 實踐生活에서 좀더 高級인 社會觀에까지 가는 것은 오히려 나중의 일이요、 우선 直感的 感激性에 더 많이 干與되는 것은 차라리 宇宙觀인 것이다。 하물며 舊朝鮮의 書堂敎育은 처음부터 天地玄黃을 가르치고、 上有天 下有地를 가르치고、 天地人間 萬物之中에 唯人最貴를 가르치고、 四書三經이라는 初步的인 經學이 역시 모두 天人의 관계에서 基本하는 것이니、 多少의 남다른 감수성을 가진 者이면 하늘 높고 들이 먼데 上下各界 森羅萬象이 莊麗明朗함에 매우 큰 奇異도 느끼는 것이요、 또는 單純한 悟性에 비치어드는 周圍의 事爲에서 줄곧 無常과 成敗를 볼 수 있는 것이니、 이것이 人生觀의 맑고 가느다란 出發의 始初인 것이다。

하늘 위에 또 무엇이 있는가。 땅 아래엔 또 어떻게 되었는가。 사람은 어째서 나고 어데로 가는가。 이것은 매우 素樸한 疑問이며、 어른에게 묻고 싶은 質問인 것이요、 푸르고 맑은 하늘이 먼 산 위에 닿았으니 먼 산에 가면 하늘을 만지어 볼까。 찬란한 무지개가 산 밑에 끚혔으니 무지개 좇아 不思議의 景象을 보기로 할까。 이웃집의 順萬이가 앓는다고 하더니만 어이하여 오늘은 그집에서 哭聲이 나며、 놀러가려는 나의 발길은 무엇하려 禁하여 마음대로 못 가게 하는가。 아기를 낳았다고 삼불을 피우고 三日밥을 먹으면서 집안사람들이 기뻐하였는데、 서편마을 아주머니가 돌아갔다고 금시에 동네가 모두 수선하고 일손을 떼어 뎅걸뎅걸 이야기들만 하였었다。 喪轝가 나갈 때의 哭聲과 상여소리는 搖鈴소리와 한가지로 더욱 凄凉도 스러웠다。 언젠가 꿈에 보니 푸르고 아름다운 하늘에는 우뢰치고 큰비가 퍼붓는 듯하는데、 총총 박혔던 금싸라기 같은 별들이 오르르 결며서 쏟아져내리므로 무척 좋노라 한웅큼씩 움켜 돌아왔더니、 이제는 꿈에 보니 상여소리 凄凉하게 나고 구름遮日이 청승스레 출렁거리는데、 수많은 사람들은 줄맞춰 늘어서서 青山으로 향하여 작은 재를 넘었었다。 먼저는 아름답고 기꺼운 世界러니 뒤의 것은 어찌 그리 슬프고 허술하였었다。 나는 잠자리에서 내쳐 울어버려 때아닌 꾸중을 어머니에게 들었던 것이다。 人生은 귀여운 별의 아기를 한줌 듬뿍 움켜오는 美의 憧憬으로부터、 상여소리 凄凉히 들려오는 虛無의 暴露에로 갔다왔다 왔다갔다하는 途程에서 眞正한 現實의 認識을 불러일으키는 것이요、 嚴正한 科學的 境地가 두드러져 나오는 것이요、 그리하여 不滿의 채찍과 開拓의 독기가 드디어 無限征戰의 굳고 검질긴 意欲으로 되는 것이다。 그들은 눈물겹고 한숨 많은 情感의 새암에서 비로소 차차 입이 다물려지고 주먹이 굳게 쥐어지는 鬪志의 把持者로 되는 것이다。 내 여기에서 우선 人生觀의 조그만 引子를 보았다고 하겠다。

人性은 善하다고 들었고 사람은 良知良能이 있는 것이라고 배웠다。 세상은 지극히 아름다운 것인데、 혹 亂臣賊

子가 생기고 悖類惡物이 그 사이에 作奸을 하므로 이 세상은 드디어 墮落한 末世로 되어가는 것이라고 가르치는 대로 承認하였었다. 「道之大源이 出於天」이라, 天道가 지극히 어진 것이니 人性이 반드시 어질어야 하는 것이라고 믿었었다. 사람은 善한 것인지라, 善한 사람이 되어 善한 사람들과 이 세상을 함께 붙들어가는 것이라고 굳게 믿었었다. 十七、八歲부터 基督敎 關係 學校에 가서 처음에 異端으로 그를 非笑하던 마음이, 그 先輩인 人物들에 感한 바 있어 基督敎를 옳다고 믿게 되었었다. 그래서 宇宙觀·人生觀을 體係 세워 究明하려는 努力이 始作되었었다. 宗敎書도 涉獵하고 哲學書도 뒤지고, 或 높은 산의 꼭대기, 넓은 들의 복판, 으늑한 森林의 속, 시냇물 흘러가는 곳, 큰 바다의 茫茫한 물결이 밀리고 밀리고, 즐번하고 벙벙한 물가 모래펄 등등에 멍하니 앉아 있기도 하고, 턱을 괴어 脈놓아 엎드렸기도 하며 얼빠진 듯 우두커니 섰기도 하였었다. 푸르고 고요한 큰 숲이 아래에서 쐐─맑은 바람이 움직이고, 위에서 가지 끝에 흰구름이 슬몃슬몃 지나가는 것은, 혹 마른 풀의 위와 펀펀한 바위넙에 우러러 누워 가만히 치어다보며 귀에 생생한 소리가 있어 내가 소리를 듣는가, 소리가 죽 울리어가는 나의 心琴이런가. 主와 客이 갈피가 없고, 나와 境이 하나로 되었었다. 눈에 지나는 빛이 있으되 움칠락펼칠락 스스로 停滯함이 없으되, 내가 이미 구름이 되어 自在하게 流轉함이냐, 구름이 일찍 나로 되어 執着하여 스스로 벗어나지 못함이냐. 宇宙의 無限한 物質界가 나의 骨骸와 血肉인 것이요, 宇宙 無限한 生命의 힘이 나의 勃勃하는 意欲의 主人으로 된 것이다. 그러므로 다 宇宙 안에 있고 宇宙가 나의 안에 있는 것을 믿었었다. 大自然의 품속에 담쏙 抱擁된 나였으매 내 스스로 自他를 가늠하지 못하였었다. 여기서 한걸음 나아간 곳에 一神이 우주 안에 있고, 내가 또 一神 안에 있고, 一神이 또 나의 안에 있었었다. 그러므로 혼자인 人生이 人生이 아니요, 僞善인 生涯가 生涯가 아니었었다. 나 宇宙에서 왔으니 다시 宇宙로 갈 것이다. 흙에서 난 者 흙으로 돌아갈 것이니, 나의 靈魂은 悠悠하게 大宇宙의 어느 곳에로고 돌아갈 것이라고 믿었었다。 다만 感傷的인 人道主義가 아니어서 積極的인 人類同胞主義이었고、 蒼白한 無抵抗主義를 排擊하는 대신 征戰的인 匡救主義이었다。 지는 꽃、 시드는 잎、 흐르는 물、 다니는 구름、 넘어가는 달、 떨어지는 해、 녹는 눈、 스러지는 이슬、 무엇 하나이 無常 아님이 아니며、 어느 것이라고 變幻 아닌 者 있었던가? 그러나 갔다가 오고、 없다가 있고 하는 이른바 屈伸往來 消長盛衰라는 것이 嚴酷한 現實인데、 그 變幻無常한 중에서 恒久精進의 努力 向上하는 生活을 하는 것이 人生의 總體로서의 常道라고 믿었었던 것이다。 모든 興亡의 史와 成敗의 實과 困苦怨憤의 實生活의 經驗이 나를 偪迫할 적마다、 나는 더욱 빛나는 敬虔한 人生이려 하였던 것이다。 「지키거라! 나의 眞善을、 싸우거라! 이 俗惡의 세상에서」 하는 것이 나의 人生으로서의 生活의 感激이요、 信念이요、 態度이었던 것이다。 「妥協하지 말라、 墮落의 始初인 것이다。 邁進하라、 나의 所信대로 一念에 맡기어」 하는 것에 靑年인 나의 외곬으로 내닫는 奔馬와 같은 情熱이었던 것이다。 나는 나인 人生이 自己의 意思에 의하여 自由로 온 것이 아니요、 宇宙의 原生的인 大生命界로부터 偶然과 같이 人世에 태어남을 받은 客觀의 存在임을 믿었기 때문에 自身이 自己에게 아무 獨占的 所有物도 아니요、 다만 그날이 오면 다시 大宇宙의 攝理에 의하여 必然으로 도로 그에게 돌려보내게 될 全然 客觀의 存在인 것을 認識하였었다。 나는 매우 宗敎的이요 信仰的이었던 것이다。 따라서 社會大衆에 대한 關係는 그 發生的 形態에서 먼저 人道的 感憤 및 衝動이었던 것이다。 人道的 感憤이 崇高하여야 그 征戰의 意欲이 매우 純粹強猛한 것이라고 믿고 斷定하였던 것이다。 이는 나의 人生觀 成立途程에서 한 主要한 成長過程으로 되었던 것이다。

그러나 半生 동안의 經驗에 돌아보건대、 모든 國際 風塵은 나의 視野에서 갈수록 無慈悲한 客觀界의 現狀으로 展開되었고、 모든 俗惡的인 人間社會의 일은 나의 周圍에서、 또는 나를 싸고 쉴 새 없이 行進하고 있는 것이었다。나、宇宙를 우러르매 燦爛과 均整의 틈틈에서 끊임없는 激突과 破壞가 있어 無量한 光芒과 喧騷를 無限한 空界에 놓고 있나니 그 平和의 現象만이냐。 楊子江邊에서는 一夫多妻의 土豪劣紳이 더위에 淸風을 맞이하거늘、파미르의 추운 高原에서는 一妻多夫의 女王的인 主婦가 深閨에서 採溫에 짜들리나니、그 普遍妥當을 獨斷할 者이냐。 累日에는 賠償金 掠取의 進軍이 있었더니、이디오피아에는 屠戮의 검은셔츠軍團이 마구 隳突하나니、그 感謝만을 올릴 것이냐。 어제의 靑史를 들칠새 「太倉之粟이 陳陳充溢」을 驚嘆하였더니、오늘에 《孟子》를 읽은즉、「野有餓莩」를 慨嘆한 바 있으니、今古經史 東西士民 그 一律平等의 生涯를 謳歌키 어려운 것이다。 내 重關의 속에 누워 殷殷히 號哭의 소리를 듣고、혹 丘隴의 위에 걸어 꿈적대는 憔悴한 얼굴들을 보매 깊은 感觸이 없을 수 없던 것이다。 宇宙가 莊嚴하되 늘 激動이 있고、世界가 廣遠하되 항상 葛藤이 있고、社會가 安穩한 양 하되 길이 그 矛盾을 보는 것이다。 宇宙가 未完成의 것이니 永遠한 創造의 途程에서 刹那마다 들끓고 있는 것이요、世界가 不安定의 것이니 永遠한 變動과 發展의 途程에 부비며 있는 것이요、人生이 또한 未完成의 社會的 動物인 것이니、그들은 아마 永遠征戰의 開拓의 生涯를 要하는 것이다。 나、물질로서 보매 人生은 北邙山에 뒹구는 한 개의 髑髏밖에 아니되나니 그 虛無의 一極인 것이다。 그러나 人生의 生活을 보건대、爭亂과 角逐이 非常한 執拗에서 헤매고 있나니 그 執着의 極인 것을 알 만하다。 이 虛無인 客觀과 執着의 主觀은 人生現實의 兩大矛盾이로되、그러나 虛無인 終極인지라、그로써 人生逃避의 敗北主義者 됨을 許치 않나니、짧은 人生에서 最大、最善、또 最强한 征戰開拓의 無型의 紀功塔을 세우려는 것이 人生의 本能的인 意欲인 것이요、그러나 人力을 다하고 人事가 닦인 때에 懊惱와 怨憤이 烈火 같던 즈음으로부터 喟然히 혹 虛靜活如한 凉世界로 急角度의 廻轉을 할 수 있나니、北邙 한 줌의 흙이 이를 잘 속삭여 일러주는 것이다。 그러므로 會心의 일자리에 오르는 때、언제든지 最後의 戰線

에 나선 武士처럼 赤熱한 猪突을 아끼지 않을 수 있는 것은, 그 現世의 積極인 意圖가 死滅의 虛無한 客觀과 감쪽같이 暗合된 心境에서 나옴이요, 그 民生에 대한 念願이 혹 一百番 고쳐살아 두고두고 渾身勇을 들려보았으면 하는 것은, 그 同胞인 大衆을 향한 丹心인 情願이 마를 수 없는 데서 솟아나는, 주체넘는 일인 것이다. 이제 나의 人生觀을 要約하건데,

一, 大宇宙는 無限久의 生命으로 永遠한 創造의 途程을 激動으로 持續하는 絕大한 原生界인 것이다.

二, 人生은 이 無限生命인 宇宙의 「아이」인 것이요, 오고감은 自然인 宇宙의 大法則에서 한걸음도 비디될 수 없는 客觀의 存在인 것이다.

三, 虛無한 客觀에서 그 終極의 物的인 運命을 達觀하면서, 自己가 自身에서 한 개의 最善한 管理者임을 굳게 認識할 것이다.

四, 主觀의 意欲에서 最終의 날까지 最善한 開拓의 征戰을 함을 要하는 道德的 賦課를 타가지고 있는 것이다.

五, 그들은 하늘 아래 땅 위에 같이 生을 받은 同胞인 大衆과 함께, 항상 合理한 最大의 現實的 幸福 때문에 그 自身과 自身에 따른 온갖을 바치기로 할 것이다. 이것은 生活의 方法으로서 互助와 協同을 要하게 되는 道德의 基本觀念으로 된다. 互助協同만이 人類를 繁榮케 한다.

六, 人生은 死亡이 終極인 것을 알고 또 展望하되, 그러나 그로써 現在를 앞질러서 지레의 悲觀을 許치 않나니, 社會의 發展性이 그 趨進의 未來에서 많은 것을 解消하고 廢棄케 할 것을 歷史的으로 잘 認識하고 展望하면서, 그러나 現段階에서의 政治文化的 切要한 諸任務를 결코 等閑히 하거나, 혹은 지레부터 抹殺 否認하려는 認識 不足의 過誤를 저지름을 許치 않는 것과 同一한 意味로 되는 것이다.

七、吾人은 항상 未來를 聰明하게 展望하면서 現在에서 最善한 工作을 함을 要하나니、이는 社會歷史觀이자 또 그대로 人生觀인 것이다。

八、人生觀은 가장 科學的인 宇宙觀과 世界觀과 社會觀에서 綜合하고 歸納되어 비로소 完成될 것이다。

隨　想(二)〔一九四五 以後〕

民族의 恩人·讐人

(一九四六·五《漢城日報》)

民族은 뚜렷한 歷史的 存在요、또 現實의 存在이다。지금까지 有史 以來의 文化的 蓄積은 世界가 人類의 것인 것만치 또 各 民族의 生成發展과 存立繁榮의 客觀界인 것이니、이는 儼然하여서 否認함을 許치 않는다。蘇聯조차도 이 民族의 무거운 테를 高踏的 蟬蛻할 바 아니었을새、나치 獨逸과의 너 죽고 나 살자의 苛烈한 싸움에는 드디어 소비에트 民族主義를 추들어내게 되었었다。

모든 우리의 友好國과 國際主義國家에서도、우리들 민족 자신의 權威와 自主的인 保障이 없고서는 많은 侮蔑侵逼 있는 것은 天涯地角 이르는 곳곳마다 萬民이 함께 겪어온 피눈물 나는 現實이다。그렇기 때문에 民族解放의 徹底化를 부르짖고、自主獨立의 完成을 잠끄대하도록 熱望하고 있는 것이다。祖國을 否認하고 民族을 말살하는 자는 虛妄하고도 쓸개 빠진 자요、그것을 追隨하는 자는 더욱 넋 떨어진 무리이다。그들을 痛擊하여 覺醒과 復歸있기를 苦待할 바이다。

우리는 건국한 지 四十 數世紀에 허다한 國際侵略을 겪어왔다。그 侵略 있을 적마다 우리 無量數 先民들의 피와 눈물로써、또는 불같은 反擊精神으로써 이 江山 이 祖國이 自由를 防護하여 왔었다。그리하였기에 二十世紀 극심한 帝國主義 惡魔의 커다란 아가리 속에서도 녹는 듯、그러나 꾸준히 健鬪하여온 것이다。이러한 上下 몇 천

년의 光焰萬丈의 鬪爭의 歷史에는 大恩人이 있고, 또 大讐人이 있는 것이다。

千數百年 전까지는 西方大陸의 漢種族이 가장 많이 우리와 對立抗爭한 敵手였었다。隋唐의 즈음, 一朝五君 七十年 동안, 天下의 兵馬를 기울이어 그들이 기어코 成敗를 가리려고 할 때, 隋兵 百萬의 침략자를 격파하고 高句麗와 全震方 列國을 泰山磐石의 安固한 자리에 올려놓았던 때문에 乙支文德은 第一次 民族의 恩人이었으며, 外敵의 反間에 귀가 솔깃하여 大兵으로 國內城에 叛據하여 一國의 大臣으로 감히 唐寇의 앞잡이를 짓고, 드디어 祖國滅亡의 決定的 禍根을 만든 淵男生은 萬古에 용납지 못할 民族의 罪人이요, 또 讐人이었었다。이놈의 죄악이 아니었던들 高句麗 當年의 우리의 祖國이 殘滅의 慘境에도 아니 빠졌을 것이요, 우리가 결정적인 弱少民族의 班列로 轉落되지도 않았을 것이다。慘虐의 記錄으로 채워진 大高句麗의 비통한 沒落은 무릇 大朝鮮의 沒落이라는 雄大한 歷史的 悲劇이었던 것이다。

그 다음의 侵略은 北方으로부터 왔었다。北方의 侵略은 그전에도 없었던 것은 아니지만, 이때부터가 그 新段階인 것이다。북방의 침략은 흔히 鮮卑族으로 말미암기도 하였고, 契丹과 金과 蒙古 등으로 近世에 와서는 後金國인 淸朝로부터 온 것이 그 大略이다。契丹 四十萬의 獰猛한 强寇를 迎擊하고 追擊하여 우리의 조국을 半遊牧民의 蹂躪으로부터 벗듯이 匡救하여 놓은 太師 姜邯贊은 民族史上 第二次의 大恩人이었다。蒙古의 侵略이 全世界的으로 鐵火의 벼락을 내릴 때, 高麗朝의 先民들은 自由와 生存 때문에 영웅적인, 그러나 처참한 血戰을 四十年에 걸치어 繼續하였다。이 때에 반역자 洪福源이 一部疆土로써 崔坦과 함께 蒙古에 들러붙어 祖國을 冒瀆하고 同族을 殘虐하고, 그의 자식 洪茶丘는 더욱 虎威를 狐假하는 極惡한 駭擧를 부림에 미치어 그 害毒 洪水만 못하지 않았다。이 洪茶丘는 그 아비 洪福源과 아울러 百世 아래에서도 萬戮도 오히려 가볍다고 할만치 民族史上 대표적인 죄인으로 되었다.

끝으로 온 侵略은 東南海洋으로부터의 것이다. 혹 倭로 혹 日本으로 그 稱號는 한결같지 않았다. 倭寇의 歷史도 二千年來의 묵고묵은 일이지만, 壬辰의 亂은 그 近世 최대한 침략으로 八域蒼生은 거의 魚肉되려 하였다. 이때에 文武 各界 허다한 抗戰의 指導者 있었지만, 忠武公 李舜臣은 그 人格, 그 將略, 그 勳功, 그 苦心慘澹한 生涯에서 확실히 祖國을 再造하고 民生을 匡救한 民族의 大恩人이었다. 나는 어느 해 깊은 가을 南海의 露梁 李落坡의 물가에 서서 蒼松古木 밑에 聖雄 李舜臣 將軍의 殉義한 자취를 吊慰하고, 이 江山 불행하여 다시는 이러한 偉大한 人物이 誕生치 못할 것이라고 못내 詠嘆하면서, 凄悵한 情 가슴속에 오락가락하고 있었다. 李忠武公의 陣歿과 함께 小朝鮮의 運命은 다시 졸아들어감과 같은 印象 깊던 것이다. 四十年 被隷屬의 즈음, 十指를 꼽을 만한 賣國背族의 賊子輩 있었으나, 그 元惡大凶은 누구나 李完用을 지목하나니, 그는 民族史上 第三次 大罪人인 것을 변명할 길 없다.

많은 恩人들이 民衆과 함께 民衆을 領導하여서 각각 回天의 大業을 성취한 것이고, 數三의 大罪人들은 民衆을 등지고 또 民衆을 기만하면서 萬代에 벗지 못할 彌天의 大罪惡을 저지른 것이다. 원컨대 現代의 諸氏者, 또는 血性의 靑年 男女들은 차라리 民族解放 祖國再造의 卒伍는 못 될지언정 행여나 男生·茶丘·完用輩의 後塵을 따라 民族史上 씻지 못할 罪人 되지 말기를 천만번 당부할 일이다.

오오, 民族의 三大 恩人과 三大 罪人! 吾人 어찌 저 三罪人이란 者를 그 무덤에서 끌어내려 함이랴. 특히 一國蒼生 때문에 마지 못할 至情 있음일 뿐이다. 嗚呼 哀哉. 新朝鮮 建設의 恩人은 輩出하는가. 嗚呼 偉哉.

[編者註] 筆者 自選. 본래는 「遺臭萬年의 逆徒들」이라는 副題가 붙어 있다.

悲痛! 祖國의 覆沒

(一九四六·八《新天地》)

그즈음의 나

나는 그때 꼭 二十歲, 皇城基督敎靑年會 中學部 三年生이 되어 있었다. 二十歲된 中學生은 상당한 老學生이지만, 그 당시에는 三十歲된 中學生이 드물지 않았기 때문에 二十歲이면 나이로는 보통이었고, 三年生은 졸업할 班이었다.

十七歲 봄까지도 鄕村에 있어 漢學書堂에서 독서하면서, 「忠義之士」 혹은 「忠孝之道」에 상당히 열렬한 感激性을 가진 少年으로, 某地의 基督敎會에서 경영하는 私學에서 數三朔이나 斷髮 受學하는 동안, 「愛國心」 혹은 「愛國思想」이란 것에 퍽은 鼓動되고 있던 끝에, 「서울」의 고명한 선생님들이 지도하는 「좋은 學校」를 찾아가야 한다고, 보따리를 싸가지고 일부러 입학한 데가 이 皇城基督敎靑年會 中學部이었다.

先人이 가르치는 말씀은, 獨立協會運動 이래 有志한 志士들이 모두 그곳에 있으니, 거기로 가서 고명하신 思想과 學問을 배우라고 하는 것이었다. 가서 보니, 月南 李商在선생과 南宮檍씨와 尹致昊씨 등 기타 諸氏가 계시고 出入하고 하여, 과연 一代의 指導者들이 모두 모인 곳이라고 나는 매우 만족하고, 또 스스로 그곳 학생으로서의

矜持를 갖게 되었다. 그리고 鍾路의 지금 會館으로 옮긴 후에는, 그때에는 압도적인 大建物에 石刻한 「皇城」基督敎 운운의 칭호부터가 「大韓」國의 國民이라는 자존심을 더욱 가지게 하였던 것으로, 지금도 나의 기억에 되살아나는 점이다.

그리고 나는 한 가지 고지식한 버릇이 있어, 어른이나 스승에게서 배운 일은 반드시 그대로 실행하여야 하는 것이라는 一種의 生活信條를 가지고 있었던 까닭으로, 修身·歷史·地理·唱歌, 기타 모든 시간에 선생으로부터 언어들은 愛國的인 思想·感情은 그대로 나의 情熱과 意志로 되어 있어, 나는 분명 하나의 熱情的인 愛國靑年이었었다.

그리고 十歲 남짓해서부터 다소의 讀書力과 讀書趣味를 가졌던 나로서는, 二十歲 때에는 우리 國漢文으로 著作譯述되어 있는 獨立戰史·建國志·英傑傳·亡國史·末年戰史 등과, 政治·外交에 관련된 書籍은 대체로 거의 다 讀破하였고, 또 당시 新進指導者가 思想의 經典같이 尊重하던 中國 梁啓超의 著作인 《飮氷室文集》과 《自由書》, 대체로 필요하다고 여겨지는 부분은 一次쯤은 독파하였다. 그리고 당시 愛國思想의 宣傳鼓吹機關이던 《大韓每日申報》, 《皇城新聞》을 애독하고 있었으므로, 國家·民族의 興亡盛衰에는 제 스스로 一家見을 가졌노라고 어줍잖게 自負心을 가졌었다.

血涙에 어린 時代情勢

이것은 나의 主觀的 條件이지마는, 그 당시 時代環境으로 보건대, 내가 十五歲 때에는 이미 乙巳保護條約이 체

결되던 前後, 시골집 사랑에서 「사랑공론」으로 悲憤痛嘆하는 時局談을 每日같이 飽聞하였었고, 十六歲 때에는 例의 洪州義兵이 殉國全滅하던 悲壯한 事實이 바로 「한나루」(漢津, 牙山灣) 하나 隔한 隣接地帶에서의 國民的 大悲劇으로서 전개되었었다. 乙巳保護條約 당시 閔忠正公의 節死始末과 이듬해의 血竹始末, 그리고 洪州義兵의 뒤를 이어 勉菴 崔益鉉公의 對馬島에서의 絶食殉國과 그의 祖國에의 返葬始末, 이 모든 것은 露日戰爭中의 許多한 國民的 興奮과 悲憤事의 뒤를 이어 一國男女가 쉴 새 없는 感激과 哀痛을 일으킨 바 있었다.

十七歲 때는 光武十一年으로서, 李相卨·李儁·李瑋鍾 등 諸先烈의 海牙密使事件, 太皇帝의 退位, 軍隊의 解散, 西小門 안의 侍衛第一大隊 兵士의 朴星煥 參領을 中心으로 한 抗戰殉國事件과, 激甚하여진 義兵騷擾가 있어 後年까지 계속되었고, 海外에서는 前年 張仁煥·田明雲 등의 샌프란시스코에서의 韓國 外部顧問 스티븐스射殺事件이 있었다.

隆熙三年 九月, 내가 十九歲 될 때에는 安重根 義士의 하르빈 驛頭에서의 前 韓國統監 伊藤博文射殺事件이 있었고, 뒤를 이어 一進會의 宋秉畯·李容九輩가 百萬會員의 이름을 僭稱하면서, 韓日合邦 즉 韓國을 日本에게 合邦하여 그 領屬되기를 청원하는 賣國叛徒의 妄擧 駭擧를 일으키었고, 그뒤를 이어 美國에서 돌아온 李在明 義士의 당시 韓國 內閣總理大臣 李完用狙擊事件이 있어, 一進會의 合邦要求 聲明이 있은 後, 가뜩이나 술렁대던 社會人心은 극도로 興奮하게 되는데, 合邦反對演說會와 愛國하는 新聞에서 一進會 攻擊에 氣勢를 올리어(一進會派 新聞에서는 合邦을 贊成하였다) 이전지 物情의 騷然함은 그칠 줄이 없었다.

그리하여 이듬해 隆熙四年으로 넘어갔다. 그런데 美國宣敎協會에서는 韓國을 향하여 大擧 傳道하는 工作을 일으키었으되, 百萬名 信徒獲得을 標榜하고 京鄕 主要都市에서 대중을 모아 宣敎演說을 하면서, 「今年에 百萬名을」

하는 讚頌歌를 소리 높이어 합창하였다。百萬名이나 基督敎徒가 생기면 美國에서 合邦을 못하게 할 것이라고 턱없는 희망을 붙인다。

이리하는 중에 司法權·警察權 등 하나씩 둘씩 韓國으로부터 日本政府에 讓渡되는 協定이 성립되고、露日間에는 犯人引渡協定이 발표되어、韓日議定書와 保護條約 이래 外交權과 通信事務가 먼저 넘어가고、財政은 監督을 받고 各部에는 日本人 次官이 있어 모두 그 實權을 쥐고 있었고、軍隊는 해산되어 皇宮侍衛의 一小部만 남았는데、司法·警察權까지 모두 빼앗기고 接壤의 帝政 露國과는 犯人引渡條約까지 성립되어、韓日의 合併——祖國의 覆沒은 時日問題로 되어 있는 것이 당시 識者들의 判斷이었다。

絕望的인 民衆의 動向

나라는 亡하고 만다。나라가 亡하다니? 이렇고야 아니 亡하는 수가 있나?——사람들이 모여앉으면 항용 이러한 말이 교환되고 있었다。

그런데 한 가지、하필 이때 天界에는 한 개의 엄청난 怪物이 찾아왔다。그것은 매우 감때사나운 天界의 存在인 헬리彗星이었다。隆熙四年 三、四月경이었다。

이 별이 찾아오면 地球와 맞부딪쳐서 地球가 깨어져 滅亡한다는 등、그 엄청나게 크고 긴 彗星의 꼬리에는 水素와 酸素가 매우 부족한 것인데、地球와 접근됨에 따라 地球上의 水素·酸素를 말끔히 흡수하여 가게 되므로、地球上의 生物은 대체 全滅狀態에 빠질 것이고、人類는 두말 없이 멸망하여 人類史는 一段 終焉을 告한다는 등、

西洋으로부터 굴러들어온 科學的 妖說로 말미암아 人心은 또 적지않게 들썽대고 있었다.

이 말은 前年中부터 매우 떠들던 바이었는데, 이 三,四月의 봄, 서울에서도 가끔 캄캄한 속에 고요한 새벽, 사람들은 窓을 두드리어 자는 동무를 깨우고 하며 「저것 좀 보아, 아이구 어마 어마두 하다」, 이렇게 목소리를 떨어뜨리어 혼잣말처럼 지껄이고, 거리에는 이 구석 저 구석 둘씩 셋씩 자다가 나온 사람들이 쭉이 없는 듯이 숙덕대고 있었다.

나도 자다가 나가 天空을 쳐다보았다. 彗星이 떠있다. 머리는 동북편으로 서울에서 道峰 꼭대기 푸른 하늘에 두었고, 그 즐기차게 길고도 넓은 꼬리는 數十間이나 눈이어 만리재 위를 덮었다. 그 대구리는 엷은 구름 속에 묻힌 둥그런 달같이 밝고, 꼬리는 훤하게 빛나는 가스體로, 그러한 괴물이 天空을 가로질러 그 무시무시한 情景은 형언할 수 없었다. 그는 무슨 거대한 恐龍이 입을 벌리어 下界의 生物들을 통으로 삼키려는 듯한 꼴로 보이었다.

地上에서는 나라가 亡한다고 설레고 숙덕대는데, 天界에는 이 異變이다. 이것은 분명히 國家滅亡의 徵兆인 듯, 새로운 不安과 疑惑은 民衆을 지배하고 있었다.

例의 《鄭鑑錄》은 더욱 좋은 氣勢로 民衆들 사이에 傳誦되고 있었다. 「魚羊亡於古月 古月亡於魚羊」이라고 「魚羊」은 「鮮」 즉 「朝鮮」, 「古月」은 「胡」 즉 「清朝」, 清日戰爭 당시 朝鮮은 清의 干涉으로 變革自强의 길이 沮害되었고, 清은 朝鮮 때문에 日本과 戰爭을 비르집어 弱體를 暴露한 결과 드디어 衰亡의 비탈을 내리구르게 되었다. 인제 朝鮮이 亡하고 清도 따라 亡할 것이다. 政治知識을 약간 섞은 解說이다.

「聖歲秋八月」을 들먹거린다. 「聖世」이니, 「聖歲」이니, 그 「聖」은 즉 孔子요, 孔子는 庚戌生이라, 이 八月을

넘기지 못하고 나라는 꼭 亡할 것이다。

그런데 벌써 여러 해 전부터 또 하나의 妖說이 떠돌고 있었으니、이는 분명히 日本人의 거대한 政治的 謀略에서 나온 秘密造作이라고 인식되는데、鷄龍山 바위덩어리에 새겨져 있었다는 등、《鄭鑑錄》어느 章에 적혀 있는 말이라는 등 하면서 「方夫戈卜 口或多禾」의 八字訣이 識字憂患格으로 글하는 사람의 입에 오르내리고、글 못하는 農村 婦女들까지도 그러저러한 글이 바윗돌에 수십년 前부터 적혀 있었다는 등、急한 소나기비에 산비탈이 무너지는데、그 땅 속에서 솟아나온 바위에 새겨져 있었다는 등 하고、한 입 건너 두 입 건너 퍽은 숙덕대었다。「方夫戈卜」은 庚戌이요、「口或多禾」는 國移라고、「庚戌國移」즉 庚戌年에는 나라가 日本으로 옮겨간다는 것이다。

素樸한 祖國不滅의 熱辯

이러는 동안에 나는 青年會 中學部의 여름방학으로 지금은 平澤郡인 鄕村에 돌아갔었다。그런데 모든 先輩 동무 또는 늙은이들의 「亡한다」는 말을 죽도록 듣기 싫어하면서、「우리나라는 결코 亡하지 않는다」고 빡빡 우기는 것은、나와 나의 先兄이었었다。

故鄕에 돌아가자、鄕堂의 父老와 青年儕輩에게、農民에게、대단한 見識이나 있는 듯이 亡國史、獨立史 등 《飮氷室文集》에서 얻어가진 智識을 총동원하여 반박하고 또 역설하였다。한 二、三十里 혹 四、五十里 되는 郡內와 隣近 郡의 姻戚·知舊가 있는 데를 돌아다니면서 滔滔 數千言씩 座談으로 지껄여대면서、祖國은 亡하지 않는다고 역설하였다。 지금 생각하면 어디서 그 論據가 나왔던지 도리어 우스울 뿐이나, 어쨌든 灼熱하는 祖國愛가, 붙어놓고 「우리나라는 亡하지 않는다」는 것이다。 요컨대 「우리의 祖國이 그대로 獨立을 恢復하여 나아가야 하지, 亡해서 될 일이냐」 하는, 나의 어린 主觀이 그대로 客觀化하는 祖國不滅의 熱論이던 것이다。

噫! 祖國 드디어 覆沒

鄕村에 가 있는 철모르는 中學生이, 政界의 機密은 알 나위도 없다。 이해 八月 二十二日에 벌써부터 寺內正毅와 李完用 사이에 秘密討議되던 合倂條約이 성립되었는데, 二十九日의 正式發表와 그 斷行에 앞서서, 모든 言論機關은 一律로 閉鎖되고, 모든 政治와 社會團體는 해산되고, 民間의 主要人物과 血性 있는 靑年들은 豫備檢束되고, 서울과 地方 主要都市는 憲兵과 武裝 日人警官으로 警備되어 鐵桶같이 戒嚴이 된 후, 韓日合倂의 告諭가 쌍방에서 발표되었다。

八月 三十日 저녁이다。 어스레하게 어두워가는 農村의 저녁, 나의 先人은 悄然한 얼굴로 집에 돌아왔었다。 우리를 불러모아다 떨리는 목소리로,

「너희들은 나라가 아니 亡한다고 퍽은 지절였지야。 아니 亡한다고 하던 나라는 벌써 亡하였다。 西井里에 나갔더니 韓日合倂詔書가 나왔는데, 太皇帝가 우리 韓國은 獨立을 할 수가 없으므로 韓國의 統治權을 大日本皇帝에게 委任한다고 勅諭로 발표하였더라, 인제 나라는 亡하였다。 너희들 《越南亡國史》 잘 보았지。 이 후에는 극히 言語動靜을 조심하여야 하지, 잘못되면 큰 禍根만 될 것이다。…… 흥, 그예 亡하였구나……。」

나와 先兄은 고개를 숙인 채 아무 말을 못했다。 한참 있으니 눈에서 눈물이 떨어졌다。

沈痛、그러나 暗澹한 雰圍氣

明日은 三十一日。豫定대로 책보를 싸가지고 九月一日 開學式에 참례코자 서울을 가야 하겠다。 서울 가면、많은 青年學生들과 志士와 市民들이 一大反抗運動이라도 있을 것인가。 그러면 나도 한번 목숨을 내어걸고 그 運動에 뛰어들리라。 그렇지 않으면 어데 西北間島나 上海、美國으로나 달아날까——들썽대는 가슴을 안고、그 이튿날 나와 先兄은 서울로 갔다。

南大門驛에서 내렸다。 사람들은 풀이 없고 우울하고 말조차 없었다。 거리에는 憲兵들이 拳銃을 찬 채、혹은 長銃을 집고 아마 한 百間씩의 間隔은 둔 듯이 띄엄띄엄 늘어섰었다。 길 가는 행인조차 평시보담 훨씬 줄었다。 다니는 사람은 팔뚝조차 내젓지 않는 듯 말이 없이 고개는 다 숙이고 풀이 없이 걸어가고 걸어오고 한다。 나는 슬펐다。 쓸쓸하였다。

주인집에를 갔었다。 이리저리 사돈의 八寸쯤은 되는 주인집이었는데、위아래 큰사랑에 주인도 나왔고、또 同宿하는 某專門生도 그저 있었다。「왔느냐」한마디 묻고 또 모두 잠자코들만 앉았다。 할 말도 없고 말할 맛도 없고 해서 그저 땅을 굽어보고 앉았다。

巡査가 와서「이 집에는 學生 손님이 몇 사람이나 있느냐」고 물어서 그 名錄을 적으며、지금부터는 꼭「下宿」이라고 名牌를 걸고、오고가는 손님은 꼭 客牘記를 적어서 交番所에 屆出을 하라고 하고、또 그것을 위반하면 매우 안 좋다고 이른다.

학생들은 오고가고 낮은 소리로 숙덕대고 눈물지어 울고 하였다. 아무 선생、아무 학생은 모두 잡혀서 갇혀 있는데、옷고름·허리띠·대님 다 빼앗고 맨발 벗기어 拘留間에 두었단다고 청승궂도록 이야기들 하였다. 豫備檢束이니、豫審이니、家宅搜索이니、免訴니、確定判決이니 하는 것이、그후에는 보통 家庭婦女에게까지 거의 常識化되고 말았으니、그때에 다 옷고름을 떼고 맨발 벗기어 가두어두었으니、아마 그 사람들은 그 身命이 危殆할 것이라고 嗟嘆들 하였다.

나는 너무도 憂鬱과 沈滯와 暗澹한 그 雰圍氣 속에 있기가 싫어서、學友 六、七人과 가끔 모이어 숙덕공론한 것이、나는 美國으로、某甲은 上海로、某乙은 北京으로 간다고 하고、또 가장 年長者인 某丙은 시베리아로 간다고 하며、洋服을 지어입고 큰 가방을 사들이고 하면서 서둘러보았다.

罷意된 海外放浪

그런데 故 月南 李先生에게 가서 그 사연을 말씀드리고、멀지 않아 鴨綠江을 건너 걸음걸음 美洲로 향하겠다고 告하니、先生이 한참 들으시더니、

「생각은 매우 좋은데、獨立은 아직 하루이틀에 되는 것이 아니고、그러한 熱誠이 있어 변치 아니할 君이라면 美國 가기 전에 먼저 日本留學을 가게. 基礎知識이 없는 터에 直時 美國을 가더라도 東洋事情과 日本의 國情에도 어두워서 안 될 것이니、먼저 日本을 가게. 日本을 가서、잘 공부한 후에、美國에는 追後로 가도록 하면 좋을 것일세。」

이렇게 일러주시는데、先親은 시골서 쫓아올라와서 이 다음에는 어찌되었든、지금 당장 美國으로 逃走한다는 것은 그만두고 日本留學이나 가라고 말씀하시므로、나는 그때부터 日本行을 결심하고 떠났었다。

孤立에서 覆沒에

그때 나는 「우리나라는 언제나 다시 獨立을 할꼬」 하고 묻는 동무에게、「三十年은 기다려야 獨立하리라」고 대답하였었다。 듣던 이는 「아이고 三十年이라니。 三十年을 어떻게 기다릴까」 하였다。 三十年說을 말한 그때의 나는、論據는 자못 막연하나 東西洋史에 着想한 바 있어 그리 斷定하였었다。 이래 三十六年의 經過는 지금에서 도리어 큰 惡夢을 꾸는 것 같다。 그러면 지금부터 以後는?

그런데 高宗十三年 丙子、江華에서 맺어진 朝日修好條約 이래、甲申政變과 淸日戰爭、露日戰爭 당시까지 韓國은 中·露·美·英·獨·佛 등 諸國으로부터 완전 격리되어 國際的으로 완전 또 절대 고립되었다。 이렇게 고립되어 있으면 비록 상당한 强大國으로서도 外國의 침략 밑에 存立이 곤란한 것이다。 그런데 內政에서는 保護條約 전후부터 蠶食하여 오던 形勢가 全手足을 꼭꼭 묶어서 꼼짝달싹 할 수 없이 되었음이、合併 당시의 形勢이었다。 日帝國主義의 毒焰은 酷甚하였었고、우리의 覺醒은 퍽이나 늦었었다。

(一九四九·二《三千里》)

髑髏哲學의 使徒로 되었다

己未年에는 未決 旣決 합하여 三十數朔 獄中에 있었다。 量으로는 나의 專門인 史書、 그중에도 朝鮮의 歷史文獻을 많이 보았고、 修養書로는 《新約聖書》、《老子》、《莊子》、 톨스토이翁의 《簡易聖書》、 佛陀의 福音、 耶蘇의 人格 등 書籍을 보았다。

나는 智識을 求하는 點에도 相當 열중하지마는、 하나의 人生으로서 어떻게 세상을 살아가야 하는가、 이른바 人生觀의 確立을 追求하는 점에서 하나의 信念의 使徒이다。 이러한 점에서 老·莊·佛·耶의 諸書籍에서 깨달아 얻은 바 많았다고 생각한다。

말하자면 苦難과 不如意와 無常을 느끼게 되는 人生을 조심스러운、 또 最善의 努力을 하고 있는 生活者인 내가、 老·莊·佛·耶의 諸家에서 그들이 걸어온 거대하고 高邁한 가치에서 默識心通한 바 많다고 믿는다。

나는 누구든지 機略縱橫한 政治家的 革命家的 生活의 半面에서 조금씩이라도 人類의 스승이라는 偉大한 人格者가 걸어오던 길을 찾아 되돌아보는 一面의 生涯 있기를 바란다。

그 다음에도 累次의 入獄이 있었는데、 역시 數量으로는 史書를 가장 많이 보았다。 朝鮮史를 주로 日本史·東洋史·西洋史 등을 새잡이로 通讀하여 보았다。 또는 中國의 儒家 十三經을 大全만이지만 通讀도 하여보았고、 司馬

遷《史記》를 日本版이나 本紀・世家・書・列傳 등 原文대로 거의 通讀하여 본 일 있다. 그리고 그외에도 《新約聖書》와 《老子》, 《周易》 등을 通讀하였고, 佛氏書에는 다소의 註釋書 외에 《維摩經》, 《無量壽經》, 《法華經》 등을 通讀 혹은 涉獵하였다.

그 所得을 말하자면 구히 虛妄한 現實을 그대로 알면서 永恒不滅의 精進의 世界를 걸어가는 것이, 人生을 살아가는 態度이어야 하고, 物質로 본 人生이 北邙에 구르는 한 개의 髑髏밖에 아니되는데, 自己가 안고 나아가는 自我인 「나」는 天下로도 바꿀 수 없는 至上價値의 把持者인 것을 意識하는 데에 빛나는 意義가 있다는 것을 깨달았다.

佛氏書에서는 「任運自然」의 理念이나 「隨順生死 不住涅槃」이라는 衆生濟度의 大乘理念에 퍽은 感悟한 바 있었다. 말하자면, 虛妄과 執着, 超越과 精進 따위 矛盾된 두 개의 世界에서 永恒創造라고 하는 努力과 價値와의 生涯를 把持하는 것이, 人生을 一元化하여 살아가는 獨自的 境地인 것이다.

《八十華嚴經》은 故 映湖堂 朴漢永 師의 差入으로 내려읽으려고 하다가, 出獄期 받아서 못다 읽고 나왔고, 出獄 후 《八十華嚴經》을 一帙 買入하려다가, 그 당시 貧困과 失機로 그것을 못하고 말았다. 그 《華嚴經》 중 偈의 하나에, 佛陀가 無量劫運을 공고루 다 치른 후 비로소 成佛함을 얻었다는 諷刺的인 말로 「一一地獄中 遍經無量劫 爲念衆生苦 而能忍是苦」하는 것을 만나 허다한 獄苦를 이겨버리기로 하였다.

죽어야 하면 죽고 살아야 하면 살고 하나도 我欲에 執着지 말라. 내가 만일 涅槃인 極樂淨土에 들어가서 혼자 편하게 지내고 있으면 누가 또 가엾은 衆生을 一心으로 건져줄 것인가 하는 것이 自我가 確立된 後에 있어서의 任運自然의 境地인 것이다. 이 境地를 만일 참으로 얻으면 世間 다소의 中傷謀略을 발밑으로 디디고 지나다닐 수도 있는 것이다。

社會科學書도 적지 않게 보고、多少의 硏鑽을 하였노라고는 하겠으나、獄中에서 耽讀할 수 있었던 것은 루이스 모간의《古代社會》이다。나의《朝鮮上古史鑑》이란 著作은 이《古代社會》의 熟讀에서 시작된 것이다。

조금 하나 더 쓰자면 나의 政治理論은 레닌주의와 數種의 唯物史觀 등의 熟讀과 各種 史書의 涉獵에서 얻은 새(緯)와 나의 實踐의 生涯를 통하여 얻은 體驗을 날(經)로 삼아 生成된 것인데、그것도 入獄할 때마다 空靜한 獨居房 生涯에서 悠悠히 冷徹空明한 自己와 現實을 향한 回顧와 批判을 通하여 作成된 바이다。

나를 스스로「髑髏哲學의 信徒」라고 맡기고 있다。모든 것을「隨順生死 不住涅槃」의 境地에서 人生을 살고 있노니、이는 新約書에서 출발하여 佛典에서 자라나고、老氏와 孔子와 許多한 近世 革命家의 生涯에서도 攝取한 바 있었던 것이라고 말하여 둘까。讀者 그 僭濫을 諒하시라。(漢城日報社 樓上에서)

牢獄深深人不到

(一九四九·三《三千里》)

나는 詩人이 아니고 詩想조차 많지 않다.

己未運動 적에 늦게 大邱獄에 들어가 갖은 苦楚를 견디어내면서 未決 旣決 三十數朔 지냈었다. 豫審에 걸렸을 때 하필 北向한 房에서 半年이 넘고, 옮기어 一年이 또 지나고 하는 판이었다. 낮에는 運動하러 나아가서 하늘구경 해구경 하였지만, 밤이면 오직 충충한 監房에서 냄새나는 空氣를 들이마실 뿐이었다. 답답하였다. 몇 달 지난 뒤 잘 때에야 누워서 유리窓을 내다보니, 그야말로 鐵窓 틈으로 푸른 하늘에 새어들어오는 밝은 별 있어 깜박깜박 움직이고 있었다. 여러 달 만에 별을 보았다. 별은 나의 生命의 근본이고 靈魂의 故鄕인 것같이 반갑고 기뻐했었다. 어찌되었든 詩같은 말을 엮어보았다.

鐵窓에 새어드는
빛나는 저의 별은
반짝반짝 또 반짝
졸고 있는 나의 넋을
속살거려 깨워준다.
牢獄深深人不到

오、저어기는 내 生命의
묵은 시골。

大邱監獄은、그 당시 獄 담 안에는 산 나무 한株 꽃 한포기 안 가꾸어놓았고、오아시스조차 못 찾을 거친 沙漠 같았다。아직 남아 있던 笞刑場의 「아이구메!」 하는 시골 사투리 섞인 悲鳴소리만 아침저녁 듣는 것이 日課였었다。어떤 때는 死刑場에 끌려나아가는 殺人囚가 「아무 골 아무개 오늘로 나는 죽네」 하며 고래고래 소리지르는 것이 한 挿話이었었다。

해질 녘에 재잘대는 참새소리조차 어디서 나는지 알 수 없었다。나갈 때면 용수를 눌러쓴 채 한눈도 아니 팔던 터이었고、또 豫審으로 내던져두고 석 달、넉 달에 한번도 안 불리는 나에게는、참새소리조차 퍽은 반가우면서 어디서 들려오는 것인지 無限 궁거웠었다。

어수룩한 해질 녘
재잘대는 새소리
어데서 들려오나。
높은 담 저 너머에
산 나무 있더니라。

붉은 옷 갈아입고 旣決囚 된 身世이었었다。

위리 속 가을 찬 밤
귀뚜라미 울지 마라。
어지런 때의 물결
이적엔 어이된고。
燈 아래 홀로 누운 손
한숨겨워 하노라。

時調를 지은 셈이다。
中學 卒業班 學生들로 한 都市의 蹶起運動을 一線에서 指導하고、三年役씩 치른 靑年들이 出獄하면서 送別時調를 請하는 것이었다。

어려우면 어찌하며
쉬운들 거저 가리。
風波에 실린 배니
애쓸없이 절로 가리。
옐수록 까만 바다
참 한 맘 아니고야。

이것을 出獄 후 鄕里 어느 先輩에게 외워드렸더니 그는 단박에 눈물을 좌르르 흘렸다。그 까닭 따로 있을 것이다。어느 斯界大家가 「제격대로 고쳤으면 時調 하나가 되겠는데」 하고 혼자 웅얼거리더니 안 고쳐주고 말았다。

훨씬 내려와 例의 軍官學校學生事件이라고 하던 때、西大門刑務所에 혼자 앉아 지어본 即興漢詩 七絶 一首가 있다。

牢獄深深人不到 坐看蠅子舞風廻
捉得片時聽自去 憐爾此地訪我來

혼자 잠자코 앉아 있을 때 파리 한 마리 날아들어왔다。맨손으로 움켜잡았다。파리는 주먹 속에서 앵——하고 울고 있다。그만두어라、놓아보내라고 값싼 慈悲心을 내며 손바닥을 확 펴니 파리는 窓 밖으로 날아 달아났다。

그래서 이 漢詩를 지었다。多感한 爲堂 鄭寅普氏가 이 漢詩를 보고 퍽은 슬프더라고……。

日帝 末年에는 反動關係도 있고、物資 넉넉지 못한 탓에 獄中의 衣服・食料・寢具도 아울러 줄아드는 판이었다。짧은 소매에 맨발로、짚신조차 못 얻어신고 벽돌담 쌓은 獨居房運動場에 뛰어나간다。얼굴은 쪽 빠졌고 정강이는 가는 내 몰골이 스스로도 우스운 것을 잘 알았었다。

늦은 가을 첫겨울에 땅바닥을 성큼성큼 밟아보니 차기가 얼음장같고、우러러보니 푸른 하늘에 햇빛이 明朗하다。이럴 때 문득

天地正大氣 凜烈貫日月

하고 가만히 소리내어 읊조렸다。 가끔 그러하였다。 그럴 적마다 발 시려운 것을 잊어버렸다。 나는 그때 監房에서 언젠가 우리 國歌와 聯結시켜서 漢詩를 만들어보려고 하였었다。

太白長靑東海濶 乾坤正氣捲舒間

이렇게 지어보았다。 당시 天地正大氣 다 스러지고 妖邪한 風이 조선 天地를 휩쓸고 있다고 여겼기 때문에 捲舒間이라고 지었다。

그리고 내던져둔 지 數年、出獄하여 鄕村에 엎드렸을 적에 구차한 일 있어 서울에 왔었다。 西江 어느 親知에게 구할 것 있어 찾아갔었더니 不在中으로 虛行하고 돌아왔다。 타달타달 걸어오는 途中 문득 落句 한 雙을 채웠다。

回頭千古興亡史 多少男兒徒手還

그야말로 맨손으로 왔다가 맨손으로 가는 人生이라고 느끼었다。 世上의 野望과 努力조차 헛일 되기 매판 쉬운 것이라고 諦觀하여 보았다。

이것을 絕命詩로 남겨두고 적당한 때에 한많은 故國을 떠나리라고 그윽히 별러보았다。 咸南 洪原에 잡혀가서 足鎖 차고 앉았으면서 더욱 많이 끊어보았다。 그러나 幸인지 不幸인지 오늘까지 살아왔다。

牢獄深深人不到

나의 故鄕 平澤郡 杜陵里는 平原과 丘陵地帶에 있어、海拔 數百尺쯤의 산마루에 오르면 遠近 수백리 山河가 둘러보인다。

바로 가깝게는 高麗朝 蒙古亂 적에 振威郡(平澤은 舊 振威가 들어 있음)人 李將大가 叛亂을 일으키어 淸國兵馬使로 自稱하고 河陽·宗德 二倉의 곡식을 풀어 貧民을 먹이면서 여러 달 水原·廣州 兩城 官軍을 맞아 싸우던 터전이다。그 遺跡 地名上에도 남아 있다。

그리고 東南으로 百濟 創業의 땅이라는 聖居山이 보이고、그 北으로 壬辰亂과 淸日役 激戰場인 素砂가 보인다。北方으로 水原 禿城山 보이니、壬辰役에 都元帥 權慄이 烏山一境에 집결된 倭寇를 격파하던 땅이요、北東의 同郡 光敎山은 蒙古亂·壬辰亂·丙子胡亂에 先民激戰 또는 敗戰의 땅이요、同 龍仁郡의 石城山도 蒙古亂의 戰場이다。동으로 安城의 高城山은 壬辰亂에 義將 洪季男의 防戰地이다。그리고도 먼 北으로 始興郡의 修理山、서울의 三角山이 모두 바라보인다。

西北으로 乾達山·雙峰山·마루山 모두 壬辰亂의 古戰場이고、西南으로 牙山灣의 바다 굽이는 安城江에 연달아서 山河 映帶하는 맛 있고、德山의 伽倻山、洪州의 烏棲山、牙山의 靈仁山과 天安 방면 모든 山이 보이는데、李忠武公 舜臣의 英靈이 길이 머물러 있는 牙山의 白芳山이 빤하게 건너다보이어、安城江 흰깁 같은 개울 저 밖으로 놓여 있다。先人 芝隱居士는 歲時 때면 나를 데리어 月明山 남쪽 先塋에 掃墳 가면서 「저어기 저 갓모같이 보이는 저 山이 李忠武公의 山所 있는 山이니라」고 하던 것이라、나는 이 地方에서 上代의 모든 兵亂과 東學亂、淸日戰爭 이야기 속에 자라났고、露日戰爭은 눈으로 본 셈이다。

나는 열두어 살 적에 月明山에 올라서서 한 十里 못 되는 西井里驛 근처에 京釜鐵路의 列車가 시커먼 煙氣를 올라면서 우렁차게 기적소리 지르고 줄기차게 내닫는 것을 보면、童心에도 外勢의 侵略에 긴 한숨 나오면서 反抗意識 슬그머니 솟아오르던 것이다。

그 月明山이 杜陵里의 南山이요、꼭대기에 先人 독서하던 茅亭터가 있고、그 아래는 月明里 廢洞이 있다。내가 己未 直前 잠깐 鄕里에 幽閉된 生活을 할 적에 漢詩 五律 數篇을 얻었다。

步上南山巓 草沒舊亭墟
聞說月明里 乃我先人閭
狐眠敗砌下 今古感何如
世事都如是 丈夫年哂餘

언젠가 六堂 崔南善에게 이 詩를 보였더니、어찌 그리 慷慨한 맛이 있느냐고 하였다。

또 한 篇、

步上南山巓 將軍古墓遐
神威蕩海寇 妙策扶皇家
星落征陣日 夷夏盡咨嗟
英靈今安在 只看暮雲遮

이토록 李忠武公을 崇敬 尊慕하던 나인 까닭에 忠武公 詩가 제일 印象깊다。그 古今島詩이다。

牢獄深深人不到

水國秋光暮 驚寒雁陣高
憂心轉輾夜 殘月照弓刀

집에서든지 獄中에서든지 혹 林下水邊感懷 있고 秋心 있을 적에, 문득 朗然히 읊조리면 마음이 후련한 것이다. 日本의 東京學窓에서도, 지금의 敦岩山房 나의 조그만 書齋에도 이 漢詩가 걸려 있다. 그리고 獄窓 찬 밤, 혹 햇빛 환하게 든 고요한 낮에 鄕愁 만일 움직이면, 步上南山巓의 兩篇 漢詩를 외웠던 것이다.

그런데 내 十五、六年 前 西山大師 休靜의 《淸虛堂集》을 얻어 그의 伽倻山紅流洞詩를 보고 우연 나의 心琴 건드려줌을 받아 가끔 그를 愛誦하게 되었다.

出門三月暮 處處落花風
十年紅塵客 一笑靑山中

언뜻 보아 尋常한 듯하면서 淸閑한 중, 一抹 鬱悒의 情을 쳐서 일으키는 것은 이 詩이다. 獄窓孤高의 情에 끌릴 때 이 詩를 읊어보았다. 언제가 이웃 監房의, 마음의 고초를 많이 받던 左翼 關係 어느 靑年, 이 詩를 외워 듣고 再嘆三嘆 스스로 몇 번이고 외워보던 것을 들었다.

日帝末年, 내 平澤郡 杜陵里 村舍에 홀로 있을 적에, 上述한 약간의 詩를 가끔 외우는데, 茶山 丁若鏞 先生의 《與猶堂全書》를 校正한 일 있어 茶山詩의 五言一絕이 퍽 마음에 들었던 것이 생각났다.

愁亦下飲酒 飮亦不賦詩
寂寞南窓下 坐看花一枝

술도 아니하고 詩도 아니 짓는 나에게는, 이 茶山의 風이 가장 마음에 맞았다。南窓 앞에 몇 포기 꽃을 가꾸어두고 椅子에 홀로 기대어 이 詩 외우는 것이 한 情趣였다。

獨對青灯坐 看書猶未眠
不知疎雨過 星月滿凉天

지금까지 나는 이 詩 作者도 모른다。내가 자라나던 先人의 書齋 鄕第 舍廊 東壁에 붙어 있어, 少年적부터 愛誦하던 詩이다。獄窓에서 취침 전 窓外에 비듣는 소리 들려올 때, 鄕愁 섞인 듯이 이 詩 외워보는 때 있었다。

역시 杜陵村舍時代이다。내가 외우는 것이 모두 凄楚一鬱한 愁心詩뿐으로서 그 氣象 너무 애닯고 緣起 또한 좋지 않다고 생각되었다。차라리 大聖人의 獨尊自負의 境地를 溫習함이 可하다고 생각되어 빈 뜰을 혼자 거닐면서,

文王既沒하니 文不在玆乎아

牢獄深深人不到

를 크게 외워보았고、

天生德於予시니 桓魋—其如予에 何리오

하고 高聲朗吟하여 보았다。그때마다 나에게는 崇嚴美가 찾아왔었다。

學聖難成心自淵 擎天無力夢徒勞

이것도 나의 拙詩 一聯이다。

담배와 亡國恨

(一九五〇·一《新天地》)

술병 하나와 國家의 重責

지금부터 十五年前 여름이다。 나는 爲堂 鄭寅普와、 이제 이미 古人이 된 映湖堂(石顚 朴漢永)과 尹錫五씨 등 몇 사람과 동무하여 南韓旅行 길을 떠난 일이 있었다。 먼저 忠北 淸州邑을 지나、 이름 높은 華陽洞 구경을 다녔었다。

華陽洞은 小太白山脈이 慶北의 뒷등에서 曦陽山·俗離山의 크나큰 멧부리를 늘어놓고、 仙遊洞 몇 十里 긴 골을 받아 내리는 넓고도 시원스러운 洞天이기 때문에、 山水의 風景美 여간 좋은 곳이 아니다。 煥章庵 고요한 절에서 하룻밤 자면서、 이슥하도록 古書畫를 보고 古今 이야기를 하였고、 새벽에는 「석」 하는 쇠북소리에 단잠을 깨어 천천히 아침밥 먹고 住持스님의 길라잡이로 華陽九曲 굽이굽이 밟아도는 참이었다。

金炳鉉 住持는 스님이면서 趣味를 알았다。 맑은 유리병에 藥酒를 담아 여남은 살 된 童子에게 들리어 一行을 따르게 하였다。 一行中에 酒客이라고는 거의 없었지만、 높은 손님 勝地에 노는데 한 잔 술 없을소냐고 준비한 것이 住持스님의 아름다운 마음씨였었다。

金沙潭 臥龍淵으로 瞻星臺 巴煥하면서 멀찌감치 落影山 우뚝한 봉우리 指點하는 즈음, 童子는 어른의 발자국 따라오기 벅찼던지, 돌부리에 걸리어 탁 넘어졌다. 어른 된 우리들은 행여 다쳤을세라고 놀라서 물어보는데, 當者인 童子는 몸은 바위 등에 부딪혔으면서도 손으로 술병을 높이 쳐들었고, 눈은 술병의 安危를 살피기에 바빴었다.

이때이다. 남다른 感受性을 가진 鄭爲堂은, 「술병 하나를 부탁받았어도 책임 저토록 중대커늘, 나라를 부탁받고서도 책임을 잊어버리다니……」 하고 못내 嗟嘆하였다. 나는 다만 微苦笑로써 會心의 뜻을 나타내었다. 우리들은 옛 韓帝國 末年 祖國 넘어지는 꼴을 두 눈 똑바로 보고 내려온 터인 까닭에, 爲堂의 이 述懷 있었고, 나는 會心의 微苦笑하였던 것이다.

이 人類社會의 成立 存立이 아울러 責任感에서 되어 있는 것이니, 모든 道義理念이 責任感을 주축으로 되어 있다. 東洋에서 유명한 「鞠躬盡瘁, 死而後已」라고 하는 비장한 殉國的 決心도, 그 뿌리를 캐면 責任感에서 나온 것이다. 그리고 이 責任感은 당장에 死生을 걸고 결행하는 非常重大한 일에서만 나타나는 것이 아니고, 日常生活이나 大小 職場에서 文化人의 道義感으로써 總體的으로 풀려나오는 것이다.

넬슨 提督과 英國의 工場 職工

日帝 勢力이 한참 盛하던 무렵이다. 어느 日帝의 陸軍將校가 英帝國 視察을 다녔었다. 크고 유명한 工場을 들어갔었는데, 마침 操業時間이 되어 職工들은 색다른 외국손님이 들어왔건 말건, 監督者도 없는데 한눈 한번 팔

새도 없이 眞摯하게 일하고 있는 품이 여간 탐탁스럽지 않았었다.

將校는 이상하게 여겼다. 「이 큰 工場에서 操業時間이 되어 한 사람의 감독자도 없이 저토록 일만 하다니」하고 의심까지 일었다. 궁금한 김에 「監督은 어디를 갔소?」하고 물었다. 한 직공은 「각 사람이 자기의 책임으로써」하고 대답하였다. 將校는 말귀를 못 알아듣고 다시 물었다. 그 직공은 이 사람은 말귀도 퍽 못 알아듣는다는 듯이 말을 고치어 「각 사람이 각각 자기의 책임감으로써 일할 시간에는 일을 열심껏 하니까 감독자를 따로 둘 필요없단 말이오」하고 다시 한번 흘긋 쳐다보는 것이었다. 머리털 새까만 동양사람은 그렇게도 알아채지를 못하는가 여기는 것이었다.

매우 케케묵은 일이지만 英帝國의 유명한 提督 넬슨이, 트라팔가海戰에서 英帝國의 運命을 두 어깨에 걸고 프랑스·스페인 聯合艦隊를 때려치울 적에, 「잉글랜드는 사람마다가 자기의 책임을 다하는 것을 요구한다」고 하는 타이틀을 旗艦 위에 높이 걸어 그 將士들을 격려하였던 것이다.

말은 평범하지만 實踐에서는 大威力이 나타나는 것이다. 英帝國이 三百年 盛運을 누리지한 것은 唯物史觀이나 經濟史 등 여러 視角에서 解說할 수 있지마는 스마일스의 《自助論》에서 볼 수 있음과 같은, 각 개인이 각각 자율적으로 자기 책임을 다하도록 된 그 國民道德의 발달을 떠나서는 설명할 수 없다. 넬슨 提督이 時刻 안에 國家興亡을 걸고 將士에게 요청한 그 精神이 위에 말한 공장 직공들에게도 자율적으로 철저화되어 있었던 것이다. 英國의 海軍은 워낙 世界 莫强으로 잘 알려져 있지만, 英國의 陸軍도 이같이 각 개인이 모두 자기의 책임과 판단력을 살리어 잘 싸우는 까닭에 陸軍 역시 그 質에서 매우 강하다는 것이 斯界 識者들이 증언하는 바이다.

우리 민족은 그 素質·才幹은 퍽 우수하면서도, 이 각 사람이 자기 직책을 다하는 점과, 각각 자기 직책을 다

함으로써 합동하여 크나큰 組織的 力量을 발휘한다는 점에 매우 疎漏 있고 缺陷 있다。 이래서는 優良한 指導者도 孤單하게 넘어질밖에 없을 것이다。 民主主義가 말은 쉽지마는 국민 각자가 각각 자율적으로 책임을 극진히 하고 그 대신 正常하게 자己의 權利를 自保障할 만큼 되지 않고서는 평생 가야 謀略家・野心家의 밥 되고 발판 노릇 할 것밖에 별수없는 것이다。

流浪民에게 받은 知遇의 感

내가 二十三歲 새파란 靑年 적이다。 日本 東京에서 早稻田大學 三年生으로 진급이 되던 여름, 때는 一九一三年 癸丑, 中國은 第二次革命이라고 南方의 革命亂이 벌어졌을 적이었다。 나는 뱃길로 上海에 건너갔다가 南京・漢口가 아직 소란한 까닭에 다시 뱃길로 靑島로 가서 濟南・天津・北京・山海關 등을 거치어 奉天을 돌아 安奉線으로 安東縣에 와서 서울에 돌아온 일이 있었다。

上海에서 허다한 우리 革命先輩의 同志를 만났으나 그 빈곤 자못 딱도 하였고, 北京의 동지들은 더욱 困苦하였으며, 滿洲의 農民同胞는 언뜻 보아도 참혹하였다。 奉天市內 어느 조그만 韓人의 會合場에서도 農村 少女 소임한 十七、八歲의 어수룩한 처녀가 「우리들 牧者가 없는 羊의 떼와 같이」 云云하면서 《新約聖書》의 文句를 빌려 자기들의 切切한 心境을 하느님 앞에 기도드리는, 청승스럽다고 할 境地를 目睹한 것은 情熱 끓고 있던 그때의 나에게 印象 깊은 衝擊을 주는 것이다。

安奉線에서는 三等車間이라고 탔었더니 車室에 벤치조차 없고 허름한 乘客들이 맨바닥에 包蓋보따리를 놓고 그 위에 앉는 것이었다。 나는 버들고리나마 東京서 산 번듯한 것을 놓고、 게다가 青年紳士인 척하고 제철 洋服을 입고 허리를 쭉 펴고 앉아 있었다。

沿道에는 白衣 입고 움직이는 朝鮮農民이 가끔 눈에 띄는데、 車內에도 흰 두루마기에 網巾에 갓 쓴 어느 南韓 시골사람이 탔었다。 또 한 사람 있었다。 그들은 心事 매우 孤獨하던 모양이었는데、 내가 아주 意氣軒昂하게 조선말을 건네는 것을 보고 「아이구 당신도 韓國사람이던가요。 그러면 우리도 이리 와야겠군」 하면서 쫓아와서、 左右에 앉아 자기들이 고생하는 事情이 되놈(中國人을 가르키는 敵愾的 말)에게 휘둘리고 있지마는 돌보아주는 勢力도 없다는 말을 하면서 오는 동안、 鳳凰城 근처인가 다다라서 잘 가시라고 신신당부하며 나에게 허리 굽혀 敬禮하면서 내리던 것이다。

나는 값싼 感激이었을는지도 모른다。 그러나 路資조차 다 떨어져서 초라하게 돌아오는 白面書生 나에게 그토록 信倚하고 하소연하던 受難同胞의 情景이 가끔 눈앞에 선하게 되살아난다。

諸葛孔明은 皇叔 劉玄德이 三顧草廬를 하여가면서 天下事를 부탁하였던 까닭에 그 「受恩感激」함으로 말미암아 五月渡瀘 六出祁山하여 가면서 그야말로 「鞠躬盡瘁 死而後已」 하는 最終의 幕에까지 갔었는데、 변변치 못한 나이지만 이러한 車中 안타까운 장면에서 얻은 감격조차 일생에 잊혀지지를 않는다。

세상사람의 中傷謀略이 야속한 대목 퍽은 많지마는 그와 다른 방면에서 조그만 기대 있는 것도 냉랭하게 저버리기 어려운 것은 人情 참스러운 發露이다。

日帝末年 彈壓 심한 때、 내 保釋되어 鄕第에 있을 적에 잠깐 入京하여 조용히 어느 敎授를 찾았었더니 그분의 門生 某專門校生 數人 마침 찾아와서 時局 悲痛한 말을 하고 있었다。 말이 조금 그쳤다가 「安在鴻氏는 요새 어

찌되었소?」 하면서 자기들끼리 속살대는 것이다. 주인 웃으면서, 「이 선생님이 安在鴻씨여!」 하니 그들은 깜짝 놀라면서 敬愛의 뜻을 표하던 것이다.

다음 날에 다시 投獄된 때 孤危한 맘 심할 적에 그 青年學生의 信倚하던 태도조차 그윽히 나를 鞭撻鼓舞케 하여 새로운 용기를 자아내던 것이다.

上功不賞의 외람된 敎訓

자기 스스로 돌아볼 때 감격 깊던 고비는 적지 않게 겪어왔으나, 한번도 통쾌하여 자랑할 만한 장면을 가져보지 못한 것이 불행한 나의 일생이었다.

나는 가끔 友人과의 漫談으로 일생을 통하여 통쾌하던 장면을 人生社會에서 겪어본 일 없고, 오직 白頭山登陟에서 여러 날 行程의 끝에 無頭峰에서 天坪 가이없는 大樹海를 내려다보던 것과, 天王峰 비탈에서 千里瑤海를 생각케 하는 발 아래 天池의 물을 내려다보면서, 南北 萬里 아득하고 질펀한 大雲海의 光景을 전망하던 그것밖에는 그에 견줄 만한 人世의 痛快事를 不幸 한번도 못 겪어보았다.

내일 즉 于蒼 申錫雨씨와 黃士마루를 걸어지나다가 正服을 차린 救世軍 士官이 북을 울리고 찬송가를 하고 음성을 높이어 說敎를 시작하는 것을 볼 때, 내 문득 喟然太息을 하면서 「제에길, 하다 못하면 저 일이라도 해볼까」 하였었다(救世軍 諸氏에게 조금 未安하다). 나종 申于蒼, 가끔 그것으로 나를 조롱하였다. 그러나 그 實은 내가 잠시도 거리 위의 群衆 即 街頭의 大衆을 잊어버리지 않는다는 證跡으로 매우 좋은 點이라고 나는 自讚한다.

八·一五 이후에도 몇 번이나 大衆과 함께 街頭行進은 해보았으나 敵陣을 肉迫하여 一擧에 그를 打倒하고 新祖國을 건설하도록 如意亨通의 世界를 못 본 나로서는, 依然 人世의 일로 痛快 淋漓하더라는 장면은 겪어보지 못했다고 할 수 있다.

一九四五年 八月 十六日, 解放의 通告와 民族自重을 요청한 나의 첫번 放送에 관하여, 많은 사람들이 그 당시의 印象과 感激을 나에게 말하는 것을 듣는 터이다. 그날의 放送과 鍾路거리 大衆의 물결치는 동작과 하늘에 사무치는 萬歲聲조차도 앞날의 難局을 빤히 내다보고 가슴속 憂鬱하던 나에게는 나의 自動車를 둘러싸고 만세 부르면서 열광하는 군중에게 도리어 고개가 숙여지던 것이다.

내가 過政에 가 있을 때에, 陸海軍 將校, 青年 士官, 其他 公務要人들이 가끔 共同으로 찾아와서 「인사」하면, 나는 再建祖國 때문에 힘써서 좋은 傳統을 만들어 後來者에게 그 範을 보이도록 하자고 말로는 몇 번이나 당부하였으나, 그 말이 하나쯤이라도 실현되는지 人生一代 부질없이 빈말로 거짓말로 세월을 보내는 것은 스스로의 恥辱이다.

또 한 가지 웃음 나는 일 있다. 日帝末年, 내가 다소의 文識 있고 社會의 上層部를 걷고 있다고 해서, 서울 一聯 묵은 世族大家 出身이니 많은 封建志士들이 나를 더러 만나려고 하고, 만나면 그들 딴은 특별한 禮遇를 한다고 하는 것이 눈에 띄었었다. 그 중에도 나이도 尊丈이 되고 漢學文識 높다고 하던, 벌써 故人 된 어느 前高官이 모처럼 몇 번째 나를 만나 友誼 깊어졌다고 情談을 한다는 것이, 「우리들 世族大家의 出로도 그렇지 못하는데」라는 말은 한 도막 뱃속에 넣어두고, 「그대와 같은 鄕村 寒微한 出身이면서 그렇게 抗節不屈을 하니, 참으로 敬意를 표한다」고 推奬하여 주던 것이다.

아닌게아니라 鄕村 儒生의 出로 物心 兩面이 이미 蓄積도 모두 消耗되었고, 民族主義 陣營은 최후까지 文字 그대로 死守하여야 할 나인 만큼 人生支離 六十秋를 노래하고 싶을 만도 하다. 다만 한 가지 꼭 말해 둘 것은, 무엇으로든지 갚음 있기를 기대하는 사람은, 中途離脫까지 보고 만다는 그것이다. 「上功不賞」의 큰 敎訓 있으니, 天下國家 이 때문에 말 수 없는 終生의 大努力을 하는 사람은 賞받기를 잊어버리고 또 念外事로 두고, 다만 스스로 自動的인 念願에서 줄곧 挺身하는 것이다. 외람되이 이 一言 아직 初心者일 青年 諸君에게 부쳐둔다.

담배꽁초와 亡國恨

이 項을 쓰기 전에 나는 讀者一般에게 용서를 청한다. 왜냐하면 결코 내가 稚氣滿滿한 자기 자랑이 아니라는 것을 알아주시기 바란다. 過政에 있을 적에도 가끔 소변 때문에 변소를 가면 수도꼭지를 비틀어닫아 無用한 流水를 방지하는 것이 하나의 課業같이 되었다.

지금 내가 매일 출근하고 있는 서울 公印社 構內에는 漢城日報社, 기타 세 新聞社, 두 雜誌社가 있고, 公印社 社員까지 합하여 많은 사람들이 들끓고 있는데, 변소를 가보면 매일같이 水道들은 새어나오고, 洗面하는 水道 漏斗와 소변 보는 漏斗에는 담배꽁초와 휴지를 퍽 많이 던져넣는 까닭에, 몇 철에 한번씩 漏斗는 下水가 막히고 물이 철철 넘쳐간다. 그때마다 온 마룻바닥에 下水가 걸뜨고 있다. 담배꽁초와 휴지를 무엇 때문에 하필 漏斗에 집어 넣어서 下水口를 막히게 할까. 그것을 뚫어내느라고 쓸데없는 정력과 시간을 다 소모하고, 만일 잘못되면 큰 사고의 원인도 될 것이다.

서울거리를 걸어보면, 쓰레기를 개천에 퍼다가 부어 개천가로부터 河心을 향하여 쓰레기더미가 자라나간다. 또 거리의 下水口는 시레기·우거지, 또는 부데기를 몰래 버리는 좋은 장소가 된다.

앞뒤 생각 없이 社會國家的으로 큰 손실 돌아오는 것은 돌아보려고 아니하고, 되는 대로 마구잡이로 행동하는 그런 마음으로 인하여 이 祖國의 이 民族, 이 江山은 망하고 있는 것이다. 山이면 다 禿山으로 되고, 도시는 모두 황폐하여지고, 生產機關조차도 많이는 破壞되는 것이, 아무 생각 없이 당장의 조그만 自己利益과 편리에 끄들려 그 利欲의 奴隸 노릇 하고 있는 탓으로 생겨나는 일이다. 이런 일을 다만 社會史觀의 한 줄기 理念으로 설명하려 하는 것은 人生 道義力을 너무 모독하는 결과로 들린다. 「담배꽁초를 이곳에 버리지 마시오」라는 注意書가 예외 없이 붙어 있지마는, 一向 아랑곳 아니하고, 되는 대로 살아가는 沒批判·無反省, 그리고 無計劃한 생활을 하는 人民들로 말미암아, 우리들은 三十六年 亡國民의 생활을 하였다. 사람마다 각각 자기의 책임을 결하고, 國家 社會와 人類同胞에게 弊害를 끼치지 않도록 하는 데 그 나라 그 民族은 興旺하여지고, 또다시 異民族의 支配統治 奴隸化를 영구히 면할 것이다. 이는 결코 道學者的 편벽된 말이 아니고 至嚴한 天下의 公理이다.

「송병 하나를 부탁받았어도 책임 지도록 중대하거늘, 나라를 부탁받고서도 책임을 잊어버리느냐」, 現下 民主主義國家 모든 국민은 그 각자 따로따로 國家興亡 책임을 지는 것이다. 담배꽁초 하나 무심코 함부로 내던지는 데도 國家興亡의 원통한 追憶이 되살아나는 것이다. 韓民族은 모든 主義政策論과 함께 다시 《自助論》을 읽을 時代이다. 自律的으로 못해가면 남이 나를 다시 지배하는 他律의 世界가 올 수 있다고 疑懼하는 것은 결코 一片傷心語가 아니다. 이 생각 마저 품어 스스로 가다듬어야 할 일이다. 冗言多謝.

隨　想(三)

白岳星譚

(一九三五·八《朝鮮》)

별의 나라 朝鮮——星辰에 應한 地上의 都城(一)

「靑天 하늘엔 별도 많고……」라고, 밤거리에 아장대는 아이들이 푸른 하늘 銀河水 양 옆으로 반짝거리는, 그지없이 떠있는 크고 작은 별들을 보고 時體의 노래를 부르고 있다.

朝鮮은 북쪽나라라, 空氣가 깨끗하고 山川이 明朗하여 파아랗게 개여젖힌 높은 하늘에는 여름밤에도 많은 별을 볼 수 있으니, 가을·겨울에는 더할 말이 없다. 별의 名節인 七月七夕이 갓 지난 이즈음이지마는, 七月의 바로 전날까지도, 아직도 三伏中에 때아닌 샛바람이 南支那海에서 몰려오는 水蒸氣를 다 쓸어버려 말쑥이 아지랑이 벗은 갯가을 하늘에는, 이야기피는 牽牛 織女星을 하늘의 한복판에 놓고, 흰별·푸른별·노란별·붉은별이, 이 나라의 자랑인 明麗한 自然을 몇 밤 동안 보여주었다.

城西의 名所인 松月洞의 어랑바위에는, 어머니를 옆에 모신 나어린 오누이들이 들판을 자리삼아 평화로운 納凉을 하면서, 고개를 잦히고 하늘을 우러러, 「저기 저거 아니야. 저거는 짚신할미, 저거는 짚신할아비」 하면서 織女星과 牽牛星을 손가락으로 가리키고 예로부터의 傳說을 속삭이던 것이다.

이런 것은 朝鮮情趣의 무르녹은 山河의 향내나는 民俗을 表하는 좋은 現象이다。

늘 보고 또 보고 하되 아름답고 神秘한 것은 별나라의 情狀이다。 鐵窓에 呻吟하는 손이 여러 가지 그립고 아쉬운 중、달라 별이 펵은 그리운 것 중의 하나요、三、四年間 밤하늘을 못 보다가、自出의 몸이 되어 개인 하늘에 흠씬 나온 굵고도 밝은 별을 보면、自然界의 造化가 感謝한 생각도 들고、만일 情熱이 있는 人生이면 남모르게 한줄기 눈물도 내릴 수 있는 것이니、大地의 가득한 山河萬里 莊麗 또 秀雅한 風景美와 한 가지、大宇宙의 秘奧를 감춘 듯한 별나라의 燦爛함이란、人生이 누릴 수 있는 최대한 藝術美인 것이다。

六百萬의 人口를 품고 高樓巨廈가 大地도 누를 듯할 뿐더러 烟霧가 항상 太空을 휘덮는 런던시의 주민들은 平生에 별구경이라곤 해본 적이 없고、거기서도 地方旅行을 못 해보았던 年少者와 一部의 婦女者들은、大戰亂中 체펠린飛行船이 不時에 侵入하는 통에、全市街가 모조리 消燈을 하고 때마침 太空이 깨끗하게 개인 김에 꿈나라에서처럼 가물대는 금가루 같은 별들을 보고、「아하、저것이 별이라는 것이로군」하고 좋아라고 날뛰었던 것이다。

東京·京都의 天文學者들이 별이야기를 실컷 하고서도 으레 가을·겨울에야 별을 보기로 하니、여름밤에라도 별을 마음껏 보는 것은 朝鮮이 가진 한 特色이다。

人類와 별과의 관계는 매우 깊다。古生物을 연구하고 古社會를 關心하는 者는、七十萬年 以前 人類의 中祖上인 類人猿 적부터 天象을 살피기 시작한 것이라고 한다。그 證據로는、머리를 젖히어 하늘을 보던 채로 不虞의 大天災에 흙에 묻히어 곤드러진 古生層의 두터운 흙 속에서 파내온 원숭이의 化石을 어루만져 기뻐하는 것이다。

筆者 往年 天坪의 神武時에서 野營의 잠을 잘 새、無限悲壯한 高原의 밤을 보고 동뜨게 굵어진、맑은 水蒸氣

에 붙은 별들의 魅力에 반하여, 우리의 先民들과 별과의 文化的 交涉이 얕지 아니하였음을 直感하였다.

별은 「배얼」이니, 「배」는 孕. 生生孳殖을 意味하는 바로 그 語彙가 특히 넓어, 古文化의 根幹部에 關係됨이 잦고, 「얼」은 「靈」이니 古代社會의 사람들은 物質的인 人生世界의 外에 따로 支配의 法力을 가진 未可知界의 무엇으로 믿었던 存在이다. 「배얼」이 「별」로 合音하여 一名詞가 되었으니, 「별」은 「孕靈」의 神秘한 支配者로 믿었던 것이다.

별의 나라 朝鮮——星辰에 應한 地上의 都城(二)

危樓高百尺 手可摘星辰
不敢高聲語 恐驚天上人

百尺이나 높은 樓가 半空에 솟아 있어 손을 내면 별을 딸 만한데, 마음 놓고 크게 떠들지 못하는 것은 天上의 사람이 놀랠까 저어함이란다. 이야말로 「白髮三千丈」의 본바닥의 本人인 李太白의 詩라, 그 허풍선이식의 形容이 한번은 웃음 만하지마는, 봄·여름의 아리따운 별이 어렴풋 깜박거리는 양은 百尺의 高樓에서 손내밀어 따기에는 좀 거짓말을 보탠 듯싶더라도, 이즈음 一萬五千尺이나 떠오르는 飛行船이라면 혹은 훨게 긴 손이 남实남실 닿을 것 같은 夢想도 안 나는 것은 아니다.

그러나 地球에 가장 가까운 月球가 가장 가깝게 地球에 다가든 때의 距離가 二十四萬哩(마일) 가량으로, 大略

三萬餘 哩나 되는 편이요, 이보다 좀더 멀어서 金星·水星 다음 자리에 있는 太陽이, 그 直徑은 大略 三百五十萬哩로서, 三萬餘哩 直徑을 가진 地球보다 百九 倍의 길이요, 그 容積으로는 百三十萬 倍나 된다고 하는데, 그 距離는 三億 七千萬哩쯤이요, 이것을 알기 쉽게 말하자면 時速 三十哩의 急行列車로 晝夜로 쉬지 않고 줄곧 달아나면, 地球를 出發한 지 한 三百五十年 후에야 간신히 太陽에 도달한다는 計算이다.

太陽도 한 개의 별이라, 恒星들에 비하면 제일 가까운 距離인데, 一秒 동안 十八萬哩를 달아나는 光速으로 太陽과 地球 사이에는 約 八分 동안이면, 光線이 건너오고 언제나 제자리에 있어 사람들이 가장 많이 아는 「北極」星은, 約 二十 光年의 거리요, 이 사이 「北斗」자루의 끝으로 조금 西南 하늘에 크게 번쩍대는 붉은 一等星은 中國의 이른바 「大角」星으로서, 現代 天文學者들의 硏究에 의하면, 地球에의 距離 二百五十 光年이요, 太陽보다 크기 直徑이 約 二十倍요, 光力은 그 二千餘 倍에 달한다고 한다. 그 運動의 速度는 一秒 동안 一千哩를 냅다 쏘는 별 중에도 바삐 다니는 者로되, 어찌했든 퍽은 먼 距離에 있어, 實際에는 한 千年이나 두고 보아야 땅에서 보이는 달의 直徑만큼 옮겨갔는지 안 갔는지를 좀체로 못 여겨본다는 形便이다.

지난 一九二八年에 南아프리카의 케이프타운 天文臺에서는 五百 光年 距離에 있는 南天의 어느 별이 두 조각으로 갈라진 것을 發見하였는데, 그 消息을 地球에서 接受한 것이 겨우 一九二八年 가을이었지만, 그 事件이 上界에서 생긴 지는 벌써 世宗大王께서 한참 樂聖 朴堧 등을 시키시어 雅樂을 修正하시던 때에 있었던 일로, 一分間에 一千八十萬哩씩 달아나는 光速으로 悠悠 五百餘年을 꾸준히 와서 비로소 地上에 報道된 것이다.

春香 타령을 듣는 者가 漢陽 七百里의 李夢龍에게 獄中變報를 傳하러 오는 房子의 南原 途中의 悲歌에도 오히려 三分 同情의 아득한 화포를 가지는 것이니 天界의 일은 이보다는 꽤 멀고 큰 것은 알아야 한다.

그러나 命題하여「白岳星譚」이라고 하니、이제 별 보는 이야기를 하여、어설픈 天文知識을 얻는 것도 있는 체새갑이의 衒學을 하자는 意思는 絲毫도 없다。별과 朝鮮에 관계된 몇 가지 일을 말하고 마음이 내키거든 여름하늘에 뚜렷이 보이는 얼마쯤의 별이름과 그 傳說을 붙여두려 한다。

白岳은 北岳의 別名으로 古代부터의 歷史的 名稱이요、그 脈이 三角에서 떨어져 들어와 漢山州 數千年의 人文과 깊은 因緣을 가졌으니、三角山의 一名 負兒岳으로 白岳과 同名異字인 者이요、白雲臺 巖峰이 莊嚴한 帝王的存在로 되었는데、阿斯達의 歷史 地理的인 名稱은 漢山州의 有史 以前부터의 傳說的인 韻意를 머문 者이다。

白岳도 一「배어」이요 負兒도 一「배어」이니、「배어」는「孕」을 意味하고、孕의 機具로서의「腹」이 傍系로 되고、億萬年의 옛부터 億萬年의 오늘까지 머리 위에서 永遠한 神秘를 속살거리는「배어얼」(별)의 世界에도 그 民俗的信仰의 한 끄덩이가 닿은 것이다。

夫餘國과 平壤城——靈星社稷은 古來의 民俗

夫餘國은 現存 支那史書에 나타나는 朝鮮上代國名의 最高인 者이라、《尙書》傳에는 武成篇의「華夏蠻貊」과 旅獒篇의「遂通道于九夷蠻」의 文字가 있어「海東諸夷夫餘之屬」、「皆通道焉」이라고 註釋한 바 있고、《山海經》의「不與」、《風俗通》의「鳧臾」、《魏志》의「夫餘」가 以下 諸書의「夫餘」와 한가지 同意異寫의「부여」인 것이니、夫餘는 번듯한 一國名이다。

高句麗는 夫餘國에서 나와 卒本夫餘에 建國한 者이요、平壤은 또 高句麗와 서로 本末되는 關係에 있는 者이라、

卒本夫餘에서 일어나 平壤에 終結하였으되, 中間에는 國內城인 尉那巖城이 있었으니, 이를 穿鑿한다면, 尉那는 「울나」로 「國內」의 古語에 該當커나 「우라」로 女眞系의 江河의 名稱이요, 巖은 「바위」로서 夫餘 혹은 平壤의 音語인 「부여」 또는 「페아」와 類似한 者이니, 尉那巖은 「우라배어」로서, 江都 즉 河濱의 夫餘 또는 江岸의 平壤을 意味한 듯도 싶은 것이요, 무엇으로 치든지 上古史에는 「배어」 語彙의 무엇이 떨어질 수 없는 깊은 因緣을 가지고 있음을 알 것이다.

이 論法으로 말한다면 《魏書》에서 引한 「乃往二千載에 有壇君王儉하여 立都 阿斯達하고 開國號朝鮮」이라 한 阿斯達의 「亦云白岳」의 白岳으로부터 「五十年 庚寅에 都平壤城」의 그것과 神誌秘詞로서 항상 引用되는 《高麗史》의 「秤幹扶疎○……極器百牙岡」의 百牙岡과, 前記 《三國遺事》의 「下視三危太伯」하는 太伯과, 古記를 引하여 《地理誌》에 쓴 「有神人이 降于太白山檀木下」의 太白山과, 《三國史》의 「平壤者는 仙人王儉之宅」의 그것과, 《爾雅》의 「太平之人은 仁」이라는 太平과, 黏蟬碑文으로써 알려진 「太平山君」의 太平과, 妙淸八聖의 第一等으로 나오는 「護國白頭嶽 太白仙人」의 太白과, 同 第四位인 「駒麗 平壤仙人」의 그것이, 무릇 「白岳」, 「百牙」, 「太伯」, 「夫餘」, 「平壤」, 「太平」 등등이 모두 「배」, 「배아」, 「부여」, 「페아」, 「페」 등으로서, 平壤의 俗稱 「페양」 平涼子의 俗名 「페랑이」에서처럼 배(孕, 腹) 혹 「배어」의 寫音으로 아니된 者 하나도 없고, 모든 白山·白岳의 外에 浿河·沸流江·負兒山 등의 浿·沸流·負兒 등이, 모두 「배」 혹 「배아」의 寫音 아닌 者 없으며, 一轉하여 蛇山·蛇城으로 意譯的인 「배음」의 韻意를 붙인 者 있으니, 이것은 列擧치 않더라도 白頭山 一名 太白이요, 그 最古名稱의 하나는 不咸山으로, 「배음」山의 寫音인 것이 역시 彷彿한 者이다. 《三國遺事》의 記錄에 의하여 九月山 貝葉寺의 옛터에는 白岳宮인 「배어」宮의 生聚繁榮을 祈願하는 古神道의 靈場이 있던 것을 推斷케 하며, 新羅 炤智임금이 「奈

乙」神宮을 두고 「始祖初生」의 고장이라고 하여, 以來 새 임금이 即位할 때마다 빼지 않고 奈乙神宮에서 即位의 奉告祭를 한 것과 對照하여 興味있는 者이다. 「奈乙」은 「나을」로 出生을 뜻함이니, 安城郡은 高句麗의 奈兮忽로 「나어골」 즉 生城이요, 新羅에서는 白城이니, 즉 「배어골」로 孕州로도 譯할 者이라, 여기에도 「나어」와 「배어」가 그 地名에 因緣된 小小한 證左를 볼 것이다.

「有檀君王儉하여 立都阿斯達」이라고 하였으니, 阿斯達이 「아지따」 또는 「아씨따」로서 聖母山(達은 古語 山), 聖母城을 意味하는 것은 曾述한 바 있고(下文 別說), 그것이 太古의 女系 中心社會에서 女性인 首長을 받들어 血族上으로는 叔母·伯母로서 아지어머니(促하여 아주머니)요, 政敎의 掌理者로서 人神을 主하는 聖母요, 그 時代는 女系時代 즉 聖母時代인 것이니 聖母時代 즉 阿斯達時代요, 이 時代에 生殖繁衍이 重大關心事인 만큼, 生殖의 停蓄所인 腹部인 「배」가 人體에서도 한 重要神聖한 部分이었을 것이요, 大山 長谷河流가 굽이쳐가고 壤地平衍한 고장에 生聚가 늘고 불어 部落이자 都市이고 都市이자 國家인 곳에 一部族의 原生地로서 「배어따」 혹 「배어들」이 意識하고 命名되고 또 尊崇될 수 있는 일이니, 그것이 夫餘요 平壤이요 白岳이요 浿水요, 그들의 上界에서 變함이 없이 光彩를 놓는 生生의 靈으로서 별과 별들이 지키고 있었던 것이다.

「靈星社稷」을 祭하는 것은 夫餘·高句麗 以來의 自然의 古俗이던 것이다.

星辰崇拜의 古俗——바빌론 類似의 朝鮮民俗

반짝거리는 밤
바람에 너풀대는
芭蕉 잎 그늘에
님이여 찾아오소
왜 아니 오나

아프리카의 숲 깊은 두메 속에 「猛獸의 王國」을 찾아다니는 젊은 나그네들은 劣敗한 後進民族인 黑人의 處女들이 椰子 가지 芭蕉 잎 한데 어울려、푸르른 곳 서늘한 저녁바람에、冒頭의 노래를 부르는 소리 듣고 달리던 自動車를 멈추어 數十分間의 談話를 바꾸었다고 한다。

총총 박힌 별들에 無限한 로맨틱한 情緖를 자아내는 것은、人類 必然의 審美의 感情이요、野昧한 사람들에게도 마찬가지이다。만일 그 航海 遊牧과 農耕의 사람들이 實際의 功用으로 이를 要한 바는 매우 緊切한 것이었다。

며칠 밤이나 며칠 밤이나 藤
넝쿨이 엉클어진 맞은편 窓
저쪽으로
나는 잠자리에 들기 전에 大
오리온(Orion)이 고요히 잠겨감을
본 적이 있다。
(오리온 즉 「參」宿、俗稱 삼태星)

며칠 밤이나 며칠 밤이나
깨끗이 개인 어둔 하늘로 떠오르는 플레이아데스(Pleiades)가
銀실로 얽어 놓은 반디의 한 덩어리처럼
까물거리고 있는 것을 보았다。
(플레이아데스 즉 좀생이、「昴」宿)

右는 詩人 테니슨의 有名한 作이라 한다。「삼태」星과 「좀생이」는 朝鮮에서도 有名하여、時間의 早晩과 年事의 豊凶을 占치는 별로 거리의 사람들도 잘친하는 별들이다。

右는 親愛와 憧憬의 情을 붙인 바이지만、호메로스의 「카스토르와 폴룩스의 노래」

겨울의 놉바람이 되마(胡)의
바다에 마구 불어올 때
사공들은 벌벌 떨며
빌음과 맹세로써 大神의 쌍동
에게 외쳐 하소하며
무서웁노라고 높다란 뱃머
리에 모였더니라
——突然 쌍동은 나타나……
黃金의 날개를 펼치고
하늘처럼 臨하면서

에「쌍동」은 「井」宿이니、「雙女」宮으로 일컫는 者요、中國에서는「東井」이라고 史書에 흔히 나오는 者라、「鉞」을 除한 八個의 별이 井字形으로 되어「井」의 이름을 얻은 바이요、「主泉水……主諸侯、帝戚과 三公之位하나니、明大則 封侯建國하고 搖動失色則 誅侯戚하고 廢戮三公하며 帝事受殃」이라는、자못 不穩한 陰陽家的 解說이 붙은 者거니와、希臘의 사람들은 어깨를 맞겨룬「쌍동이별」이 大神행세를 단단히 함을 믿고 또 의지하였던 것이다。

이 쌍동이별은 요새는 새벽 三、四時頃 南山 東弦 東南하늘에「參」宿와 함께 번듯이 보인다。

西洋에서 일어났던 天文學은 徹頭徹尾 사람의 情緒에 뿌리박은 者로、藝術的이요、또 宗敎的인 것이었다。

먼 옛적 바빌론에서는 별과 별을 위하느라고 星辰宗이 생겼던 것이니、한개 한 개의 별이 따로따로 사람의 靈과 交涉 있는 神과 神인 줄로 紹介되어、마치 朝鮮에서、사람 하나가 나면 별 하나가 생기고 사람 하나가 죽으면 별 하나가 준다는 民俗的 信仰과 같은 者이요、그러므로 그들은 밤마다 우러러보이는「이시타르」(女神：지금의 金星、요새 초저녁에 길마재 위에 떴다가 바로 잠기는 저녁 샛별)와 마르둑(諸神의 王：木星)을 볼 적마다、마음의 慰安者가 되고 鼓舞者가 되고 또 奬勵者이요 共鳴者로 되었던 것이다。그들은 失意의 때나 得意의 때나 우선 하늘을 우러러 별에게 하소하고 별과 말하고 讚美하고 울고 그 앞에 꿇어앉고 별과 함께 뛰놀고 하던 것이다。마치 朝鮮의「七星님」을 위하고 별과 별들을 위하는「별상」이나 무당과 같았던 것이다。헤브리사람들도 이를 본받아 아브라함과 야곱이 하늘의 별과 별을 보아 靈感을 얻은 것을 創世記에 썼고、욥이 切切한 하소연을 하늘의 별에게 보낸 것이 「約百記」에 있고 「詩篇」에서는 되풀이하여 하늘의 壯麗美를 노래하였던 것이다。나일江의 週期的인 洪水가 一國農耕에 큰 惠澤을 주는 그것과 凄艶하게 靑白色을 띤 「天狼」星인 시리우스(Sirius)가 때맞춰 떠오르는 그것이 무슨 神秘한 因果과 있는 줄로 여겨 「狼」星의 祠堂을 짓고 그를 祭하는 것은 또 埃及人의 옛일이다。

星山・星主・星漢王——文獻에 殘存한 片片星史

夫餘의 建國年代는 알 길 없으나 周秦 以前부터인 것은 의심이 없다。《魏志》가 이를 述하되 「夫餘는 在長城之北하니 去玄菟千里라……方可二千里요 戶八萬이니 其民이 土着하여 有宮室倉庫牢屋하고 多山陵廣澤하여 於東夷地域에 最平敞하며 土地宜五穀……」이라고 하여 農業國으로서 整備된 情況을 말하고、「殷正月로 祭天하여 國中이 大會하되 連日 飮食歌舞하니 名曰迎鼓」라고 하고、氷庫가 있어 「夏月에 用水」하는 風俗을 자못 자세히 소개하였으나、그 國名이 「부여」로서 별의 그것과 同一한 語彙요、「水旱不調하고 五穀不熟하면 輒歸咎於王하여 或言當易」이라고 하였다는 農業本位의 經濟的 機構로서、人事와 天然이 緊密有機한 關聯이 있음을 굳게 믿던 그들에게 星象觀測과 占星術과 稷星・祭星・拜星의 風은 마땅히 盛行하였을 것이다。

夫餘를 이은 高句麗에서 비로소 「又祀靈星社稷」의 記錄이 있고、그 五部組織의 하나인 西部 治奴部는 「嫡統大人이 得稱古鄒加하며 亦得 立宗廟하고 祀靈星社稷」이라고 한 데 비추어보면、夫餘國에서는 例에 依한 僧侶的인 法術師요 敎政의 指導者가、星象도 指摘하고 혹 神託을 방패삼아 「歸咎於王」하는 發言權을 行使하였을 것이 의

심 없되、다만 地方이 멀고 時代가 뒤늦어、漢土史家에게 미처 收錄되지 못한 바일 것이다。

同濊傳에「其俗이 重山川하며……曉候星宿하여 豫知 年歲豊約」이라고 하였으니、濊와 夫餘는 同一系統의 種族이라、더욱 推證되는 바이다。

靈星은 즉 角宿로、二十八宿의 首位인 者이라、純白色으로 된 耿耿한 별이 넉넉히 四隣을 누르니「主造化萬物하며 布君之威信」이라고 해서、별 중에도 매우 尊崇되던 바이요、希臘 以來의 西國의 天文學은、이를 玉女座의 首星으로 삼아「스피카」의 名稱을 붙인 者라、두터운 헬륨가스에 싸여 있는 一等星으로서、그 進化의 程度는 여간 젊지 않은 터인데、地球로부터의 距離는 시방의 機械力으로는 測定할 수도 없는 無限大로서 이렇다 할 말이 없다고 한다。어찌했든 그 英爽한 存在가 西洋에서도 많은 傳說이 일어났고、東洋에서는 靈星으로 崇仰하게 된 것이다。

金富軾의《三國史記》는 祭祀誌에서 新羅가 立秋後 辰日로써 本彼游村에서 靈星과 三山五岳 등을 祭함을 썼고、따로이 日月祭와 五星祭를 行함을 述하였으니、新羅에도 觀星·占星·祭星·拜星의 風은 일찍부터 있던 고유한 民俗일 것이다。

文武王陵碑에 赫居世王의 일을 쓰되「星漢王이 降質圓空」의 文句가 있으니、居然한 一天皇氏(此說 別述)인 朴赫居世 임금이、簡單한 그 卵生說 外에 粲然한 별나라로부터 天降한 古傳說이 있었음일 것이요、「光明理世」를 意味하는「弗矩內」를 意譯하면 星漢王이 될 수 있는 바이다。

星州는 星山伽倻로서 古代 六伽倻의 하나라、新羅에서는「本彼」部이니、本彼도「별저」와 비슷한 바이요、後部에 또 碧珍郡이니、碧珍은「별재」로 星山의 寫音이요、「배엇재」로 白岳山에 通하는 者이다。星主의 땅이 京山

府를 두었던 고장으로 儼然한 一都府이니、古代의 一「夫餘」伽倻로서 一小平壤이요、白岳(星山)을 지고 있던 別天地로 된 것이라、이미 별의 名稱을 띠었으니、그 또한 靈星을 祭하던 古俗을 가졌던가。

濟州는 온갖 점에서 많은 民俗土風을 지니고 있는 터이라、高·夫·良 三氏의 從地出生傳說이 자못 明白하지마는、高氏의 十五世孫 高厚의 兄弟가 新羅에 歸服하여 星主의 稱號를 띠었던 것이 文獻에 正確한데、그 理由로는 「客星見南方」하는 星象이 움직였음에 의함이라고 하나、이는 「德業日新、網羅四方」의 그것처럼 後世史家의 傅會함이요、실은 濟州의 土俗이 뒤늦도록 별과 人生과의 神祕한 關係를 믿어、마치 日子·天子의 思想에서처럼 星王星子의 原始的인 信仰을 가졌음에 因함일 것이다。

바빌론과 헤브라이의 文化素가 波斯 따위 西域諸國을 지나 西來한 우리 先民에게 혹 暗默한 交涉이 있었던가。日月을 崇敬하고 星辰을 讚仰하는 것은 古社會에 共通한 草昧한 天體觀의 產物이라、워낙 신기로울 바 아니나、太古 이래 朝鮮先民의 風俗이 별과의 因緣 깊은 것은 西國의 그것과 아울러 興味 많은 바이다。

變遷된 星辰觀——五部組織과 天象關係

이를 要約하여 말하자면、朝鮮人은 그 原始的인 古代社會에서부터 星象을 살피고 그를 崇拜하며 그로써 吉凶을 占치는 民俗이 있어、古代文化에 얕지 아니한 交涉이 있었던 것은、高句麗·濊 등의 이에 관한 零碎한 文獻으로도 證할 수 있어、마치 바빌론이나 波斯나 埃及·希臘 및 헤브라이인의 그것과 彷彿함이 있었던 것이요、三國 以後 高麗 後期에서부터 益甚하여진 漢化主義의 政敎와 함께、그 鄕土古俗이 차례로 解消되고、새로이 中國

流의 天文·曆象의 學이 행세하게 된 바이다。

道詵과 그 餘風을 이은 崔知夢의 高麗太祖를 섬김은 唐代에서 隆昌한 一行(道詵이 一行에게 直接 傳授받았다는 것은 虛僞) 등의 西域 宿曜思想을 大部로 加味한 바이나, 그 素地인즉 朝鮮 傳來의 神異를 좋아하는 民俗에서 胚胎함일 것이다。

그러나 이후의 書雲觀·司天監과 그를 繼承한 漢陽朝의 觀象監은 「敬授人時」하는 엄격한 曆象과 測候의 官署로 되었던 바이요, 世宗朝의 欽敬閣의 製作은 당대 科學的 儀器의 精華이었던 것이다。 그리하여 高麗朝에까지 靈星과 雲師·雨師·風伯·雷神을 祭하던 일은 漢陽朝에서 昭格署의 存廢가 爭論됨과 한가지, 단연 그 認識을 달리하게 된 바이다。

中國의 今古에 비추어본다면 上代에 星辰龍蛇의 信仰과 山岳河海의 崇敬이 홀로 例外를 가진 바 아니었으나, 주로 北方思想인 儒道가 政敎上의 指導的 地位에 君臨하게 되자, 그 獨特한 人事本位의 宇宙觀과 哲學思想에 依하여 趣意를 달리하게 되었고, 朝鮮이 또한 그 天文思想에 支配되어 星辰에 관한 로맨틱한 情緖를 차차 銷磨해치우게 된 바인 것이다。

莊子는 南國的인 思想을 잘 代表하는 者이라, 그의 大宗師篇에는 道의 玄妙無窮함을 例證하되, 最終으로 「傳說이 得之하여 以相武丁하여 奄有天下 하고 乘東維하며 騎箕尾하여 而比於列星」이라고 放膽大語하였고, 蘇東坡는 老莊과 釋氏의 思想을 攝取하여 「申呂는 自嶽降하고 傳說이 爲列星」이라고 山岳崇拜와 星辰信仰에 관한 傍系的인 文字를 남긴 것이다。(이제 「箕」, 「尾」宿의 中間에 一個의 傳說星이 있다。즉 天蝎宮의 G星)

여기에서 指摘치 않으면 아니될 것은 夫餘國이 牛加·馬加·猪加 등과 大使者라는 地方巡閱하는 官職이 있어

五方思想의 一胚種인 양한 示唆를 주는 바이요, 夫餘的인 文化를 가진 高句麗의 五部五色의 軍國戰陣的인 社會組織은, 秦漢 以後부터 비로소 漢土에서 隆昌하여진 五方神과 五帝 등 五行思想 그것과 서로 잘 符合되는 바인 것이다. 高句麗 陵墓의 壁畫가 명백히 證示하는 五方神信仰의 사실로 보아 그 民俗的 素地가 그와 잘 吻合되는 傳統의 무엇이 있었음을 想像케 하며, 地上의 온갖 方術이 결국은 天界의 星辰에서 淵源하는 事理에 돌아보아 夫餘 이래의 모든 制度가 반드시 星辰과 그 信仰에 뿌리박은 바 있었을 것이다.

東洋學者의 一權威인 白鳥博士가 「伏羲氏는 東夷之人」이라는 《鴻史》 등의 文獻과 「以龍紀官」하는 그 風習이, 六畜으로 名官하는 夫餘의 風俗과 共通되는 것을 指摘한 바 있으니, 穿鑿하자면 伏羲·包犧 등으로 쓰는 그의 氏稱에서 「夫餘」氏의 音意를 傳會치 못할 바도 아니나, 어찌했든 그가 처음 그은 八卦는 象形文字의 一形式으로 一劃으로 乾이 되고 二劃으로 坤이 됨이, 「하나」에서 「하늘」, 「둘」에서 「들」 즉 땅, 「셋」에서 「씨앗」 즉 種 등으로, 開闢創世에 관련되는 哲學的 思想을 담은 우리의 그것과 그윽히 통하는 바 있음이 흥미있는 문제이다.

요컨대 中國 五方神의 內容은 「東方 蒼龍七宿 靑帝之精」, 「司春 司木 司東岳泰山 司東方」 하는 類로부터 「北方 玄武七宿 黑帝之精」에서 비롯하여 「斗則龜蛇 蟠結之象」 云云으로부터 「司冬 司水 司北岳恒水 司北方」 하는 따위로 마친 바로서 現代人의 머리로는 알아차릴 길이 없는 解說이 붙은 것이요, 이것이 古代人에게는 그 脈絡과 形象을 平昔에 神異한 感으로써 接觸하던 恐怖的인 動物의 存在와 聯結하여, 無數한 想像과 應擬와 臆斷과 信仰을 낳게 되어, 後代에 미친 바일 것이다.

(一九三五·八《朝鮮》)

夏天星象

「角」宿와 「太微」垣——金庾信 將軍의 靈應奇譚

별 이야기는 天文學의 權威인 後에 비로소 쓸 바이요, 풋내기가 함부로 아는 체할 바 아니니 매우 僭越한 바이나, 전연 趣味를 위함이라, 讀者는 그 諒하시라。

星座도 바빌론에서 始作되었으니, 現代流의 完全한 星座까지는 못 갔더라도, 星座觀念의 濫觴인 黃道十二宮의 區分쯤은 벌써 紀元前 五千年이나 되는 아득한 옛날에 그들 사이에 생겼던 것인데, 그것이 希臘사람의 손을 거쳐 드디어 完成된 것이다。

바빌론의 天文學은 자못 宗敎的인 것이었지만, 希臘人의 天文學은 더욱더 藝術的이다。 十二宮의 黃道의 區劃이 希臘人에게는 紀元後 第二世紀에서 토레미의 四十八個 星座로 되어, 現代天文學의 基本이 되었을 뿐 아니라, 그 精爽한 傳說的 趣味는 실로 때를 超越하여서의 獨特한 魅力을 가졌다고 한다。

東洋의 天文學은 中國의 그것으로 宗을 삼나니, 宗敎的 趣味를 보탠 者로 中國에서도 南方思想인 道敎流의 星宿醮祭의 그것이 있고, 印度·波斯 등의 西域諸國의 宿曜와 宿命觀的인 諸說이 있어, 現代朝鮮에는 그것들을 합쳐 星辰思想에 관한 一種의 칵테일적 傾向을 가졌으니, 이것은 本文 論外의 일이라 도무지 다 그만둔다.

中國의 天文學은 二十八宿로써 宗을 삼았고, 「太微」, 「紫微」, 「天市」의 三垣과 기타 「北辰」과 「北斗七星」과 「織女」, 「牽牛」 등에 얼크러진 七夕傳說 따위로써 그 最를 삼는 자이요, 朝鮮에는 나의 寡聞으로 잘 알 길 없으나, 「샛별」, 「좀생이」, 「삼태星」, 「각시별」 따위처럼 鄕土的인 별이름과 그에 관한 獨自的인 說話를 가진 것이다.

이 사이 해가 지고 어두워 땅거미 돌 때면, 대체 여덟 시 지나서다. 여름하늘의 자랑인 銀河가 벌써 東北에서 西南 하늘로 빙긋이 돌았는데, 이 銀河의 中流가 지나 西南 하늘에 번듯이 반짝거리는 희푸른 큰 별이 있으니, 자칫하면 玉女座의 首星인 「角」宿로 헛볼 수 있다. 그러나 이것은 「天坪」(Libra)宮의 丹星으로, 平時에는 패 작은 三等星이다. 中國에서는 東方倉龍의 第三位인 「氐」宿 四星으로 된 者이니, 「氐」下 二尺이 日月五星의 中道(黃道)로 되었고, 「明則 大臣后妃가 奉君不失節」을 筆頭로 수많은 전설이 있다.

이 天坪의 丹星에서 西北으로, 金華山上 數間의 距離에, 언뜻 보아 두 개의 큰 별이 垂直으로 上下에 보이니, 즉 「角」宿로서 아래의 丹星은 前述 玉女座의 「스피커」이니 즉 古來의 「靈星」이라, 그의 北方으로 五, 六個의 굵직한 별들이 꾸부정하게 벌린 것은 「太微」垣이요, 또 그 北으로 세 개의 별이 銳角三角으로 놓인 것은 「太微」垣의 두 별과 「五帝」座의 主星으로 「獅子」座의 엉덩이와 꼬리로 된 바이다. 「明則 太平하고 芒動則 國不定」한다는 「角」宿인데, 그 英爽한 光彩가 今年에서는 몹시 줄어 非常한 衰弱狀態이다.

《三國史》 金庾信傳에, 庾信이 咽薄山中에 들어가 燒香告天하던 끝에 三日째 되던 밤에, 「虛」, 「角」 二星이 光芒이 赫然히 내려 드리우고, 劍이 건덩댐과 같았다고 하였으니, 「虛」는 시방 東天에 따로 있거니와 「角」은 곧 이것이다.

希臘人은 藝術家的이어서, 이 明麗한 「스피커」를 도도록한 궁둥이로 치고, 「太微」垣의 「上相」星을 어깨로 삼아, 「太微」垣의 휘우듬한 별들은 그의 쩍 벌린 두 팔로 하고, 마치 치렁대는 霓裳羽衣로써 춤추는 「玉女」(Virgo)로 비긴 것이다. 그는 아스토리아 女神이 地上이 귀찮다고 天上으로 가버린 것이라고 하는 것이요, 中世 基督敎會에서는 이로써 聖母 마리아라고 대었던 것이다.

「天蝎」宮과 「心」大星——帝王을 놀랜 天文秘話

迢遞天峰入太微
靈星光裡落霞飛

昨年 七月 十七日 俗離山 文藏臺에 올라, 長空萬里 툭 트인 山河를 바라보고 내려서 中獅子庵에 잘새, 天王峰의 鬱蒼秀雅한 멧봉우리 어렴풋이 「太微」垣에 들었는데, 「角」宿의 明爽한 별이 中天에 떠서, 遊子의 가슴속에 쉴 새 없는 生動의 示唆를 일으키던 것이다. 地平線上에 가로보이는 「角」宿가 희미해진 것은 當然이지마는, 今春부터 顯然히 그 衰弱을 보였었다.

「角」宿의 南에 세로(縱)로 있는 네 별이 南北으로 휘우듬 曲線이 된 것은 「亢」宿이니, 「玉女」의 발끝과 치맛자락으로 된 者이라, 四, 五等星으로, 깨끗한 밤에는 肉眼으로 잘 보이는 者이요, 「角」宿, 「氐」宿의 頂上에서 二等邊三角의 尖端이 되는 끝에 붉은 큰 별이 있어, 멀리 北斗자루의 끝별과 應하는 者는 즉 「大角」이니 「牧夫」座

(Bootes)의 首星이요、「아르크투루스」의 名稱을 가진 者이라、太陽과의 距離 百五十 光年이니、이미 前述이 있거니와 《오딧세이》와 《舊約聖書》에 이를 적은 글이 있고、中國에서도 「天王座也라 又爲天棟하니 正經紀也라」고 하여 그 異常한 光威에 끄을리었음을 알 만하다。

「大角」이 天井에 향하여 자칫 작은 「梗河」의 首星을 連하고、거기서 다시 東北으로 썰긋하게 稜形을 이룬 「七公」의 일곱 별에 聯結하여 一大 「牧夫」座를 形成한 것이니、이 附近에는 七星의 「大熊」을 비롯하여 「獵犬」、「獅子」 등 動物名稱의 星座가 많은 터이다。

「天抨」의 바로 옆에 많은 二、三等의 별들이、머리에 네 별을 가로놓고、다음의 세 별은 복판 별이 붉고도 크고、그 다음 八、九個의 별이 째어진 꼬리를 銀河의 개웅 안에 위로 향하여 감친 者는、번듯한 「전갈」(蝎 : Scorpius)로서、「房」、「心」、「尾」의 順序로 된 바이다。

「房」宿 四星과 「尾」宿 九星이 例外가 없이 各個의 名稱과 術家的 解說이 있으나、煩說의 要가 없고、「心」宿의 中央大星은 안타레스라고 해서 그 字義가 안티 아레스、즉 對火星——火星의 對抗者임을 意味한다고 하거니와、太陽에 비하여 四百五十倍의 直徑이요、光力의 强烈로서 「熒惑」의 이름조차 가진、火星보다도 猛烈한 景觀을 가진 者이라 中國에서도 「一名 大火이니 天王位也라」고 하여 「爲大辰이니 天子之正位요 主天下之賞罰」이라고 매우 尊大한 解說을 주어 「明則化成道昌하고……黑色이면 大人이 有憂」라고 하는 者이며、波斯人은 「周天四柱의 一」로 일컬었으니、그 英雄的인 天界의 存在가 今古東西의 사람들을 眩惶케 한 것이다。다만 今年에 들어와 그 非常한 衰微가 「氐」宿보다 어둠을 보게 된 것이다。

「角」宿는 星位의 原點을 의미하는 者로、二十八宿의 首座이라、黃道 十二座의 第七位가 그 「玉女」座에 있어、

太陽은 九月에서 十月 中旬까지 이곳에 滯在하여 秋分點을 이루는 바요, 안타레스도 黃道 十二座의 第九位로, 日月八星이 通行하는 中道이니, 古來로 日月諸星의 「凌犯」이란 者 많은 터로, 往往 巨大한 災異로써 當代의 人心을 不安케 하던 者이다. 《高麗史》 天文志에도 이러한 文字가 퍽 많으니 「顯宗 十年……正月 戊寅에 月犯心星」의 記錄이 있어, 당시 蕭遜寧이 契丹兵 四十萬으로 鴨水를 건너 侵入하였고, 顯宗은 南으로 播遷하던 것과 무슨 因果의 聯絡이 있는가 疑懼하던 것이 그 一例요,

金聖嘆의 《三國誌演義》에서 熟親하여진, 魏明帝 曹丕가, 蜀將 孫權이 猇亭의 敗戰에서 좇기어 江北水軍으로 魏에 來降함을 만나 흥겹노라고 漫談을 할새, 丕가 묻되 「三國에 누가 正統이 될꼬」, 權이 억지로 대답하되 「天文으로 말하자면 魏가 正統이 되겠지요」 때마침 黃初 四年 三月 癸卯에 月이 「心」大星을 犯하니 太史가 가로되 「心爲天王이니 王者가 惡之니이다」고. 丕가 자뭇 心慮하더니 四月 癸巳에 蜀帝 劉玄德이 永安宮에서 崩하였다. 이때 曹丕 죽지 않음은 기뻤으되, 天象이 蜀主에게 應한 것만은 배가 좀 아픈 지경이었었다.

이런 것은 두 星史上의 한번 웃을 넌센스인 者이나. 이승에는 저녁 아홉시만 되어도 이 번듯한 天蝎이, 벌써 金華山 마루에 배를 깔고 기려고 하니 일찍 봄을 要한다.

「南斗」와 「天市」垣——梁武帝의 被髮下殿

「전갈」은 南天에 있는 여름의 偉觀이라고 하겠는데, 「전갈」의 꼬리 옆으로 銀河를 건너 동편 비탈에 「傳說」星을 사이에 놓고 「箕」, 「斗」 兩星이 서로 다가붙었으니 「궁手」(활량) 座(Sagittarius)라, 개인 밤 초저녁이면 모두

또렷이 보이는 者이다。

西에서 「箕」(키별)의 네 별이 河心을 향하여 不等邊四角으로 입을 벌렸으니, 꼭대기별 위로 한 개의 작은 별은 「겨별」(糠)로서 「明則爲豊하고 暗則爲飢」하는 流의 占星說이 있다。 그 左로 여섯 별이 北斗星 시늉으로 역시 西로 향하여 斗門을 벌린 것은, 즉 南斗六星이니, 이 六星을 사람으로 치고 「키별」과 外 두 별은 활로 따져 全體로서 「전갈」의 꼬리에 화살을 겨누는 「활량」으로 된 것이다。

「天市」垣을 이마 위에 두었으매, 中國의 天文學은 여기에다 「키」일세 「겨」일세 「말」일세 按排하여, 米穀의 斗量이 매우 바쁜 모양이니, 이것도 古代 農業本位時代의 遺物임을 알려니와, 北斗의 그것처럼 南斗에도 자못 豪華로운 說話가 남아 있다。

《史記》 天宮書에 「衡殷南斗」를 말하여 「南斗六星이니 爲天廟와 丞相大帝之位」라고 한 데서 비롯하여 기타 諸書에서 盛明이면 君臣一心하고 天下和平하고, 芒角動搖하면 天子가 愁하고 兵起移徙하며 其臣이 逐」하는 따위, 믿어야 하겠다면 자못 不穩한 解說이 있던 바이다。

「亦爲壽命之期」라고 해서 「南斗」에게 술한 床 대접하고 죽을 목숨을 一期쯤 늘였다는 稗史小說이 있는 것은 讀者들도 記憶할 바이요, 「키」질을 하면 바람이 나는지라, 「箕」에는 「主入風하나니 日月이 宿하면 風起」라는 流의 術說이 있다。

「키」별의 首星은, 東徑 百八十度 北緯 三十度의 交叉點에 偪近하여, 바로 冬至點으로 되었으니, 曆象學上의 主要部이요, 前述 蘇東坡가 秋七月 旣望의 달을 써서 「徘徊於斗牛之間」이라고 한 것은, 여기가 黃道의 最南行路로 된 까닭이다。

銀河는 無量數의 星團이라、이 「활량」星座를 뚫고 지나 새로운 星團과 變光星이 연방 생기는 고장이요、이 星座의 面積이 또 넓어、今古에 많은 奇異한 現象을 나타내었으니、東西의 天文學者들이 珍重히 여긴 것에 理由가 있다。

한 가지 유머러스한 插話가 있으니 中國人은 예로부터 華夏로 自處하여 倨傲하기 짝이 없었으매、天象에 관하여서도 自己中心으로 解釋하였다。

이를테면 《晉書》 天文志는 五胡十六國이 神州陸沈의 禍를 일으킨 데 대하여 「二石이 雖僭號나 其强弱은 常昴宿하여 不關紫宮 太微」라고 해서、石勒 같은 胡羯의 帝王으로는 「紫微」宮 「太微」垣의 正統的인 天關에 干與되지 못한다고 하였으나(此點 淸朝에도 同一) 그러나 그 流로서 따진다면 「流星이 紫微에 들매 劉聰(漢王)이 죽고 彗星의 꼬리가 太微를 쓸매 苻堅이 敗하고 熒惑이 帝座를 지키매 呂隆(西凉 三世王)이 破하였으니 그것은 무슨 까닭이냐」고。當時에는 自由的인 批判的 天文家가 이를 辨證하던 것이다。

佛敎信仰家로 유명하던 梁武帝 때에 星變이 났던지라、太史가 占하되 「熒惑이 南斗에 들었으니 天子가 대궐에서 내려 달아날 징조입니다」고。武帝가 마음이 죄어 머리를 풀어헤치고 맨발로 龍床을 뛰어내려 써서 풀이[禳]하였더니、未久에 北朝 拓跋魏의 孝靜帝가 高洋의 亂을 만나 不時에 廢黜되었다。梁武帝는 이 消息에 기쁘고도 어이가 없어 「허、오랑캐놈에게도 天象이 應한담」 하고 입맛을 다셨던 것이다。이것도 星史의 한번 爆笑할 價値가 충분하다。

「전갈」의 굽힌 허리 위로、「활량」의 右편 위로、넓고 큰 터전을 잡아 언뜻 보기 중의 바람처럼 十四、五個의 三等을 주로 한 별들이 돌려 있고、西에서 다시 한 줄기 八、九個 별이 굼틀인 배암 본으로 늘어진 바 있으니、前

者는 「뱀군」(Ophiuchus)이요, 後者는 「이무기」로, 蠻勇이 林巨正 같은 「뱀군」이 굼이치는 「이무기」를 움켜 南天에 버티고 선 것이다.

中國의 天文學은 이를 全體로서 「天市」垣으로 하고, 中間에는 帝座 外에 「市樓」, 「車肆」, 「帛度」, 「屠肆」 같은 一部 市場을 여기에 벌려, 吳會(蘇浙)殷富한 地方으로 對比하던 것이다. 「太微」, 「紫宮」이 모두 天子의 宮庭이요, 太帝의 座로 된과 달리, 「天市」垣은 「下元一宮」으로 「民星」이니 「主權衆, 主聚衆」 云云하고 「天子之市니 天下所會也라」고 그 一流의 解說을 붙였다. 近者 蔣介石은 浙江 出이라, 吳會의 富를 끼고서 天下에 覇하려 하니, 혹 그 「天市」의 一帝座를 應했는가. 아하하.

誤認된 「牽牛」, 「牛」宿──悲戀哀話는 東西一轍

「활량」의 等身인 「南斗」로부터 同一水平을 따라, 東으로 한참 떠나, 북쪽에 三等星 한 개를 놓고 위로 五等星 세 별이 줄느런히 빛기었고, 아래로 같은 세 별이 小三角으로 옹기종기하게 모여 가느란 주방울 본으로 된 者 있으니, 「山羊」座(Capricornus)의 A, B 諸星을 이룬 者로, 실은 「牛」宿요, 거기서 다시 머리 위로 약간 西쪽으로 치우쳐 올라가면, 즉 「牽牛」星의 벋듯한 세 별이 있어 자세히 보면 머리별이 둘인 것을 알게 되는 者이니, 이것은 古來의 이른바 「河鼓」란 者로, 「牛」宿와 上下에 서로 接近하여 있고, 그 形象도 서로 비슷하므로, 어느덧 「牛」宿에 가서 「牽牛」의 이름이 덮쳐지고 만 것이다.

그러나 現在 「河鼓」인 세 별이 「右旗」의 首星에 胴體를 두고 「天弁」의 首星에는 꼬리가 있고, 「天市」垣中 「巽」

星에 그 右翼을 대고, 「天桴」의 아래 큰 별에는 그 左翼部를 連하여, 크나큰 「수리」(Aquila)로 형성한 것이니, 이는 泰西의 天文學이 今日에 행세하는 바이라, 풋내기인 天象觀賞者가 이를 主張함은 매우 唐突하나, 筆者 六、七年來의 實際의 觀望과 五、六種의 今古東西의 天文圖가 이것을 證하는 바로, 드디어 의심할 餘地가 없다。象村 申欽이 《天文類抄》를 述하여, 「牽牛가 移入漢(銀河)中 하면 天下乃亂」이라는 古記錄을 引하고, 다시 「或曰 河鼓를 爲之牽牛」라고 하였으니, 河鼓牽牛說은 古傳이 있는 터이요, 또 현재의 「수리」座인 「牽牛」로써 二十八宿의 「牛」宿라고 치면 「斗」、「牛」、「女」、「虛」의 同一線을 훌로 뛰어올라 孤獨한 存在인 것이 理由가 아니 닿고, 「牛는 天之關梁이니 日月五星之中道」라고 함과 같이, 黃道의 貫通線됨에 당치 아니한 것이 그 한편의 理由요, 만일 현재 「山洋」座의 A、B星 部分에다 「牽牛」의 이름을 붙인다면, 實際에 認識하고 觀賞하여 오던 바가 또 거의 무너진다。「山洋」座는 黃道十二宮의 首座로서, 二千年 前에는 全天의 原標인 春分點이 이 星座 가운데 있었던 바이니, 銀河 속에 껑충 뛰어들어와 있는 현재의 「牽牛」로서는, 理와 數가 아울러 當치 않은 바이다。

그래 「山洋」座의 A、B部가 「牛」宿이요, 거기서 東으로 조금 떠나 「須女」라는 「女」宿는 五、六等의 네 별이 西向하여 斗門처럼 벌렸으니, 「須는 賤妾之稱이요 掃職之卑者也라」고, 모처럼의 女星이 社會的으로 빛나지 못하는 者이나, 「寶缾」宮의 한 모가 되는 者이요, 게서부터 「虛」宿 두 별을 지나 「危」、「室」、「壁」의 굵직한 별들이 지금까지의 平凡을 깨뜨리는 者이니, 합쳐서 「페가수스」의 怪奇한 英姿로 된 者이다。다만 目下에는 十一時 以後에 차차 東南에 나타나는 者이니, 다음 時期로 넘기기로 한다。

「牽牛」가 銀河의 東洲에 있어 西로 「織女」와 마주 바라보고 있으니, 「牽牛」는 「잡신할아비」란 俗名이 있고, 「織女」는 「각시별」로, 例에 의하여 四時장천 비단짜는 「각시」로 하고, 여기에 관한 七夕날 밤에 牽牛·織女가

一年 一度로 會合한다는 悲戀의 傳說을 남긴 것이다.

「牽牛」星은 「알타이르」(Altair), 「織女」星은 「베가」(Vega)로서 모두 一等星인데, 牽牛도 그렇거니와, 푸른 빛을 듬뿍 띤 「織女」星은 女性이라면 자못 凄艶하여 여간내기로는 부닐 수 없는 女王的 存在인 것이다. 「織女」星의 앞에 「漸臺」라고 하는 네 개의 크고 작은 별이 있고, 「輦道」일세 「奚仲」일세의 뭇별들이 나가붙었으니, 합쳐서 「거문고」로 된 것이요, 그러나 于勤·王寶高 등과는 因緣이 먼 希臘의 骨董的인 거문고이니, 詩의 神인 아폴로가 오르페우스에게 선물로 준 不思議의 거문고로, 한번 타면 天地萬物이 거기에 感動되어 無情한 木石이라도 그 神祕한 韻律에는 반하여 좇아오던 것이라고 한다.

오르페우스 거문고로써 冥府에 들어가 이것을 아뢰면서 地獄苦에 울고 있는 사람사람들을 달래고 있는 참에, 眞光大王 아닌 플루토조차 마음이 恍惚하게 홀리고 말아, 죽은 그의 妻를 이승에 되돌려보내기로 許하여, 오르페우스 冥府를 下直할새, 플루토 경계하되 「이승에 安着되기까지에는 결코 뒤를 돌아보아서는 아니 된다」고 하였더란 것이다. 오르페우스 무던히 操心은 하였겠지만, 이승에 발자국이 닿았을 때, 하도 궁금해서 후리쳐 돌아보았던 탓에, 아내는 한마디 「어구머니!」 소리를 남기어 맑은 꿈결이 단결에 스러져갔고, 안타까울노라, 내꼰진 거문고가 虛空에 떠올라서 億萬古 떨어질 줄 모르는 「不滅의 거문고」로 되었다고 한다.

이것도 七月七夕에 만나고는 울며 서로 여의지 아니치 못하는 牽牛·織女의 悲戀의 哀話와 서로 같은 것이다. 여기에는 그럴듯한 天象自然의 理由가 있다고 한다.

이제 牽牛·織女 悲戀說話의 來歷부터 밝힐 必要가 있다.

東洋 各國民의 共通한 說話처럼 되어 있으나, 이것은 분명 中國이 그 본고장인 것이니, 南北朝 宗懍(梁元帝時人)의 《荊楚歲時記》에 「七月 七日은 爲牽牛·織女의 聚會之夜」라고 한 것이 그 가장 명백한 자이요, 迢迢牽牛星、皎皎河漢女。纖纖擢素手、札札弄機杼。終日不成章、泣涕零如雨。河漢淸且淺、相去得幾何。盈盈一水間、脈脈不得語」하는 漢代 古詩로부터, 晋의 陸機가 이를 본받은 擬古詩가 있어, 世間 一般으로 漢晋 以來의 說話인 줄로 아는 바이나, 그러나 《詩》 小雅 「大東」章에 「維天有漢、監亦有光。跂彼織女、終日七襄。雖則七襄、不成報章。睆彼牽牛、一不以服箱」하는 데서 보아, 周代 以前 아득한 時代부터 이미 이 說話가 있었던 바일 것이 推證된다.

現代 天文學者의 主張에는, 宇宙의 基本構造인 銀河에는 워낙 新星의 나타남이 많은 데다가, 牽牛·織女의 자리잡은 附近은 許久한 동안 수많은 變光星과 新星의 나타남이 가장 많고, 그들의 變幻하는 場面이 항상 스멀대고 설레는 바 많아, 上代 中國의 農業民이 原始的인 天象觀測의 즈음부터 벌써 異樣의 感觸을 이 언저리에서 얻어, 드디어는 사내별 각시별의 週期的 會合의 說話를 일으킨 것이요, 이것이 일찍부터 各國民의 사이에 퍼진 것이라고 한다.

어찌했든 中國의 牽牛·織女說話는 자못 徹底한 바이어서, 孝堂山 畫象石에 日月象을 나타낸 자리에도, 「織女」星을 그리고 機上의 婦人을 사귀었으며, 겸하여 牽牛를 그린 것에 보더라도, 이를 半 넘어 짐작한 것이다.

이것이 朝鮮에 流傳하는 說話로는 두 가지 있으니, 「애기씨 본디는 上帝의 따님으로 밤이나 낮이나 베틀 위에서 깁짜는 것이 일일러니, 牽牛인 남편에게 시집간 後 사랑하고 사랑하여 잠시 떨어지지 않고, 깁짜는 일은 두어라 아무 때나 보자는 듯이 좀체로 돌아본 체 않으므로, 上帝께서 참다 못해 역증이 나서, 이 어여쁜 夫婦를 떼어 남편은 개울의 東便에 각시는 西便에 귀양살이 시키면서, 남편은 소를 치고 각시는 깁을 짜되, 一年에 한 차례 七月 七夕에 烏鵲으로 다리를 놓고 건너가서 서로 만나게 하기로 한다」는 것이니 좀 雅한 者이라, 共通된 說話系統인 것이다.

또 하나는 「織女는 上帝의 딸로 어느 仙宮에게 시집가서 아들 七兄弟를 낳았으니, 그는 곧 北斗七星이라, 뒤에 남편이 불행히 죽고 織女는 홀로 空間을 지키기가 쓸쓸하여, 父皇上帝의 분부도 묻지 않고 제삿날로 牽牛에게 改嫁를 하니, 牽牛는 「짚신할아비」라, 七兄弟가 다 말은 없으되 막내아들은 항상 눈을 흘겨 어미를 노려보고 (北斗 最端은 搖光星이니, 유달리 반짝댄다) 上帝께서도 그토록 역증이 나서, 夫婦를 떼어 개울의 東西에 두고 一年 한 차례씩이나 만나보도록 시킨 것이라」고 한다.

그 改嫁否認思想이 漢陽朝 以來에 生成된 說話 같으나 速斷키 어렵고, 土俗的으로 다소의 흥미가 있다.

織女星은 周天 第四番의 明星으로, 距離는 北極星보다 훨씬 멀어 二十六 光年이요, 光力은 太陽의 九十倍 以上이라고 한다.

朝鮮의 딸들이 「밀하님 쌀하님」 하고 說明하는 두 별이 있되, 望遠鏡으로 보면, 바른편 별은 아름다운 二重星이요, 南에 있는 「漸臺」의 四等星은 變光星으로서, 두 개의 환한 별이 둥글둥글 안고 돌아, 포개진 때는 작아보이고, 나란히 된 때는 커지는 것이며, 그 외에도 環狀으로 光彩 놓는 環狀星雲이 있어, 그 玲瓏煒煌한 맛이란 上

界의 玉女가 花燭洞房으로 치장해 놓은 듯 결맞는 景像이다。《爾雅》釋天에 「星紀는 斗와 牽牛也라」 하고、註解로써 「牽牛 斗者는 日月五星之所終始、故로 謂之星紀」라고 한 바 있거니와、現代 天文學者들은 大體로 一致하여、地球를 다린 太陽系가 一秒 十二哩의 急速力으로 牽牛·織女 그 어섬을 향하여 永遠의 길을 가고 있는 것이라고 하니、東西의 說이 合致되는 바이다。

만일 太陽系가 「牽牛」나 「織女」星에게 끌려들고 만나면 人世의 一大事이다。 그러나 다만 太陽이、그 제일 먼 海王星 軌道의 直徑만큼 되는 距離를 옮기는 데는 十五年이 걸리고、太陽의 引力이 미치는 範圍만큼을 벗어나서 새로운 位置에 移動하는 데는 數世紀가 걸리고、太陽系가 一光年의 距離를 옮기자면 一萬 六千年이나 要하고 가장 가까운 恒星의 距離인 四光年 半을 가기에는 六萬 八千年을 要하고、銀河의 中心까지 득달하려면 지금부터 한 八億年을 要한다고 하니、다소 성급한 분이라도 아직은 安心해도 좋다。

殉情한 天上 白鳥——紫月仙女의 벗어둔 寶冠

「織女」는 「文星」이다。「天女也라 主 果○絲綿寶玉」이라고 하니、어떻든 女性들과 親近한 별이라、現代의 女性들도 七夕에는 이 「베가」각시를 우러러 乞巧 祈寶하는 제사를 드리는 것이 좋을 성싶은 일이다。

織女에서 자칫 東으로 銀河에 척 걸치어 굵은 다섯 별이 十字로 걸린 者 있으니、天上의 「白鳥」(Cygnus)이다。南으로 한 별은 훨씬 멀되 또 작고、北의 두 별은 매우 크되、첫별은 더욱 커서 一等星이니、「데네브」로 「白鳥」의 꼬리가 된 者이요、左右에 白玉의 날개를 벌리고 긴 목을 늘이어 南天으로 河流를 좇아나는 것이다。

「白鳥」의 머리와 胴體와 左右의 날개가 된 者는, 대체로 二、三等의 여남은 별이니, 半쯤 당긴 활본으로 되어 銀河에 건너질렸으매, 그 形象에 의하여 「天津」이라고 한다. 「主四瀆津梁하니 所以渡神 通四方也라」고 해서, 「天極」, 「閣道」의 모든 별과 함께, 이 附近이 上天交通의 孔道인 줄로 여겼던 것이다.

이 사이 저녁 十時頃이면 바로 天井에 떠 있어서 찾기 쉬운 별이요, 附近에 明星이 많을 뿐더러 星座 안에서도 많은 星雲과 新星과 變光星이 가끔 發見되어, 「활량」座와 한가지로 星界의 寶庫라고 하며, 南天에 「南十字」座가 있음에 因하여 이에 「北十字」의 稱號도 있다.

이토록 明朗한 豪華版임에 끌린 바 있었던지, 「明動則 兵起如 流沙하고 死人이 如亂麻」라는 부픗한 解說이 붙은 者이요, 近代의 이 별들이 일층 明亮한 것은 奇異하다.

中國의 占星術은 그렇지만, 希臘人의 說話는 小說的이다.

파에톤이란 자 있어 御馬術에는 제가 으뜸이라고 흰소리 하면서 다니더니, 知人키 어려웠은 神으로도 별수가 없었던지, 에누리 없이 그 말을 곧이 들어, 「太陽의 戰車」를 맡아서 부리라고 大神은 그에게 許하였던 것이다. 그런데 戰車를 끄는 네 필 말은 파에톤의 어설픔을 벌써 알고 드디어 太陽인 불의 수레를 둘러엎어버렸다. 太陽이란 불덩어리가 黃道에서 굴러떨어진 판인지라, 三千里 火焰山은 그에 비하면 외딴이요, 별안간 天地에 일렁대는 大火災가 일어날 듯하였다.

어허허, 큰일이다. 주피터 대신은 번개같이 성이 나서, 벼락 神을 바삐 불러, 파에톤을 쳐죽이고 太陽을 간신히 집어얹은 후에, 파에톤의 屍體는 「에리다누스」 개울에 던져버렸다. 却說, 이때 파에톤의 한 동무 있으니, 이름은 퀵누스라, 제 죄에 죽기는 했을망정 동무의 情誼야 없을소냐, 파에톤의 屍體를 어루만져 슬픔을 진정치 못하더니、주피터 이 消息을 듣자 震怒가 채 풀리지 않은 터이라、이에 쿼누스를 잡아 白鳥로 만들고、天上에 치뜨리어 永遠토록 우세를 하게 하였다고 한다。그런지 안 그런지、白鳥는 고개를 右로 꺾어 지금까지 청승스럽기도 하다。

天津의 北으로 中國上代의 馬術의 聖手인 造父 王良이 모두 별로 되어 있는 것은 偶然이나 興味있다。

白鳥의 以東은 아직 두고、다시 「大角」星이 있는 「牧夫」座에 돌아와서 「天市」와의 사이 「北斗」자루의 끝별이 가리키는 발래에、아홉의 잔별이 빙 둘러 있어、북쪽만 터졌고、「좀생이」같이 어여쁘게 반짝대는 것은 「天冠」으로、古名 「貫索」이니、그 모양이 아이들이 둘러앉아 遊戲함과 같은 탓이던지 「아기별」의 俗名이 있다。이즘(八月下旬)에는 九時頃에 「天井」을 조금 비껴 西南 비탈에 떠 있는 터요、「南冠」星座가 南天에 있음에 말미암아 「北冠」이란 別名도 가졌다。

옛날옛날 술의 神인 바쿠스가 그 아내 아리아드네에게 結婚 선물로 주었던 「七星의 冠」인데、뒤에는 하늘로 떠올라서 「하늘冠」으로 되었다고 한다。그러나 내가 들은 別說에 의하면、아리아드네의 結婚 선물이란 것은 모르고 하는 말이요、실은 檀倹께서 化神朝天하시던 때에、九月山 飛山峰에서 뒤를 따라 天宮으로 오른 紫月仙女가、平素에 檀倹神人께 쓰고 뵈옵던 「九星의 寶冠」을 벗어、이 고장에 끼워두고 下界의 사람들에게 觀賞시키는 것이라고 한다。혹 그러한가。天界의 일은 쉽사리 안다고 할 수 없다。

中國의 天文은 이를 「天市」의 一部에 連하여 두고 「貫索은 賤人之牢也」라고 獄이요、또 賤人만을 가두는 데라고 하였으니、索然치 아니할 수 없고、「九星」이 皆明하면 天下가 「獄煩」이라고 그런 성싶은 說明이 있다。그런데 이 附近에 이미 「紫微」、「天宮」이 있고、「하늘冠」의 形象됨이 女王의 寶冠됨에 알맞으니 吾人은 前說을 따를밖에 없다。

臨制 四方의 「北斗」——「紫微」垣 밖의 明朗한 七星

「天冠」의 南、「天市」의 北、「織女」의 西로 「헤르클레스」(Hercules) 星座가 있으니、헤르클레스는 希臘上代의 愛國的 大偉人이라、그 별은 「天市」 北端인 「河中」、「河間」星으로부터 「天紀」、「女牀」과 「天棓」星 등에까지 網羅하여、마치 치렁대는 神父服을 입은 듯한 治裝으로 된 者이니、대체로 三等星 이하의 별들이요、丹星은 變光星이오。

右肩部에 該當한、「天棓」星의 사이에는 「메시에」 十三番이라는 北天 最大의 星團이 있어、깨끗한 날에는 肉眼으로 보이니、古天文書에 「氣」로써 일컫던 者요、直徑 約 十五分(度)이니、地球와의 距離 三萬 六千 光年이다。

最近 米國 加州 산 호세에서 「노바 허뭏레스」라는 一千 光年의 별이 있어、벌써 新羅末葉 甄萱과 高麗 太祖가 너 죽고 나 살자는 血戰을 하던 때에 두 조각에 갈라진 것이、今年에까지 그 消息이 到着되었다는 通信이 왔었거니와、이 星團의 距離는 여간이 아닌 것을 알겠다。

天文家의 一說에는、太陽系가 「헤르클레스」座를 향하여 쉬지 않는 길을 가고 있다 하니、「織女」와 서로 이웃인 까닭이다。

「天冠」、「大角」의 附近에서 北으로 가장 번듯하게 눈에 잘 띄는 것은 「北斗七星」이니、그 英邁한 風姿로써 天界에 雷名을 떨치는 者이다。

「七政(日月五星)之樞機요、陰陽之本也라」하는 流로 비롯하여、「故로 渾乎天中하여 而臨制四方하며 以建四時하며 而均五行也라」고 하여、마치 獨裁者 淵蓋蘇文이 一國政柄을 한 손에 걷어쥐고 「總統天下兵馬」까지 한 듯、이의 雄大한 存在인 것이다。그로써 이미 足하겠거늘、「又 人君之象이니 號令之主也라」고 最大級의 解說을 集中하였고、이 外에도 第一星에는、「爲天하니 主陽德하며 天子象」이란 데서 비롯하여 많은 贊辭가 枚擧의 겨를이 없다。

北斗의 景觀이 莊儼할 뿐더러、北極星의 外廓으로 되어 실제 星宿의 回轉과、時間의 進展과、그의 節候와의 契合이、功用上으로도 巨大한 自然의 工作을 이른 것이니、이만큼 尊崇됨이 차라리 當然하다。

佛敎에서는 이로써 妙見菩薩의 化身으로 쳐서 「護國土、救貧窮、成就諸願」하는 구실을 삼은 것을 믿는 者이니、朝鮮의 民俗이 太古로부터 星辰을 崇拜함이 그 固有한 傾向임은 別論이 있거니와、朝鮮 佛敎史上에서도、淸虛(西山大師)의 法脈을 이은 英祖朝의 高僧 霜月璽葑이 「每夜에 拜北斗하고 夜半而起하여 喇口誦經」하였다는 密敎流의 作法을 힘썼던 經略를 지나、「칠성님」이 世俗的 佛敎와 表裡本末처럼 融合된 由來를 가진 것이다。

이제 北斗七星 個個의 별이름이 따로 있으되、하나씩뿐도 아니니、朝鮮의 民俗이 그로써 「織女」의 七字로 따지는 것은 上述이 있고、春秋運斗樞 以下 諸文에、第一로 第四까지는 斗魁요、第五로 第七까지는 「斗杓」이며、이의 天文 曆象上의 名號로는 一天樞 二天漩 三天璣 四天權 五玉衡 六開陽 七瑤光이 그것이요、術家的 見地에서는 一貪狼 二巨門 三綠存 四文曲 五廉貞 六武曲 七破軍이요、이 外에도 上述 一天正 二天法 三天令 四天伐 五天殺 六天危 七天應 등의 名目이 있어、一의 上出한 外에 二는 主陰刑、三은 主禍害、四는 伐無道、五는 殺有罪、六은 主天倉 五穀、七은 主兵 하는 등의、몇 種類의 職能을 붙여 놓았다。

煩說은 그만두고 이 七個의 별이 판에 박은 듯이 뚜렷하되、그 天文學上의 價値보다도、별의 大小와 그 光度의 按排에서 여간 아닌 藝術的 盛觀을 나타낸 바이니、첫별「天樞」와 最終의 자루(柄) 세 별이 모두 二等級의 晃亮한 별들이요、둘째 셋째가 三等星으로 자칫 작고、복판의「天權」星은 第四等의 더 작은 별로 되어、그 全體에서 明滅熒映함이 마음껏 그 調和의 美를 發揮한 것이니、이것이 原始時代 아닌 오늘날에도 무엇인지 造化의 神秘라도 있는 듯이 幻想되는 所以요、자루의 복판별은 자세히 보면 두 별이니、즉 第六星의 이웃에는 有名한「아르코아」의 五等星이 고요히 빛을 놓아、보기에 귀여운 것이다。

별의 美는 明星에만 있는 것이 아니어서 微星도 獨特한 美를 가지는 것이니、이 별이 그 一例요、希臘傳說에는「미자」(第六)와「아르코아」와는 말과 騎士와의 幻身이라고 해서 趣味 있는 이야기가 있다。中國의 天文學은 여기에 다만「輔星」의 名稱을 달아두었을 뿐이다。

莊麗한「大熊」星座——姜邯贊과 落星傳說

泰西의 天文學에서는「北斗」星이「大熊」星座(Ursa Major)의 一部로 되었나니、그에 包括되는 뭇 별을 다 말함을 要한다。

「北斗」의 밑바닥에、뒤로 향하여 三、四等의 여섯 별이 蹄鐵形으로 늘어선 者 있으니、즉「文昌」星이라、이 사이 北岳 위의 烟霧가 半天을 가리어 언뜻 보이지 않으나、一月頃부터는 中天에 높이 보이는 者이다。

「參」宿를「삼태」星이라 하니、그 끝이 흙 퍼나르는 삼태와 비슷한 까닭이든지、혹은 그 허리의 세 별을 삼태

성으로 잘못 알았는지 알 길 없으나、天文學上의 「三台」는 上台・中台・下台의 總稱이요、 北斗의 아래(腹下)로 「太微」垣과의 中間에 건네어 있으니、「北斗」、「文昌」 및 「上台」까지를 아울러、北天에 우뚝 섰는 雄偉한 「큰곰」으로 된 것이다。 즉 「文昌」星은 頭胴部요、「北斗」七星은 엉덩이와 꼬리로 된 것이다。

「三台」는 뒤로 밀고、「文昌」은 《史記》 天官書에 「斗魁戴匡六星은 曰文昌宮」이라고 하고、「文者는 精所聚요、昌者는 揚天紀니 輔拂並居하여 以成天象」이라고 하여、별로서 價値의 巨大함을 보였고、後世에 더욱 術家的 敷演을 加하여、「天之六府니 主集計天道」라고 하여、마치 文武 各材를 합한 內閣 直屬의 審議局이라도 됨과 같이 解說하였음을 「北斗」의 그것과 아울러 地上의 현실을 天界에다 차렸음이 그 天象意識 發育過程으로 보아 興味있다。

一月頃의 저녁에 보면、「文昌」星部에서 번득이는 두 눈을 뜨고、「三台」星部에 네 발을 버티어、「北斗」의 자루로 뻣뻣한 꼬리를 뻗친 것은、우람스럽고도 아양스러운 듯한 큰곰의 귀여움이、泰西 天文學의 精爽한 意趣를 깨닫게 한다。

七星은 또 周極星의 別稱이 있나니、每年 每日 寸尺을 잃지 않는다는 꼭 한 사람의 勤務처럼 제자리를 뜨지 않고 定規的인 旋回를 함은、科學上으로도 天界의 奇觀이요、일찍이 大神 주피터의 寵姬로 되었던 美人인 海神 칼리스토의 幻身이라고 해서、北極星인 「小熊」星座와 함께 一篇의 說話가 있다。

《高麗史》 姜邯贊傳에、그 篇尾에서 「世傳」하기의 前提 밑에、어느 使臣이 밤에 始興郡에 갔다가、큰 별이 뉘집에 떨어짐을 보고、아전을 보내어 보고 오게 하였더니、마침 그집 마누라가 사내아이를 낳은지라、데려다가 길렀더니 그가 곧 邯贊이 되었더라。그가 정승이 되매、宋使가 왔다가 보고 無心결에 절을 넙신 하며、「文曲星이 오래 아니 보이더니 이제 여기 있다」고 하였다고 한다。

上述 諸說을 합쳐 「文曲」은 一名 「天伐」로서 「主天理、伐無道」 하는 것이니、契丹의 四十萬의 侵入軍을 擊破한 姜太師의 一生에 비추어、理論上으로 꼭 들어맞는다。 지금 始興郡 東面 冠岳山下에는 姜太師의 옛터로 落星臺의 石塔이 남아 있는 바이니、姜太師의 矮少함은 그 四等星인 「文曲」임에 因함이냐。 또 한번 웃을 일이다。

漢相이 歸天이라、가을바람 五丈原에 諸葛亮이 落星과 함께 돌아갔다 하고、宣祖 戊戌 十一月에 忠武公 李舜臣이 南海 露梁에서 戰歿하게 될새、明 都督 陳璘이 「河魁」星이 떨어지려 함을 근심하여 「吾 夜觀乾象하고 晝察人事컨대、東方將星이 將病矣이요 公之禍不遠矣나 公은 豈不知耶이、何不用武侯之 禳法乎아」 하는 勸誘書를 보냈던 것이다。

별이 내려 巨人으로 태어도 나고、혹 별이 떨어져서 巨人이 돌아갔다고도 하니、그 참이냐。 이는 現代 科學圈外의 일이라 銓議할 바 아니요、人生과 星辰과의 心理上의 關聯만도 매우 深切함을 이에서 여기겠다。

「北斗」의 또렷한 골(型)이、數千年來 東西의 天文圖에 반듯하여 변함이 없으나、第十八世紀 以來 恒星의 固有運動의 硏究가 進步함을 따라、「北斗」의 별과 별이 서로서로 어떠한 宿命을 가졌는가를 闡明하게 된 바이니、일곱 별이 永遠히 協同의 길을 가는 것이 아니요、첫째와 맨끝의 두 별과、다른 다섯 별과는 각각 그 反對方面으로 달아나고 있는 것이다。

桑田碧海가 몇 번이나 바뀜을 보았다는 麻姑할미는、혹 「北斗」의 꼴이 차례로 변해짐을 보았던가。 麻姑는 워낙 찾아볼 길 없으되、今後 十萬年이 지나면、「北斗」의 반듯한 맵시도 적지 않게 찔그러지리라고 한다。

「北極」星과 「紫微」宮——「小熊」座와 굼틀인 「天龍」

하와이의 남쪽 말궤사스群島를 비롯한 수많은 섬들은、南米와 오스트레일리아間에 바둑돌을 헤친 듯한 작은 섬들로서、文化에 뒤떨어진 草昧한 사람들이、棕色의 얼굴에 沈鬱한 빛을 띠고、구웅배에 櫓를 저어 一碧萬頃 질펀한 바다 위에 그 原始的인 漁獵의 길을 떠나는 것이다。그들은 바가지 옆구리에 반듯하게 네 구멍을 뚫어、구웅배에 매어 물 위에 띄우고 고개를 기울여 머리터럭을 잠그면서、그 네 구멍의 方角과 「北極」星의 位置를 가늠하여、羅針盤을 지키는 老練한 般長 본으로 그 밤의 航行을 領導하는 것이다。

말만 들어도 그 구슬픈 光景이 마음에 映象된다。

「北極」星은 天體의 王者이라、이른바 「出地三十六度」라고、北天에 치우쳐(실은 그 本質上 南天에 치우친 것이지만) 永遠히 動치 않는 核心部를 이루어、今古東西 天體를 보는 者의 依遵하는 目標로 되었다。原始的인 絶海의 蠻人들조차 그 生活의 無限한 功用으로 이 「北極」星을 우러르고 있다。

알래스카의 土人들은 오로라에 절하나니、지는 해 찬 바람에 청승스러운 소녀가 한 팔로 턱을 괴고 北天을 바라다가 오로라의 光彩가 粲然히 나타남을 볼 때、合掌하고 일어서서 끊임없는 拜禮를 드리는 것은 多情한 나그네로 形言치 못할 눈물의 感激을 가지게 한다고 한다。

前者에서 星象監察의 學이 出發된 것이요、後者에서 天體崇拜의 모든 民俗이 胚胎됨을 알 것이다。北極을 中心으로 「紫微」天宮을 構想하고 「北斗」七星을 그 出納獻替하는 樞機의 職으로 삼아、人間世의 그것을 上天에서 찾으려고 한 것은, 人天關係에 있어 차라리 當然한 一面相이다.

「北斗」七星의 첫별·둘째별 사이에 直線을 그어, 東으로 向하여 그 距離의 五倍만큼 끌고 가면, 二等星인 밝은 별이 홀로 번쩍대는 者 있으니, 즉 「北極」이라, 혹 「北辰」이라고 하고 또 「天樞」星의 이름도 있고, 世俗的으로는 「北星」이라고도 한다. 그러나 「北極」星이 결코 北極에 꼭 닿은 별이 아니니, 다만 北極에 다가 있다는 점으로서 자못 尊貴하여진 것이다.

시방의 이 별은 참의 北極에서 角距離 六十五分쯤 떠나서 있고, 그 距離는 目下에 점점 줄어들고 있으므로 西曆 二、一〇二年쯤이면 最少限度 二十七分 半까지에 接近되리라고 해서 天文學者들이 떠들고 있는 터이다.

「北極」星을 丹星으로 삼아 다른 여섯 별과 합쳐 「小熊」星座(Ursa Minor)를 이룬 것이요, 「大熊」星座처럼 일곱 별이 허리부터 꼬리까지 되고, 머리편은 이렇다 할 큰 별이 없다.

큰곰인 칼리스토 寵姬와 그의 아들인 아르카스 公子가 숲 속에서 만나 어쩔 줄을 모르는 참에, 그의 아비인 주피터 大神이 아들마저 「작은곰」으로 만들어, 하늘에 얹어두어 億萬年에 서로 의지하고 있다는 것은, 希臘神話의 줄거리요, 어찌했든 宇宙가 開創될 때 이 附近이 太陽系와 무슨 깊은 因緣만은 맺혔던 듯하다.

지금부터 二千年 以前에는 하늘의 北極이 지금의 處所보다 十度 以上이나 北斗에 가까웠었고, 그적에 사실상 極에 가장 가깝던 明星은 「小熊」星座의 B星이었으므로, 당시에 만든 中國의 天文書에는, B星으로써 「天帝」라고 해서 星座의 首位에 두고, 다음의 第三星은 「太子」星으로 하였던 것이니, 그 外에 「庶子」, 「皇后」 등의 位次가 있는 것이다.

만일 四千年의 옛적에 거슬러올라가면 거기서 다시 「北斗」星에 다가든 「天龍」座(Draco)의 丹星이 「北極」星으로 된 것이니, 즉 紫微垣의 西藩首星인 「右樞」星이라, 天體推移의 아득한 자취가 매우 神話的인 興味를 가진 者이다。《爾雅》北極註에 「天之中이니 以正四時」라고 하고, 外他 諸書에서 「五星이 明大則吉하고 夜動則憂하고 客入하면 爲兵喪이요 彗入하면 爲易位하며 流星이 入하면 兵起地動이라」고 길다란 解說이 있다。

이 五星의 外에 陰德天理에서 큰 별 하나씩을 떼어 上述 일곱 별로 하면 一名 「小北斗」로 되는 者이요, 東藩八星 西藩七星을 합하여 열다섯의 번듯한 별들이 閶闔門을 사이에 놓고, 「紫微」垣으로 둘렀으니, 術家的 見地로는 中元 北極 「紫微」宮의 稱이 있어, 天界에서도 가장 尊重하는 核心部에 있었고 「헤르쿨레스」에 連接한 扶筐의 네 큰 별을 頭角으로 삼아, 「紫微」垣 전체로써 「天龍」이라 하는 것은, 泰西의 天文이 오직 로맨틱한 情趣를 主로 삼는 바이다。

天界의 領導者——紫微星變과 禍亂雜記

에머슨은 「만일 별이 千年만에 하룻밤씩만 나타나는 것이라면, 여기에 나타났던 神의 서울의 記憶을 어떻게 사람 사람들은 믿고 골독을 하고 또 훗세상의 代代에까지 이를 傳하기로 할 것이니라」고 하였다。

그러나 中國人은, 이처럼 날마다 보이는 별의 世界에다가, 詩想이 아닌 정말의 神都 帝城을 차려놓은 바 있으니, 그중에도 尊貴한 하나는 즉 「紫微」垣이다。

上述한 「北極」 다섯 별의 둘째 별은 「帝王也라 亦爲太一之座」라고, 帝王中에도 尊嚴한 帝王이요, 바로 極星의 밑창에 둘러 있는 네 별들은 四輔라고 하여, 「爲輔臣之位하니 主贊萬機하여 所以輔佐北極……」이라고 해서 허다한 解釋이 붙었고, 그것을 둘러서 東西藩의 「紫微」垣은 上相 次相 上將 次將 하는 바와 文武貴官이 皆列한 터이오.

一位帝星이 이미 존엄하겠는데, 天一星은 天帝之神이요, 太一星은 「亦天帝之神也라 主使十六神하며 知風雨水旱兵革……」 등등의 大威力을 붙였고, 이외에도 天皇大帝와 五帝座가 있어, 禁城 紫宸에 龍榻 御屛이 莊嚴雄麗한 듯 其외 鋪陳으로 하였고, 六宮 女御와 尙書와 柱下史로 華蓋傳舍와 內廚 天床 등의 宮中府中의 諸般設施가 있으니 「語說 무슨 年間에」 하며, 「紫微垣에 愁雲이 가득하고」 하는 바와 항간의 이야기책은, 오직 듣은 풍월로 이런 것을 남●용하던 바인 것이다.

北極의 俗名은 「꼭지별」이니, 天球가 수박이라면 極星은 그 꼭지로 된 셈이요, 혹 「꼭두별」의 이름도 있다.

泰西의 天文學이, 「扶筐」의 네 별로 龍頭를 삼고 「天厨」 六星에서 모가지를 이어, 東藩의 「少弼」星부터 西藩으로 휘돌아서 굼틀인 天龍으로 한 것은, 上文에도 要領을 말하였다.

中國의 天文이 「房」, 「心」, 「尾」를 아울러 東方蒼龍으로 한 것은 會通이 있거니와, 龍의 본질로서 「心」宿의 大火가 새빨간 心臟으로 됨이, 「扶筐」의 네 별로써 崢嶸한 頭角을 형성할만 못하다고 해서, 「紫微」의 「天龍」을 玩賞하는 자 많은 터이다.

龍일세 담일세 그는 무엇이든지간에, 「北極」, 「北斗」의 그 어섬이 滿天星斗의 핵심 주요 호화판이어서, 天界의 헤게모니라도 장악하고 있는 성싶은 것은 동방의 諸國民 사이에는 머리에 박힌 인상이다.

「紫微垣은 大帝之座요 天子之常居也土라」고 해서, 허다한 天文術을 敷演한 바 있으나, 그는 두어두고, 「太微」가 「角」宿의 바로 위에 자리잡아 日月五星의 中途로 되어 있으므로, 月星 등의 「淩犯」이 퍽은 많은 터이지만,

「紫微」는 天極에 자리잡아 靜遠森肅한 위치로 된지라, 天象의 異變이 있을 적마다 적지 않은 人心의 불안을 일으키는 것이다。

高麗 顯宗 十九年 六月 壬申에 白氣가 「紫微」, 「北斗」를 꿰고, 二十年 六月 戊戌에 飛星이 「紫微」宮을 나와 「天市」에 들어갔는데, 때에는 契丹과의 국교가 아직도 어수선한데, 東女眞은 海路로 溟州(江陵)에 침입하고, 元成皇后 金氏와 千秋太后 같은 분들이 서로 이어 崩御하고, 二十二年 五月에는 顯宗께서도 昇遐하신 일이 있었으며, 同 睿宗 五年 五月 己酉에 彗星이 「紫微」에 들었는데, 때마침 尹瓘·吳延寵이 女眞을 쳐서 九城을 쌓고 저들의 血戰的 反抗에 인심이 술렁대던 판이라, 적지 않은 관심이 되었던 것이다。

同 高宗 十四年 十一月 丙申에 流星이 「太微」帝座에서 나와 「紫微」, 「句陳」에 이르러, 크기가 木瓜만하고 꼬리가 길이 십여 척이요, 「太白」星이 낮에 보였고, 十五年 四月 丁未에는 「熒惑」이 「南斗」를 범하였고, 十六年 十月 己未에는 流星이 「紫微」西藩을 犯하고, 또 「句陳」과 帝座를 범하였는데, 때는 契丹 遺種의 一次 大侵入이 있어 간신히 격퇴한 끝에 丐哥下 등 金國의 殘兵이 鴨水를 건너 頻煩 侵入하려 하는 한편, 혹은 日本이 東邊에 침입하는가 하면, 東女眞은 咸興平野에까지 跳梁함이 있었고, 다음 十八年으로써 空前한 大侵略을 단행한 蒙古人은 왕왕 恫喝的인 태도로 兵亂의 先聲을 놓던 시대이라, 君民上下가 이 欽天監의 報道에 가슴이 모두 덜렁하였던 것이다。

中國에서 「紫微」星變의 으뜸가는 것은, 아마 晋懷帝 永嘉 三年 正月 庚子에 「熒惑」이 「紫微」를 범하던 바일 것이니, 占하여 曰, 「當有野死之王이요 又爲 火燒宮이니다。」 그래서 太史令은 洛陽의 패망을 예언하고 乘輿의 遷幸을 주장하였었다。 한데 五年 六月에 劉曜·石勒 등 胡羯 사람들이 洛陽을 무찌르고 懷를 잡아 平陽으로 갔던 것이다。

그러나 역대의 天文志를 보건대、「紫微」의 星變은 淸平時代에도 가끔 있었던 바요、現代의 科學은 더욱 그 虛妄을 증언하여 여지없는 바이다。

「白鳥」의 東으로 「카시오페이아」가 있어 이즘(九月 五日)에는 저녁 十時에는 거의 天頂에 뜬다。 편의상 「秋天星象」으로 미루고 이에 擱筆한다。

秋冬星象

(一九三五・三《朝鮮》)

轉回된 가을 天體——銀河는 宇宙의 基本建築

下界의 사람들이 부질없이 바쁜데, 上界의 별들조차 쉴새 없이 天空을 돌고 있다.

일찍 庚炎이 갓 지나간 칠석의 뒤를 이어 金華山上 불어오는 저녁바람을 솔 사이 바위 위에 가슴 풀어 받으면서, 여름밤의 星象을 관측하느라고 버정대었더니, 이 사이는 벌써 朔風이 나무 끝에 불어 핫옷에 오히려 추위를 느끼는 겨울밤이다.

그저께 번쩍이던 大角星과, 「전갈」의 앙가슴을 이룬 大火(心大星—안타레스)星이, 어느덧 西天의 저 아래로 잠겨 넘어갔고, 北山의 꼭대기에 아직도 뚜렷하던 大熊座인 北斗七星도, 거의 그 전모를 白頭山 너머너머로 감추어버려, 마치 영웅적인 登場 인물들이 하나씩 둘씩 凋落된 다음인 듯, 一段 蕭瑟의 情緖도 자아낸다. 枯崖秋月 씻은 듯한 自然의 景象에서 혹은 天地造化의 秋跡을 正視할 수 있는 바이지만, 헐쑥하여진 드문 星象은, 觀測家로 가을하늘의 쓸쓸함을 군소리하게 되는 것이다.

지금은 깊은 겨울이라 가을하늘을 이야기함이 이미 지난 말 같지만, 가을하늘을 장식하는 별과 별들이 아직도 전적으로 남아 있으니, 초저녁에 天井의 별들을 보아 살피려면 지금이 도리어 알맞은 편이다。

다만 벌써 보름달이 나날이 밝아오니, 月明星稀, 잔별의 까무락댐이 찾기에 애쓰일 뿐이다。向日(十一月 二十三日) 振威寒村에서 보매, 어둔 밤 맑은 하늘에 「한량」인 南斗가 오히려 西天의 銀河 끝에 명랑하게 光芒을 노트니려니, 서울의 煙霧는 그조차도 이미 보일락말락 西峰 뒤로 아지리고 있다。

銀漢은 三更인데 梨花에 月白이라, 땅에는 꽃, 하늘에는 별, 별의 매력이 꽃만 못지 않거니와, 별나라에 번듯이 둘려 있어 장엄한 한 帝王的 存在로 되어 있는 것은 銀河이니, 銀河는 宇宙間 만들어진 것 중에 대대적 지위와 勢威를 가진 자이요, 大宇宙의 基本建築으로 된 자이다。

七夕節에 농촌의 딸과 아들들이 草席을 펴 마당에 누울 적에, 銀河의 훤하고 웅성궂은 갯기슭이 입시울에 마주닿아 돌아가면, 百中 물이 하마 지나가고 햅쌀밥에 새로운 가을이 다가와서, 오뉘들의 세계에 즐거운 철이 오는 것이라고, 農業國 朝鮮에는 上代부터 일러오는 鄕土傳說이, 「각시별 할아비별」의 支那的인 聚會說話와 어울리어 한참 이야기되는 바이지만, 남북으로 뚫렸던 銀河는 벌써 동서로 곧바로 서서 각시별 할아비별이 아직껏 西廂에 머물러 있다。

가을의 銀河는 여름의 그것보담 되우 쌀쌀하지만, 그 먼 듯 가까운 듯 높은 듯 낮은 듯한 자연의 도섭은 변할 줄 모른다。科學의 메스에 머리가 구드러진 권위있는 星學者로서도, 그 신비로운 大景象의 앞에는 언제가 고개가 숙어져 있는 것을 깨닫지 못하였다고 한다。

大허셸 이래의 발견에 의하면, 이 天河야말로 宇宙의 本體인 자로, 그 廣袤는 즉 우주의 廣袤와 同一言意라고까지 한다。

近世의 연구로는、푸른 별 흰 별의 대다수와 그 위에도 新星・變光星・高熱星・星團・가스星雲・暗黑星雲 따위 천체의 가장 기이하고도 야릇한 자 모두 이 天河에 모여 있고、별과 별들의 運動도 또한 모두 이 天河와 밀접하게 상관됨이 많다。

금일 吾人에게 말하는 天河의 延長은、東西南北 대강이 三十萬 光年(새플리說)이요、우주의 신비는 모조리 이 範圍 속에 쌓여 있다고 한다。

라프카디오 허언의 詩에

> 달뜨기 前 아름답게 갠 밤의 고요한 속에、나는 理學上의 놀라운 사실과 우주의 엄청스러운 威力도 잊고서、蒼空의 반짝대는 속에서、오직 옛이야기의 아름다움만이 자꾸자꾸 생각난다。
>
> 그때에 나에게는 몇 億萬의 太陽——이것들 온통으로도 이 공간을 비춤에는 무력하다——으로 이룬 이 엄청나는 宇宙環은 없고서 도리어 이 반기울「하늘의 개울」만이 걸쳐 있다。
>
> 보이는 것은 그 광채나는 개울의 움직임、그 기슭에 굼니는 雲霧、그리고는 가을바람에 나부끼는 水草뿐。하얀 각시별은 그 별과 별의 빛나는 베틀 위에 있고、소는 맞은 기슭에 풀을 뜯는다。그리고 가마히 나리는 찬이슬은 할아비가 저엇는 사앗대의 물부스러기인가。

銀河畔의「大陸」星——이디오피아 王妃의 寶座

「하늘 개울」은 朝鮮의 부녀들이「유우내」라고 하니、향토적인 정취도 있으나 아마 銀河의 轉訛일 것이다。

千里天坪 大白頭의 天池에서 솟쳐가는 松花江은, 그 流域인 谷地가 夫餘民族의 建國發祥한 옛터로서, 「숭가리우라」가 「天河」의 語意를 表하는 바이니, 天山·天池·天坪·天河로서 古震人의 地人論的 情緖를 담은 바이요, 銀河가 天河이었을 묵은 觀點을 反證할 법하나, 이 방면에 아득하여 그 形跡이 안 남았다.

「하늘 개울」은 고래로 모든 나라 사람사람에게 한 개의 흥미 깊은 수수께끼로 되었으니, 西洋에서는 흔히 이를 「길」로 보았고, 東洋에서는 이를 「개울」로 보았다. 지금의 科學은 이것이 길도 개울도 아닌 것을 闡明하였으나, 똑같은 것을 두고 길이니 개울이니 하고 본 마음마음의 속속에는, 각각 인간 생활의 面相이 나타난 것이다.

다만 希臘에서는 벌써 피타고라스와, 데모크리토스가 이것을 微星의 密集體라고 喝破한 것은 놀라운 達見이다. 망원경이 발명되어 학자의 視力은 수백, 수천 배가 보태졌고, 그에 의하여 얻은 결론이 역시, 요컨대 하늘 개울은 즉 微星의 密集體란 것은 上述로써 해명되었다.

「각시별」, 「할아비별」이 中國上代의 「牽牛」, 「織女」 그것인 것같이 하늘 개울인 「銀河」란 말도, 중국 것의 계승일 것은 의심 없다.

「維天有漢 監亦有光」이라고 《詩》 小雅에 읊조리었고, 「倬彼雲漢 爲章于天」이라고 同 大雅에 말하였고, 「越雲漢兮여 南하노매라」고 《楚辭》에 노래하였다. 「河者는 水之伯이니 上應天漢」이라고 《博物志》에 서술되었고, 「引渭水灌都하여 以家天漢」이라고 《三輔黃圖》에 說하였고, 「星漢西流夜未央에 牽牛織女遙相望」이라고 魏文帝의 詩가 流傳되어 온 바이니, 「漢」, 「雲漢」, 「天漢」, 「星漢」의 諸稱이 地上의 河漢에서 본떠 構想됨은 긴 말 할 바 아니요, 「夢裡君王近 宮中河漢高」는 河漢 그대로를 이 天河에 寓意함이다.

曾引한 新羅 文武王碑에 「星漢王이 降質圓穹」 하는 星漢도, 이 文獻에서 假借한 것일 법한 東方 고유의 民俗

情趣가 엿볼 만하다。

古代의 埃及과 바빌론 사람들은、天河로써 바로 하늘의 나일이요 하늘의 유프라테스라고 일컬었으니、東西의 着想이 공통되던 바이요、希臘·印度와 芬蘭과 멕시코와 아메리카 인디언 사람들은、이 天河로써 죽은이의 영혼들이 모이는 고장인 줄로 여겼었다。튜톤의 諸民族과 아라비아 사람들은、이것은 또 낮에 태양이 지나다닌 길의 자취라고 믿었었다。

希臘神話中의 일부가 이와 別種인 자 있던 외에、그 전부가 地上에서 직접으로 부딪치는 사물을 그대로 天上界에 옮겨다 생각한 構想의 徑路는、天界에 관한 思想의 推移와 또는 社會思想 발달의 이면의 작용으로 보아、흥미와 가치가 아울러 있는 것이다。

이즈음(十二月 상순)에는 해가 져 어두우면 이미 여섯 점이다。여섯 점 하늘에 뚜렷한 천상의 「白鳥」가、天井으로부터 조금 南에서 그 긴 목을 늘여、「牽牛」、「織女」의 중간에서 서해를 굽어볼 때、거기서 正東으로 두어 칸 떠난 天河의 北岸에 바짝 다가가서 「카시오페이아」(Cassiopeia)의 다섯 별이 W字形으로 꺾여 있고、北에 자칫 작은 별이 W의 서쪽 끝에서 정방형을 이루었으니、 지금에는 뭇솔리니의 伊太利의 侵襲의 밑에서 空前의 國難 속에 시달리고 있는 이디오피아의 하일레 셀라시에 아버니신 세페우스王의 中殿이던 카시오페이아王妃의 寶座로 된 것이요、이 일대를 중심으로 災難과 悲戀과 武勇의 모든 說話가 엉클어져、무르녹은 秋天星象의 호화판인 것이다。

「카시오페이아」는、中國의 천문학에서 「大陸」星으로 일컫는 자이니、아마 그 형상이(小星을 합하면) 土築한 陵墓와 비슷한 까닭이겠고、「主陵墓하니 明而大하거나 혹 中星이 多하면 天下가 多死喪하고 혹 兵起」라고、例에 의

한 解說이 있다.

그러나 금년 여름에는 자못 明大한 편이었는데, 가을 이후 도리어 그 光力이 감퇴된 경향이다.

南方妖精인 「怪馬」——안드로메다公主의 一縷殘命

「白鳥」와 「카시오페이아」의 사이, 目下에서 北極의 南에 位한 「五帝」座의 中央首星을 비롯하여 「造父」, 「王良」과 「策」과 「閣道」 등의 모든 별을 아울러 세페우스王의 王座가 형성되었으니, 그 光度는 카시오페이아의 다음이요 그중의 네 큰 별이 菱形을 이룬 것은 세페우스王의 上體로 된 자니, 北極星은 그 발꿈이다.

이즈음의 「北極」星은 「紫微」垣을 北으로 업고 밝은 달빛이 주위의 잔별들을 씻어, 또렷하게 눈에 띄는 자거니와, 東西의 천문학이 이 位置에 한가지로 帝王의 자리를 삼은 것은 흥미있다.

그러나 세페우스王과 카시오페이아王妃 사이에는, 掌中寶玉 같은 안드로메다公主가 있어, 그 絕世美人인 艷姿가 탈로 붙어, 이디오피아 온 나라에는 왕실을 중심으로 一大災難이 부르터났었고, 지금까지 天界에 술렁대는 큰 화제를 남겨온 것이다. 이를 말하자면 페가수스와 안드로메다까지 이야기하여야 한다.

여름 하늘에서 이미 말한 「牛」, 「女」 諸宿는, 이즈음(十二月 五日) 하오 六, 七時에도 오히려 牽牛星의 南下에 떠있다.

「女」宿에서 東으로 한 칸 남짓 떠나 同 「水瓶」座(Aquarius)의 B星(三等)과 北上에서 「망아지」座(Equuleus)의 A星(五等)을 합하면 「虛」宿니, 金庾信傳說에는 「虛」, 「角」 三星으로 並稱된 바이나, 現代에서는 그 光度가 자못

微微한 者이다.

게서 다시 東으로 한 칸에, 두 개의 명랑한 별(三等)이, 東에서 자칫 작은 한 별을 鈍角으로 놓고, 길쭉한 三角을 형성한 자는, 「危」宿니, 下는 「水瓶」座의 A星이요, 上은 「페가수스」의 F星이다.

「虛」星의 東側에는 「司命」, 「司祿」으로 일컫는 잔별들이 있고, 「危」宿의 南東에는 「墳墓」, 「虛梁」 모든 별이 있으되, 그중에는 찬연하게 빛을 쏘는 자도 있어, 「南斗」 이래의 처음 번화한 景象이요, 거기서 다시 東으로 비슥 北에 다가 바로 天頂에 정방형인 二, 三等의 네 큰 별이 있으니, 즉 「페가수스」이다.

「페가수스」의 괴기한 꼴은, 京城의 거리에서도 가솔린 걸의 모던的인 차림과 함께 보게 되는 터이지만, 다만 번듯한 四角의 星象만으로도 가을하늘 隨一의 걸작이다.

이 四角의 四邊 두 별은 「室」宿로서, 혹 「營室」로 일컬으니, 離宮 여섯 별이 附屬되었고, 東邊 두 별은 「壁」宿 혹 「東壁」이니, 「斗」, 「牛」, 「女」, 「虛」, 「危」, 「室」, 「壁」이 中國 소위 北方七宿로서, 「斗」가 龜蛇蟠虯之象인 것을 筆頭로, 「虛」, 「危」, 「室」, 「壁」은 龜蛇蟠虯之象이라고 쳐서 玄武神의 應現인 줄로 여기던 바이다.

서양 천문학에서는 이로써 南方의 妖精인 女怪 메루사의 피가 엉겨 도섭한 怪馬라고 하는 것도, 다르면서 또 같은 자이다.

이제 사각형이 怪馬의 날개돋친 胴體인데, 「虛」와 「危」는 모두 그 頭頸으로 되었고, 「東壁」인 A(北)별에서 다시 二, 三等의 세 별이 北으로 뉘우름 東에 뻗은 자는, 즉 「안드로메다」(Andromeda)이다.

카시오페이아王妃는 허영심이 많고 또 수다스럽기로 유명하더니, 맞은쪽에 서 있는 안드로메다公主를 귀엽노라고 황홀히 쳐다보며, 자기의 美도 그러하려니와, 안드로 아기씨의 풍염한 美로 말하자면, 世界에서 어디를 가든지 다시 얻을 수 없을 것은 물론이요, 地中海의 밑창에서 사는 아름다운 女神 님프 따위로도 훨씬 못할 것이라고, 막 지껄여댔던 것이다.

이 말을 들은 女神들은, 시새우는 암상에 못견디어, 이를 海神에게 하소하였고, 海神은 또한 격노하여 王의 一門에게 지독한 처분을 하기로 하였었다. 그들은 엄청난 洪水를 일으키어 이디오피아의 領地를 한꺼번에 잠기게 하고, 王의 一門은 바다의 괴물인 고래로 삼켜버리게 하려 하였다.

이디오피아의 朝野는 震駭하였고, 카시오페이아后도 통탄하였다. 神과 神의 總首인 주피터大神에게 等狀을 든 고 원정한 결과, 간신히 海神의 양보를 얻어, 문제의 발단인 안드로 애기씨를 참혹히 고래 밥으로 내어맡기어 이 災難을 풀기로 하였다.

국민들은 홍수의 우환을 가까스로 벗게 되었으나, 안드로메다는 가엾게도 수족을 쇠동아줄로 젖혀매어, 밀물이 들이닥치는 해안의 낭떠러지 밑 바위뿌다구니에 잡아매이게 되어, 부모가 눈물짓는 斷腸의 悲哀도 생각할 새 없는 듯이, 부질없이 고래의 몰려옴만 가슴 죄어 기다리게 되었었다.

「巨鯨」을 베인 騎士——「卷舌」、「天讒」의 變光妖星

안드로메다 아기씨의 悲愁에 잠긴 쓰라린 며칠이 지리하게 지나가자, 과연 고래는 달려들었다.

이제 안드로메다 星座에서 南西方으로 멀리 지평선상에 떠 있는, 二、三、四等의 南과 시늉의 다섯 별이, 가장 굵은(二等) B별을 西에 외따로 두어 특히 뚜렷한 자 있으니, 즉 「天倉」星으로, 「고래」(Cetus)의 갈라진 꼬리를 형성한 자이오, 東으로 「薪蓄」, 「天囷」의 모든 별을 連하여 그 頭胴部로 되었으니, 그는 사정없이 아기씨에게 덤벼드는 巨鯨이다.

하마 하면 고래는 입을 벌려 아기씨를 삼키려는 서슬이다. 이때, 동탕한 청년 기사는 天馬에 걸터앉아, 右에 칼, 左에 방패를 잡고 뛰어들었었다. 快傑 페르세우스가 南國의 妖魔를 平定하고 中天에 떠서 나라에 돌아오는 도중, 우연 이곳을 지나게 되었다. 그는 안드로메다의 危難을 보자마자 대번에 칼을 휘둘러 고래를 베히고, 쇠 동아줄을 끊어 아기씨를 구하였다.

여기서 두 사람 사이에 사랑의 불꽃이 타오른 것은 말을 기다릴 바 아니다. 드디어 둘은 즐거운 結婚을 하게 되었다.

「고래」座의 허리에는 「미라」라는 變光星이 있으니, 「미라」는 「不思議」를 뜻함이오, 그 광채의 變함에도 기묘한 바 있어, 약 三百三十日의 週期로써 환하락 흐리락 하되, 그때마다 그 强度는 고르지 못한 것이니, 가장 환한 때는 二等星쯤이오, 한참 줄어들면 九等星이나 되므로, 육안으로 보면 거의 없어진 듯한 것이다. 이는 고래로서의 怪奇性을 보태는 것이다.

「안드로메다」의 B, D 두 별은 「奎」宿 十六星의 허리의 굵은 별이오, 남은 한 별은 「天大將軍」으로 일컫는 자이다.

「奎」宿의 잔별들이 좌우로 벌려, 안드로메다 아기씨의 곡선미 있는 두 팔뚝으로 되었고, 그 아랫별이 가리키는 東北 한 칸 넘은 곳에, 「카시오페이아」에서 선을 그은 듯, 弧狀으로 늘어선 二、三等과 四等 들에 섞인 六、七個의 별이, 南으로 향하여 웃는 자는 「卷舌」星이니, 긴 혀를 말[卷]끝에 비긴 바이오, 괄호 안에 三、四개의 별이

明滅하는 듯하되, 한 별은 더욱 도섭하는 자 있으니, 즉 「天讒」星이라, 「알골」星이라고 해서, 凄艶한 푸른 빛이 갈피잡을 수 없는 유명한 變光石인 자이다。

이 「卷舌」과 「天讒」을 합쳐 一個의 기사 「페르세우스」(Perseus)로 하되, 妖星 「알골」은 南方의 妖精의 버혀 달린 대구리로 된 것이니, 「天讒」 妖頭가 그 意趣에서 동일하고, 페르세우스는 안드로公主와 마주 대해, 아주 無限愛의 金像인 듯이 밤마다 밤마다 번쩍이는 터이다。 아까의 페가수스는, 페르세우스가 이디오피아의 南方에서 독사의 덤불을 헤쳐 한칼에 무찌른 渾世 魔王의 솟친 피가 어리어 된 바이나, 이젠 다소곳 안드로公主의 머리맡에 있는 것이라고 한다。

「虛」는 虛堂이니, 冢宰之官이라고 吏部尙書에 견주던 자이요, 「危」가 이에 倣似한 자이며, 「營室」은 爲 太廟天子之宮也」라고 해서 「壘壁」, 「北落師門」의 많은 별을 거느렸으므로, 秦始皇帝의 阿房宮이 渭河에 걸터앉아 「天極 閣道─絶漢(銀漢)抵營室」한 것을 모방한 것이라는 사실은, 少微 《通鑑》의 지식으로도, 혹은 기억할 바이다。

「壁」은 文星이니, 主文章하며, 天下圖書之秘府라고 하는 바요, 「奎」는 자못 존숭하던 자로, 「文昌」을 主한다거니 「武庫」를 主한다거니, 혹은 「溝瀆」을 主한다거니, 文武經濟에 관련됨이 넓다 하였고, 《宋史》 天文志에 「太祖乾德 五年 丁卯에 五星이 聚奎」하더니러니, 그후 濂洛關閩에 群賢을 배출하였다는 것은, 宋學을 偏重하던 漢陽朝의 儒宗들로, 이를 兒童敎育에서부터 吹聽하던 자이다。

「卷舌」, 「天讒」은 前者는 樞機智謀를 主한다고 하고 後者는 暗하면 爲吉이요 明盛하면 人君이 納佞言이라고 운운한 것이, 一部 妖星으로 다루어지던 것을 알 만하다。

맑은 밤 고요한 곳에 가만히 弧狀으로 감친 「卷舌」星을 보아, 그 복판에서 先芒을 움직이는 「天讒」星을 살필 때면, 가끔 毒舌巧讒에 느닷없이 팔이 붙는 人世의 恨事를 생각게 한다. 古人이 天象에서 弧狸莫測할 星妖를 볼 때 그에게 문득 엉뚱한 명칭을 붙여주던 심경을 알아볼 바이다.

黃道와 十二宮——南天의 雄인 「北落師門」

一旬 동안 明月이 中天에 빛나는데, 瘴霧陰雲이 上空에 어리어, 숫나기의 星象觀測은 거의 불가능에 가까웠었다. 오늘 밤(十四일)에 보매, 銀河는 벌써 東南에서 西北으로 빗놓였고, 일곱 點 前後 사각형의 「페가수스」는 이미 꼭두 천정에 떠 있어서, 光陰의 달아남이 붙잡을 수 없음을 알게 한다.

「페르세우스」 바로 다음으로 「御者」(Auniga)라고 하는 「五車」星이 벌써 東天에 높이 솟았고, 여덟 點이면 「오리온」인 「參」宿가 「좀생이」의 뒤를 이어 덩그랗게 東南에서 그 耿耿한 光芒을 놓으니 「御者」와 「오리온」은 현대의 천문학자가 모두 겨울 성좌에서 말하는 바이라, 下文으로 미룰 바이다.

이제는 새잡이로 잔별들을 찾으면서 가을 성좌 이야기를 마감하여야 한다.

「세페우스」의 머리 위(南), 「페가수스」의 자칫 西南으로, 騰蛇를 主位로 삼아, 「도마뱀」(Lacetra)이 있으니, 四, 五等 이하의 십수개의 별들이요,

「牽牛」, 「織女」의 중간에 있어 銀河의 南岸에 다근 약간 큰 듯한 네 별을 主로 한 「左旗」의 일부는 「살대」(Sagita)란 자요,

계서 東南으로 銀河에 가깝게 십여 개의 잔별이 옹긋쫑긋하되 예닐곱 별이 갸름하게 다가붙은 것은 「敗苽」 또

는 「瓠瓜」로 일컫는 자들이니, 합쳐서 「海豚」(Delphinus)이라고 하고,

게서 다시 東南으로 「虛」宿의 윗별과 「司非」, 「司危」라는 잔별들을 이우른 자들 「망아지」(Equuleus), 역시 모두 四, 五等 이하이다.

「牛」宿로써 머가리를 삼은 「山羊」(Capricornus)이 「羅堰」, 「天壘」와 「秦」, 「楚」, 「齊」, 「趙」 따위 나구 이름지었던 좀스러운 별들을 주워모아, 거의 三十度에 걸친 성좌로 되었으니, 그 꼬리가 「危」宿의 밑에까지 닿았다.

「페가수스」를 기점으로 삼아, 西邊의 두 별을 西南으로 떠난 南天에서 鈍角 三角을 이룬 「危」宿의 발태로, 자못 큼은 三等별(「壘」「壁」, 十二星의 首位)이 있으니, 「虛」宿의 아랫별(B)과 「危」宿의 아랫별(A)과 이 「壘」, 「壁」星(D)을 連한 세 개의 三等星을 힘살으로, 「羽林」의 일부와 「鈇鉞」星群을 아우른, 역시 三十度에 가까운 廣袤로써 「水甁」座(Aquarius)를 이룬 자이요,

「페가수스」 四角의 南邊 밑창으로, 「壘」, 「壁」과 「羽林」의 東半部를 主로 삼아 五, 六等의 잔별들을 모두 「魚」座(Pisces)로 된 것이니, 水甁에서 솟기는 마를 줄이 없는 물을 雙魚가 있어 마시는 것이라고 한다.

「水甁」座의 D별에서 南으로 거의 수직인 위치에, 조금 東으로 비키어 동뜨게 혼자 큰 별이 번듯이 보이는 자는, 「北落師門」이니 「포말하우트」로서, 「南魚」座(Piscis Austrinus)의 主星이요, 마치 南緯 三十度線에 박힌 자이라, 一等星이로되, 氣層이 두터운 지평선상에서 가로 지나다보이므로, 육안의 觀感이 위의 三等星 못밖에 아니되어 보인다. 「南魚」座의 형성품이 西에서 「天錢」과 「天綱」, 「火鳥」의 모든 별들을 거느린 자이나, 煩瑣가 도리어 부질없다.

「안드로메다」의 北의 끝별 밑에, 銀河를 南으로 비낀 곳에, 삼각형의 세 별이 곤잘 박혀이는 자는 「胃」宿이니

제 모양대로 「三角」(Triargulum)이요、三角의 西南에、東으로 「좀생이」와 連한 線에、三、四等의 세 별이 구부정하게 南西로 숙은 자는、즉 「婁」로 된 자이라、「羊」의 南東 一段이 낮은 곳에、「天囷」의 굵은 별들을 머리로 삼아、「天倉」에까지 連한 별들을、「고래」(Cetus)로 한 것이니、「天倉」의 西南 꼬리의 자칫 큰 별은 「포말하우트」와 水瓶의 D별과도 三角銳角인 위치를 차지한 것이다。

여기까지가 가을 성좌의 東界로 되어 있다。

「山羊」、「水瓶」、「魚」、「羊」은、가을에 黃道의 西로부터서의 順路로 되어 있으니、자차분한 별들이 豪華를 말할 자 못 되나、「羊」座가 黃道 十二座의 首位로 되어、지금부터 이천년이나 이전에는 周天의 原標인 春分點이 이 성좌 안에 있었던 것이요、이 「羊」座부터 헤어서 黃道를 좇아 十二星座와 대체 일치하도록 「十二宮」이란 것이 하늘에 마련된 것이다。즉 黃道圈을 十二等分하여、그 하나씩으로 여기에 안배한 것이다。

이제 十二座 十二宮의 對比를 보건대、(一) 羊座 白羊宮、(二) 牛座 金牛宮、(三) 雙童座 雙女宮(또는 陰陽宮)、(四) 蟹座 巨蟹宮、(五) 獅子座 獅子宮、(六) 玉女座 處女宮(또는 雙女宮)、(七) 天枰座 天枰宮、(八) 天蝎座 天蝎宮、(九) 弓手座 人馬宮、(十) 山羊座 磨蝎宮、(十一) 水甁座 寶甁宮、(十二) 魚座 雙魚宮。

冬天星象

(一九三五·三《朝鮮日報》)

豪華한 冬天星象——五軍兵馬와 圍困漢祖

가을의 星象은 寂寞한 편이다。이제 그 大略을 서술하여 다하였으니、겨울의 天象을 우러러서 그 찬란한 星界의 景象을 禮讚할 만하다。

朝鮮의 先民들은 樂天詩人의 天分이 듬뿍하였던가 보아서 時象節物을 命名함에 자못 藝術的 情趣를 表하였나니、四時에 대한 우리말에 보건대、春은 「봄」이니、萬物이 胚胎되는 孕의 「뱀」에서 번져서 蔚然히 「봄」직한 그 文彩까지를 含蓄한 것 같고、夏는 「여름」이니、生長發展함은 夏季의 天然이라 「열어」서 擴充함을 寓意함이요、秋는 「가을」이니、「가을」은 「갈」로 轉換이요、變幻함을 諷示함이다。冬은 「겨울」이니、겨울(極)도록 다 간 年光이 萬象으로 收藏零落하여 그 終局을 지음이니、易의 哲學이 「剝」을 說함과 같은 것이다。

閑話休題。겨울의 地上世界는 落寞을 겨웁게 한 殺風景이지만、하늘의 별들은 전혀 이에 反하여 훌륭하고 번듯한 星界의 豪華版인 것이다。저 詩人들이 읊조린 「오리온」을 중심으로 「馭者」、雙童大犬 「강아지」、「소」 등등 무수한 美星이 알맞게 벌여선 點景은 도저히 下界의 景觀으로 비길 수 없는 것이다。寥寥하여 들림이 없는 듯한 가을의 星象에 견수면、天界에는 벌써 一陽來復의 好時節로 된 셈이다。

하물며、가을의 星象은 먼 나라인 이디오피아의 關係說話로써 되었는데、겨울의 호화로운 天象은 이 땅의 情趣 깊은 傳說에 얽히어 있음에랴。

저녁 여덟 點 지날 때면、東南의 하늘에 벌써 덩그랗게 떠 있는 莊嚴한 「오리온」(Orion)을 볼수 있으니 「오리온」은 「參」이라、北의 北斗와 南의 「參」宿는 그 장엄에서 好一對이로되 「參」宿의 明麗한 품이 실은 一段의 詩趣를 돋우는 것이다。

「오리온」은 그 中央에 세 개의 二等星이 어깨 나란히 一線에 벌인 것이 俗稱 「三台」星으로 된 것이니、앞서 오는 「昴」宿의 「좀생이」와 함께 오랫동안 民俗上의 親熟한 벗으로 된 것이다。

이 세 별을 복판에 둘러싸고 A、B、C、K 네 별이 몸꼴이 반듯한 듯 네 귀에 자리잡았고、그중에도 A、B 두 별은 光輝 자못 억세어서 一等星 중에도 錚錚한 것인데、B별의 빛은 언제나 白皎皎함에 비하여 A별은 다소 붉은 빛이 들어 보이는 것은 造化의 재롱도 여간이 아닌 것이다。

「오리온」의 A별은 一名 「베델기우스」이니、유명한 變光星이지만、빛의 커질락 줄아질락의 規則이 아주 不明하여 學界의 우환으로 되었다。一九二〇年 十二月 米國의 마이클슨 教授는 윌슨山에서 百인치 大反射鏡으로써 恒星의 直徑測定에 성공하였는데、그 結果 이 별은 太陽의 三百倍의 直徑을 가진 것으로 判明되었다。「心」大星에 버금가는 天界의 魔王인 듯한 感을 주는 위압적인 별이다。彼我의 距離 一百六十光年。

「오리온」星座에는 유명한 大星霧가 있다。세 별의 列에서 南下로 자칫 떠난 두서넛 잔별이 아래 三等星을 놓고 短刀를 찬 듯이 번득이는 곳에 肉眼에도 어렴풋 들여다보이는 것이 그것이니、雙眼鏡으로도 명백히 볼 수 있는 귀여운 것으로、M四十二番이라고 하는 것이다。

「오리온」의 머리 위는 黃道가 지난 자리라、中國의 天文學은「參上이 爲日月五星의 中道」라고 하고、「主斬刈萬物하여 以助陰氣……主殺伐 又主權衡」등으로 비롯하여 「北斗」七星이 臨制四方하는 兵部尙書 兼 獨裁首相인 듯한 權威를 許與한 것이라면、「參」宿에게는 君命도 有所不從한다는 邊城에 있는 三軍의 主帥로서 百萬雄兵을 總覽함과 같은 地位를 比定한 것이다。「中三星은 三將也」라고 中軍三將으로 하고、左肩은 左將軍、右肩은 右將軍、左足은 後將軍、右足은 編將軍이라고 해서 「七將이 皆明하면 天下兵精也라」고、언뜻 보아 乙支文德이 隋軍百萬을 擊破하는 五軍兵馬를 揮動함과도 同一한 聲勢이나、誇張이 겨운 곳에 도리어 兒戲에 類함임을 한번 웃을 만하다。

昔者 漢高祖 劉邦 八年、風塵을 平定한 後、天下의 兵馬로써 白登 七日 凶奴에게 圍困되어 未曾有한 屈辱을 당할새、달무리(月暈)가 「參」、「畢」을 싸기 일곱 겹이어서 지급히 天官書에 記錄을 남기었고、明 武宗 正德 元年 正月 이후로 天鳴·地震·隕星 등이 있은 위에 七月에는 彗星이 「參」、「井」에 나타나 「太微」垣을 쓸더니、未幾에 劉瑾이 政을 亂하여、一擧에 朝官 三百人을 投獄하는 따위、거의 天下를 둘러엎는 大殺伐의 局面을 부르터내었다고 한 것이다。

그러나 이런 類의 天象은 史上에 그 記錄이 드문 바 아니다。헬리 彗星에조차 七十五年 만에 한번씩 찾아오는 軌道를 測定한 것이다。

「昴」宿와 高句麗國——「오리온」은 薄命의 好男子

「參」宿의 莊麗한 景象은 中國의 占星家로 허다한 誇張的인 解說을 붙였으니, 「芒角이 動搖하면 邊侯가 有急하고 天下兵起」라고 한 것은, 宛然 이로써 攻守의 司令으로 한 것을 알려니와, 그 亞細亞的 思想과 그럴 듯한 因緣이 닿는 것은, 이 「參」宿의 全體로써 「戌」字形을 이룬 것이다. 지금은 舊曆 十一月이라, 干支에서 戌月이니, 「參」宿가 戌月의 天象의 基準으로 되었고, 恰似한 戌字로 되어 象形文字인 漢字는 이 「參」宿에서 본뜬 것처럼 된 것이다. (新城傳十說)

希臘神話에는, 오리온은 사냥으로 職을 삼는 헌걸스러운 好男子이었더니, 너무 잘난 男子이었던 탓에 많은 女性에게 떼사랑을 만났으되, 그중에도 새벽의 女神인 오로라와는 깊고 깊은 사랑에 얽매어져서 필경 손에 손을 잡고 도망의 길을 떠났다가 모진 嫉妬心에 불붙은 수많은 女神들의 激怒를 만나, 알테비스의 화살에 죽은 것이라고 한다.

「參」宿 바로 위에 等邊 小三角인 세 별이 있으니, 즉 「觜」宿로서 「오리온」의 머리요, 左右의 큰 별은 그의 두 어깨로되, 베텔게우스는 오른 어깨에 번쩍대는 紅玉의 노리개요, 아래의 두 큰 별은 左右의 발이로되, 「리겔」(B)은 그 왼발에 끼운 刺馬輪요, 허리에 세 별을 띠로 하고 그 밑에 세로 늘인 별들(中國曰「伐」)이 海軍士官인 듯이 짧은 칼을 찬 것이니, 그는 이제 왼손에 도랭이(參旗)를 쥐고 바른손으로 棍棒을 둘러 왼다리를 쳐들면서 달려드는 「황소」(畢宿)에게 一擊을 가하려는 것처럼 되어 있다.

朝鮮에서는 鄕土의 農人들이 이로써 산골에서 사냥하여 먹고 살던 「옛날의 한 사람」으로 치고 있다.

「오리온」의 上下左右에는 英爽하게 빛나는 아름다운 별이 퍽은 많되, 그 形象으로도 각각 재미있는 맵시를 이루고 있다.

「카시오페이아」에서 「페르세우스」(Perseus)인 「卷舌」의 强線을 쫓아 南으로 조금 떠난 곳에 누구나 잘 아는 「좀생이」가 있으니, 즉 「昴」宿다. 西人의 이른바 플레이아데스니, 일찍 「白岳星譚」에서 詩人 테니슨의 별의 詩를 紹介하였음과 같이, 東西의 詩人들이 그 곱고도 어여쁜 꼴을 귀엽노라 재롱으로 보아왔던 바이다.

「參」宿의 「삼태」星은 時間을 가늠하는 鄕村男女들의 注視거리로 되었을 뿐 아니라, 「좀생이」는 더욱 그 一年의 豊凶을 占치는 유다른 별로 되어, 上甲春宵 農村의 거리를 들레게 하는 者이다. 徐有榘가 《林園經濟志》의 大著述을 마쳐 農學 朝鮮으로 一大光焰을 피웠으되, 그 占星占豊의 章에서 특히 이러한 鄕土歲時的 記述을 明瞭히 한 바 있다.

「昴」宿의 자질구레함이, 다만 詩歌的 情趣를 모았을 뿐 아니라 政治的 安危를 이 星象에서 占하는 바 많던 것이니, 「又爲旄頭하니 胡星也라」고 하여 「大面盡動하면……胡兵이 大起」한다거나, 「流星이 出入犯之하면 夷兵이 起」한다는 流의 解說을 붙여 中國人으로서는 특히 東北 異民族의 몫으로 比定하였던 것이다. 《晉書》 天文志가 「……其强弱은 常占昴宿하여 不關紫宮太微」라고 하는 天象에서의 攘夷尊華를 高調한 것은, 曾述이 있거니와, 唐高宗 摠章 元年에 彗星이 「畢」, 「昴」에 보이거늘, 許敬宗이 가로대 「高句麗 滅亡의 兆也라」고 해서, 新羅와 함께 그 攻略戰에 猛烈하였던 것이요, 잊을 수 없는 星史上의 悲痛한 文字이다. 清朝가 滿洲에 일어났으므로, 역시

「紫宮」、「太微」의 높음으로써는 그에게 許치 않고 오직 「昴」宿로써 그를 占하려 하던 것이 漢士 儒者들의 態度이었다。

朝鮮의 星辰說話로서는、이로써 「雙童」이 오뉘가 가지고 놀던 玉돌이 「공깃돌」이라고 하지만、希臘의 神話에는 이로써 아틀라스와 프라이오네인 夫婦神 사이에 생긴 七姉妹의 님프로 쳐서、그 名稱까지 따로따로 있다。三千年 前의 헤시오도스가 이 플레이아데스를 노래한 詩 「七人姉妹」의 一節에、

마흔 날과 마흔 밤
저들은 사람의 눈에 안 뜨이더니
들이닫는 歲月에 村사람들이
낫을 갈 철이면 다시 찾아오도다——

그 출발의 季節이 農作과 깊은 思緣 있는 것이다。

· 껑충 뛰는 「金牛」——太陽을 삼킬 「플레이아데스」

「플레이아데스」는 일곱 별로 되었으되、雙眼鏡으로 보면 다시 두 별이 눈에 뜨인다。가장 東端인 자칫 작은 별이 실은 바짝 닿은 두 별이니 즉 「아틀라스」、「푸라이오네」이요、다른 일곱은 上述 七人의 「님프」로서 「알시오네」、「마이아」、「엘렉트라」、「메로페」、「타이게타」、「셀레노」、「아스테로페」 등이다。그 중에 「알시오네」는 동뜨게 반짝대고 거기서부터 右로 좇아든 順序이다。

그러나 專門家가 大望遠鏡으로 觀測하면 거미알처럼 흐트러진 無數한 별들이 大約 二千 以上인데、그 별들이 모두 太陽 폭이나 되는 큰 별이요、그 별과 별의 사이는 數光年 以上이나 되는 者도 있어、太陽系가 그 속에 뛰어든다 치더라도 우리들은 깨닫지 못할 만치의 容積이라고 한다。왜 그렇더라도、우리 눈에 보이는 별은 오늘처럼 잘게 보일 따름인 까닭이라고 한다。

이 「좀생이」도 「소」星座(Taurus)의 어깨 「별박이」에 지나지 않거니와 「좀생이」에서 東南 한 間쯤에 桃色으로 붉게 번쩍이는 큰 별은 一等星인 「알데바란」이니、「附耳」星인 者이요、「附耳」에 연달아서 예닐곱 잔별이 Y字形으로 되고、그 꼬리의 발래에서 한 개의 三等星이 있어 Y字形을 이룬 것은、「畢」宿 八星이다。

三等星인 꼬리에서 더욱 南西쪽으로 나가、四、五等의 너더댓 별이 약간의 弧狀으로 된 것은、옛 「天廩」星으로 「畢」宿와 合하여 一大長戟처럼 되었으니、「사냥꾼」이 쓰던 「三枝槍」이라고 한다。

「畢은 主 邊兵弋獵」이라고 비롯하여 許多 解說은 그만두고、「又主街巷 陰雨하니 天之雨師也라」고 하고、「月入하면 多雨」라고 해서、金聖嘆의 《三國誌》가 이것을 軍略的 天文說話로 應用한 바 있는 것은 혹 記憶할 이 있으려니와、西洋에서는 이 「畢」宿의 一團으로 「히아데스」라고 해서、역시 風雨 關係 별인 줄로 傳하여 왔던 것이다。그는 人類久遠한 生活上의 經驗에서 아마 어떠한 出緖가 붙었음일 것이다。

어찌했든、이도 자못 豪華하고 또 아름다운 별들인데、西洋의 天文은 이 一聯의 별들로서 껑충 뛰는 「소」로 삼아 金牛宮의 根盤으로 된 것이다。

「히아데스」星群은 大小를 合해 五十一個인데, 그 중 「알데바란」을 除한 외에는 모두 天球의 一點을 向하여 달아나고 있으므로, 今後 六千五百萬年이면 肉眼으로는 안 보이리라고 한다.

「알데바란」은 「포말하우트」와 함께 航海家에게도 一目標로 되는 터인데, 그 光澤으로 보아 여간 老年이 아닌 것이요, 三十光年의 距離나 된다 한다.

「附耳는 主聽得失하며 伺愆邪」라고 해서, 마치 天界의 檢察官인 모양인데, 「盛則 中國이 微」라고 하였다. 近日은 그 光芒이 시원치 못한 셈이다.

「히아데스」의 갈라진 줄기를 두 뿔로 치고 한 匹의 웅장한 「황소」로 삼는 것이 金牛의 大較이니, 그 範圍가 「天節」, 「天高」, 「天廩」, 「天街」와 「參旗」의 一部로부터 「昴」宿와 「天陰」 諸星을 合한 것이요, 소야 소이지마는, 前半身만 보이고 後半身은 구름 속에 파묻힌 景象이다.

「畢」宿 위로 「卷舌」의 東에, 커다란 두 별이 東西 나란히 되고, 그것을 基準으로 南으로 向하여 二, 三等의 세 별이 있어, 不等邊 五角으로 되었으되, 東의 큰별 곁으로 三等의 한 별이 있어, 길쭉한 六稜形을 그린 者는 즉 「五車」이니, 中國의 史書에는 자못 흔히 나오는 별이름이요, 申象村의 《天文類抄》에 「新羅 神武王時에 彗星이 出五車러니 未久에 王이 崩」이라고 한 類의 記錄은 內外載籍에 꽤 많다.

「五車는 主天子五兵하니 兵車舍也라」고 해서, 東邊의 세 별은 그 기둥(柱)의 하나요, 朝鮮에서는 「사냥꾼」의 아내로 쌍둥이 오누이의 어머니라고 하는 說話가 있다.

泰西의 星學에서는 이로써 절름발이 「馭者」(Auriga)라고 해서 一聯의 神話가 있으니 「馭者」가 四輪車에 올라

탄 形象에 비기는 터이다。

東의 첫별은 누런 빛으로 된 一等星「카페라」이니、太陽과 同一種이요、進化의 程度로도 어승비승하리라고 한다。다른 굵은 별의 例에서처럼 標準 一等보다 훨씬 큰데、距離는 五十光年이니、그 實際의 光力은 太陽에 比하여 百倍 以上에 相當하다。吾人이 만일 一朝에「카페라」에 옮겨가서 돌이켜 太陽을 본다고 치면、太陽은 애개개 一個의 六等星에 불과하리라고 한다。

悲話主人인「雙童」——全天首位인「天狼」의 耿光

以上 가을의 별인「안드로메다」의「奎」宿로부터「婁」、「胃」、「昴」、「畢」、「觜」、「參」까지는 西方七宿로서 白虎 혹 白虎之精이라고 하는 者이니、그중에도「奎」는 白虎之象이요、「婁」、「胃」、「昴」는「虎의 三子」요、「觜」、「參」은「象麟하되 觜首參身也」라고 해서、司秋司金 司西方하는 流의 解說이 있는 것이니、五行思想에 依한 白虎圖가 怪奇의 白麟으로 된 理由이다。

「어머니」인「五車」星의 바로 아래 北으로 조금 다근 곳에、光彩나는 一等의 雙별을 北에 두고、二列로 나란히 된 일곱 여덟 큰 별들이 거의 井字形으로 되었으되、그 左右에도 四、五等星이 활개를 벌린 듯이 박혀 있는 것은「井」宿요、두 큰 별을 머리삼아 오누이인「쌍동이」(Gemini)로 되었으니、「陰陽」宮 혹「雙女」宮의 原座로 된 바이다。

朝鮮에서는、범에게 쫓겨 울 안의 감나무에 기어올랐다가、하늘에서 내려보낸 銀동아줄 銀방석을 타고 銀河水

기슭에 올라가서、永遠히 무서움을 모르는 별님으로 된 「쌍둥이」라고 한다。

이 이야기는 뒤로 밀고、希臘神話에서는、두 큰 별을 「카스토르」와 「폴룩스」로 삼고、두 별로부터 각각 一列씩을 兄弟인 雙童으로 하여 說話가 있다。

「카스토르」와 「폴룩스」는 友愛 좋은 雙童으로서 「주피터」의 아들이니、항상 힘을 아울러 人世의 災厄을 防止함으로써、사람들은 그들을 받들어 社會의 守護神으로 높이었었다。그런데 「폴룩스」는 不死의 神이었으나、「카스토르」는 죽어야 할 運命이라、이내 「카스토르」가 죽어 永訣하게 될 때、폴룩스는 「自己도 같이 죽어 冥府에 따라가게 하여 주오」하고、아버지인 주피터에게 졸랐더니、주피터도 할 수 없이 그 情에 끌려 兄弟가 一年 중에 半은 하늘나라에서 半은 冥府에 가서 지내도록 하였다는 눈물겨운 哀話로 된 것이다。

곱고도 어여쁜 이 별이 차고 맑은 겨울밤 하늘에 떠돌아다님을 볼 때、사람들은 어디서나 저절로 感傷的인 說話를 만들어내게 된 바일 것이다。

西A 「카스토르」요 東B 「폴룩스」이니、「카스토르」가 자칫 작다。「카스토르」는 有名한 二重星이로되、百倍의 望遠鏡으로 보면 二等、三等의 두 별임이 또렷하고、이즈음에 두 별이 또 각각 두 별씩으로 되었음을 알았는데、매우 바쁜 週期로써 빙글빙글 돌고 있다 한다。「폴룩스」의 南西 約 十度에 D별이 있으니、지난 一九三〇年 三月에 冥王星이 發見된 것으로、지금도 물론 그 자리에 있다 한다。

「雙童」座는、黃道 第四位의 星座로서、一年中 太陽의 最高期인 夏至點은 실로 이 星座中에 있는 것이다。「東井」의 占星術上의 解說과、「쌍둥이」를 禮讚한 호메로스의 詩歌는 「白岳星譚」에서 이미 紹介하였거니와、「日月五

星이 貫之爲中道」하는 그 位置에 因하여 太陽系의 별들이 이리로 부리나케 지나다니는 터이니, 西漢 元年 乙未 十月에 「五星이 聚于東井」하므로 「高帝受命之符」라고 하였고, 明 神宗 晩年에는 薩滸山 싸움에 天下勝敗를 決하려고 劉綎一軍이 出師하는 날에 五星이 東井에서 싸우고 白氣가 「竟天 三匝」하더니 劉綎이 필경 敗沒하고 明朝의 天下도 이로써 둘러엎어지게 되었다고 한다.

紂가 甲子로써 亡하고, 周 武王은 甲子로써 興하지 않았느냐고, 잘들 援用하는 迷信打破의 말이지만, 어찌 되었든 奇巧한 天時人事의 湊合이 있어 까닭 없이 人心의 不安을 일으키던 바이다.

「東井」이 물의 淵源으로 되었으매, 그 附近에 「水府」, 「水位」, 「北河」, 「南河」와 「積水」, 「四瀆」 등의 물 因緣의 별 이름이 퍽 많은 것이 中國의 天文이다.

이것들이 「오리온」과 「一角獸」(Monoceros)와 「雙童」 諸座의 속에 分屬되어 있다. 아홉 點이 지나 「오리온」이 거의 中天에 오를 때면, 거기서 東南 아래편으로, 시퍼런 큰별이 마치 저녁 샛별인 듯이 엄청스러운 光芒을 쏘면서, 二等星 하나를 앞에 놓고 올라오는 것은, 즉 有名한 「天狼」星이니, 中國의 史書에 많이 보이는 것이요, 「大犬」星座(Canis Major)의 首星으로 「시리우스」라고 일컫는 바이며, 그 光度로서 全天恒星의 첫째이다. 標準一等의 十三倍로 許久한 歲月에 조금도 졸아들지 않는 景色이다.

埃及의 古代에서도, 이 별이 새벽 하늘에 나타날 때면 반드시 나일河가 氾濫하므로, 因하여 特히 宗敎的 儀禮로 尊崇하였다.

나일河의 氾濫이 埃及文化의 物力的 機軸으로 되었으니, 그 氾濫의 豫告者로서의 天狼星을 崇敬한 埃及人의 原始的인 拜星思想이 興味있거니와, 「天狼」의 光輝를 곧바로 받는 곳곳마다, 별의 殿堂이 퍽 많은 것을 지금에도 目擊하는 터이다。

그리고 埃及의 사람들이 진작부터 一年 三百六十五日 四分의 一이라는 日數를 알게 된 것도, 이 「天狼」인 「시리우스」의 觀測에서 얻은 것이라고 한다。

이 「天狼」을 머리로 하고 잔별과 三等星을 등성이 삼아 銀河를 쫓아내려가면, 二等星인 세 별이 直角三角으로 된 것은 舊 「天弧」의 三大星이니, 「개」의 後體와 꼬리요 「天狼」의 앞 별은 「軍市」의 首星이라, 「天狼」, 「軍市」, 「野鷄」, 「天弧」 모든 별의 主要部로서 「大犬」星座를 이루었으되, 머리 들고 꼬리 뻗쳐 「오리온」의 뒤를 따르는 꼴이 분명히 눈에 뜨이니, 「사냥꾼」의 발치에 쫓는 「바둑이」(Canis Minor)이다。「天狼」의 氣勢가 이같으므로, 「狼이 爲野將이라 主侵掠하나니……角而變色하고 動搖하면 盜賊이 作하고 胡兵이 起라」고 한 것이다。

「參」宿의 左角인 「베텔게우스」와 同一水準에서, 東으로 멀찍이 떠나 豪勢로써 번쩍이는 者는 「푸로시온」이니, 아래의 「天狼」星을 銳角으로 「베텔게우스」와 함께 一大三角形을 이루는 者이다。

이는 「南河」 두 별의 아래 별로, 「강아지」座의 首座이니, 바빌로니아의 옛적 사람들의 崇拜를 받던 者이요, 그 光度가 標準一等보다 약간 크다。「쌍둥이」를 쫓아오는 바둑이의 「강아지」로써 全說話 속의 조그만 재롱꾼이다。

「시리우스」와 「푸로시온」은 近代의 詩人들에게 연방 詠頌을 받는 터인데다가 그 一雙이 모두 또 近代 理學的 로맨스를 가진 者이다。 그 이야기는 이러하다。

十八、九世紀에 걸쳐서 天文學은、 한편에서 뉴턴의 引力論이 전개되고、 또 한편에서는 觀測機械가 자못 精密한 정도로 발달을 이루어서、 天體運動에 관한 知識은 비상하게 豊富하고 精確한 度를 加하였었다。 그런데 여기에 問題가 있었으니、 즉 「시리우스」와 「푸로시온」은 明細한 觀測이 進行되었는데、 약간의 틀림이지마는 그 數値가 꼭 들어맞지 않는 것이 있었다。

이 問題를 먼저 研究하기 시작한 괴니스베르히大學의 베셀敎授는、 一八四四年에 「시리우스」와 「푸로시온」은 어느 것이나 모두 「보이지 않는 별」에 依하여 軌道가 攪亂되는 것이라고 說明하였었다。 여러 專門家가 이 學說에 依한 搜査에 힘을 모아 과연 一八六二年 一月 三十一日 「시리우스」 附近에서 八等級의 微星을 찾아내었었고、 그 後 三十四年 동안의 쉴 새 없는 努力은、 一八九六年에 와서 「푸로시온」의 附近에서 다시 十三等級의 잔별을 찾아내어、 純理論上의 豫言이 實事로써 確證되고、 베셀의 令名은 높아진 것이다。

「오리온」의 발밑창에 「軍井」、 「天厠」의 모든 별이 있어、 「토끼」座로 되었으니、 三、四等의 여섯 별이 主로 되어、 꽤 귀여운 별들이요、 「오리온」의 足部 西南 하늘에서、 舊 「玉井」의 一部로 비롯하여、 「九游」와 「天苑」의 大部와 「天庾」、 「天園」과 「火鳥」에까지 미쳐、 蜿蜒 百三十度에 뻗치어 南天에 잠긴 者는 「에리단」 개울이니、 最南端의 「아케르나르」는 有名한 一等星으로서 「水委」라고 하는 者이요、 朝鮮에서는 안 보이는 南極 方面의 큰 별이다。 에리다누스가 허풍선이 御馬家인 파에돈의 屍體를 집어쳐넣은 고장인 것은 「夏天星象」에서 이야기한 바이다。

「大犬」의 東과 南으로 아르고(Argo)船의 大星座가 있으니, 너무 커서 向方을 잡을 수 없으므로 近代에 와서 「龍骨」, 「뱃머리」, 「돛대」, 「돛」, 「羅針盤」 등 다섯으로 구분하였다.

希臘神話에 이아손 一行이 이 배에 타고 보스포루스를 건너는 동안 破船하여서 배꼬리를 잃어버려 뱃머리 뿐이라고 한다.

「아르고」座는 전체가 거의 다 朝鮮에서 아니 보이는 바인데, 그 首座 「카노푸스」는 고래의 이른바 「南極老人星」으로서, 朝鮮에서는 濟州 漢拏山에 가면 간신히 혹 볼 수 있는 者이요, 壽星으로서 傳崇되는 者이매, 高麗 毅宗朝와 같은 때에는 조금 낮선 큰 별만 보아도 壽星이라고 허풍 떠는 虛妄輩가 있어 闕庭에서 醮祭하는 법석을 내었던 것이다.

그 位置는 「폴룩스」와 「시리우스」 사이에 直線을 그어, 같은 거리의 거의 十三割 되는 點에까지 내려간 곳에 있는 것이다.

春天星象

(一九三六·四《朝鮮日報》)

西山을 넘는「오리온」——東井을 犯한「太白金星」

질금질금하던 봄장마가 개자、春三月도 스무 날이 지난 달 없는 초저녁의 하늘은、四月 十二日의 밤에서 비로소 明朗한 星象을 볼 만하였다。나는 여덟 點半쯤 어랑바위 위에 섰었다。「카시오페이아」(Cassiopeia)는 正北으로 仁王山 이마 위에 미끄러질 듯이 곤두섰고、거기서 下南으로 페르세우스(Perseus)의 「卷舌」、「天讒」이 下弦으로 弧를 그었는데、얼마 떠서 「좀생이」요、얼마 떠서 「三枝槍」의 「附耳」와 「畢」宿요、그 다음이 北으로 向하여 全身을 비긋이 쏠린 사냥꾼인 「오리온」이요、그 南으로 퍼렇게 凄艶한 光芒을 놓는 「시리우스」를 首星으로 한 「바둑이」(Canis Minor)가 이제는 네 발을 땅에 디디어 본격적으로 사냥꾼의 뒤를 따르는 개인 듯한 景象인데、거기서 휠씬 위로 「강아지」인 「푸로시온」이 명랑하게 빛을 놓고 「쌍동이」인 「井」宿는 「오리온」의 南東 고개 위에서 역시 발치를 西로 잡아 뚜렷이 있고、「어머니」인 「五車」星은 무악재 휠씬 꼭대기에서 가장 높게 떠 있었다。

이것은 「多天星象」에서 昇天哀話의 悲劇의 主人公으로서의 一聯의 星辰을 말하던 바이니、지금히 덩그렇게 西天에 羅列되어 있는 것이다。

그런데 東北에는 「北斗」와 「北極」과 「紫微」의 帝星이 「큰곰」(Ursa Major)、「작은곰」(Ursa Minor)으로 中天에 떠 있고、北斗자루 가리키는 쪽에 大角星을 알파로서 「牧夫」가 서서 있고、「牧夫」座(Bootes)에서 다시 南西方인 南天에서 「玉女」座(Virgo)의 스피커인 「角」宿가 白色을 쏟아내고 있으니、이는 이즈음 저녁의 天象의 大較요、바로 天頂에는 하늘의 「獅子」(Leo)가 고개를 西北으로 들어 자칫 南쪽에서 飛動하고 있다。

現行하는 東方의 天文書는 대체로 東京 京都인 地點에서 그 視角에 드는 별들을 標準으로 編次하였으므로、별의 隱顯하는 그때와 事情이 다소 다르나、이것도 또한 朝鮮土에 발붙이고서의 별의 이야기이다。

나는 어느 날 밤 열 點 지나 社稷골 山에 섰었다。大都市의 烟塵이 하늘가에 둘리었는데 天空은 어지간히 돌아가서 「오리온」의 알파星인 「베텔게우스」와 「시리우스」가 벌써 金華山의 산마루를 넘어 헐떡이는 듯 까무락대고 있었다。

뒤늦게 배웅하는 이가 허둥지둥 洞口에 나왔을 제、가는 손은 이미 五里亭 밖 높은 재를 넘어、아물대는 뒤꼭지가 간신히 보일 적에、다행히 한번 후리쳐 돌아봄만 반가운 듯 안타까워하노매라의 情緖였다。오는 이를 마중하기는 기쁘지만、가는 님을 바래다주는 것이란 今昔이 매한가지로 凄愴한 생각이 든다。

이제 「카시오페이아」가 北天에 잠기고 「오리온」이 西쪽 나라로 스러지는 것을 볼 것도 未久의 일일 것이다。

瑞西의 詩人 케레르가 〈밤의 沈默〉이란 篇에서

오거라、아름다운 여름의 밤이여。

> 이슬 씻은 寢床의 위에 나에게 말 좀 하라、황금빛의 별이여。
> 宇宙에 고스랑대며 노니는 중에라도……

라고 읊조렸다。頑鈍한 俗流의 가슴이라 詩人의 꿈 같은 情感은 없지마는 봄밤의 별의 나라는 오히려 塵世에 찌든 靈魂을 속삭여 깨우쳐주는 것이다。

봄하늘에는 가뜩이나 아지랑이가 많은데 今年은 더욱 흐린 날이 많다。昨年 五月 「쌍둥이」가 발부리를 길마재에 대고 고요히 人世를 내려다볼 때、金星이 문득 그 안가슴에 헤치고 들어、옛날이면 太史官이 바삐 붓을 뽑아 「四月 干支에 太白이 犯東井」이라고 쯤은 반드시 썼을 것이요、中國의 天文으로는 「東井은 秦之分」으로 陝西・甘肅에 兵革이 일어날 徵兆이니 劉子丹・徐海東이 秦趙之間에 橫行하는 것이 혹은 應天順人함이라고 설칠 理由가 있을 법도 하나、그러면 뭇솔리니의 黑샤쓰軍團이 艨艟으로 地中海를 건너 無辜한 이디오피아人을 마구 屠殺하는 것은 무슨 天象에 應함일까。한번 웃고 한번 걱정하여 이 占星天文說을 내던질밖에 없다。이제는 어렴풋한 아지랑이 속에 조는 듯 고시랑대는 우리의 별아기들을 찾아보기로 한다。

春天의 雄인 「獅子」——處士星과 南冥 曺先生

「오리온」과 「시리우스」가 다 넘어간 後에도 「쌍둥이」(Gemini) 오뉘는 여지껏 銀河의 기슭을 西天에서 헤매고 있다.

「쌍둥이」를 보던 눈이 언뜻 北東으로 돌면, 거기에는 큰곰의 꼬리인 「北斗七星」이 있으니 알기 쉬운 者이다.

北斗에서 南으로 거의 天頂에 「레글루스」라고 하는 희게 번쩍대는 一等星을 앙가슴에 놓고, 二、三、四等의 아홉 별이 그야말로 天獅行空하는 氣勢로써, 西北으로 고개를 젖히어들고 날으는 듯 뛰는 품이 자못 英爽豪邁한 者 있으니, 「하늘의 獅子」로서, 봄하늘의 별들의 壓軸으로 되어 있다.

「레글루스」는 王者란 말로, 古代 로마에는 英雄的 帝王의 이름인 者이요, 中國의 天文學은 四億漢人 種族의 조상이라는 「軒轅黃帝之神」으로 쳐서 十七個의 「軒轅」星을 헤이되, 이것이 南大星으로 그 王座를 차지한 者이다. 「父如龍之體하니 雷雨之神」이라고 매우 英邁猛獰한 存在임을 생각게 하거니와, 「레글루스」 아래 四等의 세 별과 위로 二、三、四等의 다섯 별이 꺾이고도 들리어, 豪爽한 輪廓의 線을 그은 全部가 즉 「軒轅」星의 大部인 것이다.

「레글루스」의 조금 東에서 「太微」、 右垣의 「上相」、「次相」과 「五帝」座의 主星을 連하여 三角形의 세 큰 별이 세꿋한 胴體의 後半部를 이루었고, 「太子」、「幸臣」의 두 별이 그 꼬리에 달렸으되, 그 姿勢가 東南에 뻗치어 뒷발로 흙을 차는 시늉이다.

그 全體로서 雄偉함이 이러한 데다가 「레글루스」의 白熱한 빛은 한 층 더 威光을 놓아, 어느 점으로나 百獸의 왕다운 獅子로서의 威容에 걸맞는 者이다.

옛적 波斯國에서는, 「레글루스」로써 하늘의 네 기둥의 하나로 쳤던 것이니, 이란文化의 끼친 자취로서 이만한 者 다시 없다 하는 바이다.

이 外에도 「少微」、「虎賁」、「次將」、「上將」 하는 高貴顯耀한 名稱을 붙인 크고 작은 별이 이 「하늘의 獅子」를 擁衛하여、 어둔 밤 맑은 하늘을 豪華롭게 치장하고 있나니、 이 언저리가 天子之宮庭이요 五帝之寶座요、 十二諸侯之府와 外蕃 九卿의 署로서 理法 平章과 監升 授德하는 殿陛일 뿐 아니라、 列宿가 符를 받고 諸神의 節을 考하는 「大微」天宮의 禁闕 속으로 比擬하게 된 理由인 것이다。

黃道十二宮의 여섯째로、 日月遊星이 通過하는 中途요、 每年 八月과 九月에 걸치어 太陽은 이 星座를 지나가고 있는 것이다。 그리고 「레굴루스」는 바로 黃道에 박혀 있어、 예전부터 東西 天文學者의 重視하는 點으로 되어 있다。

「少微」星은 「獅子」의 허구리에 있어 隱顯이 한결같지 아니함으로써 處士星의 一名이 있으니、 栗谷이 《石潭日記》에서 南冥 曺植의 일을 적을새 「星官 南師古가 일찍이 남에게 말하기를 今歲에 處士星이 비치었다고 하더니만 不久해서 公이 沒하였으니、 公은 可謂 應時非常한 士이오녀」 하고 맺었었다。 南冥의 「壁立千仞」한 氣節은 百世에 드문 바이요、 이 이야기는 매우 有名하다。 그러나 處士星과 曺南冥의 卒逝와는 그 關係年月이 틀린다고 證言하는 者가 있다。

「獅子」의 앞발은 「게」(蟹)座를 치려는 듯하니、 「게」는 「鬼」宿라、 下文에 別說키로 하고、 뒷발은 「頭髮」座(Coma)로 連하였으니 「頭髮」은 「郞位」星을 主로 된 者이다。 肉眼으로 번듯 보이지 아니하나、 반짝대는 가루(粉) 별이 퍽 많이 몰려 있어 재미있는 說話를 가졌다。

紀元前 三世紀 埃及王 도레미三世가 바빌로니아 遠征을 떠난 뒤에、 王妃 베레니스는 눈물로써 大神의 앞에

祝願을 드리되, 만일 王께서 無事히 凱旋하면 이 頭髮을 바치리라고 다짐하였었다。 王은 마침내 勝捷으로 歸國하였을 때, 베레니스는 神의 앞에서 다짐을 깨치지 않고 삼단 같은 머리채를 神壇에 잘라 바쳤었다。 그런데 어느결에 그 머리털은 벌써 간 곳이 없으므로 사람들은 아마 꼭 神이 어데로 가져간 것이라고 생각하였었다。 과연 當時의 天文學者 코논은 그 머리털이 하늘의 이 구석에 와 있는 것을 發見하였다고 한다。

望遠鏡으로 보면 이 「頭髮」座로 「玉女」座에 걸치어, 조그만 星雲이 三百 以上이나 있다。 星雲이 여기에만 이처럼 드리 몰린 것은 지금의 天文學者의 수수께끼라고 한다。 그러나 星雲은 「獅子」座에도 많은가 보아서, 流星은 「獅子」座로부터 無盡藏인 듯이 흘러나오는 것이다。

流星群의 輻射點——數億 光年의 莊嚴한 星雲

「레글루스」는 距離 百十光年이요, 光輝는 太陽의 一千倍라고 한다。

「獅子」의 고개 위에 「內平」, 「少微」의 사이 작은 별들로 「새끼獅子」座(Leo Minor)를 만든 바 있으나, 이렇다할 바 없고, 「頭髮」座의 北으로 「常陳」의 主星과 「郞將」星을 主로 삼아 두 마리의 「사냥개」(Canes Venatici)가 있으니, 그 東側에서 「大角」, 「七公」의 모든 별로 된 「牧夫」가 「사냥개」를 몰아 「큰곰」인 「北斗」의 꼬리를 좇는 시늉으로 된 것이다。

이 「獵犬」座에도 M五十一의 大星雲을 비롯하여 大少의 星團이 있다。 「頭髮」座에서 잠깐 말했듯이 「獅子」座는 流星이 많으므로 特筆할 바 되나니, 「레글루스」의 北 第二星(감마) 附近에는 「獅子」座 流星群의 輻射點이 있어 每

年 十一月 十三、四日頃이면 이 點에서 사방으로 허다한 流星이 퍼져 달아나는 것이다。

그리고 그는 三十三年마다 퍽 많이 放射되는 것이다。 一九〇二年이 그 해였고、 껑충 뛰어올라가서 一三六六年에도 엄청난 流星群의 激動이 있었던 것이니、 葡萄牙의 歷史家는、 동·베드로 王이 崩御하기 三個月 以前 未曾有한 無量數의 火線이 天空을 東西와 南北으로 뒤고 춤추어 凄愴無限한 感을 일으키던 것을 자세히 記述한 바 있다。

專門家의 말에 依하면、 流星은 하루에 平均 四千萬에서 三億까지 分散되는 것이라고 한다。 그러므로 「隕星如雨」의 記錄은 史上에 드물지 않은 것이요、 더구나 怪奇한 天象에 놀라서 떠는 것은、 東洋人이 西洋人만 못할 바가 아니어서、 歷代의 太史官이 이를 記述키에 여간 아닌 不安을 품었던 것이다。

流星의 形態로 解說하는 말에 「乍明乍滅者는 賊成敗也요、 蛇行者는 姦事也요、 奔星所墜에 其下有兵이라」고 하고、「流星百數가 四面行者는 衆庶流離之象이라」고 斷하였던 것이다。

朝鮮近古에 보더라도 中宗 二十八年 癸巳(一五三三年)는 明 世宗 十二年이라 「流星 飛星이 四面如雨」의 現象이었고、 明의 記錄에는 「天鼓가 如雷에 火光이 落地하고 彗星이 見於五車하며 星隕如雨」라고 해서、 그 太子가 죽고 張皇后가 廢하던 事變에 應한 것으로 되었음이 그 一例이요、 좀 驚異할 者로는、《高麗史》 顯宗 七年 八月 乙酉에 「太白이 犯軒轅大星」이라고 하고、 「辛丑에 流星如雷하고 其光이 照地함으로써 見者가 驚譟」라고 함이 또 一例이요、 同九年 七月 辛未에 「飛星이 出王良(세페우스)하여 過壁(페가수스)할 새 聲이 如雷하여 群犬이 驚吠」하였다고 함이 또 一例이다。

「軒轅」大星은 黃道에 박혀 있는 「레굴루스」로서, 「金星」과 마주침이 怪奇가 아니요, 流星의 거대함이 聲響을 일으킴은 往往 있는 일이다.

내 十三歲 때 高宗 癸卯의 봄, 斗大한 流星이 「太微」에서 나와 南方에 떨어질새, 밝기가 滿月보다 더하고 山이 울리어 골이 應함이 벼락이 떨어짐 같았으니, 실로 驚訝할 者이었다.

이런 것은 特例이나 대체로 十一月 中旬이면 地球의 行程이 「獅子」座의 流星群과 서로 만나게 되어, 어느 方向에 密集하였든 流星이 幾萬이고 그지없이 하늘에 넘치는 꽃불로 되는 것이라고 한다. 中宗 癸巳 十月 七日은 혹 陽十一月 中旬으로 되었을 것이니, 이를 짐작할 만하다.

「牧夫」와 「大熊」은 〈夏天星象〉에서 말한 바 있고, 「頭髮」座 아래는 「獅子」 뒤에 있는 「玉女」座(Virgo)가, 「頭髮」과 「玉女」와의 사이는 거의 銀河의 北極으로 되어 星霧가 특히 많되, 이 方面에는 널리 宇宙를 싸고 도는 不透明한 가스體의 틈틈을 通하여서 幾億 光年이라는 머나먼 星雲이 군데군데 움직임을 바라볼 수 있으므로, 望遠鏡을 가진 觀測者에게는 다 할 줄이 없는 興味로 된다고 한다.

電車에서 黃土마루를 지나는 者, 仁王·白岳의 아지랑이 낀 사이로 北漢의 奇秀함을 車窓으로 바라봄에도 다소의 興味를 가질 수 있나니, 이는 展望美의 작은 者이요, 만일 白頭山의 絕頂에 서서 北滿千里 曠遠渺茫한 雲海의 틈틈으로 그 아물아물하는 峰巒을 바라보는 것은 여간이 아닌 大觀인 것이다.

이제 數億光年의 距離를 隔하여 蕩蕩하게 律動하는 無限大世界의 莊嚴을 아득한 星霧의 틈틈에서 봄이 또한 그 雄博하지 아니한가. 여기에 一信을 에텔에 써서, 無量劫 後에 거기에서 찾게 한들 무엇이 碍滯될 바 있으리.

妙齡純潔의 「玉女」——死亡의 主인 「積尸」天鬼

붉은 빛이 强烈한 「大角」의 南에 희게 번쩍대는 一等星이 있어 자못 柔和한 情感을 주는 者가 즉 「角」宿로서 「스피카」이니, 「大角」과 「레굴루스」와 大三角을 이루어 東南으로 그 直角點에 놓였음이 별을 찾는 한 指南이다. 또 「北斗」의 자루와 「大角」과도 一列에 앉아 있는 關係로서, 「星位의 原點」이란 意味를 붙여 二十八宿의 首席으로 올려 앉힌 사정은 夏天에서 말하였다.

뿐 아니라 별의 一般의 排置로도, 南에는 「센타우루스」座인 「庫樓」 및 外他의 明爽한 諸星을 바라보고, 西로 「五帝」, 「軒轅」의 燦爛한 巨星을 連하여, 天界의 一大 都會로 되었으므로 「上元大微宮」의 名稱이 이 고장에 붙고, 「角」宿의 위에 「太微」垣의 端門을 비기어 左右執法의 嚴厲한 별이 있고, 曾述 諸星의 外에 「三公」, 「三台」, 「明堂」, 「靈臺」의 鋪陣까지 있어 「中元北極紫微宮」과 함께 南北의 兩大禁闕로써 따진 者이니, 現代에서는 그 科學의 斧鉞이 이미 神秘의 殿堂을 物躰의 運動에까지 劈破하여 闡明된 바이나, 中國上代 天象觀念의 全貌가 드러난다.

이제 「角」宿의 위로 通過한 黃道圈이 베타와 에타의 사이에서 子午線과 交叉하여 秋分點을 이룬 데는, 즉 「端門」으로, 左右에 각각 三, 四, 五等의 다섯 별이 있어 東西南垣으로 된 것이니, 이는 즉 「玉女」의 벌린 두 팔인 것이요, 이와 같이 黃道에 接近되어 日月遊星의 巡廻하는 孔道로 되었을 뿐더러, 上述 「獅子」座의 流星汎濫의 瀕危地로 되었으니, 飛星 新星이 出入隱顯하는 것은 확실히 前代人의 눈을 眩惑疑懼케 하였던 것이다.

이를 朝鮮의 古文獻에서 보건대, 高麗 顯宗 十二年 「四月壬戌에 妖星이 見於太微하다」, 高宗 十一年 「五月丁未에 熒惑이 入太微하여 出端門하다」 등이 그 一例요, 中國에서는 漢 桓帝 延熹 八年 五月에 「熒惑이 入太微하여 犯帝座하고 出端門하여 不軌常道하였다」는 등은 前後枚擧할 수 없는 바이다.

「角」宿의 보얗고 아름다운 것은, 두터운 헬륨 가스에 싸여 있는 極히 젊은 별인 까닭이라는 것이, 專門家의 證言이다.

이것이 泰西의 모든 記錄에서 女性에 관한 說話와 因緣 깊은 것은 前述이 있고, 例의 希臘神話에서는 「아스토레아」 女神으로 比定한 것이다.

「아스토레아」는 옛날 地上에 살고 있던 여러 神의 하나로서, 淸淨을 行하고 慈愛가 많아서 백성들에게 尊敬되었다. 다른 神들이 차차 天上으로 옮긴 後에도 길이길이 人世에 머물러 있었더니, 백성들은 모두 腐敗하고 自己 또한 孤獨을 느껴 필경 마저 昇天한 것이라고 한다.

여기가 이미 「玉女」座인데, 그 곁으로 王妃의 「頭髮」이 있어 女性에 關聯됨이 많은 터이요, 中國의 天文學이 「軒轅」星에서 「后妃夫人」, 「次妃女御」로서 자못 帝王的 多妻主義를 表現한 것은, 서로 같되, 또 다른 것이 저으기 興味 끄는 者이다.

「쌍둥이」와 「獅子」 사이에 「게」座(Cancer)가 있으니, 「쌍둥이」의 어깨 위에 솟아 있다.

四等星 以下의 微弱한 별만으로 成立되어 肉眼으로 겨우 볼 만하되, 가운데 네 별이 稜形으로 되고, 그 복판

에 微星의 集團이 있어 희미하게 그 흔적을 머무른 듯하니 옛의 「鬼」宿라, 鬼임에 因하여 微星團을 「積尸」라고 하던 者이다。「主 死亡疾病하고 主 觀察奸謀」한다는 것은, 그 名號에서 必然 歸納될 職能일 것이요, 西人은 이 微星團으로써 「푸레세페」라고 하되, 약간의 엷은 구름에도 가리어지기 쉬울 뿐 아니라, 그 숨고 나타남의 區別이 두드러지므로, 예전부터 밤의 天候를 살피는 대중으로 삼았던 것이다。

天體望遠鏡의 發明者 갈릴레오는 이 「푸레세페」를 보고, 처음으로 肉眼에 아니 뵈는 별의 存在를 알았다고 한다。

黃道十二座의 다섯째요, 太陽이 七、八月 사이에 通過하는 것이다。

南天에 둘린 「海蛇」——申旅菴과 〈朝鮮分野圖〉

杜甫는 詩聖이라, 그의 作 「毒龍潛處水偏清」의 詩가, 忠武 李舜臣의 絕倫한 人格의 讚仰과 버무려져서, 海曲의 이무기가 敵側의 艦隊를 밤 동안에 둘러엎친 說話로 되어 있다。

客年 西國에서는, 英國의 某海上에서 海蛇가 波心에 굼닐더라는 둥, 혹은 北米의 西海岸에서는 數十丈의 海蛇가 北으로 向하여 헤엄쳐 가더라는 둥, 風聞이 한참 잦았었다。

地上의 海蛇는 좀체로 우리 눈에 안 띄는 모양이나, 天上의 「海蛇」(Hydra)는 멀리 南天에 늘어뜨리고 있어, 대구리는 「개」의 밑으로 「강아지」를 노리고, 꼬리는 「天秤」座의 밑창에 닿아 赤道에 좇아 百度나 되는 길이가 무시무시한 蒼空의 妖魔처럼 되어 있다。

「게」는 「鬼」宿를 主로 「水位」의 首星까지 合한 바이니、「헤라클레스」가 이 「아르고스」海蛇를 조처할 때 「게」는 배암의 편이라、헤라클레스의 발가락을 몹시 깨물다가 잡히어 天上에 얹히었는데、이 海蛇조차 똑같은 運命으로 된 것이라고 한다。

이것을 中國의 天文으로 보면 「柳」、「星」、「張」의 三宿와 「翼」宿의 아래 一部를 지나 「東甌」星을 合하고、「軫」宿의 밑창에서 「青丘」星을 꾀이고、「角」宿의 아래로 「平」星에 미쳐 그 꼬리로 삼은 것이니、그 延長의 멀음을 짐작할 것이다。

西語 그대로 「히드라」이니、「星」宿의 主星이 二等星일 뿐이요、그 外에는 모두 三等 以下의 잔별이다。

「鬼」宿의 南下에서、三等 두 별을 허리에 놓고 여덟의 잔별이 南東에서 北西로 휘우듬 겹놓인 것은 「柳」宿이니、「히드라」의 굽은 대구리요、거기서도 南으로 자디잔 아홉 별이 밑동에서 붉은 빛 나는 二等星을 놓고 역시 휘우듬 南東으로 걸친 것은 「星」宿이니、이 二等星은 그 附近에서 동뜨게 빛나 눈에 번뜻 띄는 者이다。

「星」宿에서 다시 南에 四、五等의 네 별이 不等邊 四邊形으로 가로놓였고、그 左右 귀에 각각 한 별이 있는 것은 「張」宿요、그 南에서 역시 四、五等의 잔별이 數十이나 위 아래로 듬성듬성 박힌 것은 「翼」宿이니、이는 매우 平凡한 景象이다。

「翼」의 南은 「軫」宿로서 三等의 네 별이 句形으로 되고 四等의 별이 東南·西北 兩角에 하나씩 다가 있어 「角」宿의 西에서 자못 또렷하게 보이는 者이니 「까마귀」요、부리로써 勇敢하게 「海蛇」의 등어리를 쪼아파는 것이다。

「星」、「張」兩宿의 위로 「天相」星을 主로 삼아 「六分儀」座(Sextaros)가 있고、「翼」宿의 上部 諸星으로 「컵」座가 있으니、대체로 모두 貧弱하여 오직 「까마귀」만이 빛나는 存在요、北冠인 아기별과 「海豚」과 「三角」과를 아울러 北天의 귀여운 「星」座의 하나로 헤이는 바이다。

壬辰・丙子 兩役의 뒤에 朝鮮人의 宗國意識이 새로이 激動됨이 있고、泰西의 文化가 暗默한 중에 鼓動함도 있어、漢陽朝 後半期에 近世國民主意的 思想이 萌芽 및 成長하는 途程에서、天象에 關한 思想이 또한 그에 影響된 바 있으니、洪湛軒・丁茶山 등이 進步된 科學思想에서 分野說을 冷笑하고 占星術을 抹殺한 것은 그 後期의 일이요、申旅庵 景濬이 天文書인 《頫仰圖》를 짓고 精密한 《朝鮮輿地圖》를 創할새、二十八宿를 現 朝鮮 疆域內에 分野로 排置하여、咸北은 「箕」、「尾」의 分이요、漢城은 「柳」宿의、漢南 數郡은 「星」宿의 分野로 꾸민 것은、學說史上 내지는 國民思想變遷史上의 一揷話로 될 것이다。

「井」宿로부터 「鬼」、「柳」、「星」、「張」、「翼」、「軫」까지가 南方七宿로 朱雀火神의 本尊으로 높였던 것은、또 亞細亞的인 古代思想의 남은 흔적이다。朝鮮이 「箕」、「尾」의 分野라고 하였으되、「翼」、「軫」은 日本의 分野로 따졌던 바이요、「翼」宿의 밑에 「東甌」五星이 있어、「蠻夷星也라 芒角이 動搖하면 蠻夷가 叛이라」고 하고、「軫」宿의 밑창으로 小小한 「卷舌」、「天讒」처럼 곱으듬 벌려 있는 별들은 즉 「青丘」星이니、「主東方三韓之國」이라고 해서 明暗盛衰의 運을 말하였다。往年 癸亥의 여름、熒惑이 「軫」宿에 出入함을 보고、天象을 우러러 부질없이 談論을 일삼았던 現世의 浪人들도 있었다고 한다。

별의 現象과 人世의 吉凶은 워낙 아무 因果가 있을 수 없으니、그는 煩說치를 말자。

宿昔의 옛에, 한 어린이가 잠자리에 들었을 때, 碧玉으로 깔아놓은 고운 하늘에 우뢰하고 비 퍼붓기 시작하더니, 금싸라기 같은 모든 별들이 꼼작꼼작 드러나서 컬떡밀리어 방 위에 쏟아졌다. 어린이는 무척 좋아하며 한 손에 한웅큼씩 움켜쥐고 놀아왔다. 그것은 꿈이였다.

별은 科學으로 보다는 차라리 아름답고 어여쁘다.

憧憬의 「南十字架」——南天門인 「알파 켄타우리」

봄밤의 별은 單調롭다고 남들은 흔히 말을 한다. 그러나 이즈음의 봄밤은 겨울의 豪華한 별들이 거의 그대로 남아 있어, 도리어 매우 燦爛한 편이다. 「오리온」, 「시리우스」, 「푸로시온」과 「쌍둥이」와 「五車」가 모두 西天으로 잠긴 후면, 봄하늘은 만은 쓸쓸한 것이다.

그러나 이 말조차 北半球에 살고 있는 歐米의 文化人들의 얼버무리겠지, 南國의 사람들은 이 봄밤이야말로 그 明麗한 별들을 자랑할 하고 많은 幸運의 일자라고 하는 것이다.

하늘의 南極을 싸고도는 별들은, 저 「南十字」(Crux)와 「켄타우루스」(Centaurus)의 巨大한 덩치로써 그 이름을 삼나니, 이는 모두 五, 六月의 하늘을 象徵하는 者로, 봄을 지나 첫여름에 떠오르는 者이다.

「天津」星인 「天上의 白鳥」(Cygnus)가 자못 明麗豪猍을 일컬을 者이니, 이는 「北十字」이다.

「南十字」는 멀리 「카마키」의 正南 南緯六十度 線에 걸쳐 있어, 그 一等 首星을 南에 놓고 二, 三等의 세 별로 반듯한 十字架를 이루어, 그 몸풀나는 별린스와 光耀의 調和가 다시 色彩의 아름다운 配合을 얻어, 온 하늘에

比類 없는 美의 나라를 거기에 차려놓은 것이다。아무리 투미한 사람이라도 한번 이 으리으리한 맵시를 우러르면、저절로 그 앞에 무릎꿇고 고개를 숙이지 않을 수 없다고 한다。

하기에、「南十字」의 憧憬은、결코 다만 더운 바다로 배띄워 가는 뱃사람들만이 아니요、온갖 사람의 마음마음속에 한결같이 그렇게 될 것이라고 한다。

夏至가 지나 남쪽 하늘이 훨씬 地平線上에 드러날 때면、「전갈」(Scorpius)의 꼬리인 「尾」宿가 오히려 높다라니 南西에 보이나니、「尾」宿의 복판이 바로 四十度線이다。

이 「尾」宿와 同列에서 右로 西天에 二、三等의 수많은 별들이 바로 「海蛇」의 꼬리 밑에 옹기종기 들어박힌 者는 즉 「庫樓」、「馬尾」、「騎官」의 各 별이니、合하여서 「켄타우르스」座요、「庫樓」에서 다시 正南 連接한 자리에 「南門」「馬腹」의 一等의 두 별이 거의 同一水平에 나란히 있는 者는 그 알파요 베타이다。光輝는 어느 것에 못지않은 一等이로되、「天狼」(시리우스)과 「老人」과 이 「南門」의 차례로 全天의 三大明星으로 된다。그런데 右의 「베타」별은 純白이요 左의 「알파」별은 약간의 黃色을 띠었다。

그리고 「알파 켄타우리」는 百年 前에 헨더슨이 南阿인 케이프 天文臺에서 子午環 觀測에 依하여 最初의 恒星視差測定에 成功하였고、彼我의 距離 겨우 四光年 半이라는 놀라운 結果를 發表하여 大宇宙의 測量史에 重要한 新紀元을 지은 별이다。

「켄타우르스」의 左에 「車騎」、「積卒」 등 三、四等의 너댓 별을 主로 삼아 「이리」(狼)座(Lupus)가 있다。

濟州의 漢拏山에 가면 「老人星」(카노푸스)을 본다는 것은 多天에서 말하였다。 그런데 이 「카노푸스」와 「아케르나」와의 光芒과 함께 이 「南十字架」와 「켄타우루스」의 두 偉容이 나란히 섰음을 보는 것은 별을 사랑하는 이의 南國에의 나그네됨을 꾀수는 바이라고 한다。

「켄타우루스」는 南天의 大星座이므로 「알파」、「베타」 두 별 外에 興味를 끄는 者 적지 않다。

그 중에도 「이」 별의 南十度 「제」 별의 西五度에 있는 「오—」 별은、 넉넉히 三等의 光度이면서 실은 별이 아니요、 天界 제일 큰 球狀星團이다。 이것을 望遠鏡 속 幾千百의 微星群으로 分解하는 기쁨은 대개는 近代人만의 特權이라고 한다。

距離는 實로 二萬二千光年의 저 건너에 있다。 아까의 「老人星」이 四百光年 以上이요、 四光年 半인 「알파켄타우리」、 즉 「南門」星은 그 里數로는 조금 一千四十兆里 되는 計算이니、 그들 數萬 혹은 數億 光年 되는 곳까지의 里數計算의 距離를 想像할 만하다。

天은 「하눌」이니、 하눌은 「한울」로서 그 大厦이냐。 또 「하늘」이니、 하늘은 「한늘」로서 그 大常이냐。 또 「하날」이라고도 하나니、 「한알」로서 그 蕩蕩洋洋한 宇宙의 大靈을 어렴풋이 意識하였음이냐。 星은 「별」이요、 별은 「배얼」이니、 마치 生과 孕(배)을 주장하는 靈(얼)的 存在로서 天象과 人生과의 무슨 緊密한 神秘에 붙들려매어진 것같이 우리 先民들은 믿었음과 같다。

空界悖逆인 彗星——凶變을 豫告하는 惡魔?

一九一〇年 여름, 때는 韓末인 隆熙 四年 庚戌이다。 前年부터 술렁대는 時局에 人心은 대중없이 動搖되는 판이요, 나는 二十歲의 靑年學生으로 京城에 머무르던 적이다。「헬리」彗星이 나타난다고 西洋서부터 들레기 始作하여 全世界가 들끓는 듯하였다。

그는 彗星의 꼬리가 地球와 부딪히면 地球가 조각조각 부서져버릴 것이요, 그렇잖더라도 그 엄청난 彗星의 꼬리가 地球 위의 酸素를 말끔히 빨아 가져가면 地球 위의 사람들은 별수없이 모두 숨막혀 죽고 말 것이라는 것이었었다。

그러나 이는 科學的 迷信인 것이요, 또 다른 것은 哲學的 恐怖이었나니, 彗星=꼬리별이 뜨면 크나큰 災變이 난다는 것이다。

첫여름이다。 새벽 세 時, 天地가 아직 사람과 함께 잠들어 고요하고 잠잠한 즈음이다。 나는 단잠을 깨어 거리에 나섰었다。 彗星이다。 彗星! 대구리가 삐죽하고도 뭉뚝한 明亮한 가스體로 되었으되, 그 퍼져나간 길고 넓적한 꼬리는 數百丈 먼 데까지 뻗치어, 그 머리는 東北의 하늘 구석에 닿았는데, 그 꼬랑지는 西南 하늘에 눌이고 있어, 무시무시한 품이란 실로 凄慘의 度를 지나 차라리 驚愕할 만하였다。 나도 沈默하였고, 겨레사람도 沈默하였다。

學校에서의 講演과 「삐라」와 新聞雜誌의 說明에 의하여, 나의 迷信打破는 자못 急進的이던 때이므로, 옛의 占

星天文說은 마음속에서부터 否認하던 터이지만、그 天界의 平和를 어지럽히는 突然히 나타난 怪奇한 現象에는 까닭없이 가슴이 서늘하였었다。

그 이튿날 새벽도 또 보았었다。그는 마치 巨大한 妖魔가、무엇이고 집어삼키려고 下界를 내려다보고 꿈적댐과 같았었다。

彗星迷信은 東亞에서 中國이 그 본고장이다。歷代許多한 彗星變史는 枚擧할 수 없고、秦始皇 十五年에 彗星이 네 번 나와 길이가 하늘을 가로건너더니、뒤에 六國이 滅하였다 함이 하나요、明 神宗 四十六年에 東方에 彗星이 있어 길이가 하늘에 가로질리더니、明年에 劉綎 等이 淸兵에게 敗沒하고 또 明年에 神崇이 崩하였다는 등이 또 하나이다。

西洋에서도 彗星이 兇變의 前兆라고 생각하였음은 다름이 없었으니、참으로 彗星이 나타나는 同時에 부르터난 戰亂과 災禍는 적지 않다。

紀元前 一〇二〇年頃 希臘에 도리안人이 侵入하여 트로이大戰爭 때 三千年마다 나타나는「一八一一年 彗星」이 나타났었다。

예루살렘이 包圍되었을 때 彗星이 나타났던 일은「요셉」의 붓으로 적히어 있다。그는 그때의 光景을「예루살렘에 불칼이 걸리었다」고 하였다。예루살렘은 陷落되었으매 彗星은 그 前兆라고 생각되었었다。

一〇六六年 노르만人이 英國을 征服하던 해에도 나타났었고、一七四四年 墺地利의 皇位繼承戰爭의 한참판에도 大彗星은 나타났었다。

一八一一年 大彗星이 나타난 이듬해는 有名한 天下動亂으로, 米國에서는 英米戰爭이요, 西班牙에서는 사라만카戰爭이요, 大나폴레옹은 露西亞에 侵入하였다가 모스크바의 火攻을 만나 필경 敗亡의 실마리를 지었다。

이렇게 치면 딴은 彗星은 지극 不穩한 天界의 存在인 것이다。

그러나 彗星은 역시 다른 별이나 星雲 마찬가지로 天體의 一部로서, 「헬리」彗星은 七十五年마다 한번씩 太陽界에 찾아오는 것이요, 「一八一一年 彗星」은 三千年마다 한번씩 찾아오는 遠大한 行程의 旅行者인 것이다。

그리고 天文學者가 統計한 바에 依하면 彗星의 出現과 戰亂과 災害는 僅少한 部分에 지나지 않고, 「헬리」彗星이 出現한 해는 凶事보다도 吉事가 많다。 朝鮮·中國 前代史를 뒤져 그 天文志를 보더라도 直時에 立證되는 바이다。

다만 彗星의 물건됨이 그 怪奇의 極을 이루어, 꼬리가 혹은 여섯 가닥으로 된 者 있고, 그 길이가 二億 哩에 達하는 者 있으니, 그 싸리비 모양으로 된 꼴이 「見則兵起, 除舊布新」하는 解說을 붙였음도 있을 듯한 일이다。

彗星의 迷信은 現代에서 거의 消滅된 바이나, 특히 一筆을 끝에 붙이어 星象의 이야기를 마감키로 한다。

紀行

春風千里

(一九三六《朝鮮日報》)

一、「人生難得百年閑」이라고 獄中에서 영탄한 자가 있다。 百年閑이 반드시 인생 생활의 極致는 아니겠지마는、 마차 말같이 奔忙한 生涯는 이름 높은 漢陽의 春色도 玩賞할 날이 없었다。 이제 馬山行의 기회로써 春風千里 南國의 花信을 전하게 된 것은 浮生 分外의 閑事라 할까。

南原 가는 李道令의 행색은 아니지마는、 夜渡漢江水 하는 振威行의 途次에는 沿線의 春色을 엿볼 수가 있었다。 鄕第에 체재하는 一日、 墳墓에 省하여 쓸쓸한 老姑草(할미꽃)를 보았고、 桃花·杏花·辛夷花 등은 아직 꽃망울이 터져보려 하는 즈음이었었다。

다시 京釜線 차중의 사람이 되니、 刻刻으로 접근되는 南國의 春色은、 앉아서 산수의 妙境에 노는 듯하게 한다。 淸戰의 名所로서 吾人 印象이 옅지 아니한 成歡驛 부근에서는、 벌써 嫩綠을 바라보는 數株의 垂楊을 보았다。 俗謠에 나오는 天安 삼거리 능수버들을 생각게 한다。

芙江에 오니、 荒凉한 촌락에 杏花가 만발하였고、 辛夷花는 더욱 한창이다。「辛夷花落杏花開」라는 漢詩가 있거니와、 두 가지 꽃이 일시에 만개한 것은 재미있다。

辛夷花를 俗名에 「개나리」라고 하니、「나리」는 百合의 俗名이요、 개나리는 假百合의 俗語라、 이로써 歐語

「캐나리」의 歸化語로 생각하는 이가 있는 것은 잘못일 것이다。百合과 辛夷가、一은 球根植物이요、一은 灌木이지마는、꽃이 同科에 속한 고로 이러한 명칭을 지은 것이다。그러나 개나리를 辛夷로 쓰는 것은 잘못이니、連翹花가 그 참인 것이다。

薪灘江頭에서、頭巾 쓴 사공이 狹長한 木船에다가 四、五의 白衣 남녀를 싣고 湛碧한 江水를 건너려는 것을 보며 무르녹은 詩趣에 잠기려 하였다。그러나 그것이 인생행로 알 수 없는 彼岸을 象徵하는가 생각하면、杳然한 情思 형언할 길 없다。

大田驛을 지나、四圍에 솟은 山岳을 바라보며 한참 장엄한 기분을 돋우는 중에、樵夫가 小童과 더불어 路傍에서 쉬는데、樵網에는 마른 풀이 한 짐이요、옆에는 灼灼한 杜鵑花가 한 묶음이다。滿開한 杜鵑花는 예서 처음이다。

深川까지 가서、절벽의 한중간에 매달려 있는 杜鵑花를 보았고、沿邊 일대에 다시 盛開한 杜鵑花를 찾을 수 없었다。

吾人은 꽃을 사랑하되 꺾기를 즐기지 않는다。꽃은 봄의 中樞요、생명의 標幟라、貪花蜂蝶이란 말이 있거니와、꽃을 탐내는 것은 蜂蝶뿐이 아닐 것이니、무릇 생명을 가지고 생명을 예찬하는 자 누구든지 꽃을 좋아할 것이다。그러나 모처럼 때 만나 핀 꽃을 한손으로 꺾어버리는 것은 殘酷이 심한 것이다。꽃을 사랑할진대、마땅히 그 庭園이나 村落에 옮겨심어 둘 것이요、그 힘이 없으면 차라리 두고 볼 것이다。꽃을 꺾으니 그 嬋娟한 芳魂을 傷함이요、하물며 시든 뒤에 塵芥와 함께 버리기는 더욱 할 수 없는 일이다。봄의 꽃、가을 단풍、무수한 觀賞者들이 한 다발씩 꺾어들고 다니는 것을 보면、愛惜하기 짝이 없는 바이다。

秋風嶺을 넘는다。일대 山岳이 蜿蜒峻嶒한데、北流하는 溪水는 오히려 滿滿한 기세를 보인다。

秋風嶺은 京釜線中 最高한 地點을 이루었다。白頭의 正幹이 俗離山에 미쳐서、逆行하여 漢南과 錦北의 諸山脈을 이루었고、車嶺으로부터 南走한 山脈은 湖南 일대에 뻗쳤으니、秋風嶺은 즉 俗離로부터 西行하는 過渡地帶이다。昔者 壬辰의 役에 黑田長政이 西路軍을 거느리고 秋風嶺을 지나 淸州·竹山 등지를 거쳐 北上하니、吾人 讀書者의 頭腦에는 이러한 印象이 때때마다 스러질 수 없다。

조선의 기후가 秋風嶺을 分界로 삼아 南北이 殊異한 바 있거니와、秋風 이북에는 北流水를 보고 秋風 이남에는 南流水를 보는 것도 매우 흥미깊은 현상이다。

秋風嶺을 넘어 南下하는 도중、直指寺라 하는 山間 小驛이 盛開한 辛夷叢中에 파묻혀 있다。「直指人心 見性成佛」이라는 文句를 기억하거니와、怱怱한 旅路가 이 산간의 淨土 直指寺의 妙境을 찾아볼 수 없는 것이 못내 섭섭한 일이다。

金泉驛에 당도하니 비로소 盛開한 櫻花를 보겠다。이것이 南國 春色의 第一境이라고 할 것이다。櫻花에 관하여는 추후로 一筆이 있고자 한다。

떠나는 길에 뒤로 돌아보니、金泉의 川邊、높은 石築의 밑에서는、白衣白巾의 漂母群의 방망이 소리가 한창이요、맞은쪽 일면 白沙 위에는 세탁한 白布와 白練이 그릴 듯이 보인다。

大新驛을 지나니、午後에 下學한 學童들이 손마다 한 다발씩의 杜鵑花를 들고 즐거운 듯이 지껄이며 돌아가는 樣이、매우 마음을 기쁘게 한다。

고요한 가을 찬 밤 귀뚜라미 울지 마라
어지러운 때의 물결 이적엔 어이된고
燈 아래 홀로 누운 몸이 한숨겨워 하노라。

往年作이다。詩야 어찌되었든지、大邱는 나의 잊기 어려운 印象 깊은 都市이다。秋風嶺을 넘은 南行의 汽車는 若木·倭舘 등 驛을 지나 大邱까지 왔다。倭舘은 洛東江의 中流가 굽이져 흘러가는 곳이라、汪汪한 濁流가 바로 長江大河의 맛이 있다。十數年 전 필자가 倭舘에서 내려、「이놈의 자식 말」하고 사투리 쓰는 馬夫들과 扁舟로 洛東江을 건너고、匹馬로 바람티를 넘어 星州邑內까지 갔던 일이 생각난다。그러나 오른쪽으로 達城公園의 듯드는 春色을 指點하고、왼쪽으로 琴湖江의 잔잔한 물결을 바라보며、추억 많은 大邱驛에 왔을 적에는、벌써 十數年 전의 追憶은 스러지고 다만 己未·壬戌의 깊고 깊던 獄中生活의 印象이 되살아난다。

十분간 停車를 이용하여 구름다리를 건너 改札口까지 가서 驛頭에 몰리는 群象을 쳐다보았다。東으로 八公山、西로 南山의 靚碧한 景色이 더욱 懷古者의 感懷를 돕는다。

朔風이 살을 에이는 듯한 獄城中의 運動場에서 白雪皚皚한 八公山의 連峰을 바라보던、덜덜 떨리는 囚人에게는 마치 暴威가 凛烈한 渾世魔王과 같이 보이더니、지금에는 자못 강산의 풍경 雄遠暢達한 바 있음을 깨닫게 한다。더욱이 南山은 獄窓으로 들이쬐는 載陽한 春日과 함께 人世憧憬의 表象으로서 眺望되던바、오늘날에 대하여도 더욱 다정해 보인다。

南으로 慶山驛을 지난다。慶山은 京釜線中 平澤驛과 함께 米穀產出이 풍부한 곳이거니와、今年은 오래 가는 봄가뭄으로 인하여 慶山의 平野、一點水를 볼 수 없다。

省峴・隨道를 지나 淸道를 거쳐 密陽驛에 達하였다。密陽江 일대에 水石이 點綴하고、龍頭 終南의 諸山이 矗矗하게 雲際에 솟았는데、翼然한 嶺南樓、密陽江岸에 번듯이 서서、渺茫한 廣野의 景色을 吐呑하는 듯하다。密陽은 曾遊의 地이요、斯地에 다시 故人이 많은지라、斯地斯人 行客의 追懷를 일으킴이 많다。

三浪津에 다다르니 櫻花가 구름같다。구름같이 늘어선 淡白한 櫻花의 叢中에는 數株의 桃花가 사이사이 끼여 있어、點點紅의 嬌態가 견줄 데 없다。櫻花가 內外에 擅名하는 것은 물론이거니와、꽃으로 人物에 비긴 것이 많으니、牧丹이 富貴人、蓮花가 君子、菊花가 隱士、梅花가 寒士 혹 淑女、薔薇가 小人、海棠이 美人、桃花가 遊女라고 하는 것은 꽃을 아는 사람이면 모두 짐작하는 바이다。遊女를 象徵하거나 淑女를 形容하거나、淡白한 花雲 中에 이 灼灼한 桃花를 보는 곳에 자못 赤熱한 情感을 일으키지 아니할 수 없다。

楡川・密陽 일대 溪山이 映帶하는 곳에、비로소 一派 竹林을 바라보며 鮮明한 南國情調를 일으키게 되었더니、三浪津 以南에는 더욱 무성한 竹林이 곳곳에 다 있는 것을 보겠다。

鵲院關을 바라보다 七戰場의 餘刧을 조망하며 勿禁・龜浦 등 驛을 지나、釜山鎭까지 왔다。三浪津 부근부터는 溶溶한 洛東江의 下流가 거의 항상 汽車와 並行하게 된다。晩夏 洛東江 下流의 大洪水로 인하여 大渚面 일대의 住民들이 모두 魚鱉을 이루었다고 하더니、지금에도 沿江 일대의 村落은 오히려 소연한 풍경이 마치 戰亂 後의 市街를 봄과 방불하다。

昨年 八月에 釜山까지 往復하는 길에 汽車로 여기를 通過하며、凄然한 災害地의 婦女의 哭聲을 듣고 문득 愁然히 傷感함이 있어、돌아가 八、九일간의 哭譜를 썼더니、미구에 本報는 停刊의 厄을 당하였으므로、이 災害의

表象인 哭의 譜를 쓴 것이 緣起가 좋지 못한 일이라고 하여, 同人간에 가끔 嘲笑를 받았었다. 금번에는 될 수 있는 대로 歡喜의 春光을 널리 독자에게 소개하고 싶다.

大邱 부근에서부터 氣溫이 頓然히 높아져서 침울한 기분이 깊었더니, 釜山鎭에 내려서 渺茫한 五六島 부근의 海色을 바라보니, 心氣一轉 자못 清爽洒落함을 깨닫게 한다.

驛頭에 나서니 뜻밖에 一故人이 大邱서부터 同車하여 그곳까지 왔었고, 東萊溫泉으로 향하는 電車에서 다시 一故人을 만났다. 이번 길은 悄悄히 獨行하여 一夕의 閑養을 얻고자 하였으므로 知人 諸氏에게도 통지하지 못하였었다.

추억 많은 左水營 南門口 등 地點을 지나 東萊城을 남쪽으로 두고 溫泉場 속에 푹 파묻혀버렸다. 蓬萊橋·白鹿橋 등 松林과 櫻花가 어우러진 곳에는 天成한 遊樂地에 다시 人爲의 技巧를 加味한 것을 알 것이다.

編者註 「馬山行」임을 첫머리에서 밝힌 이 紀行은 서울—東萊에서 中斷되었다.

木蓮花 그늘에서

(一九三六《朝鮮日報》)

一、二十一日 아침에 일어나 계곡에 나가 磐石에 앉아 漱洗하니、小瀑이 潭을 이루고 淸冽한 물맛이 비길 데가 없다。

朝食後에는 먼저 景光의 一般을 보니、雙磎寺는 東峰에 依하여 西向으로 앉았는데、八泳樓와 大雄殿은 모두 建築이 宏傑하고、大雄殿 댓돌 아래에는 眞鑑國師碑가 있으니、孤雲 崔致遠이 奉勅하여 執筆한 바이라、頭部가 깨진 것을 다시 聚合한 것이다。이 외에도 天然한 岩石을 깎아 만든 彌勒佛像과 禪家幢 등이 명물이라 하거니와 吾人의 흥미를 끄는 바 적다。

寺의 左右로부터 兩派 溪水가 흘러내려、第一門 밖에서 合流하여 石門의 저 아래로 솟쳐가니、雙磎의 名稱이 이에 인함이다。

右岸 비탈 위에 다시 屹屹한 樓閣이 南向하여 舖列되었으니、最高處에 金堂이 있고、뜰에는 六祖頂上塔이 七層으로 되었으니、達磨祖師 第七代 慧能大師의 頂上骨을 감춘 것이라 한다。金堂 앞에 八相殿·靑鶴樓 등의 건축이 자못 宏傑하며、「世界一果 祖宗六葉」의 八個字는 秋史 金正喜의 親筆로서 字劃이 아직도 새롭다。

절 앞 廣場에는 數百年 묵은 銀杏樹가 있고 老槐木이 있어 모두 軟綠이 해사한데、八相殿의 周圍에는 葱鬱한

多青樹의 翠屛이 있고, 한참 피는 山茶花의 숲이 있고, 紫薇花와 白梅花와 紅桃花가 玲瓏하게 彩色을 이루었고, 더부룩한 假蘭의 포기가 무수하게 자라나고, 數十叢의 牧丹은 망울이 미구에 터질 듯한데, 七分이나 핀 木蓮花가 좌우로 벌려서서, 스스로 靈境의 春色이 非凡한 바 있게 한다.

金堂의 뒤로 鷹峰의 一帶에는 松杉이 엉성하게 섰고, 그의 對面으로 南山의 層巒에는 各種의 闊葉樹로 雜木林을 이루었는데, 半開한 新葉은 林相이 자못 淸新하다. 이러한 중간에 다시 一派林이 촘촘하게 우거져서, 밤낮 없이 솟쳐가는 시원한 물소리와 함께, 스스로 塵界를 解脫하여 淨土에 오르는 感이 있게 한다. 滿山의 春色에 어리어서 木蓮花 그늘 밑에 발을 뻗고 앉았으니, 頭流山 千萬疊도 필경은 다 如是觀이다.

新羅 閔哀王 元年에 眞鑑國師가 비로소 金堂寺를 創造하니 今年까지 一千一百八十九年이요, 雙磎寺는 宣廟壬辰 이후에 碧巖禪師의 開創으로 三百 數十年來의 大刹이라 한다.

金堂의 左側으로 山茶花의 그늘이 으늑한 石逕을 밟아 東으로 고개를 넘으니, 一隊 村人이 말과 같은 竹杖芒鞋로 보따리에 各各 二、三本의 마가목을 꽂고 樹林 속으로 내려온다. 물으니 모두 光陽사람이다.

行한 지 數里에 東峯을 依하여 一座 寺院이 있으니, 즉 國師庵이라. 極樂淨土門으로 들어가니 鉦과 鈸鑼를 울리면서 念佛이 한참이다. 蕭洒閑寂함이 匹儔가 자못 적고, 洞壑이 또한 秀麗하여, 名山 靈區인 것을 推稱할 만하다. 眞鑑國師의 駐錫處로, 金堂寺와 그 創建時期가 동일하다고 한다. 서서히 後廊으로 도니, 房房이 모두 滿員으로, 窓外에는 女鞋와 고무신이 빼곡하게 늘어놓였다. 이날은 마침 舊曆 三月十日 穀雨날이라, 巨梓水를 먹으러 온 사람들이 제일 많다 한다.

大會가 있음을 위하여, 멀리 가지 않고 雙磎寺로 돌아왔다. 寺院 도처에 牧丹이 많고, 木蓮花의 豊麗한 허울이 가장 春光의 魁를 짓는다。

二、午前 十時를 지나、記者大會는 八泳樓로부터 옮기어 東行廊 刹頭房에서 열린다。第二日의 繼續會議이다。全南 慶南으로부터 來參者가 六十餘 人이요、傍聽者가 累十人이며、警官席에도 三、四人이 屯聚하여 있다。議案 上程에 들어가서 第一部와 第二部의 각종 決議文이 차례대로 가결되었고、기타 특별한 사항에 관하여는 智異山·白雲山 등 帝國大學 演習林編入에 관한 문제와 煙草 專賣制度 設施 후의 耕作者의 苦痛 등에 관한 地方事情을 각 新聞社에서 조사 발표하기를 요구하자는 결의가 있었다。

正午까지나 무사히 閉會하고 一同은 午飯을 먹은 후에 일시 각자의 행동을 취하기로 한다。居室를 옮기어 八泳樓 近邊에 와 있을 때에는、余는 文几를 對하여 原稿를 쓰려 한다。八泳樓上에는 사람들이 서로 밀고 悠長한 嶺南의 六字曲이 鼓樂과 함께 일어난다。어느 곳 美人들이 風流郎과 함께 왔는가 하고 부지런히 가서 보니、五、七名의 鄕村老媼들이 머리에 手巾을 동이고 이마에는 주름살이 졌는데 지팡이로 雷鼓를 치며 「어떤 사람은 八字가 좋아서」流의 俗謠를 부르고 있다。실망이 적지 않았으나 매우 흥미있는 일이다。무릇 집합한 자가 男女를 물론하고 각 계급 각 종류를 통하여、艷粧한 佳人도 있고 新女性 비슷한 不可知의 女性도 있고、기타는 이루 열거할 수 없다。今年은 記者大會가 있고 따라서 河東 警察이 大擧하여 來屯하였으므로、風流郎과 遊興客의 來留하는 자가 매우 減少한 편이라고 한다。

午後 五時부터 新聞講演이 있어 洪君과 함께 간단한 講演을 하였다。「一念奉公의 記者生活」이라는 演題이었고、傍聽人을 합하여 자못 성황이었다。

友人 諸氏와 함께 다시 境內에 逍遙하여 巨梓水의 홍정을 한다。石油罐으로 하나에 一圓 三十錢을 주고 사서 各人이 모두 試飮한다。淺茶色으로 된 즙의 맛이 적이 떫되、一次에 數三碗을 連飮하나 下痢치 않고 도리어 상쾌함을 깨달으니、淸涼飮料로서도 자못 可하다。當地人士에게 듣건대、고리실나무의 즙이 있어 驚蟄때에 먹으면 매우 効用이 있다 하니、巨梓 먹는 것과 동일한 일이려니와、그 種名을 조사하지 못하였다。客이 헤어지매 다시 巨梓水를 마시면서 原稿를 쓴다。

저녁에는 判頭房에서 大會員의 懇親會가 열렸는데、온갖 歌曲이 다 나와서 앞앞이 모두 이른바 隱藝를 披露하고 歌가 罷하매 모두 手舞足踏함이 일찍 碍滯處가 없다。熬熬한 場裡 다시 냉정히 보아오매、箝制와 抑塞으로 平昔 沈鬱하였던 胸臆이 이 名山의 靈境、少長이 咸集한 곳에서、비로소 決河의 勢와 같이 奔放하는 것인가 생각하면 遭際의 艱險함이 얼마큼이나 그들의 心境에 暗影을 던져주었는가 하고 黯然한 情思가 도리어 형언할 수 없다。

都鎭浩씨와 밤에 서로 叙話하고 온갖 周護를 親히 한다。累日 만에 비로소 入浴하고、다시 寢具를 惠하여 穩睡하게 되었다。

窓을 열고 거닐면서 八相殿 앞에 다다르니、中天에 솟은 달은 木蓮花의 움츠러진 송이에 비치어 淸艶한 氣品이 자못 飄逸한 바 있는데、그리 붐든 境內의 俗客들도 태반이나 이미 春夢에 잠기었고、오직 시내 속의 물소리가 萬古의 근심을 씻는 듯이 울려간다。夕陽에 보매 햇빛이 東峯 위에 높다랗게 헤쳐 있고 境內는 이미 黃昏이 가깝더니、이제 휘영청 밝은 一片孤月은 萬壑中에 徜徉하는 一布衣를 굽어보고 있다。아아 崇嚴淸高한 峽中의 月色!

三、木蓮花는 南國의 植物이라、北國에서 이를 보기 어렵다。蓮花는 꽃의 君子인 者거니와、그보다도 佛敎의 象徵花로 유명하게 되었다。深山高臺에서 워낙 蓮花를 볼 수 없거니와、盛開하는 木蓮을 보는 데에 자못 恍惚한 精感을 돋우는 바 있다。

木蓮이 南國의 植物이거니와、蓮花는 워낙 南國의 植物이다。北國의 池塘에서 오히려 香이 十里에 들리는 蓮花를 볼 수 있지마는、南國의 蓮花가 가장 風土에 걸맞는 자이다。採蓮하는 吳姬 越女를 引證으로 할 것까지 없이、蓮은 暖國의 所產이다。

蓮가운데 가장 흔한 者가 紅蓮이요、白蓮은 적이 珍貴하지마는、靑蓮에 이르러서는 蓮中에 가장 逸品인 자로서 凡人의 언어볼 수 없는 바이다。印度의 恒河 流域에 있고、埃及의 나일河 上流에서 볼 수 있다 하니、그도 또한 흔하지는 않은 자이다。昔者 李太白이 靑蓮居士라고 自稱하니、그 凡品에 超脫함을 自負함이다。

蓮이 南國의 產인 고로、印度에는 蓮이 많다。釋迦如來 蓮으로써 苦海에 點染되지 않는 人生을 譬諭하니、蓮이 佛敎를 象徵하는 꽃이 된 이유이다。

佛敎에서 蓮을 존중하는 것과 같이、基督敎에서는 百合을 貴珍하다 한다。들에 핀 백합꽃이 솔로몬의 榮華보다도 더욱 美의 生命을 자랑한다는 것은、基督의 山上垂訓에서 例證한 바이다。팔레스타인의 홋홋한 平野、허다한 百合을 產하여、그의 純白한 色態의 芳烈한 香臭가 저절로 사람의 情烈을 끄는 바 있으니、이 땅으로부터 일어나 人生至上한 價值를 說하던 熱情的인 基督이、例로써 百合을 들은 것은 당연한 일이다。만일 印度에 百合이 많았고 팔레스타인에 蓮을 產하였더라면、兩氏의 例證은 전연 바뀌었을 것이다。

木蓮을 보다 蓮을 聯想하고、蓮을 說하여 百合까지 말하는 것은、너무 閑人閑筆의 嫌이 있으니 이를 그만둔다。

「萬戶同眠雄大夢」이냐고 읊조린 자 있다。萬戶衆生 모두 꿈 속에 잠겼을 제、兀然히 홀로 깨어 月星이 朗躍하는 고요한 밤에 거닐 때에는、스스로 超然한 感慨가 있고 또 孤獨의 悲哀도 일으키게 된다。擧世가 다 흐린데 내 홀로 깨끗하고 衆人이 다 醉했는데 홀로 깨었다고、屈原이 〈漁父辭〉를 빌려서 스스로 그 孤憤한 心事를 부쳤으니 그가 필경 魚腹에 장사하고 만 것은 오로지 이 까닭이다。

高山의 靈峰 衆巒의 위에 솟아올라 萬象을 눈 아래로 굽어봄이 스스로 莊嚴崇高한 意趣가 있겠지만、超然히 獨存한 것에는 스스로 또 無限寂寞한 悲哀가 있는 것이다。

釋迦・基督의 諸氏者가 모두 人生의 最高峯에 立脚하여、구부리어 人生을 度濟하고자 一生을 노력하니、그들에게는 大悟徹底한 곳에도 오히려 이 悲哀가 있었던 것이다。다만 釋氏의 幽玄深邃한 哲理가 족히 色相의 世界를 超越하여 泰然히 常住不滅하는 眞理의 世界에 安住하니、그의 敎가 능히 天下의 安定을 구하는 煩惱한 衆生들의 歸依處를 짓던 것도 또 當然한 일일 것이다。그러나 人生의 高處로부터 구부리어 衆生을 救하고자 하는 곳에 現代的의 民衆과는 葛藤되기 쉬운 病弊가 생기는 것이다。

「直指人心 見性成佛」의 一句가 慧能大師로 하여금 頓悟의 機를 짓게 하였고、「木來 無一物 何處惹塵埃」의 句는 또 그의 成道의 要諦를 지었다고 하거니와、六祖頂上塔의 背後에는 이 絶의 柱聯이 걸려서 月下에 오히려 번듯이 보인다。明鏡도 臺 아니요 菩提도 또한 樹가 없어서 虛虛空空하게 오직 寂滅의 世界로만 향하는 것이、그 宇宙臺밑 人生의 運命이냐? 시드는 꽃、지는 달、흐르는 물、스러지는 이슬은 모두 無常과 幻想의 表象인 자이냐? 고요한 밤 깊은 山에 밝은 달 고운 꽃이 서로 비춰 光艷을 돋우는 곳에、恍惚한 情感과 淸高한 意想은 내 오히려 一律 無限한 生命의 感激이 없을 수 없다。

人生은 짧되 藝術은 길다。 짧은 一生으로 오히려 萬世에 썩지 않는 尊貴한 價値를 남기려고 하는 곳에 人生의 苦痛도 있고 또 웅숭깊은 生命의 感激도 있는 것이다。 一切가 변환되는 無常한 悲哀의 가운데에서 오히려 恒久하게 뻗히어、 변함이 없는 大宇宙의 生命을 禮讚하면서、 영원한 征途에 나아가 人生行路를 개척코자 하는 곳에 現代青年의 바꿀 수 없는 强固한 決心이 있는 것이다。

꽃이 피어 꽃이 지고、 달이 떠서 달이 지며、 물이 가매 개울이 길고、 구름이 헤어져서 山谷이 또 드러나니、 屈伸往來 隱現起沒은 반드시 造化의 妙理를 追窮함을 要하랴? 먹고 마시고 자고 일하는 가운데에、 世情의 趨移는 어찌 또 나의 專恣할 바이랴? 두어라、 窮通榮辱은 人世의 常態요、 喜怒享樂은 心海의 泡沫이다。 僧堂에 그늘 들었으니、 잠이나 잘까?

編者註 朝光社 刊、《現代朝鮮 文學會集 隨筆篇》(一九四六) 收載。

白頭山登陟記

泰封高原의 清凉味——元山에서

산뜻한 아침 空氣를 마시며、어렴풋이 든 잠을 깨어 車窓에 걸려 있는 파아란 커튼을 걷었다。언제나 상쾌하고 부드러운 이른 아침。

고요한 大地를 뚫고 그새 떠나가는 열차의 덜컹대는 소리만이 숙스러운 소음을 일으킨다。몇 아름드리의 老松의 울창한 숲이 레일 양쪽으로 우거졌고、알맞게 이어간 南北의 높고 낮은 봉우리들이 어젯밤 소낙비에 씻기어 翠容이 흐르는 듯 새뜻한 松林에 싸여 있는 광경이 그지없이 새롭고 아름답다。

一九三〇년 七월 二十四일 오전 五시경、이곳 龍池院驛을 지나고 있었다。

조금 전에 福溪驛에서 驛夫의 외치는 소리에 깊이 든 잠이 조금 깨어 어둑어둑한 창 밖을 내다보고 있었는데、벌써 날은 새고 기차는 三防 일대의 계곡 林壑의 아름다운 경치에 잠깐 머뭇거린 듯 싶더니 어느덧 龍池院을 지나고 있는 것이었다。이젠 잠이 완전히 깨었지만 생각해 보면 三防의 열두 터널에 열두 굽이 白溪水를 못 본 것도 아쉽지만、鐵原 三防 수백 리 사이에 清凉味를 담뿍 실은 泰封高原의 情趣 많은 지대를 꿈 속에서만 헤맨 것이 말할 수 없이 섭섭하다。

몇 해를 두고 벼르고 벼르던 白頭山行의 길은 어쩐지 나의 가슴에 많은 감회와 정취를 일으킨다。 어젯밤 열한 點에 京城驛을 떠난 우리 일행 일곱 명은 좌석 관계로 兩分되었다。 이제 얼마 후면 기차가 元山에 닿을 것 같기에 마악 일어나서 일행이 타고 있는 객실로 가려고 하는데、 마침 一民 尹洪烈씨와 樹州 卞榮魯씨가 먼저 찾아왔었다。

우리가 元山에서 下車를 하니 맑고 푸른 동해 물에서 목욕을 하고 이내 咸興까지 가서 關北의 雄州를 돌아본 후에 밤차를 타고 茂山까지 가자는 상의였다。

시간이 상당히 흐른 뒤에 나는 옷을 갈아 입고 諸氏와 車室에 가니、 敬菴 金瓚泳씨、 詣岱 成純永씨와 처음부터 東途키로 예정하여 어젯밤 함께 뜨신 月坡 金尙鎔씨와 養正高普의 黃澳씨 등이 벌써 행장을 묶어놓고 元山 下車論을 역설한다。 그러나 關北千里 雄麗明媚한、 처음 본 山谷이며 風光을 무슨 일로 어두운 밤에 졸면서 지나쳐버릴 수 있을 것인가!

적지않은 意氣를 발휘하여 衆論을 力排하고 차라리 단독으로 직행키로 되어 나는 다시 나의 자리로 돌아왔다。

釋王寺 安邊 南山의 모든 驛을 거쳐 갈수록 溪谷林壑의 美가 이루 형용할 수 없이 아름답다。「山不高而秀麗 水不深而澄澈」이라고 纖麗한 山水의 아름다움을 묘사한 고인의 말씀이 바로 이것이거니와、 이러한 林壑峽谷의 아름다운 한복판에 黃龍山의 雄健峻峭한 높은 봉우리들이 우뚝우뚝 솟아 萬鈞의 莊重味를 全局面에 주는데、 엉클어진 뭉게구름이 산허리에 감기어 縹緲玲瓏한 정취가 도저히 도시 사람으로서는 생각할 수도 없는 第一着의 烟霞勝景이요、 장마 뒤에 줄기차게 흘러가는 시냇물은 한결 높고 고고한 맛을 던져준다。

요즈음 말썽 많은 正條植으로 가꾸어 놓은 깨끗한 못논의 두렁에는 가래를 짊은 白衣를 입은 우리 동포가 넋을 잃은 듯 우두커니 서 있는데, 강아지꽃 흐드러진 거친 논둑에 송아지가 움풀을 뜯는가 하면, 빗물에 씻겨버린 콩밭 서속밭 원두막과 흙 묻은 포플러 숲이 적이 荒凉味를 더하고 뿌리째 뽑히어 서쪽으로 쓰러진 수목들은 東海에서 불어온 태풍의 자취를 말해 주는 것 같았다.

葛麻驛을 지나 元山으로 들어가니 風水害의 慘狀이 한층 호되어서, 무너진 車둑에는 속력을 줄이고 헐떡거리는 기차가 꾸불꾸불 누비어가는데, 승객들은 승강대에 주렁주렁 매달리어 慘害의 자취를 내려다보며, 말없이 지나간다。 그러나 태풍이 스쳐나간 폭은 매우 좁아서 해안지대의 약간만을 스쳐간 모양이다。

元山驛에 가서 四第 在稷과 잠시 동안 만나서 얘기를 나누고 여기서 내리는 一行 諸氏와 작별한 후 북으로 향하는 차창에 기대어 沿線의 풍경을 바라보니 湛碧清洌한 동해의 맑은 물에 때에 절은 몸을 씻지 못하고 온 것이 나의 적지않은 유감이었다。

雄麗明媚한 沃沮山野(一)——朱乙 溫泉에서

元山·德源·文川으로 멈추지 않은 車는 줄곧 달리는데, 서쪽으로 長德·望德의 모든 산과 그 너머로 넘겨다보이는 脊梁山脈은 언제나 보아도 딱딱하여 堅實味가 있고, 동쪽으로 白波 위에 얹힌 虎島半島의 그림 같은 岬이 밟으면 잠길 듯이 清艶한 맛이 무엇보다 인상적이었다。

文川 以北은 차라리 旱災의 자취가 뚜렷한데, 箭灘을 지나 高原邑內에 다다르니 水害로 인한 피해가 가장 심

하고、 그 범위도 대단히 넓었다。 高原邑內를 빠져나오니 점점 피해는 적어지고 농작물들은 다시 풍작인데、 菜色옷을 입은 철도 工夫들은 일손을 놓고 실망에 가득찬 형색이、 몹시 침울해 보이고、 通學하는 학동들의 부수수한 복색에、 영양실조에 걸린 메마른 모습들을 보니 내 가슴은 미어터질 것만 같고 암담한 심정은 이루 형언키 어려웠다。

歷史의 등을 타고 걷잡을 수 없이 몰아치는 풍랑 속에서 어떻게 그들이 이 조국을 구출해 낼 것인지……時代는 어둡고 밝음을 가리지 않는다。 다만 냉정하고 엄격하게 그가 지나간 자취를 어김없이 역사에 기록할 뿐이기 때문에 역사는 우리에게 무책임한 存在인 것이다。 그러므로 우리가 現代의 비극을 역사 속에서 더듬어보려고 노력한다면、 이것이야말로 가장 어리석은 짓이 아닐 수 없다。 우리는 오직 시대를 개척해야 할 의무가 있고 이 숭고한 사명을 다하기 위해서 젊은이들이 적극 참여해야만 할 것이다。 그리하여 우리 온 백성이 줄기차게 일어나 새로운 길을 찾아야만 할 것인데、 어린 학동들에게 영양실조라니 이 무슨 변고냐。 까닭 없이 긴 시름을 자아낼 뿐이다。

永興・安平의 一境을 접어들어서니、 野地는 점점 넓어지고 멀리 바라보이는 脊梁山脈의 雲煙은 혼자 보기엔 너무나 호젓한 奇景이었다。 濁流滔滔한 永興江을 지나、 廣興湖 저쪽부터 鼻白山의 등성이를 넘어 平北 義州에까지 蜿蜒한 일천백여 리를 내뻗았었다는 高麗 顯宗 이래에 가장 뜻깊고 규모가 큰 유적인 長城의 묵은 터를 중심으로 사방을 눈여겨바라보니、 툭 트인 고장이 咸興平野로서 이름난 朝鮮 三大平野 가운데 하나임을 새삼스럽게 느낄 수가 있었다。 咸興까지는 曾遊의 땅이라 이미 기록한 바 있었거니와 三陟으로부터 이 一境의 풍경은 咸鏡沿線에서도 으뜸이라고 하겠다。

울창한 수풀이 있으나 脩竹이 없고, 청초한 槿花가 울가에 제멋대로 피는 南國的인 우아한 맛이 없고, 마치 錦上 꽃을 花環에 넣지 못한 것처럼 몹시 유감스러웠다. 다시 말하자면 山河는 굽었는데 村落은 거칠고, 수림은 살졌건만 사람은 여윈 것이, 생각하는 사람의 가슴속을 심히 파고드는 느낌이었다. 그러나 주변에는 발가벗은 赭山이 없고 사람들은 상투를 틀어 머리에 꽂지 않았으니 적이 다행한 일이며, 남쪽 지방처럼 빈곤에 휘말린 小作人村에 비하면 오히려 七分의 안도감이 앞서고 약간의 豊潤味마저 느낄 수 있었다.

富坪驛에서는 수양버들 늘어진 못 가운데 불그레한 紅蓮 십여 송이가 피어 실날 같은 물결을 타고 수줍은 듯 가물거리는데, 그야말로 노곤한 심신이 다 녹아내리고 몽롱한 가운데 「滿塘秋水紅蓮」을 아련히 생각하면서 즐거운 마음으로 咸鏡沿線을 타고 오르는데, 의외에도 咸興으로 갈수록 명물은, 더부룩한 수수밭이었다. 「故國傷心 彼黍離離」라는 感傷家의 文句는 그만두고라도 넓은 벌에 풍성한 갖가지 농작물은 도리어 든든한 心境조차 가져다준다.

河床이 훨씬 높아진 城川江의 탁한 물을 내려다보면서 가속으로 달리던 기차가 서서히 정거를 하는데, 역에는 여름이 한창 무르익은 채송화와 파초가 뜨거운 뙤약볕 아래 졸고 있다. 이것이 우리가 목적한 咸興驛이었다. 칼을 찬 군인과 총을 멘 병졸들이 수십 명이나 웅성웅성하기에 가슴이 뜨끔하여 이크……端川事件의 영향으로 이토록 戒嚴이 심한가 하고 의심을 잔뜩 집어먹었는데, 다행히도 나중에 알고 보니 그것이 아니고 자기들의 같은 동료인 一員少佐를 전송하느라고 부하 군졸들이 역에까지 나왔던 모양이었다.

鐵嶺 이북 安邊·定州·定平의 모든 地名이 高麗 이래 邊塞의 韻意를 남긴 것임은 識者가 아는 바이지만, 定平의 黑石嶺 落脈을 경계로 남쪽은 濊의 領域이었고 북쪽은 沃沮의 네 나라이니 咸興의 雄州가 不耐城 이래로 오랜

역사를 짊어지고 있었던 沃沮의 생활근거였을 것이고、不耐의 「불내」는 古語로 城川을 의미하며、龍興江의 上流에 沸流水가 있으니 이 一境이 一扶餘이자 平壤이며、朝鮮 先民의 원시시대 이래의 集住地였던 것은 의심할 여지가 없고、哈蘭·曷懶 따위의 元·金 諸國의 이 지방에 대한 命名이 모두 楊柳의 분포가 많음에만 의지함은 아니고、柳京 그리고 楊州 등 평양과 「버들」의 音彙가 서로 쓰이게 된 것처럼 不耐古城이 沃沮 사람들의 一平壤이던 데서 起原 轉化된 유래라고 하겠다。

여기서부터 동북 沿海一帶의 明媚한 풍경은 모두 沃沮故國의 자취가 짙은 天然의 자랑거리인 것이다。나는 지금 泰封高原을 넘어와서 沃沮平野를 지나가고 있는 것이다。

雄麗明媚한 沃沮山野(二)

무던히 넓은 평야 한복판에 버들과 老松이 어우러지고 반듯한 宮牆과 솟을대문 안으로 宮殿亭閣이 氣勢 좋게 솟았으니 물어볼 것 없는 沃沮의 本宮이다。

여기를 지나니 西湖津 一帶의 朝鮮窒素王國은 近者 問題만 파뒤집어내는 大資本 進出의 근거지라、兵營式의 큰 건물이 즐비하고、새로 철근을 넣고 있는 큰 건축공사가 있으며、하늘을 찌를 듯이 높다란 굴뚝이 삐죽삐죽 서 있는데、市街는 一面에 함석을 덮은 바라크村이라、처음에는 세간의 물의를 염려하여 朝鮮人 직공을 상당히 사용하려는 듯 보이더니、이즈음에는 日本人 노동자들을 툭 터놓고 끌어들이어 資本과 勞力이 並進하는 그들의 독특한 제국주의의 형태를 뚜렷이 나타내고 있다 한다。

水電이네 窒素네 떠벌리면서 南來하는 大資本이 지금 바야흐로 北朝鮮의 비켜두었던 大富源을 빈틈없이 뒤져내려는 것은 現下에 중대한 사전이 아닐 수 없는 것이다.

西湖津에서부터 呂湖·退潮·三湖·龍雲 등의 역을 지나는 동안, 翠巒이 바다 깊숙히 휘어들고 碧海는 內陸으로 돌아들며 그림같이 아름답고 신비로운 작은 섬들이 아련하게 떠 있으며, 기와골이 미끈한, 크고 작은 집들이 늘어앉은 저 밖으로 돛폭에 햇빛을 가득 안은 어선들이 평화롭게 한 쌍, 두 쌍, 칠팔 쌍 짝을 지어 가물가물 茫海에 돌고, 山谷의 깊숙한 叢林과 함께 곱고 부드러운 선과 맑고 또렷한 點의 美가 잘 조화되어 산이며 바다가 勝景을 이루었는데 快晴한 날씨에 선들바람은 고요한 海面에 주름짓는 잔물결을 밀어다 紅砂靑松 늘어선 완만한 기슭에 철썩철썩 부딪히고, 고개를 들어 멀리 바라보니 汪洋千里 툭 터진 수평선이 뽀오얀 하늘 끝과 마주닿아 極目虛曠함이 슬그머니 大自然의 절묘한 鋪置를 首肯케 하니, 이 나라의 광경이 정말 等閑에 비할 바 아니다.

기차는 前津江을 선뜻 건너 하늘 높이 치솟은 紅石崖를 등지고 山上에 번듯한 누각 밑을 지나 洪原邑을 옆으로 두고 스쳐간다. 서북으로 咸關嶺의 大山脈은 역사 이래로 百戰餘劫의 살벌한 古經歷과 아울러 지금까지의 細軟한 아름다움에 문득 雄大壯闊한 감정을 더해주니 이른바 鼓琵間鍾하는 變轉의 좋은 曲目을 이 造化翁의 餘技에서도 찾아볼 수 있었다. 景浦·雲浦 어디나 처음 대하는 곳곳을 지나 新浦를 향해 달린다. 요즈음 新浦는 元山의 商權을 조금씩 당겨보는 新興한 開港場인 것이다.

아까부터 一派松林이 해변에 가로질러 앙상한 平野林의 미관이 전개된 것을 보았는데, 新浦에 오니 결국은 소소한 元山 海灣의 襟抱이며 조금 더 나아가니 발가벗은 산이 점점 많아 풍경은 잠시 삭막해졌다. 콩밭 서속밭과 하이얀 꽃 한창 피어 있는 감자밭은 갈수록 많이 눈에 뜨이는데, 이것은 이 지방 주민들이 球根農作物의 農耕을 주로 하기 때문이다.

특히 이 지방의 풍습 가운데 일반적으로 소를 많이 타고 다니는데, 인상적인 것은 분홍 치마 저고리에 가느다란 고삐를 잡아쥐고 소의 등에 앉아 천진스럽게 풀을 뜯기고 있는 北國의 農村幼女들의 평화스러운 모습이었다. 더구나 그들과 정답게 지껄이는 목동들이 한량없이 부드럽고 순박해 보였다. 나는 금방이라도 쫓아가 뛰어내려 그들의 두 뺨을 어루만져주고 재미있는 동화라도 들려주고 싶은 간절한 同族愛가 문득 용솟음쳤다. 허나 두어라. 江山을 살피고 밭과 넓은 벌, 그리고 읍과 촌락을 둘러보며 동포들의 쓰라린 생활 모습을 이 두 눈으로 보았으며 第二世民族을 보게 된 지금이야말로 다만 감개무량할 뿐이다. 예와 지금을 회상하면서 오직 감격스러운 이 자리에서 애타게 눈물짓는 이 누가 다 알리오.

義湖 俗厚를 지나 南大川의 동쪽으로 내쏟는 물을 건너 青海李氏 云云의 들비석을 엿봤 바라보며 平湖大澤이 바다에 연해 있고 또 웅지의 군데군데 자리잡아 있는 사이를 빠져 나아가는데, 이곳이 바로 北青 一境의 이름 높은 湖沼地帶임을 알았다. 李之蘭을 봉하여 青海伯을 삼던 青海의 地名이 거기서 기원됨을 알 수 있었다.

산악의 美는 多分으로 평범하지고 오직 북서 일경 豊山接界의 첩첩한 산봉우리가 아득히 올려다보일 뿐인데, 차는 어느덧 北青에 머물렀다.

어젯밤부터 친절히 굴던 보이는 여기서 교대하느라고 작별하고 갔었다. 수많은 하차객들은 도회정조가 듬뿍 들어 보일지마에 머리를 늘어뜨린 모던式인 女性들도 적지않게 섞여갔다. 新昌·居山 등 역을 지나 利原 一境에 들어가니 北部 咸南의 경승지인 遮湖도 여기서 멀지 않다고 하며, 會山·松端 일대에는 서북으로 泰嶺과 平原에 울창한 숲이 많아서 한층 內陸味를 가져오는데, 山은 높고 골은 깊어 제법 溪谷이 아름다운데, 利原·鐵山으로 왕복하는 輕便車의 軌道가 뻗어들어갔다。

雙岩 일대에는 간혹 百尺蒼崖가 白波를 눌러 우뚝 솟고、淺灘에는 叢石美의 奇秀峻峭함도 있어서 南部 咸南과 비슷한 感을 준다。다만 貞明한 산과 바다의 그윽한 품 속에 안기어 一律無限한 느낌과 靈妙淸遠한 韻을 일으키는 곳에 東海仙子라도 금방 나타날 듯이 보여、예로부터 전해 내려오는 海上三山에 대한 전설의 내력을 알 만도 하다。咸鏡 海岸의 풍경은 조선 굴지의 승관이다。그러나 평탄한 푸른 바다가 오직 단조로워서 青嶂翠峰이 玲瓏點綴하는 島嶼美를 가짐이 빈약하고 급경사로 된 능선이 오히려 해안에 바짝 다가서서 海曲이 극히 淺露하며 맑게 갠 날씨는 青嵐紫靄하여 어렴풋하게나마 산과 바다 사이에 환상되는 仙境味를 자아냄이 부족하여 아쉽다。

咸鏡 沿岸이 세계적으로 아름다운 풍경을 이루기에는 아직도 까마득하다。群山 一境으로 珍島・莞島 등 多島海의 사이를 돌아 나가면서 보는 풍경이 마치 日本의 瀨戶內海를 頡頏할 승관이라 하나、내 아직 체험치 못했다。

山海의 사이 平林의 언저리에 長弓形의 미끈한 기와집들로 그 舖置와 생활양식은 남쪽지방의 풍모와 달라 독특한 이채를 보이는데、墓碣・齋室・祠宇 등 고전적인 營造物이 퍽 많은 것도 이 一境의 특색이다。

端川 지방을 가까이 오니 端雅秀麗한 山川의 선명함이 직감적으로 느껴지는데、평창하게 전개된 端川 邑內에는 日昨에 바로 수십 명 流血慘劇이 있었던 땅이라고는 느껴지지 않고、오직 폭풍 뒤의 정적과 같이 고개만 숙이고 일을 하는 인민들이 무서운 침묵을 쥐고 있고 거리의 행인들이 팔을 저어 활기를 보일 뿐 별다른 기색을 느끼지 못했다。

本報의 新聞社에서 特波로 간 心耕 朴尹錫씨를 찾아보았으나 역에 나온 기색이 없으므로 약간의 불안감마저 품으면서 一路 북진의 길을 다시금 떠났다。

農民들의 一揆!

일찍 三政의 난에서 보던 「우통」! 그것과도 그 본질을 달리하는 流血의 慘事가 툭하면 일게 되는 社會의 불안한 現下 情勢야말로 비참하기 그지없다。 언젠가는 풀리리라、그 흑막이。 그리고 역사는 그것을 빠짐 없이 기록하리라。

푸른 대나무의 청초함을 연상케 하는 개울가의 버들가지들을 보며 汝海津을 지나 희귀한 北國美人들의 豊艶美에 반하여볼 나위도 없이 龍臺 日新의 모든 역을 쉴 사이 없이 그대로 스쳐간다。

이윽고 摩天嶺의 희미한 山彙가 덩그렇게 솟아 해변을 누르고、기차는 산비탈을 기어올라가는데、좁다란 터널을 뚫고 맥없이 가다가 연이어 다시 시원스럽게 툭 트인 고장에 닿았는데 이곳이 城津港으로서 咸北에 들어서면서 제일 첫번째 맞는 도시이기도 하다。 敦厚한 北山에 기대어 秀峰嫩麓이 좌우로 안고 돌았으며、중간에 林樾이 펼쳐진 바 있으니 천연적으로 이루어진 좋은 港이나、前面에 屛障이 없어서 그대로 外洋에 연접하였으니、파도를 막기 어려움이 아마 한가지 결점일 것이다。 業億里를 지나는 동안 한 줄기 소낙비가 차창을 후리더니 한가닥 무지개가 동쪽 하늘에 어리어 채색이 볼 만하다。

줄곧 올라만 가는 기차는 지쳐버린 용처럼 헐떡이는데、새로이 雄厚坦直한 山岳이 攢巒嵯峨한 기세를 더하고 平闊한 野地에는 벼와 콩이 살졌으니 반드시 이곳이 옛날 雄州巨牧이 앉은 곳이 되겠는데、과연 李施愛가 웅거하여 擧兵하였던 吉州였었다。 朝鮮의 社會가 漢陽朝에 와서 완전히 中央集權의 班閥政治로 되었으니 李施愛의 叛亂은 「其人」과 「留鄕所」로 그 잔맥을 유지하여 오던 지방세력의 최후적인 반항을 의미하는 것이다。

내가 이런 저런 상념에 젖어 있는 동안 열차는 古站 內浦의 모든 驛을 지나 제멋대로 꿈틀거리면서 이제 明川

驛을 향해 가는데, 山谷에는 안개가 얕게 깔리어 있고 어디서 보나 다정한 물레방아가 한가롭게 돌고 있었다.

明川에 들어가니 해는 이미 저물어가고 거리엔 하나 둘 불이 밝혀지고 오가는 사람들은 사뭇 바쁜 걸음들이다. 明川에서 열차가 잠깐 머뭇거린 듯싶더니 그대로 떠났다. 얼마를 달렸을까……一帶 長溪가 산을 끼고 북으로 흘러가고, 동남쪽으로 천연적으로 이루어진 城壘가 산머리에 솟았으니, 山碧水明하여 이른바 明川이라고 할까.

예로부터 吉州와 明川은 北布의 名產地이거니와 담쏙한 大麻의 밭과 통나무 굴뚝들이 한층 시각을 새롭게 하며 離鄕의 정서를 일으킨다.

무수한 평야와 송림을 보면서 山光海色이 으스레 어두운 밤에 朱乙驛에서 내려 바로 온천으로 가는 자동차를 탔다. 질주한 지 반 시간 만에 온천에 도착하여, 아담하고 조용한 여관에 들어가 목욕을 마치고 나오니 때는 이미 밤 아홉시였다. 저녁 밥을 재촉해서 먹고 열한시가 넘어서야 취침을 할 수 있었다.

車踰嶺을 넘어서——茂山에서

朱乙溫泉은 朱乙驛 바로 옆에 있는 줄 알았더니 四十里 가까이 떨어져 있었다. 朱乙溫堡가 그 原地名인데 女眞語에 朱乙溫은 溫泉을 의미하는 것이라고 한다.

흘러가는 물소리를 꿈결에 들으며 즐거운 하룻밤을 보내고, 다음 날인 二十五日 오전 다섯시 반에 잠을 깨어 훌훌히 목욕을 한 후에 자리옷 바람으로 정원을 거닐며 말로만 듣던 朱乙溫泉의 이곳 저곳을 구경하였다. 그 아름다운 풍경에는 아연 감탄이 나오지 않을 수 없었다. 동북쪽으로 높은 봉우리가 主峰이 되고, 둘러싸인 秀峰連嶂이 稚樹林으로 알맞게 덮였고, 비탈진 계곡에는 거친 물결이 바윗돌을 할퀴면서 사납게 흘러가는데, 松崖石壁의 허리를 감아드는 水口가 보이지 않는다.

종횡으로 수십 정보밖에 안되는 이 峽中에 이처럼 天然的인 遊樂地가 排鋪된 것은 신기하다 아니할 수 없다. 이웃고 부드러운 햇빛이 남쪽 봉우리의 東岸에 걸린 것을 보고 조반을 들 사이도 없이 산새가 조잘거리는 소리를 흘리면서 장미꽃 피어 늘어진 정원을 지나 다섯시 반에 출발하는 자동차로 朱乙驛으로 돌아왔다.

아침에 보는 연지의 풍경이 여간 아름답지 아니한데, 龍潭 부근의 洞壑美는 마치 栗谷선생의 舊業인 松崖風岩등 石潭九曲의 일부와 비슷하고 한 떨기 두 떨기의 들장미가 지금도 늦지 않은 듯 한창 피어 있었다.

淸津에서 만나기로 한 일행들을 車中에서 암습할 뱃심으로 가만가만 발자국을 옮기는데, 벌써 「民世」를 부르는 이가 있어서 그대로 확희 중에 합석하였다.

生氣嶺의 소문 높던 터널도 咸鏡線에서는 흔히 볼 수 있는 삼 분 남짓 걸릴 정도다.

그대로 鏡城에 들어가니 北山의 石崖와 林相美가 纖麗와 豪壯美를 아우르고, 方形으로 된 수십 척 높은 石城에는 恢疎한 松林이 並立하여 北關重鎭의 옛 모습을 지니고 있는데 單簷으로 되었고 둥실한 敵樓까지 그저 남아 있다.

鏡城은 渤海國 南京城의 遺址로 比定되거니와 山河의 固密함이 그럴 듯도 하다.

조금 더 나아가니 羅南市는 해안에 다가앉아 평활한 地勢가 얼마든지 발전될 여유가 보이는데 現在 第十九師團의 주둔지로, 日本이 제국주의적 대륙 경영의 最北 根據로 되어 있는 것이다.

羅南이 해안을 끼고 있는데 비해서 內陸의 요지이던 鏡城은 南下하는 野人들의 육지 침투의 길을 파수코자 방비하던 것임이 적이 흥미로운 사실이다。 그러나 羅南도 아직은 커다란 마을들이 바라크式의 건축이며、오직 그들 소수가 다소 활기를 보이고 있는 형편이다。

咸鏡線에는 驛站의 건축을 모두 튼튼하게 지어 京釜·京義線의 바라크式 건축으로 큰 부락을 채웠던 데 비하면 이미 영구적으로 들쳐먹을 심산으로 여유와 계획을 가진 저들의 二十年來의 對朝鮮 施設의 변동이 눈에 뜨인다。 그들은 「바라크」에 들어앉아 한 밑천 잡고、또다시 第二의 진출을 꾀하고 있는 것이다。

富寧·淸津 등의 역을 지나 古茂山에 도착했다。 여기서 會寧으로 가는 本線을 내려 茂山行 등산차를 갈아타야 했다。 우리들은 약 이십 분 정도 여유가 있어서 휴식을 취하면서 주변의 풍물들을 구경하며 출발시간을 기다렸다。 이곳은 조그만 峽中에 자리잡은 역인데、바로 옆에는 흙과 돌로 지붕을 덮은 낮고 작은 집들이 있었다。

아홉시 사십오분 발 열차를 타고 바로 백두산의 前哨에 접어들었다。 이곳 古茂山은 世宗께서 六鎭을 개척하기 이전에 「萬戶」의 邊官을 두었던 지점이며、여기서 좁은 산협을 따라 서쪽으로 가면 廢茂山 역이 있으니 古茂山으로부터 옮기어 僉使의 營을 두었던 자리인 것이다。

廢茂山은 이미 萬疊山中인데 山의 中腹에 오히려 石城廢址가 남아 있었다。 그러나 六鎭이 개척되고 白頭山의 東岸에 白衣人의 人寰이 퍼진 후 지금의 茂山邑에까지 완전한 통치를 뿌리박은 것은 顯宗 甲寅의 일이었다。 골짜기에 맑은 물이 단조롭게 흘러내리고 白樺와 떡갈나무와 수많은 잡목이 우거진 사이에 百合科·蘭科·唇形科·牧丹科의 온갖 꽃이 만발해 있는 사이를 헤치고 올라가는데 車踰嶺의 二千九百八十尺이나 되는 지대의 터널을 넘는 동안 급하고도 기다란 커브를 휘몰아 올라감이 몇 고비인지 모르겠고、이따금 눈사태를 방지하기 위하여

비스듬히 쳐놓은 통나무 울타리가 보이고, 밑에는 수직으로 쌓아올린 석축의 護岸工事로 완벽을 이루고 있어서 비록 車中이나마 벌써 등산 기분에 들떠 있었다.

車踰嶺을 넘어서니 기차는 줄곧 斷層溪谷의 한 옆을 타고 서쪽으로 서쪽으로 미끄러져가는데, 북쪽 산기슭에는 片麻岩·石灰岩의 암층이 사납게 엇갈려서 그 형상은 마치 짓궂은 마귀가 되는 대로 큰 도끼를 휘둘러 험상궂게 만들어버린 형상처럼 老骨이 앙상하며 볼 품이 없고, 남쪽 비탈에는 嫵媚秀麗한 峰巒이 한참 사춘기에 달한 처녀처럼 아름다운 풍경이었다.

山間에는 부락이라고는 없고 외딴 집이 한두 채씩 보이는데, 승객을 가득 태우고 달리는 기차가 지날 때마다 수줍은 아낙네들이 어린아이들의 손을 잡고 하염없는 모습으로 바라보고 있는 것이 왠지 그냥 지나버리기에 까닭 없이 섭섭한 정이 기차의 여운과 함께 골짜기에 길게 남아 있는 것 같았다.

嗚呼 一域의 首都 현대문화의 첨단에 서서 기를 쓰고 버티어 나가지만, 그 상처투성이의 산간에 헐벗은 어린 동무들에게는 어느 무엇이 滿腔의 환희를 가져다줄 것이냐? 부질없는 恨을 가득 품고 茂山邑內를 들어갔었다.

豆滿江 기슭으로——農事洞에서

茂山邑內는 高地帶로서 시원한 고장이다. 地帶는 海拔 二千尺 정도의 높이로서 밤이 오면 山間의 선들바람은 더욱 청쾌하다.

朱乙溫堡에서 고기[魴魚]를 먹고 탈이 난 배가 더위에 시달리어 더욱 괴로웠고, 어젯밤 늦게야 쌀죽을 약간 먹고 잠을 잤는데, 깨어보니 온몸이 땀에 젖어 있었다.

二十六日 오전 세시 반에 일어나 간신히 세수를 하고 겨우 조반을 들었었다. 여기서부터 백두산 상봉까지 대략 三百五十里의 길을 도보로 가지 아니하면 이처럼 大森林에 덮여 있는 天古의 大秘域을 올라갈 수 없는 것이다. 이날은 三長洞까지 九十五里라고는 하지만 교통 지도에는 百十里라고 기록되어 있어서 대략 百里 길이라고 하더라도 첫날의 行程이 여간 벅찬 편이 아니다.

깨끗한 새벽 하늘에는 카시오페이아의 부서진 왕좌가 바로 天頂에 올라와 뚜렷하고, 견우·직녀는 무지개처럼 흘러간 銀河를 따라 서북쪽 하늘에 매달려 있는데, 남쪽의 거대한 산봉우리에는 잔별들이 미끄러져 내려온 듯 하늘과 산이 마주 닿은 듯 어둑한 새벽녘이다.

신발을 잃어버렸다고 조바심을 하던 卞樹州와, 시계가 틀린 것이라고 좀더 자겠다던 黃澳씨도 이 大部隊의 행동에 맞추어 일어나 네시 반에 전부 집합하여 다섯시에 출발하니 이미 밝은 산천에 햇빛이 가득 차서 우리들에게 용기를 북돋아주었다.

第三守備隊인 茂山隊는 一分隊가 앞장서고 한 기마대의 간부들은 十里 밖까지 전송을 했었다. 나는 아직도 탈난 배를 움켜잡고 불편한 몸으로 대열을 따랐다.

茂山邑은 千戶 미만의 작은 邑으로 약 四千八百명의 住民들이 살고 있는 곳인데, 수비대가 있는 탓으로 다소 도시 티가 있고, 延社 三長을 아울러 邑內에까지 세 개의 公普校가 있고, 日本人의 小學校가 있으며, 청년운동 단체가 있으나, 國境인 것을 이유로 간섭이 너무 지나치며, 車踰嶺을 넘는 고개는 용이하게 넘나들 곳이 못 되므로 지방을 순회하는 각종 부대들도 거의 다 돌려놓고 간다고 하니, 이 지방의 문화와 발전을 위하여 섭섭한 일이다.

이미 萬疊山中에는 교통마저 불편하므로 맹수가 출몰하여, 어제 아침에도 珍貨驛 고개에서 승냥이가 三十歲 부인을 죽이었고, 최근의 인명 피해만 해도 아홉이고, 부상이 열일곱, 가축 피해가 三十六 필이라 하니, 무엇보다도 맹수 정벌이 퍽이나 급한 일이다. 몇 리 길 못 나가서 흑갈색의 탁한 물이 계곡을 살처럼 흘러가는데, 여기가 감회 깊은 두만강의 상류라 하니 감개 무량도 하다. 여기만 해도 벌써 十여 칸 넓은 河幅으로 그 奔放한 기세를 보이는데, 이 江의 저편 기슭은 中國의 領地로 된 北間島이므로 우리는 지금 국경의 변방을 밟고 두만강의 오른쪽 기슭을 따라 서북쪽으로 등산길을 바삐하는 것이다.

五十里 가량 가니 馳馬臺의 옛 건물은 邊塞의 武將들이 胡馬를 타고 江上으로 내달리던 옛터임이 분명한데, 아름다운 협곡이 마치 높다란 누각들에 둘러싸인 것처럼 생겼고, 암벽과 급한 계곡이 끊임없이 이루어졌었다.

篤所稅關 監視所에 다다르니, 산악은 점점 敦厚典麗하여지는데, 山羊 구비를 지나면서부터 對岸인 鹵洞中村에는 반듯한 중국의 순방대 營舍가 體統維持키에 보니, 짐짓 그들의 애쓴 자취가 보인다. 이토록 좁은 개울을 사이에 두고 국경 情操를 얽어내는 묘한 감정에 사로잡힌다. 그러나 저 건너편에도 白衣同胞가 있고, 이쪽에도 간혹 靑衣의 중국인이 農作을 하고 있는 것을 볼 때마다 오히려 평화로운 기분이 감돌고 있다.

우리 일행은 중도에서 잠깐 휴식을 한 후 점점 급각도의 경사지를 올라 높고도 장엄한 江上의 石峰에 발을 멈추니, 山査 冬柏나무·새앙나무·躑躅·野棠의 덤불과 山蘿蔔·吉更·沙蔘 등의 온갖 꽃이 만발하여 미풍에 흔들거리고 있으며, 石逕이 絕頂을 이루어놓은 그 밑에는 萬古의 碧潭이 靑崖를 휘감아돌고 있는데, 이곳에 四尺 정도 높이의 天王堂을 지어 그 안에「國師天王之位」가 있고 밖으로는 간소한 柱聯을 새기었으니, 이것은 이 지방의 특이한 고풍 중에 하나인 것이다.

여기서부터는 五里와 十里 사이를 두고 木造와 石造 그리고 椎石으로 형상만 남은 大小의 天王堂이 있는데, 일찍 鳥嶺關 위에서 보던 「鳥嶺天王之神位」와 같이 天王信仰의 久遠한 民俗과 뿌리깊은 信仰 分布를 수긍할 수 있었다.

介池嶺의 북쪽으로 北高支峯의 비탈길을 지나 甲嶺의 높은 재를 넘을 무렵 정오의 뙤약볕이 무덥게 내리쬐는 산길을 五十里 가까이 강행한 나는 머리가 아찔해지고 구토까지 하고 보니, 더 이상 앞으로 나아갈 수가 없었다. 대열의 앞에 섰던 나는 점점 후진으로 물러나 별수없이 소나무 그늘 아래 있는 路傍에 지쳐 쓰러지고 말았다. 평소에 웬만큼의 자만심을 가지고 있던 나는 이번 등산길에는 적지 않은 충격을 받았었다. 얼마나 누워 있었는지 실바를 들어멘 役夫가 지나가고, 또 이 지방의 특색인 맨발에 소를 몰고 가는 북쪽 지방의 아낙네들을 볼 수 있었다. 그들은 곯아떨어진 나와 견주어보면, 확실히 建國英雄의 기풍이 있어 보였다.

國境의 경비대인 興岩洞 駐在所의 어린 日本兒童이 자기들의 居所에 누워 있는 나와 일행을 보고, 의혹에 찬 눈으로 무엇을 생각하는 모양이다. 아마도 그 아동은 「저것들은 조선사람들일 텐데……저 사람들은 무엇하려고 여기에 왔을꼬?」 하고 생각했을 것이다.

나는 지금 日本人 見波巡査의 居室에서 氣息奄奄하게 누워 있는 것이다. 甲嶺의 거의 절정에서 지쳐 쓰러진 내가 눈만 말똥말똥 뜨고 누워 있는데, 月拔兄이 뛰어오고 副團長 되는 植野中尉와 隊長 石川大尉가 말을 몰아왔고, 또 한 필의 군마를 끌어다가 나를 태워 대원들을 따라 嶺을 넘어 큰 나무 그늘에 있는 天王堂의 낡은 집 옆에서 軍醫 松本大尉의 진단 투약으로 적이 안심하게 된 것이다. 이토록 軍隊 諸氏를 따라 등산하기도 어려운 일인데, 그 위에 諸氏에게 폐까지 끼치고, 또 깊은 호의를 입은 것은 참으로 고마운 바였고, 언제나 그들의 책임감이 重함과 그들의 처사가 기민함은 경탄할 바이다。

단장 全郡守와 本隊副官 濱池 大尉 등 諸氏들도 의외로 친절하게 대해준다。 생각지도 아니한 신세를 이분들에게 끼치게 된 것은 여간 미안하게 생각되지 않았다。 나는 이 이상 더 累를 짓지 아니하려고 단연 일행에서 잠시 탈퇴하여, 결국은 그들의 斡旋으로 이 집에 드러눕게 되고, 尹一民·金月坡 兩兄은 決然하고 나를 위하여 함께 남게 되었다。 그래서 見波巡査夫人이 쑤어준 미음으로 다소 원기를 회복한 후 兩兄은 村店을 찾아 이곳 所員諸君에게 謝意로 작별하고 일야의 요양을 하기로 하였다。

어젯밤 茂山邑에서부터 清蜜을 구해 보았으나 끝내 구하지 못했으니, 이 지방의 養蜂業이 의외로 없기 때문이었다。 그러나 이곳 大自然의 풍부한 虫媒花의 蜜源을 이제야 금년 봄부터 양봉을 시작하게 되었다고 한다。

저녁 무렵에는 급속히 회복되는 원기로 江岸을 내려갔다。 豆滿江의 一支流로 延面水라 일컬으니 멀리 雪嶺에서부터 시작하여 산간으로 二百七、八十里 내려와 여기서 조금 지나 豆滿江과 합류하는 것이다。 개울 바닥에 깔려 있는 玄武岩·流紋石·石灰石 등 갖가지 돌이 모두 급류에 씻기어 마치 龍卵蛟胎처럼 둥글게 닳고 닳아서 아름답기 그지없고, 옥처럼 맑은 물은 쉴새없이 흘러간다。 잠시 손발을 씻고 앉아 있으니 마치 신선처럼 清閑한 기분이었다。

長方形으로 된 旅舍가 사뭇 깨끗한 이곳은 산수가 수려한 茂山郡 홍암동으로 전에는 石崇골이라고 부르던 곳이며, 그 아래 豆滿江 本流 저쪽은 間島의 땅이다。

고요한 밤이 돌아오니 닭 울고 개 짖는 소리가 양쪽 대륙에서 서로 엇갈려 신비 靈異한 國境의 밤을 속삭이고 있었다.

六鎭開拓이 漢陽朝로서는 유일한 武略과 적극 운동의 구현으로 된 바이거니와 올량합人의 고사리의 鐵騎가 大漢의 얼어붙은 벌을 휘몰아 北塞를 이루고, 累百年 空曠의 땅인 백두산 동북의 들에는 새로이 푸른 옷을 입은 漢人이 괭이를 꽂게 되어 北露西 淸이 樺域의 풍진을 뒤흔들기 몇 차례에 最近世朝鮮의 역사는 翻波逐浪의 變幻되는 국면을 들추어보이고, 드디어는 一葦의 豆滿江이 북으로 북으로 정처없이 유랑하는 가련한 백의민족의 感傷의 개울로 된 것이다. 이는 마치 공상에 젖은 감상시인의 값싼 비애도 아니요, 세상을 달관한 브레미안들의 가벼운 향수도 아니다. 자연의 무한한 흐름 속에서 역사적 지속성을 가진 현실의 비애요, 또 씻을 수 없는 오뇌일 것이다.

번거로웠던 밤은 지나고 정서를 자아내는 국경의 아침은 밝아왔었다. 어젯밤과 오늘 새벽에 三長에 머물던 등산本隊에서 걸려온 전화를 통해 일행 세 사람이 登山隊에 복귀함을 통고하고, 旅舍主人 崔斗鉉씨의 人馬를 세내어 二十七日 오전 다섯시 반에 나는 말을 타고 兩氏는 도보로 延面水上의 얽다란 나무다리를 건너 農事洞을 바로 가려고 용기를 내서 떠났던 것이다.

오늘 行程이야말로 三長洞을 거쳐 農事洞까지 백리가 넘는 길인데 나는 말을 탔지만 一民·月坡 兩兄이 딱한 일이었었다. 여전히 豆滿江을 끼고 古寺·德山을 등진 長川洞에서 잠깐 쉬고 아래궁이[下濃]로 늦바름[困德坪?]로 江岸을 따라 山과 臺地를 지나 줄곧 가는 것이다.

江靄이 뭉게뭉게 波心에 솟아 中天으로 아련히 뻗쳐오름은 마치 老龍이 휘파람을 부는 듯 幽僻 또한 승엄한 감이 가슴에 아늑하고, 평탄한 臺地에 春麥가 이제야 익어가는 것은 高地의 기후가 勁寒하기 때문이다.

江曲을 끼고 四、五 단계를 이룬 連理石層과 精麗한 稚松林이 있고 북쪽 암벽 끝은 강물이 감돌고 있었다。 조금 더 나아가니 臨江洞 臨江臺의 깎아지른 石屛의 바닥엔 푸른 버드나무가 百千絲를 늘였는데、 여기서 잠깐 휴식하는 동안 세수를 하고 길을 떠났다。 江上에서 筏夫들이 뗏목을 멈추고、 한대 피워물고 담소담론하는 곁을 지나 三長洞의 길을 바삐했다。

지나가는 아이들이 등산복에 말을 탄 나를 보고 경례를 하는 것을 보니 國境事情이 짐작되고、 때때옷에 분을 바른 日本女性이 말등에 채찍질 하며 林間의 꾸불꾸불한 길을 홀로 돌아오는 것은 天下가 이미 昇平함인가! 浸吟한 얼굴로 말을 몰아 三長에 돌아갔다。

紅湍靈祠 잠깐 들러——農事洞에서

紅湍水를 받아 더욱 폭이 넓어진 두만강은 서북쪽에서 급히 내려쏘는데、 西頭水 한 줄기 대천이 멀리 吉州郡界로부터 거의 二百里를 내려와 東溪坪을 지나 여기서 합류를 하니、 이 소소한 三江口를 자리잡고 앉아 峽中에 다 三百여 호의 번창한 大村落을 벌인 것이 三長洞이다。

여기서부터 백두산 상봉까지 咸北部인 半쪽은 三長面이니、 三長 一面은 길이가 거의 二百八、九十里라 하며、 넓이는 백여 리로 京畿·忠淸 三、四郡을 연합한 면적이지만、 全住民은 六百여 호인데 반이 넘는 촌락이 이곳에 있고 나머지는 이곳저곳에 부락이 있다고 한다。 面所의 소재지로 경찰서가 있고、 守備分隊가 있으며、 보통학교와 상점도 있어서 아담한 시가지와 같은 냄새가 풍기는데、 그 對岸에는 土城遺址라고 하는 천연한 斷層의 墩臺가 있고, 中國人의 村落이 마주 대해서 넘어들어 농작을 하느라고 배를 타고 건너가는 어른들과 아이들이 시끄럽게 떠들면서 지나간다.

有志 朴勝男씨가 兩兄의 마중으로 面所에 들어가 휴식을 하며 香茶를 몇 잔 마시고, 거기서 떠나 「가귀고가」라는 높은 재를 기어올라 절정의 잡목림에서 이마에 흐르는 땀을 닦고 보니, 보리는 누렇게 익어가고 꾀꼬리는 노래하여 남쪽 지방의 첫여름과 같았다. 여기서부터 길을 더욱 빨리 하였다. 下三峰·上三峰의 三十里 가까운 臺地로, 범부채·원추리·野蘭 등 蘭科植物과 紅싸리와 「개생이」라는 毛茛科의 꽃과, 엉겅퀴와 紅紫黃白의 모든 꽃이 벌써부터 이곳저곳에 청고한 風情이 얕지 아니하다.

興岩 三長이 四十여 리며, 三長에서 三十里 가까이 가서 下栗洞의 조그만 촌락의 정자나무 밑 개울에서 세수를 한 후, 자리를 깔고 물을 끓여 점심을 먹었다. 갈색의 鑛泉이 차갑고도 달아서 목마름을 달래기엔 아주 좋았다. 우리들에게 물을 끓여준 집에 腹痛이 난 小兒가 있다기에, 내가 가지고 다니던 廣濟丸 스물한 개를 주어 謝意를 표하고, 오후 세시 가까이 되어 길을 떠났다.

深山窮峽엔 오히려 衣食은 있으나 醫藥의 길이 거의 없어서, 이곳 주민들은 몹시 곤란을 받고 있는 실정이었다. 말을 타고 가다가 걸어가다 하면서 피로를 회복하여 가며, 三上洞의 二洞·三洞을 다 지나서 豆滿本流 右岸의 통나무 사다리 길을 휘청휘청 밟으면서 江岸의 少樹林과 그윽한 화초들을 다 못 보고 小紅湍橋를 건너 새로이 이깔나무숲 울창한 등성이로 올라갔다.

右로 森林을 헤쳐 本流를 끼고 도는 곳에 채색이 썩어 문드러진 紅箭門이 있고, 좌로 등성이에 오르는 길은 자칫 좁은 지름길인데, 이정표로 보아도 의혹이 생겨서 말은 놓아 풀을 뜯기고, 마부는 보내어 길을 물어 좌측

一路를 올라가니 石逕이 절정에 닿은 곳에 수백 평 잔디 벌판이 수림에 둘려 있고、紅湍閣이 있는데、넓은 마루는 길을 누르듯 놓여 있고、그 뒤로 一座 天王堂이 一角門이 반듯 솟은 깨끗한 短墻 안에 호위되어 結構가 바로 簡潔精緻하고、기왓골 매끈하게 다듬어놓았으며、빗장 지른 一角門은 누구나 열고 들어갈 수 있도록 자물쇠를 걸지 아니하였으니、雨水가 합류하는 紅湍山 한 마루에 이러한 廟宇가 있는 것은 참으로 희한하다.

꼭대기에는 「天王堂」이라고 쓴 三字의 현판이 뚜렷하고、그 아래에 따로 「尊敬堂」 三字의 扁額이 걸렸고、粉盒雙窓이 고요히 닫혀 있는 안기둥에는 「白頭鍾氣」、「紅湍靈祠」의 一對柱聯이 써 있고、밖의 기둥에는 「萬古明山」、「一國祖宗」의 柱聯이 있으며、雙窓을 열고 잠깐 고개를 숙인 후 모자를 벗어들고 안으로 들어서니、一座靈位가 西壁에 기대었고、그 앞에는 香爐·香案이 있으므로、靈位의 뚜껑을 조심스럽게 들고 보니、「大天王靈神之位」의 일곱 글자가 새겨 있었다.

어느 시대의 창건인지 알아볼 길 없으나、郡守 玄斗榮、風憲 韓潤範、그 외에 몇 사람들의 重修記가 있고、上(純祖)之二十一年 辛巳……富寧郡守 高升益이 勅旨를 받들어 靈祠에 致祭하고 廟貌를 더욱 一新케 하였다는 뜻의 記蹟文이 있다.

茂山으로부터 이쪽 沿道 多小의 天王堂은 그 위치로 보나 규모로 보나 또 位格으로 보나 국가에서 관장하던 官幣的 大靈祠로 된 것이며、近世朝鮮의 되살아나는 민족의식은 여기서 萬古名山 一國祖宗을 다시 찾고、白頭鍾氣 紅湍靈祠를 높히어서 國土禮讚이 國祖尊崇의 情에 따라 두려워지고、國風追慕가 國民精神 發揚의 원천을 이루어오던 것을 의심할 여지가 없다.

漢陽朝의 太祖 高皇帝 李成桂는 그 上代가 斡東에서 發祥하여 豆滿江은 緣起가 깊으므로 太宗元年에 東林城을

慶源府에 쌓고, 祠宇를 세워 해마다 香幣로 豆滿江神의 祭를 지냈으니, 太宗의 北進開拓은 그 유래가 깊은 바이며, 英祖 四十三年 丁亥 秋七月에 「白頭山은 아군의 祖宗이요, 北道는 國朝發祥의 땅이라」고 하여 甲山府 八十里 雲龍堡北 望德坪에 閣을 세워 백두산을 望祀하였으니, 純祖의 望秩은 그 遺志를 확충함이며, 이 고장을 지나는 자가 한번쯤의 추억이 없을 수는 없는 곳이다. 여기서 잠깐 망설인 지 한참 만에 다시 울창한 수림을 빠져나와 서쪽으로 방향을 돌리니, 여기서부터는 또 한 層의 高原地로서 수십 리의 평탄한 대지에 燕麥과 甘藷 밭이 百花繚爛한 초원 속에 널리 재배되고 있어서, 정숙한 중에도 풍족한 맛이 있고, 남쪽으로 원추형의 이깔나무 長林이 앙상하게 덮인 한결같은 臺地에는 無限幽玄한 韻이 나부끼는데, 사뭇 은근하면서도 광활한 감을 준다. 만일 개간을 하게 된다면 수백 세대가 살아갈 수 있는 넓은 農場이 되겠다.

下三峰 이래의 臺地들은 일반적으로 一千 미터 이상의 標高로서 清冷玄虛의 무한한 감정을 일으킨다. 이 臺地를 내려와 溪流를 따라 山間의 開野地에 촌락이 제법 苞實하여 들어가보니, 이곳이 바로 農事洞이었다.

우리 일행은 本隊와 같이 합숙을 하고 明日의 길을 기다리는 것이었다.

天坪 건너는 나그네——茂峯 神武時에서

農事洞은 茂山 방면에서 백두산으로 가는 코스로서는 마지막 촌락이다. 石乙水 紅土水로 두만강 최고의 本流를 끼고 앉은 谷地인데, 고원 속에 있으면서도 제법 開野된 마을이다.

紅湍嶺의 臺地에서 내려 하얀 방벽으로 된 경찰서를 바라보며 초원에 앉아 잠깐 얘기를 나눈 후 바로 촌락으로 들어섰다。 말들이 울부짖고 와자지껄 떠드는 사람들의 말소리를 따라가니、어제 작별했던 동반들이 뛰어나오며 기뻐 맞고 일행들은 서로 얼싸안았다。 대장・단장 이하 諸氏에게 謝意를 표하고、지정된 村店에서 투숙하니、이번에 우리 第二班 第一分隊의 대장으로 되신 敬庵 金瓚泳씨가 나와 함께 동숙하였다。 二十八日 이른 아침에 일어나 식사를 마친 후 여섯시 반에 출발하였다。

이날부터는 줄곧 밀림에 싸인 무인지경을 가는 것이므로、隊員 團員에 대한 경계가 자못 엄중하였다。 첫째 馬賊습격의 정보、둘째 이리떼의 습격을 방비하기 위하여 本隊와 十間 이상 떨어짐은 절대 위험하며、만일의 경우에라도 수색대는 보낼 수 없다는 대장의 선포이다。 실탄을 장전한 경비대는 斥候 겸하여 앞서 가고、그뒤에는 乘馬隊、마지막이 輜重隊며、몇 명의 병사가 집총을 하고 후위에 섞여오면서 맹수들의 추격을 막게 되어 철통같은 대비를 하였던 것이다。

溪谷을 타고 조금 오르다가 고개를 넘어 북으로 疎林地帶를 지나니、오히려 田圃가 있고 약 五里쯤 더 나아가니 「길꼬리」라고 하는 柴草가 허리에 닿도록 무성하게 자라 있었다。

「붉은바위」(홍암동)의 조그만 촌락에 가서 豆滿江源을 따라 도보로 오르니、例의 玄武岩 岩石이 잔뜩 깔린 河床에 매초 약 三미터 가량의 급류가 흐르고 있는데、물은 맑지 못하고 흑갈색인데 차갑기가 얼음 같다。

河幅이 六、七間도 못 되고 수심은 무릎을 넘을 정도지만、자칫 잘못하여 쓰러지는 경우에는 살을 에는 듯한 차가운 물에 온몸이 마비되는 것 같아 炎天에도 소름이 끼친다。

백두산은 상봉을 중심으로 남북 천여 리 동서로 六百里의 시커먼 현무암층을 깔고 앉았으며、흐르는 물이 모두 검고、거기다 쌓이고 쌓인 낙엽의 썩은 물이 섞여 흐르니 어디서나 흑갈색을 띤 이유를 알 수 있었다。 그러니

함부로 음료수로 쓸 수가 없는 형편이었다. 가난에 쪼들린 촌락의 동포들이 모여서서 우리들을 바라보고 있었다. 깡마른 얼굴들을 볼 때마다 가슴은 쓰리고 아팠다.

여기서 골짜기를 넘어서면 中國 땅으로서 吉林省 安圖縣이다. 허지만 개울 하나를 두고 역사적인 밧줄이 얽혀 있는 국경에서 사는 우리 백의민족들은 과연 그것을 의식하고 있는지 없는지, 오직 조촐한 대외관의 어설픈 표현이 「되놈」 혹은 「되땅」의 숙어가 무의식중에 그들의 입에서 흘러나올 뿐이다.

左岸에 건너 서니 평탄한 土原에는 수목이 울창한 구릉에 둘리어 커다란 분지를 이루고 가슴을 넘는 무성한 풀밭에는 향기 짙은 난초가 있었으며, 개생이·도라지·더덕·애기씨나리·산개나리·솔잎개나리·패랭이꽃, 그 밖에 荳科植物·毛茛科植物·菊花科·百合科·蘭科·唇形科 등에 속하는 식물들이 붉고 희며, 연분홍 지치, 보라 노랑색의 갖가지 꽃들과 함께 골짜기의 纖巧細麗함과 봉우리의 清楚淡蕩함이 萬紫千紅으로는 형용할 수 없는 고원 특유의 璀璨玲瓏한 대자연의 그윽한 향기를 맡으면서 한 줄기 희미한 길을 따라 갈대숲을 헤치고 나가니 형용할 수 없는 清香芎薰이 바람에 나부끼어 청아한 명산의 골짜기를 한층 더 감미롭게 해주었다.

계곡의 右岸에는 운누가 자욱하여, 이깔나무 사시나무와 옥으로 깎아세운 듯한 白樺나무(鄉村 사람들은 벗나무라고 함)의 숲이 蜿蜒히 신비 속에 감싸여 벌써부터 神域聖地를 생각게 한다.

이렇게 가는 동안 조금씩 드러나 보이는 들쭉의 灌木에는 碧玉 같은 열매가 담상담상 매달리어 갈 길을 재촉하는 우리들의 바쁜 발을 멈추게 하며, 山火災로 타고 남은 거목의 줄거리가 흡사 세월을 저주한 듯 풍우에 말라죽은 앙상한 가지를 하늘로 치뻗고 있으며, 喬木의 老莖古幹들이 쭈뼛쭈뼛하여, 清艶森肅한 중간에서 문득 遒勁嚴勵한 기세를 돋워주니, 이것은 千里 天坪에 第一步를 들여놓는 감촉이며 정취였다.

일전에 三下峰 저쪽으로 江流를 격한 곳에 上天坪·下天坪이라는 洞名이 있는 것을 들었거니와, 天山天地 天河天坪으로 배달민족의 생장 成育 分遷 발전한 근거인 이 天坪千里의 靜遠高貴한 風情이야말로 한 가지 생각해 볼 者가 아니고서는 그 眞境正跡을 감히 말할 수 없을 것이다。

紅岩洞 부근을 뒤로 한 후 다시 인적을 찾아볼 수 없는데, 북편 叢林에서는 인마에 놀란 큰 노루가 뒷발을 구르면서 계곡을 질러 울창한 밀림 속으로 달아나고 한가롭게 꽃을 찾는 나비들은 俗客도 신선인 양 마음 놓고 우리들의 주변을 너울너울 날아다니면서 손등이며 옷자락이며 할 것 없이 흥 있는 대로 앉았다가 가볍게 날아간다。마치 이 고장의 풍물은 실로 高人達士와 같이 스스로 洞闊한 심경을 가지고 대함이 아니고서는 그 眞趣와 秘韻을 씹어볼 수 없는 것이다。 左岸에 건너가 二十四、五里를 나아간 후, 두번째 개울을 건너 국경에 들어와 江岸에 앉아 점심밥을 먹었다。 蘭科植物 우거진 곳을 자리삼아 깔고 누워 피로한 몸을 잠깐 쉬고 나서, 먹다남은 밥을 찬물에 두어 숫갈 먹었다。 평소에 소처럼 침착하기만 하던 尹一民씨가 무슨 회포가 있었는지 물 한 잔 가득 뜨며 「豆滿江水 飮馬無」를 읊조리며 그대로 주욱 들이키는 것은 어디인지 좀 滑稽味가 있었다。

白頭山石磨刀盡
豆滿江水飮馬無

이미 人口에 膾炙하여 누구나 잘 아는 南怡將軍의 詩이다。
六鎭開拓으로부터 두만강 밖 야인 정벌마저 없었던들 漢陽朝의 역사는 一段의 平凡을 가하였을 것이며, 이 고장의 나그네로 다분한 정취를 감하게 하였을 것이다。 그러나 「男兒二十未平國」의 一句가 禍辟으로 되어 일대의 용장으로 부질없이 早年에 寃死하고 민중은 스스로 대들보의 재목을 꺾었으니, 이는 이미 반만년 밝혀온 민족의 크나큰 횃불이 그 타오르는 불꽃을 줄여가던 시기의 어두워가는 한 장면이며, 드디어는 오늘날 전역에 넘치는 웅대한 비극을 각색하여 내놓던 분장실 속에서 하나의 삽화를 말함이다。

참으로 太宗·世宗·金宗瑞·南怡 등 君臣·將佐들이 백두산에 말을 몰아 두만강 밖으로 貔貅를 내몰아서 倔强한 新興部族인 여진족을 斥攘으로 물리치고, 굴레와 고삐가 찢기고 닳으면서 血汗과 투쟁의 역사로 말미암아 四百載의 후에 오죽지 않은 행색으로 이 地境을 밟는 자도 오히려 一脈熱潮가 물려받은 혈관 속에 소용돌이치고 전투적인 의식은 식어가던 가슴 속에 치밀게 되는 것이다。

肅愼·挹婁·沃沮·靺鞨의 先民과 傍祖들이 이 산과 들과 개울 언저리에 生聚하고 作爲하며 천도 이동함이 무릇 몇 차례의 滄桑을 바꾸었던가。 그는 이미 先天事로 돌아갔고, 골짝골짝마다 森林 속에 잠긴 강이 다만 萬古의 옛소리를 지금도 속삭이고 있을진저。

이깔나무 껍질 벗겨
새끼배 지어놓고
범부채 잎을 따서
한 줄기 글을 옮겨
급류에 사뿐 놓아
제멋대로 보내고자

東鹿道 건너가는 님이
행여나 건저 읽으리。

太公望을 닮은 산간의 漁翁들이 낚시를 드려놓아 쉬고 가는 담집이 있는데、무슨 생각에서인지는 모르나 日人隊員들이 마른 나무를 주워 모아 불을 놓아 담집을 태워버렸는데、훨훨 타오르는 불꽃을 보니 웬지 주위가 살벌해지는 것만 같은 기분이었다。

茂山에서 貰를 내서 짐을 실은 말 외에 새로 한 필 승마를 빌리기로 하고、여기서부터 三十里쯤 밀림을 뚫고 나가 오늘의 야영지를 찾아야 하는 것인데、하늘을 가린 밀림 속은 낮인데도 어둡고 활엽으로 된 관목림이 많이 안 보이도록 우거져서 숲을 빠져나가기가 몹시 힘이 들었다。밀림의 좁은 틈을 찾아 약 二十里 가량 더 나아갔는데、이제 남은 길이 대단한 난코스인 것 같았다。

이따금 수풀 속에는 들국화와 그 변종인 「매젓」의 醬果가 무수히 열려 있고、金縷梅의 황금꽃 柳蘭이 밀생한 붉은 꽃이 새로이 芳資를 자랑하며 金松의 稚樹와 같은 白山茶의 멸기와 緣葉茶가 늘어진 躑躅의 덤불은 수직 분포의 한계를 보이는 植物狀況이 등산객의 마음을 이끌어 그윽한 취미를 은근히 풍겨준다。밀림지대를 겨우 빠져나와 잔디가 깔린 벌에서 잠깐 쉬어가기로 했다。기이하게도 이곳엔 다른 나무는 한 그루도 없는데、단 한 그루의 커다란 老松이 까마득한 연륜을 헤아리며 서 있었다。太古의 은밀과 大自然의 숙연함을 말해주는 듯 그 자태는 사뭇 엄숙해 보였다。바로 그 옆을 흐르는 골짜기의 물은 폭이 한 간쯤 넓은데、深浦의 淸洌함이 비할 데 없이 맑고 깨끗했다。山에 오른 후로 가장 맑고 맛이 좋아서 마음껏 들이키고 나니 한결 용기가 솟아난다。

우리는 또다시 일어나 길게 그림자를 드리운 老松을 바라보며 길을 떠났는데, 나는 이제부터 다시 마상에 올라 疎林의 사이로 길을 헤치며 나아간다。 이때 부슬부슬 내리는 비가 오히려 피로에 지친 人馬에게 一陣의 시원스러움을 가져다주는데, 灌木도 없고 꽃나무도 없는 새파란 초원에는 오직 圓錐塔과 같이 수직으로 치솟은 白樺와 이깔나무의 疎林이 그지없이 清遠玄虛한 氣韻을 나부끼어 한 가닥 仙樂이 어디서 울려올 듯한 感을 준다。

비로소 남쪽으로 胞胎山의 連峰이 紺碧한 맵시를 하늘가에 나타내어 茂山 이래 울적한 심정이 풀어지고 飄飄히 羽化登仙의 氣慨마저 일어난다。 深浦에서 茂峰까지는 십리 가량 되는데, 궂은 비를 무릅쓰고, 들어가서 바로 露營의 준비를 서둘렀다。 茂峰은 천연적으로 야영을 하거에는 최적한 곳이어서 우리가 쉬어가기에는 가장 알맞은 곳이었다。

남쪽으로 조그만 봉우리가 森林 속에 파묻히어 있는데, 저것이 바로 茂峰으로서 높이는 一千三百여 미터이다。 사실 茂峰이란 말은 어설픈 漢譯에서 따온 말이고 「거칠봉」이 그 本名이다。 大高原의 가운데 長廣이 三、四町쯤 되는 초원이 있어서 尖銳 森肅한 樹林이 거의 正方形으로 둘렀으니, 아련한 광경이 꿈 속과 같이 몽롱하고, 거칠봉 옆을 흘러내리는 급한 계류는 바윗돌과 몸부림치며 북쪽으로 흐르고 있었다。

우리는 통나무다리를 건너가서 서쪽을 등지고 너댓 채 천막을 차려놓았다。 아직도 해맑지 못한 날씨는 안개가 자욱하여 지척을 분간키 어려웠는데, 우리들은 마른 나뭇가지를 꺾어다 모닥불을 피워놓고 축축히 젖은 옷을 말렸다。

고요하기만 하던 산골에 人馬가 아우성을 치니 근방에서 遊牧을 하던 武裝野民들이 뛰어나와 잠시 동안 살벌한 분위기를 자아냈었으나, 다시 평화롭게 되었다。 그들의 말에 의하면, 이곳저곳 이동을 하며 목축과 사냥으로 생활을 하고 있다는 것이다. 도끼로 나무를 찍어 집을 짓고, 짐승의 가죽으로 옷을 만들어 입으면서 그들은 오늘날 시끄러운 외계와는 아랑곳없이 옛시 그대로 살고 있었다. 마치 반만년 이전의 우리 조상들이 이곳에 머물면서 장중의 숨은 옆을 피웃이며 민족 발전의 초석을 이룬 그때처럼, 이들은 꿋꿋이 이 聖域을 지키며 살고 있는 것을 볼 때 감개 무량하고, 오늘의 슬픈 처지를 조상들 앞에 하소연이라도 하고 싶은 심정을 억제할 수가 없었다.

하지만 현실은 어디까지나 현실이다. 그것은 어디까지나 냉혹하며 善惡의 방벽으로써는 막을 수 없는 것이다. 그러므로 우리는 역사의 무대 앞에서 외로운 빛들이 되지 말고 끊임없이 솟아나는 젊음과 용기를 잃지 말아야만 한다. 그리하여 백두산에서 울려오는 도끼의 聖音이 온누리에 퍼져서 민족 전체가 투지를 살려야 한다.

아직도 해가 뜨지 않은 산협에서 밥을 지어 먹고 明日 아침과 점심밥까지 마련하여 놓고 일행은 천막에 들어가 잠을 청하니 때는 아홉시 반이었다. 중간에 모닥불을 피워놓고, 좌우에는 짐승의 가죽을 깔고 겨울옷을 입고 담요로 몸을 둘렀으나 몹시 추웠다. 여기만 해도 해발 四千三百 척 가까이 높은 高地臺라서 밤의 기온은 섭씨 영하 六도, 수온은 二도로서 마치 겨울과 같았다.

오늘밤부터는 軍隊에서 動哨와 不動哨를 세워 비상경계를 하되 세 번 誰何하여 軍號로 대답지 않는 자는 사격한다는 약속을 했으며, 地方團員 중에 不寢番을 세워 수비를 철저하기로 했다.

나는 危害에 대한 불안도 없이 누웠는데 곤한 가운데 설 든 잠결마다 추위를 하소하는 듯 울부짖는 말들의 울음소리를 들으니 李陵 아닌 이몸이 고국땅에 있으면서도 고국을 애타게 그리워하는 마음이다.

아아!
牧馬悲鳴
胡笳相覷

백두산 속의 밤은 몇 갈래의 정서를 어지러이 자아내는 것이다。 깊어가는 밤、太初의 신비를 영원히 묻어두려는 듯이 숙연하고 엄숙한 靈山의 밤은 무겁도록 고요하기만 하였다。 얼마나 시간이 흘렀는지 사납게 울부짖는 말들의 울음소리에 일어나보니 이리떼들이 말들을 습격하여 요란을 피웠으나 곧 대원들에게 쫓겨 달아나고 말았다。 그때 시간은 새벽 두시경이었다。 주변은 다시 조용하여 잠을 자려고 마악 누웠는데 뜻밖에도 소나기가 내려 천막 속으로 새어들어오는 빗물 때문에 우리는 할 수 없이、二十九日 오전 네시 이십 분에 기상하였다。

이른 새벽 거칠봉의 물은 차갑기가 이루 말할 수 없는데、때 아닌 소나기마저 맞고 보니 긴장된 사지가 오히려 피로와 함께 권태를 몰아온다。 그러나 일어나 여섯시에 대원 전원이 길을 떠났다。 農事洞에서 茂峰까지는 七十여 리가 넉넉했는데 오늘은 神武時까지 三十 킬로를 가야만 했다。

馬上에서 담화를 나누면서 纖麗한 林相美에 도취되어 二十여 리를 나아갔는데、林木은 그치고 五、六 정보의 大花園이 있어서、그 웅대하고 장엄한 밀림 속에 이처럼 아늑한 花園이 있다는 것은 아무래도 上淸仙人이 비장한 歡樂場인 듯이 우리를 황홀케 하고、더구나 그 꽃들은 우리들의 키를 넘고 향기는 높아、한동안 신비경에 도취되었었다。 도무지 우리 인간으로서는 상상할 수 없는 大自然의 섭리、그리고 인간의 의지와 신념을 초월하고 시간과 공간을 초월한 우주의 본래 모습이 아닌가! 이 무한 무애한 경지! 일찍이 朝鮮先民들의 情趣와 얼이 담겨 있는 大白頭를 本山으로 構成傳播되던 來歷의 一班을 장식하고 있는 이 聖地는 우리 민족의 영원한 심볼인 것이다.

由來의 백두산 등산은 대체적으로 惠山線을 취하므로 잘못하면 절반만을 보고 나머지는 대개 놓치게 되는 것이 보통인데, 茂山으로부터 올라가는 도중 상세히 奇景을 보게 된 것은 크게 다행스러운 것이었다.

얼마를 더 나아가니, 白樺林이 듬성듬성 섞이어 적이 단조로운 풍경인데, 거의 평지와 비슷하게 완경사를 이룬 大高原인데, 神武時水의 溪谷이 물은 보이지 않으나 흘러내리는 청아한 물소리가 고원의 은밀을 속삭이는 것 같았다. 이따금 텁수룩한 白衣人이 홀몸으로 우리와 마주치는데, 대개 虛項嶺을 넘어오는 入山했던 修行者들이라 여러 말 물어보지도 못하고 헤어졌다.

南胞胎山의 奇秀함과 北胞胎山의 雄麗함이 한층 더 뚜렷이 보여서 天下에 절경을 이루고 있으며, 더구나 虛項嶺의 높고 낮은 능선들이 한눈에 바라보이는 장관은 무어라 표현할 길이 없었다. 北胞胎의 북쪽으로는 소백산의 連峰이 운무에 감싸여 그 신비로운 웅모를 한결 더하고 있는데, 울창한 밀림은 우리들을 또다시 매혹케 하였다. 하늘을 찌를 듯 곧게 뻗은 밀림 속에 주욱주욱 늘어진 淡碧한 松絡은 마치 고귀한 女王의 의상에 늘어뜨린 술실인 양 清凉輕纖한 情感을 주는데, 金縷梅 天車花 「하늘귀밀」이라는 淺黃色의 풀꽃이 더욱 많고 花瓣이 늘어진 石竹은 스스로 고원의 특색을 보여준다.

森嚴靜寂하고 幽玄深邃하며 清凉靈爽한 情이 이미 出塵한 기상을 가지게 한다. 山火災로 타다가 남은 앙상한 고목들이 三、四里에 뻗쳤는데, 심히 쏟아지는 소나기를 맞으며 무인지경의 넓고 광활한 산중에서 비옷들을 걸치고 神武時까지 들어갔었다.

이 부근은 해발 二千五百 미터가 넘는 곳인데 喬林의 골짜기에는 苔蘇帶의 혼잡상태를 나타내어, 나무마다 두꺼운 이끼가 끼어 있고 새파란 솔잎벗지가 바닥을 휘덮어 퍼져 있었다. 오후 다섯시 神武時의 물 맑은 계곡의 南岸에서 남쪽으로 자리를 잡아 背水陣을 치고 第二日째 露營의 밤을 맞이했다.

無限悲壯한 高原의 밤——神武時에서

백두산은 天下의 靈境이라 虎豹熊狼이 많으나 사람을 상하지 아니한다는 神異한 전설을 漢土文獻이나 여러 가지 문헌에서 엿볼 수 있다. 그러나 요즈음 백두산에는 승냥이와 이리가 이따금 사람을 상한 예가 있고, 곰이 나와서 위엄을 부린다고 하며 虎豹는 차라리 드물다고 한다. 이 지방 사냥꾼들은 물을 찾아 내려오는 사슴 사냥을 즐기는데, 근래에 와서 軍隊와 지방 團員과 짐을 실은 馬隊까지 수백 명을 헤아리는 엄청난 등산대의 등쌀에 맹수고 사슴이고 별로 나타나지 않아 사냥꾼들도 별로 없다고 한다. 오늘 아침에 거칠봉을 떠난 후 울창한 골짜기에서 휙휙 하는 날카로운 짐승의 울부짖는 소리가 들려왔는데, 사슴이나 노루의 소리도 아닌 것 같고 맹수도 아닌 것 같았다. 일행이 神武時를 거의 다 왔을 때 疎林地帶를 지나가는데, 갑자기 말들이 남쪽 언덕을 처다보며 귀를 쫑긋쫑긋 무엇인지 경계를 하며 힝힝거린다. 안내원이 말하기를 전방에 맹수가 숨어 있는 것이라고 일러주었다. 과연 두세 마리 검은 짐승이 민첩하게 저쪽으로 달아나는데, 그것이 승냥이라고 한다.

거칠봉 아침 해에
사슴이 노래하더니
神武時 저문 골에
승냥이 하품하네。
말 끌어 시내에 놓으니
北風에 우노매라。
長劍이 내게 없거니
네가 운들!

白頭山에 鳥類가 드무니、高山地帶이므로 서식하기에 부적당하기 때문일 것이다。農事洞 부근까지 鳥類가 약간 눈에 뜨이고、거기서부터 올라오는 길에는 鳥雀의 재잘거리는 소리는 물론、山禽의 노래마저도 거의 들을 수가 없었다。다만 등에와 날파리가 덤비는 외에는 아무 것도 없었으며、惡虫이나 毒蛇類도 없어서 등산객이 青紗로 面紗布를 하고 가는 것이 날파리들의 물고 뜯음을 막기 위함이고、그외에는 다른 이유는 없었다。

놀라운 것은 수백 리에 달하는 대밀림 전체가 나무에 좀 하나 먹은 게 없고 일반 땅벌레들도 없었다。다만 늙어서 쓰러지고 비바람에 꺾인 나무들이 그대로 썩어서 이끼가 끼고 이름 모를 풀들이 우거져 있었다。일반적으로 지네・노래기・도마뱀 따위도 없었다。듣던 바에 의하면 神武時 가까운 곳 불에 타버린 엉성한 곳에 구렁이가 살던 窟穴이 있다고 들었으나 높고 차가운 이 고장에 蛇類가 있을는지 도리어 의심스럽다。

豆滿江의 左岸에서부터 거칠봉을 지나는 동안 풀매미 노래하고 여치가 우는 소리를 들었으나、神武時 가까이 오면서부터는 벌써 소리마저 들을 수가 없어서 마치 太古의 신비 그대로를 간직하고 있는 것 같았다。

백두산은 온갖 꽃이 많은지라 나비의 종류도 많았다。 그중에도 細白蝶이라고 하는 곱고 가냘픈 나비는 이 산에서만 볼 수 있는 희귀한 종류라고 하는데, 일행 중에 松都高普의 金秉河씨가 거칠봉을 지나오는 도중에서 채집한 수많은 나비 중에 그 전형적인 나비도 보긴 했었다。

식물의 분포는 자못 무진장이어서 식물학자의 垂涎하는 바이거니와, 極目芳菲한 高山植物의 姿態가 풋나기의 눈에는 오직 놀라운 감을 억제할 수 없을 뿐이다。 中東學校의 崔如九씨는 아침부터 저녁까지 식물채집에 열중하시는데, 坐作進退를 규율에 의하여 행동하기 때문에 충분히 珍種을 채집할 수 없음이 유감이었다고 한다。

일반 새가 없으니까 독수리 종류는 찾아볼 수 없고, 거기다 서북의 강한 바람이 끊임없이 불어오기 때문에 곤충은 모두 날개의 발달보다는 일반적으로 청각이 발달한 것이 특징이다。 천막에 누워 있으니 귀뚜라미·베짱이·여치들이 단조롭게 소리를 내는데, 모두가 다리는 굵고 길지만 날개는 거의 감퇴되고 없었다。

백두산은 봄이 늦고 여름이 짧으니, 대개 七月에서 八月 三十日경까지 약 五十日 동안인데 늦게 찾아온 봄이 그대로 여름이 되고 곧이어 삭풍이 가을과 함께 찾아와서, 여름에 피는 두견화·척촉·작약·야당꽃 등이 이제 막 졌을 뿐이고, 지금은 실로 萬化方暢 百姸競進節候의 界線을 툭 터놓고 天地에 가득 찬 仙界의 무르익은 광경을 자랑하고 있었다。

崔如九씨는 식물을 채집하고, 金秉河씨는 곤충을 고르느라고 바쁜 나머지 골짜기에서 무성하게 자란 난초를 깔고 앉아 물을 마시고 이내 언덕에 올라 金縷梅나무를 꺾어 젓가락을 만들어서 저녁밥을 먹고, 한가로운 시간에 柳蘭의 싱싱한 꽃향기를 맡으면서 高原의 帳幕 속에서 감회에 젖어 있는데, 갑자기 비가 쏟아져 일행들은 詩情속에서 깨어나 한참 동안 바쁘게 천막을 단속하였다。 그런 대로 어느덧 잠이 들었던지 추위에 몸이 떨리어 일어나 천막 밖으로 나와보니, 먹장처럼 캄캄했던 하늘은 구름 한점 없이 개어 있었고, 약간의 운무가 靈山의 허리를 감돌고 있었다。이 신비로운 萬古의 백두산, 그리고 울창한 太古林의 끝없는 仙境, 이슬을 머금은 듯한 북두칠성의 영롱한 자태가 산마루에 걸려 있고, 고고한 북극성이며 꼬리를 늘어뜨린 小北斗는 滿天星斗와 함께 순간과 영원 속에서 太初의 蜜語를 속삭이고 있는 것 같았다。이젠 모닥불도 거의 다 시들어가는데, 차가운 바람이 축축히 젖은 뺨을 스쳐간다。

다시 모닥불을 지피고 장막을 손질한 후, 牛馬는 풀을 뜯기고 고요히 明日을 생각하며 부풀었던 옛날을 다시금 회상하였다。그 옛날 우리의 조상들이 유유히 이 靈峰에 내려와 오늘에 이르기까지 그 몇 천 년이더냐! 오늘날 域中을 돌아보건대 자연 뜨거운 눈물이 맺히는 것을 뉘라서 알아주리!

오! 온 세상 모두 잠든 이 땅 위에 어느 누가 큰 꿈을 꾸고 있는가!

無頭峰上 無頭大觀——無頭峰에서

七月 三十日 오전 다섯시에 일어나 여섯시에 출발하였다。들쭉의 관목이 퍽이나 많은 밀림을 지나 겨우 三、四十里의 紅土水가 흘러내리는 계곡의 남쪽 언덕 평평한 곳에 다다랐는데, 한 더미 벽돌이 쌓여 있고 위에는 고스란히 기왓장이 포개어져 있었다。자세히 보니 그 제작이 흡사 중국식인데, 약 五十年 전 유물이라고 한다。그의 유래는 자못 구구한데, 첫째는 帝政露國의 極東經略이 한참 바쁠 적에 이 지방에 으슥한 근거지를 두기 위하여 지어놓은 것이라는 설이 있고, 둘째는 紅土水의 發源인 圓池에 中國人 갑부의 芳年한 딸이 어인 일인지 抱寃하

고 빠져죽었는데 딸의 넋을 위로하기 위하여 그 사당을 지어놓고 명복을 빌었다는 설이 있으며, 셋째는 例의 吳祿廷이 靑室을 위하여 충성을 다하여 일할 때 여기다 따로이 一縣을 開創하려고 축공을 했었다는 것이고, 넷째는 이 근방에 이러한 화제를 남기어둔 關北 태생의 韓邊外가 백두산 동북 방면에서 몇 代를 내려오면서 基業을 開創하여 잘했더라면 第二의 李滿住가 되었을 뻔했는데, 그의 손자 되는 韓秉和가 이곳에 理想鄕을 건설할 마음으로 만들어놓은 우물이라고 전해져 오고 있다. 아무튼 그러한 풍설은 믿을 수가 없고, 둘째의 설은 그럴 법도 하나 내용이 너무 종잡을 수 없고, 吳祿廷의 遺跡說도 용이하게 단정할 만한 자료가 적으며, 韓氏 유물설이 많은 사람들의 입에 오르내리고 있다 한다. 一民씨가 본 바에 의하면 기와에 분명히 다섯 잎의 연꽃과 오얏꽃이 새겨져 있었다고 한다. 일반적으로 볼 때는 무의미한 것인지도 모르지만, 그것은 당시의 어떤 연관성이 있을 것 같아서 몹시 흥미를 끌었지만 갈 길이 바쁜지라 무언가 섭섭한 정을 남겨두고 길을 떠났다.

論者 혹은 韓씨가 北滿의 緩衝帶 그리고 동방 풍운의 醞釀이 되는 이 땅에 대대로 살아오면서 끝까지 池中物로 여겨버린 것을 개탄하는 바 있으나, 시대의 분위기가 그것으로서 단순히 풍운을 타고 넘는 沛澤龍은 될 수 없었으니, 李澄玉의 大金皇帝도 싱겁게 뜻을 다하지 못하고 죽었고, 洪景來의 淸北 반란에도 간신히 大淸兵의 聲援을 떠벌리던 판에 一世의 사기가 모조리 줄어들어 孝宗 당시 北伐 계획이 좌절된 뒤로 다시 북방 대륙을 주물러볼 기회를 잡은 이가 없었으니, 수백리의 지방으로 生聚가 자못 殷富하였다는 韓으로도 다 밝은 天地에서 어찌할 수 없었을 것이다. 오직 綠林의 객이 滿洲王처럼 되고 大元帥의 位로써 一時 四百여 골을 노린 바가 있었으니, 韓으로도 凡庸하다면 할까. 어떻든 거사를 하여볼 만한 시기를 번번이 놓쳐버리고 말았다는 것은 근세조선의 어렴풋한 한 반영으로서 뜻있는 이의 가슴을 찌르는 바이다.

이날은 「무트리」峰까지 六十里 정도로 약 五十里 정도이나 경사는 대단히 급하고 수림이 울창했다。 맑은 날씨에 때때로 열풍이 불어온다。 다만 서쪽으로 清艶雄渾한 白頭의 遠峰이 바라보이고 이따금 깊숙한 계곡이 있어서 단조로웠던 시야가 놀랄 지경이며、 박달나무・전나무와 松蘿를 늘어뜨린 老木들이 많고、 牛蒡 비슷한 잎이 넓은 말굽풀(杜若)과 용담초의 밀생한 치자빛 꽃들과 아주 키가 작은 땅들쭉과 새파란 석남의 灌木科의 종류가 많고、 올라가니 地衣라는 풀잎벗지(白蘚)가 하얗고、 조그만 梅鉢花 그리고 淺紅色으로 핀 豬牛兒草의 어여쁘고도 잔꽃송이들과 주욱주욱 솟은 엉겅퀴꽃이며、 밋밋한 줄기에 넓은 잎 길게 뻗은 청유초、 기타 활엽 숙근초의 꽃들이 다투어 피고、 엉클어져 푸른 神韻이 가득 찬 비탈 길을 올라 정오 조금 지나서 무틀봉에 다다랐다。 여기서 백두산 상봉까지는 四十里로 별로 멀지 않은 곳인데、 오늘은 여기서 일찍 露營을 하고 半日을 보낸 후 薪炭을 준비하여 오르기로 하였는데、 그것은 불모대로 된 절정의 일대에는 땔감이 아무것도 없기 때문에 여기서 연료를 준비하여 가야만 하는데、 木材는 무거워서 운반하기 곤란하여 薪炭을 마련하여 가야만 되기 때문이다。

우리가 서 있는 標高는 一九二九~一九五〇미터로서 상봉을 가기까지는 약 八百여 미터가 남아 있을 뿐이니、 시야의 폭은 자연 넓어져서 雄遠한 산악들이 발 아래 내려다보이며、 宛然히 인공의 유적인 양 미끈히 다듬은 등성이는 歷年을 두고 등산가의 露營地로서 행여나 古人들의 유적이 있을 듯한 감을 준다。 神武時水의 溪流를 앞에 놓고 土岡을 등져 露營을 차린 뒤에 몇 부대가 나가서 伐木을 할 때 나도 一員으로 참가하였다。 神武時水는 두만강의 最高發源으로 無頭峰의 北岸에 닿아 있는데、 직경이 四、五寸쯤 되는 岩穴에서 清冽한 潛流水가 솟아나와 一秒에 一斗 이상의 양으로 흘러내리니、 鄕土 사람들은 이것을 豆滿江源이라고 하여 그 본류의 시초로 잡는 것이다。

점심을 마친 뒤 여가를 내어 同伴 七人과 함께 江源을 거슬러서 間島頭道溝에서 오신 林重虎씨의 호의를 빌려 기념촬영을 하고 얼마 동안 자유 행동을 하였다.

이날 《京城日報》 茂山支局의 鎌田岳城씨가 촬영코자 蓮頭峰 밀림 속에 갔다가 오는 도중에 낡아버린 廢寺에서 궤 하나를 얻어왔는데, 그 속에는 《奇人遁甲》, 《河洛內經》, 《金鏡至幽全圖》 등 그밖에 術書가 약간 있었으나, 庸筆로 마구 흘려쓴 것이 볼품이 없고, 埴土로 만든 觀音像이 있어서 보니 日本製로 되어서 모처럼 호기심을 내어 뒤져본 것이 오히려 실망이 컸었다. 아마도 行脚僧이 버리고 간 물건인 것 같았다.

이날은 露營地의 위 널따란 공지에서 日人軍隊와 地方團이 함께 모여 會食이 있었는데, 植野中尉가 와서 나의 건강이 회복된 축배를 들어주므로 감사했다.

아까부터 버르던 무듬봉 登臨을 식후에 단행키로 하여 十數人이 일단이 되어 무듬봉을 향해 먼저 떠났다. 이 일대에는 스위트피와 흡사한 付子꽃이 있어서, 짙은 자줏빛이 퍽 곱고 우아한 감을 준다.

일반적으로 무듬봉까지는 반쯤이 灌木과 苔蘚이 섞여난 지대이고, 반쯤은 喬林地帶로 되어 있었다. 峰頭까지는 수십町 되는 넓은 곳인데, 땅에 붙은 관목과 苔蘚이 서로 어울린 완만한 비탈의 색채 및 광경은 다른 데서 볼 수 없는 절경이다.

火山灰가 풀어지고 枝葉이 썩어서 시커먼 土層이 원래 凡界에서는 볼 수 없는 현상인데, 여기에 뿌리를 박고 人世의 煙塵을 벗어나서 제대로 자라난 고산지대의 식물들은 도저히 속인으로서는 상상할 수 없으리만큼 정도를 벗어난다. 石楠의 상록 활엽과 솔잎벚지의 針葉과 黃楊木 같은 누운 들쭉이 좁고 가는 잎이 진푸르고 새파랗고 연연히 푸른빛을 발하고 있는 광경이라든지, 水玉色으로 하얀 白蘚의 포근포근한 덩어리가 빈틈없이 잘 어울려 있고、곳곳에 새빨갛게 물든 石楠의 취한 듯한 잎이 이채롭다든지、아무튼 넓고 넓은 벌이 마치 仙人의 夜會場인 듯이 紋樣의 아름다움과 色相에 있어서 俗을 뛰어넘은、말로 이루 형언할 수 없고 꿈속 같았다。더구나 나아갈수록 홍청홍청 탄력을 가진 것이 마치 소파의 쿠션을 수백개 연이어 깔아놓은 것 같아서 그 느낌이 비길 데 없이 황홀하였다。

얼마 동안 올라가니 한편으로 검푸른 喬林이 보기 좋게 늘어섰는데、그 아름다운 관목과 苔蘚의 混生帶가 뚝 그치고、담백한 浮石벌이 대단한 급경사를 이루어、밟고 가는데 폭삭폭삭 미끄러지는 것이、무엇인가 俗世에서 전에 느껴보지 못한 一陣仙味를 자아낸다。

드디어 무틀봉 정상에 올라갔다。連抱의 나무를 도끼로 찍으며 通暢한 기세가 벌써 하늘을 찌를 듯하여 거칠 것이 없었다。이러한 심경은 반드시「山의 修行者」들이 致誠과 瞻望에 편케 하고자 일부러 힘들인 바일 것이다。약 二千미터의 높이로서 東岸은 상당히 높고 험한 경사인데、북으로 大角峰과 서북으로 兵使峰을 最高點으로 하여 白頭連峰을 등지고、大臙脂峰・小臙脂峰의 敦厚함과 嫵媚한 모양이며、鮮奧山・間白山・小白山의 雄渾하고 奇秀함은 참으로 뛰어났고、北胞胎・南胞胎의 連峰을 거쳐 갓모봉・雪嶺 등 모든 산에까지 웅대장려함이야말로 대백두의 준령이 아니고서 또 어디에 있겠는가!

그리고 그 擁立된 한중간에 무진장으로 전개된 창창한 大樹海가 一碧萬頃하고 純一히 쭉 늘어서서 森森 肅肅 渺渺 茫茫하고 蕩蕩 悠悠 玄玄 寂寂하여 幽僻 深邃 雄遠하고 莊麗 敦厚 洪大함이 말로 다할 수 없고、이름을 다 헤아리기 어려우나 太古林의 群靈으로 되어 있어 聖地에 護侍하고、온갖 情曲을 품어 千萬古 無量劫의 쌓이고 쌓인 大秘密을 그윽히 말하는 듯 석양의 노을이 紫氣를 띠어 온 누리에 퍼지는 것 같다가 青嵐에 마주쳐서 은연히 소용돌고 中天에 걸린 返照가 타는 듯 붉을 때에 환하게 들여다보이는 것 같은 깊고 깊은 나무와 나무의 속속들이에는 알지 못할 그 무엇이 때를 기다리지 않고 금방이라도 드러내는 듯 小白山 허리로부터 무럭무럭 피어나는 엷은 구름이 삽시에 시커멓더니 어느덧 없어지고 靈明한 氣運이 大界에 가득 찰 때, 極目 蒼茫함이 啞然하여 말 한마디 표현할 길 없게 하거늘, 어인 일인지 東北으로 雄健平直한 北滿의 모든 산맥은 한없이 虛曠할 뿐이다。白頭山에 올라 無頭峰 위의 大壯觀을 못 보고 간다면, 그 太半의 가치를 놓치고 만다고 해도 과언은 아닐 것이다。장엄한 대밀림의 주변은 오직 영원한 침묵과 무한한 신비에 감싸여 있는데, 어디서 날아왔는지 허공을 헤치고 나는 보라매가 구름 속으로라도 들어갈 듯이 하늘 높이 날아만 간다。내가 만일 할 수만 있다면 한 쌍의 雲鶴이나 되어서 千年世事를 무심히 넘겨보내며 이 장엄하고 수려하며 신비로운 靈山에서 무한함과 함께 대자연의 맥박을 들으며 살고 싶지만, 그럴 수 없음이 오직 한스러울 뿐이다。

露營으로 돌아오니 대원들은 모닥불을 피워놓고 서로서로 둘러앉아 담화를 하느라고 한참 도취되어 있었다。이날 月坡 씨는 따로 휴대한 천막을 치고 고요하고 적적한 이 밤을 나와 함께 보내기로 하였다。밤 아홉시 舊曆 六月 四日이라, 초생달은 벌써 兵使峰의 남쪽 등성이를 넘어가고, 찬란한 은하는 무릎봉의 右岸에 그 河口를 엇비슷하게 늘어뜨리고 있는데 애리단 개울의 꺾여 내려간 건널목은 大臙脂峰의 北으로 기대어 고요히 上天麗人들이 悲戀의 눈물을 흘려보내는 듯하였다。이미 백두산 上峰을 거의 다 왔는데 또 이같이 좋은 밤을 맞이하였으니 崎嶇한 衰世의 不肖한 아이 무엇으로 이 無量淸福 얻었던가!

아득한 心懷를 참을 길 없어할 때 달을 보며 탄성을 발하는 月坡의 노랫소리를 들으면서 그대로 잠이 들었다。

定界碑 邊山海悲——分水嶺上에서

七月 三十一日이다。

오늘은 오전 다섯시에 떠나、目的地인 白頭山 絕頂을 올라 저 유명한 天池의 秘域을 더듬기로 한 감격 어린 날이다。이제까지 모든 苦心을 다한 것은 오늘의 영광을 맞기 위한 것이 아니고 무엇이었겠는가。

새벽부터 우리는 용기백배하여 사기는 말할 수 없이 높았다。세시 반에 일어나 豆滿江源을 더듬어내려가 양치질과 세수를 하고 內衣를 갈아입는 등、분위기도 사뭇 엄숙했다。양말도 새로 신었다。행여나 비가 또 올까 싶어、첫새벽부터 서둘렀다。

어젯밤 추위에 本隊幕營으로 뛰어들어가 敬菴 詣岱(成純永씨) 두 사람 틈에 끼여들어 몸을 훈훈하게 한 것도 모두가 다 절정을 돌파하기 위하여 健快한 心身을 가지려고 했던 것이다。馬夫로 따라온 學生 車行國군이 말을 끌어와 권하기에 그대로 탔다。

疎林地帶를 잠깐 사이에 지나 金縷梅가 많은 灌木帶를 거쳐 문득 苔蘚帶에까지 왔다。

京日支局의 鎌田씨가 어제 術書를 얻어온 連頭峰은、無頭峰과 엇비슷하게 서북으로 솟아、密林 가운데 寺刹이 있고 그 밑으로 늪이 있더라는데、내가 보지 못하고 옴이 몹시 유감스럽다。

이 부근은 이미 峰巒이 겹겹이 놓이고 溪壑이 돌아 들어와、登山 기분은 한층 더한데、사나운 惡風이 더욱 세게 불어오므로 가벼운 浮石벌이 휘말리어 언덕을 이루고、골짜기는 白沙地로 되고、언덕바지에는 엉성한 풀이 뒤덮인 것도, 死火山인 白頭山에서만 볼 수 있는 奇景이다. 혹 외따로 서 있는 나무는 서북쪽으로는 가지가 하나도 없고 동남쪽으로만 엉성한 가지가 붙어 비스듬하게 누워 있는 형상은 그야말로 모진 풍상을 겪고 있는 모습 그대로이며, 居然肅殺의 깊은 뜻을 이해할 것만 같았다.

大角峰을 바라보며 잠깐 쉬어갈 때 검덕산·蘆隱山·甑山의 크고 작은 뫼는 벌써 발 아래 깔리었고, 雲海가 大密林의 고요 속에 잠기어 있는데, 三池淵의 一片湖가 靑玉의 넓은 盤에 은무지개를 뿌려놓은 듯 신비로울 정도로 반짝거린다.

다시 臙脂峰을 좌로 바라보며 다시 谷地에 들어서니, 사방의 봉우리들이 완연히 작은 丘陵으로 보이는데 오직 동북쪽으로 吉林의 산록들이 雲海에 잠겨 있는 것이 依然 雄大味를 가져온다. 土門江으로 내려가는 溪谷을 건너 分水嶺 위에 올라가니, 거의 완만한 산능성이로서 높이는 약 二千二百여 미터 가량 되었다.

나무는 거의 없고 풀과 이끼가 두껍게 깔리어 있으며, 이곳에 그 말썽 많고 유명한 定界碑가 있었다. 片麻岩으로 된 자연석을 납작하게 다듬은 것인데, 높이가 二尺八寸 정도로 보아서 웅대하게는 보이지 않지만 이 한 조각돌이 風風雨雨 二百十九年 전부터 悲愁와 慙愧와 怨恨과 憤怒와 悔恨의 한복판에서 외로이 衰亡朝鮮의 運命을 걸머지고 역사의 무덤 앞에서 묵묵히 서 있는 것을 볼 때, 실로 비분의 값싼 發露는 겨를도 없고 悄然한 침묵과 沈痛한 凝視로써 前千古 後千古를 自己의 가슴속에 돌아다보고 내려다보며 우두커니 低徊 아닌 방황을 할밖에 없는 바이다.

光武 隆熙의 즈음 新作한 地理書를 배울 때 한많은 三十五字 碑文을 뇌리에 새겨놓고 우리가 장래에 이 문제를 중심으로 얼마쯤의 영웅적인 분투라도 할 듯이 굳게 기대를 갖고 꿈 많은 소년시절을 보냈는데, 이제 이 비

문을 보니 나도 모르게 한탄이 터져나온다。

이처럼 작은 빗돌에 글씨마저 용치 못하고、새겨놓은 것마저 깊지 않은 것이、그나마 돌보는 이 하나 없이 모진 풍우에 시달리어 쓸쓸하게 서 있음을 볼 때 복받친 가슴이 뭉클해진다。이 비석이 서 있는 등성이를 중심으로 서쪽으로 累十間에 分水嶺 右岸溪谷이 있고、淡水가 數尺 直徑의 웅덩이에서 물이 솟아 鴨綠江源을 이루었고、동쪽으로 嶺의 左岸에는 松花江으로 들어가는 土門江水가 시작되어 이깔나무 수풀 속을 돌아서 멀리 만주 敦化縣의 서북쪽으로 흐르는 것이니、前代 朝鮮의 각종 輿地圖는 모두 北間島 지방의 疆域內에 들어 이미 의심치 않던 바이다。

(八寸二分)

(五寸九分)　(二尺三寸一分)

大淸
烏喇總管穆克登奉
旨査邊至此審視西爲鴨綠東爲土
門故於分水嶺上勒石爲記
康熙五十一年五月十五日
　筆帖式蘇爾昌通官二哥
朝鮮軍官　李義復　趙台相
差使官　許　樑　朴道常
通　官　金應瀗　金慶門

(一尺八寸三分)

定界碑를 중심으로 좌우 五百미터 부근에 약 五十미터 정도로 돌을 쌓아 놓아 경계를 삼았으니、이 쌓아 놓은 돌과 돌이 마주닿은 線을 길게 그어 뻗치면 서쪽은 鴨綠江源에 닿고 동쪽은 土門江에 닿아 앉은뱅이나 소경이 보고 만져봐도 이것이 틀림없는 국경이며, 白頭山의 東岸에서 여기를 보면 溪水의 흘러가는 줄기가 뚜렷이 보여 「東爲土門」이란 銘文의 앞에 군소리 개소리 안할 자리인데, 이것이 累百年을 내려오면서 문제되어 老大의 帝國도 거저라도 먹을 듯이 굶주린 이리처럼 끈질기게 발을 붙이고 강한 나라로서 誠意와 扶助는커녕 祭床 다리 부수는 식으로 억울한 국면이 되어 한숨을 죽이고 눈물젖은 一片碑石이 破巢殘卵도 부지를 못하는 怨恨의 表象으로 되고 만 것이다.

이 며칠 동안은 백두산 일대에 큰비가 없었고, 昨今數日은 맑은 날씨가 계속되어 分水嶺 등성이에 건조한 맛이 있고 土門江源인 溪谷에도 물줄기가 약했다.

浮石의 두꺼운 벌이 水分을 밑으로 빨아들이므로 여기서 十五里 가량은 여간해선 물을 구경할 수 없게 되었고, 여기서 十五里를 나가 大角峰 저 비탈에 폭이 약 百미터쯤 되는 壁立한 양쪽 언덕이 浮土가 없고 土門에서 물이 흘러내리고 있는데, 土門江이란 이름은 여기서부터 기원된 것임을 알 수 있었다.

江流가 시작되는 곳에서부터 낙엽송의 밀림지대를 뚫고 동북쪽으로 四十里 우회하여 북으로 꺾이면서 약 三十里 가량 細流를 이루고 滾滾한 급류가 峻峭한 峽谷 사이로 흘러 一百八十里에 二道江이 되고 松花江에 들어가는 것이니, 「東爲土門」의 경계선에 의하여 間島는 당연히 朝鮮에 속하는 것이다. 그리고 間島의 地形과 地理의 現狀으로도 明明白白히 朝鮮的으로 되어 있었으니 前千古 몇 십 세기를 두고 歷史的 因緣은 내놓고라도 現在 朝鮮의 境地로서도 間島의 소유주는 누구이겠는가를 두 번 다시 얘기할 필요도 없는 것이다.

그러나 定界碑가 있는 分水嶺上에서 大角峰 부근까지 답사하며 무심코 계곡을 볼 때에는 그것이 松花江의 一支流로 된 것인지, 아니면 豆滿江의 上源인지, 粗率한 자에게는 언뜻 알아보기 힘들게 되었으며, 자세히 보지 않으면 분별하기에 힘들게 되었으니, 穆克登의 당시 這間의 사정을 모르고 교만하고 불손하기만 한 자가 독단으로

「西爲鴨綠 東爲土門」을 눈에 보이는 대로 정하고, 「故於分水嶺上 勒石爲記」하는 幕에 그 따위가 이름이라고 淸을 위하여 유리하게 解釋을 붙이게 된 자가 있었던 것이다. 그러나 土門은 土門이고 豆滿은 豆滿이어서 예나 지금이나 서로 뒤섞일 바 아니며, 豆滿江源의 最北端이 石乙水와 圓池에서 내려가는 紅土水는 分水嶺에서 七十里며 無頭峯 저쪽으로 시작된 豆滿江源의 최고점인 神武時水에도 또한 大臙脂峰의 동으로 뻗은 一脈이 높다란 脊峰으로 되어 중간에 약 二十里의 사이가 벌어졌으니, 북으로 돌아 松花江에 합류된 土門江과 동쪽으로 蒼海에 祖宗하는 豆滿江은 境土의 관계가 매우 중대한 바이라, 이것이 二百年간 重重疊疊하는 韓淸間의 國際紛議를 일으키는 초점으로 되었던 것이다.

康熙 五十一年에 朝鮮에는 肅宗 三十八年 壬辰이라, 康熙帝의 칙사인 烏喇總管 穆克登이 長白山 一境을 保有하여 淸朝發祥의 聖地로서 그 管境 안에 두고자 함이었고 그 오만불손한 생각은 이미 독단적으로 행동하려고 했던 것인데, 朝鮮의 勘界使 朴權과 咸境監司 李善溥輩는 四、八轎가 간신히 虛項嶺을 넘자마자 深山絶域에서 곰과 이리가 있는 밀림 속을 들어가기가 겁이 났든지, 아니면 제 발로는 촌보라도 걷는 것이 하찮은 貴骨들에게는 당치도 않은 모독으로만 알아 宗國의 일이 어떻게 되어가든 「나는 더 못가겠소」하고 앙탈을 부려 발을 뻗어버렸던 것이다.

登山涉水하며 祖國을 위하여 방위하는 것은 軍官·通事 등 下僚輩나 할 일이지 朱子하고 黨爭을 일삼고, 그리고 그것으로 인한 門閥의 至上價値를 떠메고 있는, 勘界使하는 자는 처음부터 아랑곳할 바 못 되는 일인 양, 이토록 가련한 生活意識의 소유자이던 朴權·李善溥輩가 오늘날 血性人들에게 침 뱉고 짓밟힐 것은 아무렴 가뜩이나 傲岸한 當日의 穆克登은 嘲笑侮蔑의 冷箭을 무더기로 무더기로 쏘면서 草萊를 헤치고 樹林을 기어나가 백두산 절정을 겨우 더듬은 뒤에、 동서를 손가락으로 돌아보면서 恣行獨斷으로 定界碑를 세우려고 하였던 것은 참으로 통탄할 일이다。

그래도 忠義 半萬年에 東方風雲 속에서 다른 민족과는 달리 角逐에 걸쳐 고난을 겪어온 우리 겨레의 혈관 속에는 아주 씻은 듯 抗爭의 피가 끊일 줄 萬無하며、 一通官인 金慶門이 오히려 擧義 抗辯하는 鯁骨의 氣風을 드러내어 더 줄어들었을 邊疆이 分水嶺에 그치고 鴨綠의 西界에다 土門의 東界를 닿게 한 것이었었다。

백두산을 복판에 놓고 동서남북 만리의 山河가 朝鮮先民의 發祥·成育·移動·發展의 튼튼한 무대였던 것은、 回憶이 이미 아득하다 하자。 그러나 이 一片의 定界碑로 오히려 二道江의 右岸 千坪千里의 一半部가 依然 現代朝鮮의 基業이 되어 있는 것이거늘 肅宗 勘界 이래 二百年에 들어 悲憤과 怨怒의 國境 싸움을 겪어 왔었던 것이다。

내가 少年時節에 장래의 패기를 그리어보던 것은 어림도 없는 幻覺에 지나지 못한 것이고、 오늘 막상 一片의 定界碑를 앞에 놓고 感懷 果然 如何하는고、 그러나 이것을 누가 전연 無用한 懷古的 感傷이라고만 할 수 있을까?

壬辰·丙子의 兩役、 이른바 南倭 北虜의 大事變에 朝鮮 社會는 一大 비극의 진통을 앓았다는 것은 三尺童子도 다 아는 역사적인 사실인 것이다。 孝宗의 北伐 십년 苦心도 이 大衝動으로 인한 비극적인 하나의 反映인 것이다。 肅宗의 당대에는、 어떤 의미로 볼 때에는 黨禍의 再燃과 國家的 復興氣運의 희박한 하나의 과정이었다고 하겠다。 英祖·正祖의 代에는 史家가 이른바 文藝復興時代이거니와、 이 시대 이후에는 漢陽朝의 中央政權이 그 위신을 망쳐놓아 民衆興起의 新紀元이 되었고、 어렴풋이 되살아나는 朝鮮意識의 發芽期로 된 것이다。

漢陽朝를 위하여 最大 唯一의 光焰을 빛내게 했던 世宗大王의 絕世의 大事業이었던 民族文字의 完成에 의한 民

族精神이야말로 그 당시 宗國精神이 漢化主義的인 儒宗의 班閥들에 의하여 점점 좀먹어들던 民族意識을 되찾는 데 원동력이 되었고, 그때부터 조금씩 회복하기 시작했던 것이다。 朝鮮史·朝鮮地理, 기타 朝鮮에 관한 學術·著作 등이 활발하게 나타났던 것은 그때의 일이며, 초기적인 雜駁味가 다분히 섞였으나 사실은 그 자체가 짓밟히고 파묻혔던 民族意識의 復活運動이었던 것은 의심할 여지가 없다고 보아야 하겠다。 그는 실로 唐나라 놈들의 平壤踐踏 이래 一千年에 갈수록 銷磨하여 다하였던 自尊과 進取를 본질로 한 高句麗로서 대표되는 진정한 朝鮮意識의 되살아남을 의미함이었다。

韓滿統一 大國家建設運動이 百戰餘劫에서 恨 많게도 좌절되지 않고 조선사람의 본거지이던 滿洲가 영구히 떨어지지 아니했던들 오늘날 우리 겨레는 그 역사적 필연의 운명으로 틈바구니에 끼여들지 않고 쉴 사이 없이 연거푸 닥쳐오는 海陸風塵 속에서도 꿋꿋이 自衛를 확보하여 왔으련만, 억울하게도 그 뜻을 이루지 못하고 小國安分主義로 고정될밖에 없었던 李朝 五百年 동안에 意識이 銷磨하여 다하였던 것 또한 인정하지 않을 수 없다고 보아야 하겠다。 그러나 되살아나는 민족의식의 생성 과정에서는 여러 가지 소규모의 형태로서 일어나는 민중운동이 大小 波紋을 일으켜왔으니, 純祖 壬申에 洪景來가 淸北에서 일어난 것도 고르지 못한 시대의 모순을 의미한 것이며, 哲宗 壬戌에 晋州·益山·咸興 등 三政의 亂이란 것은 第四階級의 一揆式의 反抗形式으로 이것 또한 民衆擡頭의 一潛流를 뜻함이고, 高宗 甲午에 東學黨의 亂은 제법 民衆革命의 形式과 實質을 갖춘 역사적 진전의 당연한 산물이었었다。

그러나 이토록 추진하는 시대의 內面에서는 혹 천주교의 潛行的인 宣敎, 異樣舶의 來航, 그리고 佛蘭西 함대와의 전투, 러시아의 豆滿江邊 進出 등이 크고 작은 충격을 준 것이었었다。 그리하여 혼란하고 착잡한 중에 슬그머니 동요되는 것은、되살아나는 民族意識이었었다。

高宗 甲申년의 政變은 小數 封建主義者들의 음모적인 쿠데타에 의한 정치변혁의 잠시적인 표현이었으나、이 前後의 朝鮮에는 이미 國土國民에 관하여 의연한 橘中之樂만을 꾸고 있지는 않았었다。그리하여 北間島에 있는 越墾民의 朝鮮刷還이냐 淸國歸化냐 하는 문제를 초점으로 國境問題 즉 間島의 영속 문제가 韓淸兩國의 사이에 불붙기 시작한 것이다。

高宗 壬午 겨울에 淸吉林 將軍의 行文이 있어서 土門江 以西 以北에 佔墾한 朝鮮貧民을 刷還하기를 요구하였고、癸未 四月에는 敦化縣에서 越邊民을 歸回케 하라는 요구가 鍾城·會寧 兩邑으로 왔으니 墾民과 邊民들은 비로소 저들이 豆滿江을 土門으로 오인했음을 깨닫고 한편으로 白頭山의 定界碑를 더듬어 그 源委를 밝히며、한편으로 조정에 호소하여 그 옹호를 기원하니、西北經略使 魚允中이 慶源에 가서 越墾民의 이러한 서글픈 호소를 듣고 鍾城人 金禹軾과 伴行한 吳元貞으로 하여금 새로이 백두산을 답사케 하여 定界碑와 土門江源을 조사하고、茂山府의 鄕任 李琮呂와 出身 權興祚로 碑文을 定刊케 한 뒤에 間島가 당연히 朝鮮 領有인 것과 豆滿江 越墾民을 淸國에서 刷還키를 요구함이 전연 부당한 것임을 역설하여、兩國間의 國境爭議는 드디어 폭발되었던 것이다。

그리하여 高宗 乙酉年에 勘界使 李重夏는 淸使 德玉·賈元柱·秦瑛 등과 豆滿江源을 더듬고 土門江源에까지 미쳐、兵力으로 强制하려는 淸의 無禮를 抗斥하였고、光武 元年 丁酉年 가을에 咸北 觀察使 趙存禹는 백두·토문·두만의 지형을 자세히 精査하고 兩次 勘界의 經緯를 辨說하여、「雖寸土尺地 無至見失 則群黎百姓 若逢回蘇之秋」라고 痛論하였던 바이며、同戊戌에는 鍾城居民 吳三甲 등의 「越寓民失籍上言」으로 더욱 廟堂의 憂憤을 鼓動하여 內部大臣 李乾夏의 發訓으로 李範允의 武力的 行動에 이르기까지 或 墾島管理와 國土護衛로써 갈수록 민족적 정

열을 환기시키는 것이니, 「關北募兵之地 鎗砲藥丸」 宜備의 充實을 企劃하여 가면서 늦었으나마 應有한 힘을 기울이던 당시의 경험은 실로 오히려 無限征戰의 意識을 後人에게 鼓吹시켜주는 것이다。

그러나 隆熙 三年 九月 四日(明治 四十二年) 清日間에 성립된 「間島에 關한 協約」에는 그 第一條에 「清日 兩國政府는 圖們江을 清韓 兩國의 國境으로 하고 江源地方에서는 定界碑를 起點으로 하여 石乙水로써 兩國의 境界를 삼음을 聲明함」으로 되었다。 이는 당시 安奉線敷設權問題를 중심으로 吳祿廷이 示威의 出兵을 하고, 留清日國學生들이 奉天을 중심으로 排日運動을 일으킨 때 安奉鐵道의 敷設權을 위하여 交換條件으로 거침없이 間島를 선물로 떼어준 저들 保護政治의 수단으로 나온 것이었다。 그러나 間島에서 統監府 出張所의 撤廢에만 고소한 생각이 없지 아니하였지만 모처럼 勃興되던 民族意識도 五十年이나 늦게 시작된 다난한 반응과정에서 거듭되는 侵襲의 밑에 半死的인 狀態에 빠졌던 것이다。 이처럼 一片 定界碑가 이 山海無限한 비분을 한 몸에 지니고 二百여 년의 풍우와 함께 아무도 돌아보는 이 없이 쓸쓸히 서 있는 것이다。

그러나 숨돌릴 사이도 없이 닥쳐오는 海陸勢力의 大侵襲 이때 대로 수난을 겪어오면서도 우리 겨레는 굳세게 이 땅을 지켜왔건만, 급변해가는 세계의 암운 속에서 잠깐 의식을 회복하지 못한 것이 큰 罪孽로 이제 落後者의 大受亂을 치르고 있는 것이다。 이 역사가 물려준 무거운 멍에를 메고 現代의 청년들은 숨돌릴 사이도 없이 大精進을 하고 있는 것이다。 이것이 즉 오늘날 이 강산 방방곡곡, 그리고 海外에서 求國精神에 불타오르는 우리 白衣겨레의 약동하고 있는 대활약인 것이다。

말없이 묵묵히 서 있는 定界碑를 어루만지며 멍하니 서 있는데, 一行들은 기념촬영이 끝나기를 재촉하면서 마지막 목적지인 절정을 기어오르고 있었다。

아, 그 옛날 「尹瓘將軍이 세운 先春嶺碑대로만 찾았더라도」 하는 무거운 소리가 馬夫들의 입에서도 흘러나온다。

尹瓘 元帥의 碑가 두만강 七百里 밖에 있어서 「高麗之境」의 刻字가 있고 碑의 四面은 外人의 剝去한 바를 전하거니와, 이러한 말이 전해온 것으로만 보아도 國土問題에 관한 민족적 향념이 퍽이나 깊고 간절했음을 가히 알고도 남음이 있는 바이다。

噫! 莊嚴한 大白頭——天池가에서

大臙脂峰으로 뻗어나간 등성이를 타고 노기등등한 玄武岩의 사닥다리를 바꾸어 디디며 이제는 절정을 다 올라온 것이다。 때는 一九三〇年 七月 三十一日 오전 十一時였다。

右로는 東의 一峰이 가장 雄健敦厚한 氣像을 업고 天池를 향하여 望天吼의 엄청난 아가리를 쳐들고 벌렸으니, 이것이 天王峰이요, 그 다음이 잘룩한 鞍部로 되고 좌측의 一峰이 남쪽으로 등성이를 늘이었고, 북쪽 비탈에서부터 가장 突兀한 黑曜石에 塊結인 峻峰으로 되었으니, 이것이 바로 兵使峰이요, 兵使峰이 最高峰으로서 二千七百四十四미터(九千五十五尺二寸)에 다다르니 이 鞍部가 충분히 二千 수백미터에 달할 것이요, 걸음을 옮기어 그 嶺上에 다다르니, 紺碧한 빛이 진하게 드린 天池의 물이 그야말로 天池石壁 깊고 깊은 속에 고요히 담겨 잔잔한 물결이 오히려 병풍 같은 石壁과 함께 太古의 신비를 은근히 속삭이고 있는 것만 같았다。 주변에 蒼古하고 검푸른 外輪山의 수없이 많은 깎아지른 듯한 절벽이 옛날 火口의 本色대로 天池를 둘러싸고 있어서, 神秘靈異한 氣色이

재절로 세속을 초월한 그 어떤 神韻이 가슴을 벅차게 하며, 때마침 깎은 듯한 斷崖에 정오의 태양이 비치어 수면은 한결 더 찬란하고 영롱한 빛을 발하고 있었으며, 잔물결에 퍼지는 백천만 겹의 은파가 그대로 千變萬化의 모습을 드러내어 世人으로서는 감히 표현할 길이 없었다. 내가 甲嶺에서 苦熱로 病臥하고 茂峰의 神武時에서 차가운 비를 만날 때마다 마음속으로 기원하기를, 天山天池의 靈峰에 오르는 날만은 맑게 개기를 얼마나 원했던가. 이 신비로운 靈域의 一帶를 한눈으로 正觀靜心하게 되니, 새삼스럽게 엊그제 근심걱정하던 생각이 떠오르며 오직 정숙하고 숙연해지는 가운데 나도 모르게 고개가 숙여질 뿐이다. 우리 배달민족의 고향인 白頭嶺峰에 올라서니, 다시금 반만년 역사의 온갖 風霜이 되새겨지며, 오늘날 우리 조국을 돌아볼 때 감개 무량함에 앞서 부끄러운 심경이었다.

天池의 주변은 그대로 신비 속에 도취되어 敬虔한 침묵만이 흐르고 있을 뿐이다. 天王峰 저쪽 沸流山의 나지막한 곳으로 天池의 물이 넘쳐흐르는가, 아니면 그대로 하늘과 맞닿았는가, 멀리 허허벌판인 만주벌의 億萬頃 넓고 넓은 雲海와 함께 동북으로 툭 트여 있음은 그것이 瑤海에 닿은 碧海인지 神澤에 連한 천만리 瑤海인지 參差한 峰巒은 拳石같이 끝만 내어 흡사 蕩蕩洋洋한 大瑤池가 波心에 奇岩을 둘러싸고 있어서, 그 잔잔하고 끊임없는 물결이 石壁에 부딪쳐 애끊는 호소를 하고 있는 듯, 자신도 모르게 심혼은 끌려만 가고 있었다.

잠시 먼 하늘을 바라보니, 十洲海上 그지없이 爛兮한 慶雲을 驚喜讚嘆하지 아니할 수 없고, 몽롱하게 떠오르는 듯 보이는 天長地久 一萬年에 언제나 가볼 길 없는 양 虛曠하고 浩茫하며 縹緲靈遠한 景槪! 筆舌로 名狀함을 떠나 一粟 같은 이 한 몸은 있던가 없던가?

오직 空明洞豁한 靈感만이 雲霞와 함께 宇宙間에 漂蕩하고, 좋다가 못 견디어 우렁찬 목소리로 天地도 드높도록 放聲大一哭을 하였으면, 半生의 울적한 마음이 씻은 듯 내려갈 것만 싶다。 이를 無頭峰 위에서 느꼈던 삼엄하고 정숙하며 神秘幽遠한 그 순간에 비하면, 大白頭의 장엄하고 웅장한 광경은 마치 色相의 界를 완전히 초탈하여 말로만 전해오던 神洲帝鄕에라도 온 듯이 逍遙遊의 眞境을 이재야 대한 듯한 기분이다。

아! 崇嚴莊麗한 白頭 靈峰이여!

이 몸이 울어울어 우리같이 크게 울어,
鳖天吼 獅子되어 온누리 놀래고자,
지치다가 덜깬 넋이 행여나 다시 잠들리。

이 山이 터지고 터져 오늘로 툭 터져서,
사납게 타는 불꽃 온 세상 재 될세라。
빈 터에 새 日月이 하마 한번 비치리。

이 늪이 넘쳐 넘쳐 순간에 와락 넘쳐,
엄청난 홍수 되어 이 강산 덮을세라。
大地의 낡은 꼴이 다 씻은들 恨 되리。

저 숲을 다 족이어 億千戶 집을 짓고,
남북 만리 넓은 벌로 한 마을 만들랏다。
없노라 하소하는 님 다 찾으면 어떠리。

장엄한 광경 속에 감탄의 탄성소리가 나도 모르게 나오고, 한동안 우두커니 서 있는데, 大部隊는 最高點인 兵使峰을 오르고 있었다.

오늘은 天池가에서 露營키로 하고, 해질 무렵까지 각각 자유행동을 하기로 하였으므로, 우리 同伴은 바위 사이에다 우선 자리를 잡고 모진 바람을 피하면서 점심을 먹었다.

이 一境은 기온이 매우 낮아서 晝間이 온도 화씨 四十七도 혹은 四十一도로서 涼秋 九月이 선뜻 다가온 듯 不毛帶로 된 砂礫의 땅에 시누대들과 야생 虞美人草의 샛노란 꽃이 듬성듬성 피어 있어서, 마치 天界에서 잠시 내린 纖美한 玉人을 보는 듯 느끼며 兵使峰의 옆인 등성이로 一層峰을 마저 오르기로 하였다. 절정에 다다르니 뾰족한 石峰이 潭心에 붙은 듯이 남쪽 언덕은 浮石이 太半이 섞여 담백한 바탕에 七分의 황량한 맛이 있고, 북쪽 언덕에는 어릿어릿한 黑曜石이 火山이 폭발할 당시 恐怖的인 集塊岩의 斷崖로 남아 시퍼런 天池의 수면까지 실로 一, 六〇七척이 넘는 黑崔嵬한 위용을 나타내고 있었다.

우리 일행은 발을 조심스럽게 디디면서 만천년 굳어 있는 峰을 이제 곧 올라서겠지마는 서늘한 심담이 天池를 바로 내려다보기가 겁이 나고 까닭 없는 情感이 엄엄한 神威에 눌리는 듯 오래 서 있지 못할 것 같은 기분이다. 비탈길을 내려설 때 좌로 뻥 뚫어진 岩穴이 두 봉우리 사이에 끼어 있어, 밑으로 절벽에 부딪는 푸른 물결이 마치 雷神의 성난 눈망울 같이 마주쳐서, 나의 숨결을 빨아들이는 것 같은 서늘함을 느꼈다.

잠시 바위에 기대어 서남쪽을 바라보니, 만첩리에 운무가 森嚴渺渺하며 端倪할 수 없는 것은 북동쪽과 비슷하여 그저 一嘆三嘆 다시 聲咳를 發할 수 없고 平北 지역의 雄麗 堅固한 山河는 바야흐로 한눈에 바라보인다.

이 外輪山의 윗전[上緣]으로 된 火口의 주위 二日里, 三十二町, 그의 동서 十八町, 南北은 三十五町(三十六町이

一日里), 면적은 七百八十町步요, 水面의 高位는 二, 二五七미터로서 이 절정까지 四百八十七미터(一, 六〇七尺一寸)의 斷崖로 된 것이다.

여기서 俯瞰하니 天地의 全景이 一眸에 드는데, 天王峰의 望天吼가 가장 雄偉한 體勢로 되어 역시 암흑색인 黑曜石의 斷落面으로 형성된 아가리가 無限肅殺의 기상을 자랑하고, 이것이 멀리 서남쪽으로 향하여 벌리고 있으니, 古來의 術士들은 동북의 모든 민족이 서남쪽으로 향하여 中國에 入住한 者가 왕왕 있던 것에 신비스러운 因果를 부쳤으며 天王峰 獅子岩의 명칭이 그들 사이에 流傳되었다고 한다.

兵使峰에서 엇비슷이 서북쪽으로 樺田縣方에 막아선 것은 「한봉」이요, 거의 정면 天池의 正北으로 벌거벗은 형상에 금방이라도 바위들이 굴러떨어질 것만 같은 峰이 遮日峰이며, 동북으로 끊어져서 天池의 물이 북으로 달려 넘쳐흐르고 있는 곳은 闥門, 그 동쪽에 제법 웅장하고 앞을 가로막을 듯한 바위 산은, 天王峰에서 바로 뻗어 돌아온 佛流峰(赤碧山)이다. 그런데 兵使峰의 불쑥 나온 비탈이 못 가운데 들어, 이것을 중심으로 감돈 수면은 구부정한 外輪山과 함께 天池의 전체에서 일종의 山太極 水太極 形局을 나타내어 兵使峰이 아니면 이 全景을 볼 수 없고 北岸에서는 이와 다를 것이다.

闥門을 넘는 물이 松花江의 眞源으로 되니 松花江의 「숭가리우라」는 天河를 뜻함이요, 松花江의 谷地는 檀君 夫餘 累千年에 朝鮮先民 生育의 근거지이니, 天山·天池·天坪·天河로 大白頭 水原의 正脈을 내려받은 것임을 알 수 있겠고, 동과 서의 雄堅固密한 石峰이 鐵城無隙 金甌無缺한 상태이어서 다른 곳으로는 한 방울의 물도 새어나갈 틈이 없었으니 東流爲 豆滿江, 西流爲 鴨綠江의 옛 문헌은 여기서 파양된 것이다.

다만 天池의 水面이 無頭峰의 露營地보다 二百六, 七十척 가량 높이 보이고, 無頭峰 아래서 시작되는 두만강

줄기는 그 潛流水가 岩穴로부터 솟아남이 매우 급격하니、天池와 一脈이 서로 통합인지 단정하기는 어려웠다。이 天池는 별칭이 많아 이 지방 사람들은 天上水 또는 大澤漄라 부르고、中國 사람들은 龍王潭、만주 말로는 闥門池라 하였으니、모두가 다르게 부른 이름들이다。

만천년 묵은 옛날 불이 솟고 뛰놀던 大莊嚴 그대로의 이 火山이 저절로 멈추고 火口가 어느덧 湖水로 변하여、神異靈祥한 기품이 古今 사람들에게 虔肅敬仰의 聖域으로 되었던고? 古震人 이래 조선 先民과는 本末形影 뗄 수 없는 機緣이 되어 민족 발전의 지리적 機軸이며 歷史生長의 聖跡的인 淵叢이 되었던 것이니、科學의 無慈悲가 神話와 傳說과 想華의 전당에 뛰어들고、개축 시대의 인간들이 天藏地秘한 超俗의 境域을 마구 밟게 될지라도 이 有史無史 萬千秋에 깊이깊이 묻힌 瞻慕·愛戀·敬仰·執着의 信念은 언제라도 거부할 수 없을 것이다。그리하여 「神市下降弘益人間」하는 正經的인 모든 사실로부터 「乘麟朝天五龍御車」하는 傍系的인 모든 전설도 太半은 이 一境을 무대로 하여 생장 분파된 바일 것이다。

이제 千百里 幽僻한 땅 위에 신비장엄한 山水의 眞境이 極樂淨土도 別界가 아닌 듯 靈遠 無限한 감정을 일으키니、東北神明之宅 三神山不老의 靈境이 널리 中外古今의 사람들에게 想望崇奉된 由來는 구태여 논할 바가 아니다。아아、宇宙千年 山河萬里 無量劫會 無邊衆生、왔느니 갔느니 기쁘거니 슬프거니……。

浮石의 가루 와삭와삭、天池의 물결 출렁출렁、造化의 天然한 자취 뉘 주제넘게 干涉할 수 있으랴。두어라、가야 할 人生이니、내 또 내려가리라。

隊員들의 만세소리는 높았다。

日本軍人들은 兵使峰의 절정에다 돌을 쌓아놓고 자기들의 國旗를 꽂는 등、마치 그들의 세계나 만난 듯이 어찌할 줄을 모른다。

아까는 大自然의 통철한 영상에 虔肅한 침묵이 있었고、이제는 다만 憮然한 침묵이 흐른다。

依然洞豁하여진 나의 흉금은 마치 鏡水 無風의 心境을 把持하여 갑작스레 흐려지지 않았으나、어즈버 索然한 생각도 없지 않노라。

同伴 四、五人이 悄悄히 기념촬영을 하고、그 길로 鞍部에 내려와 바위 사이에 자리잡아 놓은 휴식소에 누웠다。누워서 창공을 보는 것은 영령한 心琴이 저절로 울려오기 때문일까。

점심밥을 먹은 同伴은 闥門瀑布에 松花江源을 탐사하려고 갈 것인데、가고 오는 데 약 四十里 길인 미지의 험로라 자신 있는 사람만이 참가하라는 권유다。

惠山鎭으로 가는 軍人들이 앞서기로 했으나、나는 차라리 天池의 湖畔을 택하여 한나절을 보내기로 작정했다。同伴 七人 중 가장 健脚인 黃·澳 兩氏를 제하고 다섯 사람은 모두 떨어졌다。남들은 闥門을 향해 떠났는데、우리는 湖畔으로 내려갔다。闥門으로 가는 도중에는 溫泉이 있다고 하므로、溫泉水를 좀 떠오도록 月坡께 부탁하였다。

望天吼와 兵使峰의 중간을 타고 급각도로 된 火口의 內輪으로 서서히 내려갔다. 浮石의 잔돌이 밟혀서 내리는 바람에 걸려 있던 돌들이 굴러떨어져 대단히 위험했다. 한 시간 이상 걸려서 火口 밑에 다다랐다.

黃花石楠이 죽 덮인 灌木帶와 白蘚科 및 草木이 어울린 곳을 지나 매우 완경사로 된 湖床에 미쳤다. 白體備한 浮石 벌이 포근포근 발밑에 밟혀 어뜻 心境은 淨土를 밟는 스스로가 聖者 같은 생각이 든다. 虔肅한 情을 가다듬어 물가에 앉아 두어 잔 물을 마신 후 세수를 하였다. 그다지 차갑지 않고 얼마간 硫黃臭味를 함유하고 있었다.

湖心은 밑도 없이 깊어 보이는데, 湖畔의 얕은 부분에는 실물결이 깨알 같은 浮石의 알모래를 움직이어 火口湖의 언저리에 다시 波輪狀의 모래띠를 둘렀고, 자세히 보니 거기도 흑요석의 작은 덩어리와 浮石들과 그것들이 높은 열에 닳아서 된 듯한 붉은 돌과 流紋石 속에 섞무늬가 놓인 橄欖石과 石灰石·石綿 등이 오랜 연륜을 헤아린 돌들이 크고 작은 모양으로 물바닥에 깔리어 아름답기가 도저히 下界에서는 볼 수 없는 바이요, 天池란 이름 붙이기에 조금도 손색이 없다는 것을 새삼스럽게 느꼈다. 나는 몽롱한 가운데 참으로 天上에 올라 몸소 牛女淵에나 건너는 듯한 황홀한 심경이었다.

얼마나 시간이 흘렀는지 闥門을 향해 떠났던 대원들이 개미처럼 보일 듯 말 듯 闥門의 곁을 돌아가는 것을 보고, 왠지 스스로 호젓한 생각이 들어 잠깐 손발을 씻고 물속에 잠겨 있는 기이하게 생긴 돌을 하나 집어가지고 돌아왔다.

스스로 무엇인가 억제할 수 없는 이상야릇한 심경에 멍하니 하늘을 바라보다가 그 파아란 수면으로 눈길을 돌렸다. 잔물결이 잘실잘실 햇빛에 반사되어 눈부시게 반짝이고, 저편 호숫가에는 이미 산 그림자가 조용히 걸쳐

지고 있었다。물을 떠다가 조금 남은 밥을 마저 먹고、볼수록 신비롭기만 한 湖心을 살펴보았다。

이곳에는 藻類는 본래 없고、魚介도 전혀 없는 듯한데、다만 조그만 甲蟲類가 물가에서 약간 살고 있는 것 같았다。硫黃質이 많은 火口湖이므로 생물의 서식은 어려울 것이다。

고개를 들어 다시 사방을 살펴보는데、어디서 날아왔는지 한 쌍의 후리새[岩燕]가 수면 위를 휘돌다가 멀리 闥門쪽으로 날아가버린다。여기서 보이는 天池는 한량없이 아름답다。

紫氣를 띤 火口의 사면 벽은 紫微天城에 周護되어 있는 듯 快晴한 風氣가 그지없이 靜穩하고、호수가의 창연한 草本帶는 一律平靜의 빛을 보내주며、紺碧하게 靈祥의 빛을 띤 수면이 햇빛에 더욱 반사되어 仙韻을 나부끼는 듯 율동하는 물결이 無限柔和한 情感을 가져오니、마치 淨水觀音菩薩의 幽閒慈悲한 聖像을 대하는 듯 白頭山으로서 白衣觀音의 接駐地라고 하던 佛敎化한 신앙적 정서가 胚胎成育된 根底를 이해하겠고、火口湖와 그 外輪山으로써 형성된 白頭의 美가 往往 凜凜한 威容에 눌리고、또한 오랜 세월과 함께 凡界에서는 감히 생각할 수도 없는 우아하고 인자하며 貞靜純雅한 母性的인 聖母美를 더듬어볼 수도 있는 것이다。

白頭山은 그 가장 오랜 語意에서 聖母山으로 되어 있는 터이거니와、그 景像마저 갸륵한 聖母美의 具現者이다。그윽한 심경을 표할 길이 없어 一章淸心經을 몇 번이나 외운 끝에、卞樹州씨와 함께 山水의 아름다움을 얘기하고、鏡城高普 朴最吉씨와 岩石에 대한 얘기도 나누며 한나절의 즐거움 속에서 浮石벌을 자리삼아 한잠씩 자기로 하였다。

登山枕을 베고 자켓을 걸치고 누웠으니 慈日海風이 몸을 쬐어 그 따뜻함이 그대로 無限慈愛한 聖母의 품에 안긴 양 頑强하여진 이즈음의 가슴에도 형상키 어려운 敬虔瞻慕의 情이 흐르고 있다。한잠을 달게 자고 나니、해는 이미 기울고 있는데 氣溫은 상당히 내려서 털내의를 껴입었다。

「한봉」의 그림자가 湖心에 완전히 잠기어 蒼蒼한 기색이 점점 짙어갈 때、頂上에 있는 나무와 숯을 운반하여 오늘 저녁 준비를 하고 있는데、해가 저문 뒤에야 闥門을 향해 떠났던 탐험대는 아무런 사고 없이 돌아왔다。넉넉지 못한 나무로써 저녁밥을 지어 먹고 明日分까지 준비를 하는데、天池의 밤이 즐거워서인지 저마다 흥분하며 수선들을 피운다。

마침 호반에 황혼이 물들어 몇몇이서 기념촬영을 하고 오늘 밤은 露營도 치지를 않고 천막을 한쪽씩 덮고서 浮石 벌에 그대로 누워 자기로 했다。登山者들이 올 때마다 건듯하면 탈이 난다는 大白頭의 天池에도 오늘만은 쾌청한 날씨에 湖面도 지극히 잔잔하여、三神의 加護가 지극한 恩愛로써 보우해 주심이라 믿고 아무런 불안함도 없었다。

이윽고 中天에 걸렸던 五夜의 달이 뉘엿뉘엿 한봉으로 넘어가고、太白星의 영롱한 光彩가 波心에 잠기어 銀蛇처럼 춤을 추는데、누워서 보니、天冠星座의 폭 넓은 별들이 조금씩 西北쪽으로 기울었고、精彩나는「天上의 白鳥」가 동녘에서 銀河를 건너는데、北斗七星은 遮日峰을 간신히 떠나 도는 자루[柄]가 兵使峰의 西弦을 가리키고 안드로메다의 휘우듬한 王女는 天王峰 등성이에 허리를 늘이고 때때로 流星의 光芒을 놓아、어둠의 水面에 총총히 비친 별들은 고요한 天池로 하여금 一座 宿海를 이루고 있었다。湖畔에 내려와서 天池의 아름다움을 마음껏 보는 것은 一代의 仙緣이 아닐 수 없는 일이다。

兵使峰 위에서 通徹無碍한 大展望을 보지 아니하면、大白頭의 장엄한 美를 볼 수 없고 天池湖畔의 신비스럽고 靈爽한 韻律 속에 노닐지 않고서는 아늑한 聖白頭의 慈愛美를 볼 수 없을 것이다。自然美의 극치도 결국은 人格

化한 靈感을 얻음으로써만 비로소 妙味眞境을 남김없이 맛볼 수 있는 것이다。

天池에는 慈愛味가 있고 또 崇嚴美를 풍기니、風雨가 外輪山을 흔들고 雲霧가 湖口의 一面에 잠겨서 소용돌이치는 瑞震 祥霧가 잠깐씩 거치는 틈으로 신비로운 수면이 바라보이는 것은 崇嚴美를 느낄 수 있고、때로는 紫電碧雷가 湖中에서 뛰놀 때에는 崇嚴美를 더욱 절감케 될 것이다。

우리 이제 慈愛美를 飽看하고 그 聖女美의 아늑한 품에서 一日의 仙緣을 누린 것은 기뻐할 일이다。다만 그 崇嚴美를 못 보게 된 것이 또한 恨이라면 恨이다。

火口의 꼭대기는 斷崖가 수십 장이나 삐죽삐죽 솟아서 이따금 崩壞되는 토석이 불시에 湖畔까지 떨어지니、祥霧의 아득한 속에서 가끔 遠雷의 소리를 듣는다는 것은 이러한 까닭이며、水面의 위치에서 無頭峰 위에까지는 약 二十里의 두꺼운 直徑이니 이러한 千尋의 물이 괴어서 碧潭을 이룬 것은 당연한 일이다。無頭峰과 絕頂 사이 三十여 里에는 비가 오는 때가 아니면 물이 없고、앞서 얘기한 土門江源에도 十五里 사이에는 溪谷에 물줄기가 머무르지 아니하니、앙상한 浮石의 켜가 현무암의 암층을 뒤덮어、물은 모두 地下로 흐르며 멀리 溪谷에서 물이 솟아 江源을 이루고、깊이는 火口로 모여서 이 泓渟渺茫한 天池가 된 것이다。

火山의 활동은 언제 끊어졌는지 아직도 그 年代가 확실히 파악되지는 않았으나、大臙脂峰 비탈에는 여러 자[尺] 浮石層의 바닥에서 지금도 왕왕 古時代의 巨木 등걸들이 퉁겨져서 거의 化石이 된 古怪한 꼴이 대략 二千年을 추산하니 無盡한 劫火가 變幻되던 이 山의 꿈은 생각만 해도 아득할 뿐이다。

白頭山에 溫泉이 있다 함은 옛 문헌에도 실려 있어 丁茶山이 《疆域考》에 적어놓은 바 있거니와、이 지방 사람들의 말에 의하면 閭門으로 가는 곳에 湖畔의 溫泉은 부근의 암석이 오히려 더우므로 사냥꾼들이 溫突처럼 여겨 야간에 유숙소로만 삼는다고 한다。

이번에 闥門을 다녀온 탐험대원들이 湖面에 連한 溫泉을 발견하였으나、水溫이 섭씨 三十二度에서 三十八度이며、純然한 硫黃溫泉으로 된 것임을 확인했으니、天池가 일반적으로 硫黃 썩은 냄새가 나는 것은 이러한 때문이며、千尋의 깊은 물이 식어서 얼음같이 차가우니 湖中에 生物이 없다는 것은 推斷할 만하다。달이 넘어가버린 깊은 밤、龍王이 가만히 일어나 湖心에서 읊조리는가 미심한 느낌도 없지 않았으나、그지없는 평화의 밤은 그대로 깊어가고만 있었다。

闥門의 落口는 폭이 二十間쯤 된다고 한다。望天吼의 밑바닥 露營地에서는 十里 길이며、一町쯤 내려가면 차차 좁혀들어 폭이 수간쯤 되고 斷崖의 밑을 迂廻奔放하여 急湍을 이루기 수三町에 三間 七百척의 飛瀑으로 쏟아가니 飛龍瀑이라 명명된 것이며、그 對岸에도 八百척의 가느다란 폭포가 있어 같이 합류하며 여기서 다시 奔流로 되어 수町을 내닫던 물이 浮石層의 河床에 스며들어 潛流로 되는바、폭포의 四邊에는 남쪽이 三百척 북쪽이 千여 척의 흑색 석회질의 절벽이 솟아 거기에도 일종의 土門을 이루었고、遠雷와 같이 소리치며 떨어지는 폭포의 雄姿는 실로 동방 제일의 偉觀이라 한다。그 아래는 松花江의 계곡으로서 멀리 黑龍江에 잇닿아 있는 것이다。

闥門의 落口 가까운 곳에 순전히 木材로 된 道敎 趣味의 寺院이 있으니 宗德寺이다。南과 西의 正面에는 모두 「白頭山」 扁額이 걸려 있고、東은 「昊天金闕上帝殿」과 따로이 「大元堂」의 扁額이 있으며、北에는 「白頭大澤水宗德寺」의 扁額이 있고、內堂의 南面에는 「玉皇上帝天佛位」의 편액이 있어 內堂으로부터 八間、十六間、三十二間으로 二배씩 遞增한 三重八角殿으로 지은 건물인데、廢寺가 되어 인적이 없다 한다。鄕土 사람들에 의하면 조선 사람 太極敎徒들이 한국 말년에 이곳에 와서 寺院을 창건하고 修道隱遁의 생활을 하던 곳이라 하며, 건축 연월은 丙午 六月 六日이고, 施主 金道岩·南化宮·都木手·書念珠 등 記錄은 조선 사람의 것임이 분명한 것이다.

이 寺院의 主山인 沸流峰의 東北岸은 高山性의 各種 躑躅과 黃花石楠과 들쭉과 시누버들 기타 많은 草花가 있어 情趣가 매우 淸雅하고 闥門을 통하여 天池畔에 왕래함이 얼마큼 편리하니, 遯世者流가 이곳을 가리어 安住의 땅을 구하였다가 馬賊들에 의하여 폐기된 듯하다.

情趣 깊은 담화중에 자신도 모르게 꿈나라를 헤매고 있는 듯하다.

外輪山이 높이 두르고 이 밤에 큰 바람이 없으므로, 無頭峰의 露營에 비하여 오히려 기온이 높다.

天池의 꿈, 悠悠蕩蕩한 萬古夢——天池가에서

宇宙의 開創은 그지없이 오래여서 인류가 있어온 지도 아득한 옛날이다. 白頭의 峰은 높은데 天池의 꿈은 어렴풋하다.

西伯利亞의 벌판에 맘모스가 울고, 翰海의 진펄에 恐龍이 살고, 고비沙漠은 아직 內海이었다. 발바다의 긴 굽이가 長嶺의 밑바닥을 감돌며, 遼河의 上流까지 渤海水가 通한 것은 古今까지의 일이다. 그리고 黃河·白河의 北中國을 흐르는 大河는 山東 섬을 끼고 渤海로 흘러내렸다.

본래 山東半島는 有史 以前 東夷系 生活圈內에 속한 큰 섬이었으나, 黃河·白河의 큰 강물이 上流로부터 沖積土를 몰아와 육지로 연결된 반도로 변한 것이다. 이러한 일들은 생각만 해도 아득한 옛날이다.

그러나 이러한 현상도 무한한 세월 앞에서는 모든 점에서 無常을 자경하는 變轉이요 幻滅이며, 얼어가는 꿈이었다. 翰海의 東方 曠野와 谷地와 山岳帶를 지나 가장 큰 山嶽에 또 으뜸가는 高峰에서는 쉴새 없이 분발치는 地心의 高熱이 萬丈의 刦火로써 지극히 莊嚴한 光景을 이루어 놓았다.

이 언저리에 살고 있는 原始人들은, 그이·저이·늙은이·어린이 할 것 없이, 이 自然界의 엄청난 現象에 아연하였을 것이 아닌가.

오, 불이여, 거룩하시니이다. 환인(桓因) 靈光이외다.

오, 밝은 뫼여. 萬有의 標幟이니이다.

그러한 몽롱하고 粗率한 信仰의 느낌을 뫼었었다.

白山과 不咸山의 意識은 그들에게 光明인 大神으로서 桓因과 함께 至高한 信仰의 感激으로부터 胚胎되었던 것이다. 그들은 오직 女性의 「배」 속에서 그 「배아지」 속에서 성상하게 胎門을 열고 사람의 씨가 나오는 것을 볼 때에 女性만이 퍽은 거룩하고 가장 존귀한 創造者인 것을 믿었다. 生殖의 문을 「씨」의 「입」으로 命名하여 존경하고 숭배를 하였다. 自然界에 있어서 生殖의 神으로서 간소한 형식의 창조신을 믿는 그들은 사람에 있어서 女性을 중심으로 그들의 존경 대상으로 섬기었다. 母性을 「엄어이」이라고 하였으니 엄은 「암」컷이요, 암은 오목한 生殖器의 形容詞에서 기인한 이름이다.

「엄어이」 중에도 一族의 어른으로 되시는 이 있으니, 「아지엄어이」이요, 「아지」는 天命을 받드는 이라는 의미로 「子」이니 「天子」의 「子」에 비할 것이며, 그 德에 「仁」을 의미하니 「아지」는 「아지」와 통하고 仁은 즉 聖을 이름이라, 「아지엄어이」(叔母)가 原始的인 부락의 女系가 중심이 된 血族社會의 首長으로 되니, 그는 즉 聖母이

셨다。 이 時代는 극히 묵고 묵은 初創한 時代이니 즉 聖母時代인 것이다。

나를 미루어 남을 헤아리고、 사람의 세상을 本으로 삼아 저세상의 일도 어림을 하니、 그들은 하늘 위에도 優美慈愛한 女性인 「아지엄어이」가 있어 온 天地를 다스리는 것으로 믿고 신앙을 하였다。 이세상에서 저세상 일을 가장 잘 알고、 또 그 經綸을 대행하는 이는 聖母인 「아지엄어이」(아지매)로 알았으니、 地上에 聖母가 있어서 天上에 있는 聖母의 뜻을 받아내리는 「聖地」가 있어야만 하게 되었다。

聖地는 「어지따」이니 「어지따」는 반드시 山岳과 기타 高地帶로 世俗을 벗어난 高原靜僻한 고장이어야만 하였으므로、 「아지따」는 高山峯를 중심으로 되었었고、 白頭山은 그 太上的인 「아지따」이었던 것이다。 그들에게는 高山이 즉 따ㅡ地方이요、 地方ㅡ따가 즉 高山帶이었었다。 「아지따」는 또 「아씨따」이니 「아씨」는 지금도 女性에 대한 敬稱으로 남아 있는 것이다。

阿斯達이 조선 민족 발상의 가장 오래된 산악이었으니、 그는 즉 「아씨따」이요、 또 「아지따」이라、 아지따는 「아지엄어이따」의 약칭도 되니、 阿斯達은 聖山이요 仁山이고 聖女山이며 또 聖母山이라、 人間에게서 子女兒孫을 낳으시니 갸륵한 母性이요、 天界에 대하여는 交通과 陟降으로 神意를 잘 敷化하는 生生化育의 表象으로서의 聖母이라、 聖母가 없이 血族社會를 부지하며 다스릴 수가 없고、 가장 소중한 神과의 교통도 이루어질 수 없는 일이었다。

東方 各地 阿斯達이 하나 둘만은 아니었으나、 大白頭의 阿斯達은 가장 太上的이었으므로 聖母山 중에서도 聖母山이었고 神域 중에서도 神域이었다。 「有檀君王儉 立都阿斯達」이라 하니、 阿斯達은 檀君時代보다 앞서 있음이요、 聖母는 즉 그 時代의 주인이었다。 阿斯達인 聖母山은 어렴풋한 鴻荒의 때를 받아 아득한 有史時代의 바로

전까지 東方 人民의 생활과 신앙의 중심지가 되었던 것이다.

불꽃만이 그 장엄한 열광을 내어뿜던 이 산이 火口에 호수가 생겨 신비한 紺碧의 물이 고이는 동안, 크고 아득한 꿈은 그 처음과 다음을 벌써 지난 것이었다.

백두산에 天王峰이 있으니 全時期를 통해서 대표적 명칭으로 추앙을 받아왔다. 동으로 大覺峰은 「대갈」봉의 어음을 남기었고, 白頭正幹의 第一峰은 臙脂峰이니 聖母山으로서 阿斯達의 遺韻이 분명하다. 天王峰과 聖母峰은 좋은 대조일 것이다.

오랫동안 活火山으로 山形에 변화를 가져온 백두산은 그 이전에 臙脂峰으로 上上峰을 삼던 時代도 있었을 것이다. 聖母山은 백두산에만 한하지 않고 九月山의 阿斯達도 중요한 聖母山이요, 京城의 白岳도 一阿斯達이며, 大同江의 옛 이름이 阿斯津이니 平壤도 하나의 聖母原이요, 哈爾賓 부근 松花江의 支流에도 阿什河가 있다.

그리고 智異山에 聖母天王이 있고, 迎日郡에는 新羅 南解王의 母后인 雲梯山 聖母가 있으니, 雲梯는 「어지」이다. 赫居世王의 母后도 仙桃聖母이니, 太古 聖母時代의 遺韻과 傳說을 보임이다. 新羅 「脫解王記」에 阿珍浦가 있으니 「아지개」도 聖母浦이며, 同文에 「時 浦邊一嫗 名阿珍義先 乃赫居王之海尺之母」라고 하였으니, 阿珍義先은 「아지오머」의 吏讀式 漢譯이다. 「新羅本記 婆娑王 二十三年」에 音汁伐國의 記事가 있으니, 音汁伐은 「으지벌」로 阿斯原의 別譯이요, 聖母原을 의미하는 것이다.

聖母時代는 女系 中心인 最高原始社會의 原史的 時期가 되는 것이다. 동물이 새끼를 낳고 식물도 이삭을 나토며 새가 알을 까고 「엄이」는 아이를 낳으니, 이러한 모든 生成作用이 가장 신성하고 존중한 일이었다. 그들은 차차 백두의 고원지대를 떠나 평야지대에서 발전을 하게 되었으니, 성모산인 백두에 대한 追慕敬仰의 念은 예나 지금이나 조금도 변함이 없는 것이다.

그들은 백두산이 즉 生生化育한 聖山으로 「배음」山인 것을 의식하게 되었으니, 不咸山은 즉 「배음」의 孕山이며, 그 山彙一帶를 孕地라고 하여 原生地로 命名하니 「배어쟈」 혹은 「배달」의 地名이 起原된 것이다. 原生地를 의미하는 「배어쟈」는 보통의 지방과 구별하는 상대적 명칭이니, 近世國家가 시골에 대한 「서울」을 구별한 것처럼 그는 일반 부락 및 촌락과 구별하는 上都帝城을 의미함이었다.

이미 「배어쟈」가 있으니 거기에는 반드시 君長이 있어야 할 것이라 「왕ᄀᆞᆷ」이 있어서 兵敎混合의 政治에 首長으로 되니 그는 즉 「배어쟈 왕ᄀᆞᆷ」이다. 檀君王儉은 그의 漢譯이며, 그의 뜻을 풀어보면 原生地君長으로 上都에 계신 帝王임을 뜻함이었다. 자세히 풀어보면 「ᄀᆞᆷ」은 神이며 또 君이니, 檀儉神人은 그를 이름하는 말이다.

하늘엔 별이 총총하고 땅 위엔 온갖 꽃들이 많으니 氣象이 깨끗한 고원지대에서 새삼스럽게 天上을 우러러보니, 찬란히 흐르는 별빛의 황홀함에는 스스로 仙境에 이른 것 같은 심경이다. 거기에 은근히 나를 유혹하는 이름 모를 꽃들이 향취를 바람에 날리어 그야말로 淸淨靈異한 感激에 어리게 함은 저 먼 옛날 조상들의 淸高한 生活들을 짐작하고도 남음이 있을 것만 같은 벅찬 심경이다.

칼을 들고 활을 둘러멘 사나이 사냥을 마치고 돌아오는데, 그리워하는 계집이 꽃을 꺾어 옷고름에 꽂아주고 달밤에 춤을 추며, 氷人이 佳緣을 얽어줄 때 無心한 아이는 들쭉가지를 꺾어들고 碧玉의 열매를 점점이 먹고 있으니 平和의 歡樂은 天坪의 곳곳에 벌어지고, 天池의 언저리에는 往往이 貞烈을 다짐하는 善男善女의 순례자가 瞻拜하는 것이었다.

춤을 추고 노래하고 뛰고 달리고 弓矢槍劍을 시새워 부리는 것은, 神을 섬기고 勇을 단련하는 대회이며, 榮枯

와 優劣을 판가름하는 것이다。 이러한 큰 잔치 작은 잔치가 時節을 찾아 거행되니 「무틀」峰 「구슨」벌은 그 大會의 聖場이었던가?

백두의 상봉을 쳐다보고 천리 天坪을 툭 트이게 내려다보는 側近한 땅에 그들의 飛躍과 歡喜는 가장 웅대하였으리라。「무트리」峰이 「마주드리」(祭)라는 말과 비슷한 것은 매우 관심이 깊다。

위로 天象을 살펴보니 쉴새 없이 돌고 있는 螺旋形의 星霧體는 宇宙成立의 起原이라 太極이 神秘를 감춘 靈異한 符號로 알았고、찬란한 별들은 脈動하고 周匝함이 무엇인지 人生의 運命을 암시하고 또 지배하고 있는 줄 여기고 있는지라、「배열」(星)의 名詞는 「孕靈」의 語意로서 그들을 崇敬하여 「靈星社稷」을 祭하는 民俗은 아득한 옛날부터 기원되었으리라。 太極은 中國의 專有物이 아니니、北米의 인디언도 太極을 사용하여 宇宙의 根本이라고 믿는다。 伏羲(배어)氏는 東夷系의 偉人으로 八卦를 그어 太極과의 관계가 깊었다。

조선에 「배어사」가 하나뿐이 아니어서 民物의 繁衍함을 따라 多衆한 白·白岳·百牙·負兒·平壤·夫餘·沸流·浿 等 「배어」 語彙의 境域을 가졌으니、太上的인 「배어따」는 太白山(山은 古語로 達 즉 싸)이요、檀君王儉은 「한 배달의 왕검」(太白山君)이라 그의 솟아나는 물이 남북에서 浿江天河를 이루고 天坪의 나무와 꽃이 그지없는 봄과 가을을 보내고 맞이하는 동안 天池의 꿈은 새롭게 情趣 깊은 장면으로 바뀐 것이다。

阿斯達로 太白山에、聖母로 檀君王儉에、時代의 막은 또 한번 고쳐내린 것이었다。

平壤(페아—배들)과 白岳을 구별하나、역사상 그 의위치가 가각 다를 뿐이지 語音上으로는 白岳(배아)이 즉 平壤의 異譯이요、百牙崗은 白岳의 다른 이름이며、백악산 阿斯達이 檀君移都의 땅이지만 백악 아사는 동일한 땅으로 옛날과 지금의 다른 이름이며、白山 浿水가 古來로 地名上의 定例이나 浿(배)河가 一夫餘(배어)水요、平壤山

도 一白山이며, 貧兒岳이 夫餘山이 될 수 있고, 白城이 平壤城을 異譯할 수 있으며, 沸流水는 天婁河이므로, 또 浿河는 白江의 別稱이 될 수도 있는 것이며, 太白山은 大平壤의 뜻을 이루고 大平壤은 또 大夫餘로서 通用되었을 것이다.

檀君의 존칭은 「텅걸」 혹은 「단굴」이니 天王이란 뜻이요, 地方의 君長인 「서굼」에 相對하여 上都의 大君인 「왕굼」이 그 帝王의 尊嚴을 가지니, 王儉은 그의 寫音이며 檀君王儉은 「텅걸」인 「왕검」으로도 통하고 「배달」 혹은 「밝사왕굼」의 뜻으로는 檀君이 또 그 意譯이 되는 것이다. 요컨대 檀君은 최초의 聖母時代를 대신하여 聖母社會인 아사달에서 그 혁명적인 새로운 제도로써 男系 中心의 君長으로 출현한 聖祖이다.

三國遺事　檀君王儉 立都阿斯達

仙史的 意味로는 大佰神人이요,

古記　有神人 降于太白山檀木下

妙淸八聖　護國白頭嶽 大佰仙人

歷史 地理上의 명칭과 배합하면 平壤王에 해당하고,

三國遺事　五十年庚寅 都平壤城

三國史記　平壤者 仙人王儉之宅也

그의 仙史的 關係로는 駒麗 平壤仙人에서도 그 遺韻을 彷彿케 하며,

妙淸八聖의 第四位。國名으로 史上에 현저한 者로는 大夫餘王에 해당하며,

三國遺事　北夫餘・東夫餘・高句麗의 解慕漱・解夫婁・解夫蒙은 모두 天帝子이며, 또 檀君의 繼承者로 되었다。

漢人으로서 樂浪에 왕래하며 朝鮮的인 文化에 감화된 자에게는 太平山君으로 崇敬되던 바이며,
粘蟬縣神祠碑(龍岡) 太平山君을 崇敬한 기록이 있다。

歷史 社會學的 見地로는 原生地 君長으로 孕地의 首長이란 意義를 가지게 되는 것이다。 社會學上 上代의 人民들은 그의 일정한 생활 근거지를 자기들의 원생지라고 믿고 또 그렇게 命名을 하여 왔던 것이다。

그때까지의 蒐集經濟와 狩獵經濟와 牧畜經濟時代를 뒤이어 그들은 밭을 일구어 보리와 벼농사로 살게 되었으며, 「바디」를 만들어 옷감을 짜서 입게 되었으며, 「바치」로 工作에 힘써서 제작 건축이 크게 진보되었고, 「불」(城)을 쌓아서 邑落을 방비하고, 「부루」(神)를 위하여 生生孳殖의 道를 崇尙하고 桓과 뜻이 同一한 「밝」인 大神을 崇敬하니, 그는 즉 光明인 宇宙의 主神으로 信仰함인 것이다。

이와 같이 農工業의 發明 및 그 규모는 동방 민족들 가운데서 가장 진보한 國家의 體系를 맨 먼저 건설하게 되었고, 太伯山에 하강하신 天王과 天帝의 桓因을 崇奉하는 政敎 合致된 統治를 하게 되었던 것이다。

일찍부터 法術專管하는 「지웅」(僧侶·魔術師) 계급이 있어서 그 지배의 權과 魔術의 힘으로 멀리 漢民族과 神話的인 大爭鬪의 역사를 남긴 者도 있었으니, 蚩尤(지웅?)氏도 그 하나이었고, 「배어실아치」(公卿)로서 近侍하는 階級(「배어실」의 「실」은 古語에 城이란 뜻이다), 「구실아치」(官吏)로서 祭政(굿)과 그 需用品을 맡는 階級, 「배어치」(바치, 工)로서 工作을 맡는 生産階級 등이 있어, 文運이 진보하고 사회가 더욱 복잡 다양하게 되니, 民物의 移動과 國家의 建設은 바야흐로 왕성하고 활발하게 되었던지라, 天池의 물이 솟아넘어가는 天河(송가라우라)의 줄기를 따라 松花江의 谷地에 최초로 近代式 국가를 건설한 것이 北夫餘國이요, 玄菟·眞番·句麗·樂浪의 부치가 모두 鴨綠江의 동서에서 일어나고, 肅愼·沃沮로 기록된 자들은 豆滿江의 남북에서 시초를 잡은 바 있으니, 이

는 檀君王儉이 太白山에서 일어나 平壤으로 옮기시고 始祖가 되면서부터 歷代檀君이 물려 내려가면서의 일어난 일들이었다。

그러나 「덩걸」 帝室과 가장 인연이 깊은 兵政의 실권을 장악한 「기」(지、치)의 계급이 갑자기 일어나게 되어 뛰어나게 그 두각을 드러냄에 미쳐서는 「왕검」의 정권도 필경 이동하지 않을 수 없었고、敎王的인 神事의 職만이 그에게 保有되어 다만 사회적으로 존경의 지위만을 가지게 되니、이는 九月山을 중심한 末世 「단굴」의 형태였다。千坪千里 인적도 멀어져서 喬林 茂草가 순례자 자취를 파묻는 동안 天池의 어수선한 大一幕의 꿈은 끝난 것이었다。만일 또 古今千年에 恨尸가 滿洲의 벌을 휘덮고 冤血이 半島의 山河를 물들이어 天池가에 悲慟의 순례자로 슬픔이 어려 있는 것은 이것으로 다 헤아릴 수 없는 바이다。

白頭山文獻小抄

白頭山의 文獻은 대단히 책의 권수가 많고 다양하니、여기에 그 요점만을 추려서 讀者의 一考에 드리기로 한다。

海左地圖說 白頭山 首起西北 直下大荒 至此陟立 其高不知幾千萬仞 山嶺有池 如人顖穴 周可二三十里 水色黝黑不測 四月氷雪委積 望之漠漠 一銀海也 山形在遠 若覆白甕及登巓 四圍微凸中窪如仰甕口向上 外白內亦 四壁側立若糊丹埴 折其北數尺 水溢出爲瀑 即黑龍江源也 從岡脊而下三四里 始得鴨綠之源

右는 近代의 著作인 만큼 가장 완전한 백두산 지형의 서술이라고 할 수 있다。

山海經　大荒之中有山 名不咸 有肅愼氏之國。
後漢書 東沃沮傳　東沃沮 在蓋馬大山之東。
後魏書 勿吉傳　國南有徒太山 魏言太白 有虎豹熊狼 不害人 人不得上山溲汙 行經山者 皆以物盛去。
括地志　靺鞨國 古肅愼地 其國有白山 蓋長白山 金國之所起焉。
行程錄　東望大山 金人云此新羅山 其中產人蔘白附子。
葉隆禮遼志　長白山……蓋白衣觀音所居 其山內禽獸皆白 人不敢入 恐穢其間 以致蛇虺之害
金史　大定(世宗)十二年 封長白山神 爲興國靈應王 即其山北地 建廟宇 明昌(章宗)四年 復冊爲開天弘聖帝
盛京通志　長白山 即歌(阿)爾民商堅阿隣。

阿爾民(아르민)은 長이요、 商堅은 白으로 遼人의 일컫던 바이며、 外에 《大明一統志》、《大淸一統志》 등은 대체로 大同小異한 文獻을 남겼고、 淸 康熙朝에 「尊爲長之神」하고 大臣을 보내어 「奉旨望祭」하므로 「神聖發祥」한 「萬禩鴻基」를 빛게 된 것이다。 그 傍系的 文獻에는 모두 前記를 계승한 것이었다。

高麗史　「光宗十年 逐鴨江外女眞 於白頭山外居之」라고 하였으니、 白頭의 名稱은 여기서 처음 보인 것이라고 한다。

漢陽朝 英祖實鑑　丁亥 秋七月 左議政 韓翼謩言 白頭山 乃是我國之宗山 而北道 又爲國朝發祥之地……奉朝賀兪拓基曰 我國諸山 皆發脈於白頭山 而山之近傍 又是列聖發祥之地 云云 上從之 命咸鏡道臣 擇地於甲山府八十里 雲寵堡北 望德坪 建閣望祀於白頭山

高句麗 당시의 國土尊崇 國風尊崇의 기록은 爽實하여 찾을 수 없으나、 新羅 이래 疆域이 南隅에 치우침으로 인

하여 白頭山意識이 중단되었었고、近世에 와서 되살아나게 된 經緯를 짐작하겠다。肅宗朝 戡界한 후 白頭山圖本이 작성되어 御製「白頭山圖」詩가 있으니、「繪素觀猶壯 登山氣若何 雲霄誰爲遠 星斗定應摩 嶺有深水 流爲浩浩河 向時爭界處 從此自消磨 西爲鴨綠 東爲土門」의 定界碑文이 後來重疊하는 國境爭議를 일으킬 것은 당년에 꿈도 안 꾸던 바이었다。

北塞記略 白頭山考 大澤之水 即靈英元氣之所鍾 而水口北缺 注于鏡泊 四角大脈 皆爲彼有 山背小麓 綿綿而來 方爲我有 彼得其專 我得其偏 蓋自完顔氏以來 無不發跡 於黑水白山之間 迭主中土者 其以是歟。

檀君 夫餘 이래 朝鮮 先民의 생활근거가 天河인 松花江의 谷地에 있게 되던 消息을 말함이며、「四角大脈 皆爲彼有」라는 것은 國土擁護에 대한 潛在意識의 발로인 것이다。寮(完顔)氏 이래 白山 黑水의 사이에 일어난 民族이 中國에 迭主한 것을 堪輿家的 因果關係로 보려고 한 점이 흥미있고、또한 大山長谷에서 민족적 精力을 潛蓄하여 후일에 거대한 꿈을 갖게 한 것은 지형과 지리적으로 보아서 당연한 일이다。

北塞記略 白頭山考 「自長坡至分水嶺 地勢平夷 通謂之天坪 而天坪之上 已見高山大嶽 皆在膝下 自分水至絕頂 又直上八九里 其高也此 天坪之在我地者 無慮數百里 且豆江土門之北 鴨綠波瀦之西 混同左右之地 無非天坪 天坪無非白山 其廣也又如此 往往大池 散布於天坪即白山 白山即天坪」으로 그 高와 廣과 江河湖澤이 그 사이에 羅列映帶하여 東方民族 生長의 根盤을 이루기에 걸맞음을 諷示함이다。

雄大한 單調、靈祥한 平凡、一律空靜한 解脫境——虛項山에서

八月 一日 새벽 세시 天池가에서 靈異清祥한 하룻밤을 지낸 巡禮의 나그네는 깨어났다。하기는 잠이 깊이 들지 못하고 몽롱한 의식으로 싸늘한 大氣의 지속에서 지금까지 헤매었었다。

黎明이 밝아오는 이른 새벽 어스름이 걷히어가는 장막 속에서 天池의 空明瑩徹한 氣像은 그저 神秘로써 形容할 뿐인데、望天吼와 兵使峰의 시커먼 斷崖의 거대한 자태가 天池를 배경으로 그 위용을 자랑하고 있었다。

이제 이 靈峰을 떠나기에 앞서 마지막으로 天池의 물을 떠서 가벼운 세수를 마치고、병에 담긴 물로 차가운 밥을 두어 숟가락 먹었다。

어제 闥門으로 탐험갔던 일행이 돌아오면서 가지고 온 硫黃溫泉 물이 식어서 더욱 냄새가 났기 때문에 겨우 식사를 마치고、부지런히 행장을 수습하여 天池를 떠나 歸路에 올랐다。이 날의 배낭은 여간 무겁지 않은데、제각기 짊어지고 다시 天王峰 밑의 鞍部를 향하여 火口湖의 內壁을 기어오르기 시작했다。굴러내리는 돌 드틴 자갈을 밟으면서 서서히 안전한 코스를 찾아서 가는 길이라 몹시 진도가 느렸다。네시에 출발、다섯시 반이 훨씬 지나 여섯시 가까워서 돋기 시작했던 해가 이미 높이 솟고 있었다。

大白頭의 絕頂에서 大樹海의 바닷가 雲山의 위로 뜨는 아침해의 壯觀을 보고、太陽崇拜와 東明禮讚의 옛 韻意를 마음껏 맛보지 못한 것은 한스러운 일이며、天池를 떠나는 浩浩 또한 杳杳한 懷抱를 무엇으로 표현할 길이 없다。

휘파람 길게 불어
天長地久 함께 길어
前千古 가신 님네
다 깨어 힘 합하고
後千古 올 님들도
마음 마음 가다듬어
가는 길 막힌 덤불
확 쓸어 치사이다。
그 뒤에 잔시름 있어란
알 무어삼……

이때에 隊伍를 풀어 三、五~七、九명 되는 대로 下山하는데、定界碑를 다시 보고 鴨綠江源의 샘물을 떠서 몇 잔 마신 후에 同伴諸氏와 결합하여 담화를 나누면서 오전 열시에 다시 무틀봉에 다다랐다。

여기서 다시 끓는 국에 乾魚 반찬으로 점심을 잔뜩 먹고 豆滿江源을 작별하기에 앞서 석 잔 너 잔 물을 떠서 속 시원토록 마신 후、이곳에 남겨두었던 행장을 꾸려 이제부터 다시 馬上客이 되어 神武時를 향하였다。이날의 行程은 天池에서부터 계산하여 약 백여 리、오후 다섯시 지나 神武時에 도착하였는데、아직도 다리에 餘力이 있고 얼굴은 피로한 기색이 조금도 없었다。이것은 오직 수일 동안 쾌청한 날씨에 흡족한 등산을 계속한 데서 어느덧 병세가 다 나은 때문이다。

惠山隊와 함께 合營이므로 營舍가 풀벌에 널려 있고 火光이 숲 사이에 가득한데、酒興에 겨우노라 손뼉을 치며 노래하는 소리가 四面楚歌 聲聲動魂의 情感이 무르녹았다。

내일 아침에는 惠山隊의 諸幹部와 헤어지게 되어 자기 前에 간단히 작별인사를 나누었는데、 특별히 石川大尉가 와서 回謝를 하고 일찍 자리에 누웠다。 밤에 일어나 帳外에 나와서 주위를 둘러보니、 이미 사람들은 모두 지쳐서 잠들고 서늘한 날씨는 오직 秋空夜靜 四顧悄然한 感이 깊을 뿐이다。 절정을 지나 내려가는 길은 언제나 이러한 느낌이 들기 쉬운 것이긴 하겠지만、 왠지 오늘 따라 더욱더 감정이 깊어만 간다。

八月 二日 새벽 세시、 졸린 눈을 뜨고 계곡에 내려가 세수를 하고 출발준비를 서두르는데、 일행은 아직도 곤한 잠에서 깨어나지 않고 있었다。 얼마 후 同伴 七人이 모두 帳外에 나와서 이른 조반을 먹고 수통에 물을 가득 넣어 출발을 바쁘게 서둘렀다。 惠山隊는 승마를 허락치 않고 健脚者들로 强行하는바、 中途에 음료수가 귀하기 때문이었다。

다섯시 반에 출발인데、 惠山隊의 一員인 軍曹가 와서 事務를 斡旋하고 이윽고 茂山隊의 幹部諸氏와 일일이 석별의 인사를 나누고、 또 惠山隊의 책임자가 와서 注進하기 시작했다。

짐꾼 두 명으로 물품을 지게 하며 神武時를 뒤에 두고 曩者에 오던 길로 약 二十里를 나아가 「구슨」벌의 一境에 이르러서 惠山 길로 넘어섰다。 반 시간 뒤에 떠났던 茂山隊가 뒤를 따라와서 다시금 서로 만나니 오히려 戀戀한 故人의 情이 움직인다。 「구슨」벌과 間三峰의 부근에 다다르니、 몇 년 전에 큰 산불이 일어났던 모양인데、 白樺林이 다 타져서 수십리의 넓은 바닥에 아직 林相을 회복하지 못하고 있었다。 風媒花인 白樺의 씨로도 신속한 自然繁殖이 어려운 것 같다。

間三峰을 지나 丘陵이 아주 起伏한 지대에서 白頭와 胞胎의 連峰을 보며 잠시 동안 휴식을 하는데、 길가에 객사한 사람의 무덤이 있어서 보니 어느 누가 불쌍히 여겨 먼 가랫밥으로 덮어 놓았는데, 풍우에 씻기어 그것이 어찌나 가엾은지…… 나에게 술과 향초가 있다면 孤魂을 위로해 주련만. 아니 그보다도 고인의 고향을 알 수 있다면, 찾아가서 안부라도 물어보련만. 위로해 주지 못하고 떠나니 못내 서글픈 감정 억제하기 힘들었다.

여기서부터는 울창한 太古林이 많고 쓰러져 있는 나무가 많아서 보행하기에 몹시 힘이 드는데, 間三峰을 뒤로 하여 虛項嶺의 東北岸에 접어들었다. 이곳은 林相이 대체적으로 같으나, 白樺木이 흔히 섞였고 들쭉이 많으며 그 밑에는 딸기가 풍성하게 열려 있어서, 무릎봉에서 오는 도중보다는 훨씬 산림이 풍부하였다. 그 산뜻한 딸기를 따서 먹어보니, 일반 평지에서 먹어본 딸기와는 맛이 비할 수 없이 훌륭했다.

白頭의 景勝은 퍽이나 단조로워서 農事洞으로부터 上峰까지 二百 수십리에 오직 널따란 大高原에 原始林이 더부룩한 草原을 뒤덮어, 坦平한 땅에는 奇峰秀壑 宛轉參差하는 變化가 없고, 密直한 樹林에는 臥莖曲幹 橫龍倒蛟하는 技巧도 없어 오직 無限淸遠하고, 一律空靜함이 이미 烟火世界를 벗어난 듯하고, 청명한 아침에는 瑞靄가 林皐에 엉클어지고, 暴風雨 지나간 자리에 祥風의 白花芳娟한 향기가 꿈같이 옷깃을 잡아끄는 것은 그 웅대한 단조로움과 함께 靈爽한 平凡이 도저히 凡界의 추종을 허락지 않는 바이다.

오!
나는 感謝합니다。
大白頭의 雄遠 靈祥한 眞境을 아무런 장애 없이
건너어 주시는
그곳에 계신

貞明纖麗한 三池美——天女傳說의 活舞臺

神武時에서 虛項嶺까지는 거의 六十里가 넘는데, 虛項嶺의 東岸에는 三池淵이 있다。풍경도 좋거니와 지리적으로 中火地가 되어 있어서 우리가 새벽밥을 먹고 여기까지 올 때 행여나 길이 험하지나 않을까 하여 얼마나 마음을 죄었는지 모른다。

北胞胎의 제법 험준한 石峰을 쳐다보니, 有史 以前의 옛 噴火口가 이 근처에 있었으리라고 추정할 수 있었다。길고 굵은 線이 嫵媚雄麗하게 聖女美의 特色을 나타낸 白頭山 풍경 가운데 이 連峰만은 매우 剛猛한 이채를 띠고, 남서쪽으로 돌아가보면 더욱 그렇다。

間三峰을 지나 이쪽은 얼마큼 올라가는 비탈이며, 三池淵이 멀지 않은 곳에 小小한 紅砂의 사막이 수 정보가 넘는데, 풀 한 포기 자라지 않고 수분이 없는 메마른 땅이었다。이러한 현상은 얼마 전부터 水源의 고갈로 湖床이 드러나 있기 때문이리라。

조금 더 나아가니 의연한 이깔나무의 숲이 가로놓였는데 樹齡이 젊어서 細軟美가 있었으며, 右로 翠林 속에 隱映하는 湖光이 보이는 것이 전설 속에 묻혀 있는 유명한 三池淵이었다。일행은 모래 바닥이 많이 드러난 第四池를 내려다보면서 第二池의 湖畔에 들어섰다。이 天下에 없는 絶景을 보고, 새삼스럽게 오묘 불가사의한 宇宙의 신비함에는 아연하지 않을 수 없었다。더구나 우리들은 고원을 헤매는 동안 목이 말라 있을 때 물을 보니 더욱 반가운 마음 금할 길이 없었다。

밑바닥의 第三池는 水草가 一面에 가득한데、喬木林이 듬성듬성 기슭에 막아선 곳에는 그림같이 아담하고 맑은 湖水가 고요히 담겨 남북쪽으로 비스듬히 놓여 있는데、마치 楕圓形의 거울처럼 보이고、그 空明靚碧함이 秋水같이 맑고 청명하였다。

四岸의 주변에는 짙푸른 針葉林이 울창하게 둘러서 있어서、天女의 눈썹인 양 三池淵과 알맞게 어울리어 美角이 뚜렷한데、맞은편「베개峰」의 가느다란 등허리에 翠林이 가득하여 西北 기슭에 깊숙한 숲을 이루었으며、그것이 三池淵을 넘겨다보는 듯함은 마치 山水에 이름 높은 화가가 一簇湖山의 위에 다시 一層嫩嵐으로 거침없이 靈筆을 휘두른 듯 南岸의 굽은 펄이 半月같이 弧를 그어 앙상한 水草가 바람에 흔들릴 때 淨瑠璃의 湖面에 나부끼는 물결이 그 어떤 불가항력의 힘에 눌리는 것처럼 그대로 잦아들어 纖麗細軟한 曲線과 點線이 조화되고 합류되어 율동하고 蕩漾하는 美가 참으로 어지러운 世俗에서는 보기 어려운 神工의 造化라고 경탄하지 않을 수 없는 天下에 絕景이었다。

고개를 들어 사방을 다시 둘러보니、북쪽으로는 白頭連峰과 臙脂峰 小白山이 줄지어 굵고도 시원스런 線을 이루고、남쪽으로 胞胎山의 뛰어난 봉우리는 그 웅장하고 정교함을 자랑이라도 하는 듯이 버티고 서 있는데、구슨벌 저편으로 툭 트인 天坪의 眼界가 蒼茫하게 전개되어、여기서 보는 白頭山의 전경은 아무리 보아도 이 三池淵 하나를 위함인 듯싶다。저 太白山에 있는 阿斯達의 造化된 舖置가 이만한 정도라면 餘恨이 없을 것 같다。

그늘에서 잠깐 쉰 후에 옷을 벗고 물에 들어가니、한 가닥 微風이 天女의 미소인 양 잔물결을 일으켜 몸을 휘감는데는、지금까지의 등산에서 온 피로와 긴장감이 한꺼번에 풀어지는 것 같았다。더구나 발을 내어디딜 때마다 모래알이 미끈대는 것은 그 어떤 神秘感마저 느끼게 한다。

天河에 바람칠 때
銀물결 넘쳐내려
뜬세상 싫으노라
이 늪이 됐는고야
玉女가 게 있으리
보고 가면……

엇그제 우레칠 때
玉京에 일 있던가?
姮娥의 내친 거울
예 와서 놓였세랑。
티끌에 물 안 든 빛이
숲 사이에 비쳐 화안하옹。

베개峰 들은 별은
노을 되어 어른거리고
三池淵 고운 바람
깊은 물결 주름질 때
벗님네 이 江山 좋으니
가서 무삼?

이를 이름하여 三池로되 실상은 다섯 개의 湖沼이니, 이 第二池는 汀線이 굴곡되어 눈으로 측량하기는 거북하나, 둘레가 十六、七里가 넉넉하고, 第三池 第四池가 모두 좁은 개울로서 마주 닿았으며, 第五池는 저 아래 있어 숲속의 적은 웅덩이며, 第一池는 맨 위에 멀어져 있어서 三十町 가량의 넓이로 風光 또한 좋으며, 湖心에 溫泉을 뽑아서 미지근한 물이 차갑지 않고, 水面을 감도는 수증기가 異彩를 풍겨준다。第二池의 물도 그다지 차갑지는 않으나, 가라앉은 落葉의 썩은 가루가 발끝을 따라 일어나고, 퍽이나 많은 미생물이 섞여 있으므로 끓이지 않으면 마실 수가 없었다。

地質學者의 말에 의하면, 이 三池淵의 다섯 못은 모두 虛項嶺을 지나 鴨綠江으로 흐르던 개울로서 白頭山의 噴出物이 地形을 변경할 때 排水口가 가로막혀 이 沼澤으로 된 것이라 한다。목욕을 마치고 물을 끓여 밥을 먹은 뒤에 울창한 숲속에 숨겨져 있는 第一池의 幽僻艶靜한 맵시에 놀랐다。

아! 지극히 단조로우면서도 雄大莊嚴하며 纖麗한 大白頭의 아름다움에 새삼 감탄하지 않을 수 없었다。점점 멀어져가는 三池淵을 뒤로 하며, 등성이를 오르기 시작했다。

내가 본 白頭의 勝景은 세 重心이 있으니, 上上峰과 天池가 첫째이며, 무틀봉 위의 大展望이 또 하나이고, 이 三池의 貞明纖麗한 湖山美가 또 그 하나이다。

千里天坪은 朝鮮上代 民族生長의 보금자리이라, 歷代國祖 龍興한 事實을 골자로 삼아 天妃仙女를 주인공으로 가지가지의 純美한 傳說이 構成되었으니, 三池淵은 실로 그 自然의 무대인 까닭이요, 清朝肇興의 神異한 事實로 長白山의 東邊 布爾湖里 못의 三姉妹天女의 降浴媾婚한 傳說도 그 神澤素는 이곳과 연맥이 있는 것 같다。아무튼 三池淵의 정취 무르녹는 想華世界를 밟지 않고서는 朝鮮史上 허다한 전설의 眞境妙味를 맛볼 수 없을 것이며 이

해할 수도 없으리라。 더구나 白頭山에 오는 이가 三池의 仙境을 보지 않고서야 어찌 백두산의 내력을 다 말할 수 있을 것인가。

白頭正幹의 虛項嶺——南本宮인 大天王堂

白頭山의 남쪽으로 뻗은 一脈이 臙脂峰으로 뭉쳐떨어져 小白山이 되고 間白山 鮮奥山 枕峰(베개봉) 虛項嶺으로 돌아 北寶多會 南寶多會 連山이 되어 崔哥嶺으로부터 더욱 남쪽으로 뻗어내리니、이것이 즉 東海岸을 남으로 내려뻗게 된 脊梁山脈의 要血로서 寶多會는 즉 胞胎山이며、베개봉과 같이 가냘픈 언덕도 그 높이는 一、六一〇미터가 넘거니와 虛項嶺은 그보다 조금 낮아서 一、四〇一미터로 이름이 고개이지 실상은 낮고 완만한 비탈이 六、七十里의 雄渾敦厚한 긴 커브를 돌면서 오직 울창한 原始林에 싸여 있을 뿐이다。

그러나 車輪嶺을 넘은 이후 下三峰 일대의 고원에 올라서서 紅湍山 一境의 坦直한 臺地를 넘고 白頭山 절정을 끝까지 답사한 후에 다시 天坪千里의 雄麗空靜한 大自然의 품속을 헤치고 나와 골고루 歷史成長의 그윽한 遺韻을 호흡하고、돌아오는 길에 또다시 새로 시작된 三千里의 大正幹을 넘게 되니 이것 역시 등산하는 자로서는 커다란 즐거움이며 覇氣 만만한 일이 아닐 수 없다。

三池淵을 떠나기 벌써 十餘 町에 嶺脊에 오니、이 부근에서부터는 더욱 깊어지는 밀림의 遒勁浩大함이 內白頭의 모양과는 아주 다른 인상을 준다。

虛項嶺의 지질은 浮石에 덮인 玄武岩의 구릉인데、白頭山이 폭발할 당시 噴出物이 이 線에까지 미치고 虛項嶺

밖으로는 그 액을 면하게 되었기 때문이라고 한다。虛項嶺의 界線은 茂山과 甲山의 郡界이며 또 咸北과 咸南의 道界이다。 그리고 가장 가까운 南胞胎山의 二、四九四미터의 높이에 비하면 文字와 같이 「빈 목」이어서 登陟者에게는 퍽 편리한 곳이기도 하다。嶺脊의 복판에는 수백 평의 초원이 있고、주위의 수목을 베어내어 지극히 通暢한 氣勢가 감도는데、一座祠宇가 喬林을 등지고 놓여 있었다。이것이 즉 虛項嶺 天王堂이다。

간소하게 지은 목재의 廟宇가 낡았는데、그 속에는 북쪽 벽에 닿을 듯이 「天王之位」를 봉안하였고、그 神卓의 뒤로는 正面壁 위에 神幀을 걸어 帽帶가 흐려져서 마치 長衫을 입은 승려와 같고、오직 侍女가 本像을 지녔을 뿐이며、옆으로 「國師大天王」의 초상이 있으니 紅湍靈祠에 비하여 그 廟貌와 內容이 상당히 다르며、그도 또 頹落하는 중에 있다。다만 神卓의 앞에 香案·香爐가 있고、향을 피운 재는 탁상에 넘치는데、東西의 두 벽에 붙였던 翼將의 畫本도 거의 절반이나 그슬리고 헤어져서 滿目蕭然한 情을 일으킨다。여기서 보면 南胞胎山의 기이하고 수려함이 가장 뚜렷이 한눈에 바라보인다。

잠깐 쉬고 있는 동안 짐을 가득 짊어진 巡禮者들이 廟門 밖에서 三、四명이 머물고 있었다。그들의 말에 의하면 이 근처에 또 다른 묘가 있다기에、가르쳐준 방향을 눈여겨 살펴보았으나 밀림이 앞을 가리어 찾아볼 수 없었고、바쁜 길이라 시간을 내서 가보지 못하고 돌아감이 여간 아쉽지가 않았다。

紅湍靈祠가 官幣大社라면 이는 民間營造의 聖祠神宮이며、前者를 北本願宮이라 하면 이것은 南本願宮이겠는데、近者 外來한 俗客들이 이 線을 많이 통과하고 있는 탓인지 아마도 昔日의 모습을 많이 상한 것 같다。

英祖 乙酉(四十一年、西紀 一七六五年)에 九月山 三聖祠를 繕修하고、高句麗 東明王의 廟를 檀君께 共享하게 하여 同丁亥에 비로소 白頭山에 望秩하게 되었으니、宗國意識이 되살아나고 國土愛慕와 國祖崇敬의 생각이 뜨겁게 일

어나던 무렵이라 五十여 년이 지나고 純祖 辛巳(十一年, 西紀 一八二一年)에 富寧郡守 高升益으로 紅湍靈祠에 奉祭를 하여 萬古名山 一國祖宗을 추켜들고 「大天王靈神之位」를 一新하여 모시던 것에 비하면 이 虛項嶺의 天王堂은 홀로 民間信仰의 殿堂으로만 되었던 것을 짐작할 수 있었다.

다만 이 아주 동일한 옛 神道의 信仰이 海洋에 들어간 者로는 大饗神嘗의 最高形式에까지 尊崇 昂揚케 되었고, 그 本鄕에 떨어져 있는 편은 滔滔한 漢化의 물결 속에 深山密林 부엉이 우는 萬斛荒凉한 境地에 맡겨두어 粗率한 形式이 체모를 갖추지 못하였으니, 여기에도 大陸風塵에 시달리던 惡戰의 一民族과 海洋의 속에 그윽히 素樸을 지녀오던 安穩한 一國民과의 각각 다른 처지가 彷彿 映像되는 것이다.

新羅의 疆域이 南隅에 치우치고 白頭山의 聖跡이 北塞에 격리되자, 高句麗 이래 왕성하던 國風이 跋扈하는 漢化主義의 어설픈 新文化에 뒤덮여 固有의 民族的 情熱이 거의 질식하고, 抗進의 氣魄이 하마 閉鎖되려던 經路는 이제라도 다시 한번 自己客觀이 퍽 필요하며 또한 自己熟考가 있어야 할 것이다.

이 一境에서부터 등성이를 넘어오니, 이깔나무 외에도 박달나무·오엽송·사시나무·白樺木 등이 그야말로 參天蔽日하는 喬林으로 浩大하기 그지없고, 羊齒科의 무성한 줄기와 싱싱한 잎, 그리고 퍽 많은 蘭科植物의 잎과 꽃들이 淸靈爽新하게 스스로 別界를 이루고 있었다.

喬林 속에 눌려 있는 濶葉林의 터널을 빠져 통나무 筏橋로 느런한 진펄 길을 건너 高橋某의 採伐場에서 잠시 휴식을 하고 비로소 泰嶺의 峻坂을 약 四百미터쯤 되는 급경사로 된 비탈을 미끄러지면서 내려와서 胞胎里 合水村 수십 戶가 모여 사는 부락에서 人間에게로 돌아온 첫째 밤을 지내게 되었다.

白頭山의 大樹海는 이깔나무라는 조선 낙엽송이 거의 전부를 차지하였으니, 上上峰 아래 약 二十里 무틀봉 부근에서 시작하여 五十~七十里로 一百五十里, 멀리는 二百 二、三十里까지 뻗쳐 동쪽은 農事洞의 南方 紅湍山 부근으로, 서쪽은 胞胎里 合水村 일대까지 그 울창하고 森肅함이 그 사이에 석여 있어 玉樹瓊林이 往往 仙子의 놀던 마당을 꾸몄으니, 이는 그 林相의 大觀인 것이다.

太白山 檀木이 史上에 有名하지만, 무틀봉 부근까지 落葉松·白樺·문비나무·전나무 등이 있어서 박달나무가 드무니, 이것은 대체로 白頭 火山의 活動으로 災厄을 받음이라 한다。 백두산의 최후 폭발은 어느 때까지였는지 정확하게 밝혀지지는 않았으나, 대략 三、四百年 이전이라고 추측하며, 定界碑와 돌 무더기가 아무런 이상이 없는 점으로 보아 최근 二百 수십년 이내에는 噴火가 없었던 것이 확정되었다。

虛項嶺의 南岸 一部로부터 農事洞까지 落葉松과 白樺와 약간의 박달나무가 섞인 산림지대는 최후의 大噴火로 浮石으로 덮였던 지대인 것이 조사한 바 上上峰 부근처럼 一丈에서 十丈으로 浮石의 층이 덮여 초목은 거의 전멸되었고, 다시 낙엽송과 白樺 등 自然下種에 의한 묘목이 생기기까지는 大噴火가 끝난 뒤 四、五十年 년 이후일 것으로 추정하는 것이다。 지금 울창한 산림의 밑바닥에는 초목에 의한 부식토가 비교적 적은 셈이며, 老木의 옛 등걸도 거의 없어져가고 있는 형편인데, 이것이 최후의 大噴火가 있던 후 初代의 산림이라고 추정된다。

曾說한 臙脂峰의 비탈 두터운 浮石層 밑에는 크나큰 고목의 옛 등걸이 삐죽삐죽 솟아 있어 太古의 꿈을 속삭이고 있거니와 天坪千里 天地를 중심으로 한 二、三百里 안에는 거듭하던 분출물이 몇 번이고 이런 大森林을 휘덮어서 혹은 地下에 多小의 매장물이 있을 것이며、그 당시 地形上에도 적지않은 변동이 있었을 것이다。그러므로 이 一境의 落葉松은 가장 큰 나무가 두 아름 내외로 그 樹齡이 二百五、六十年밖에 안되어서 의외로 밀림전체가 젊고 생생한 감을 주고 있었다。이토록 변환이 자꾸 반복되는 동안 백두산의 전역사는 오히려 무한한 신비의 베일 속에 감추어져 있게 되었던 것이다。

白頭山은 東方山岳의 祖宗이어서 朝鮮과 滿洲의 山岳은 白頭山의 落脈餘龍이 아님이 없고、멀리는 渤海를 건너 山東省의 泰山까지도 摩天嶺山脈을 거쳐간 白頭 餘脈인 것을 地理學者가 인정하는 터이다。그래서 北鮮 南滿과 興安嶺山脈을 除한 以東 一帶의 山岳을 長白山彙라고 하며、白頭山은 그 山彙의 주축이거니와 안으로 쳐서 虛項・胞胎 以東、紅湍 以西를 內白頭로 하여야 옳을 것이며、虛項嶺 이쪽 胞胎山의 南岸은 이미 그 圈外로 된 것이다。

天山聖地에서 세상 모르고 며칠을 보낸 나는 이제 또다시 嶺을 넘어 어수선한 人間世에 내려오니、본래 俗世에 매인 몸인지라 역시 인간 사회가 그리웠다。

虛項嶺을 넘어 南岸의 一半部는 林相도 다르고 草本의 분포상황도 적지않게 다르며、連抱의 巨木이 있는데 이 나무가 虛項 저 너머로 自然下種을 보낸 中祖林이라고 하거니와 今後 噴火가 끝을 막고 박달나무 전나무 문비나무 五葉松 따위가 점차로 번식하면 內白頭에 거의 단순한 落葉松의 大樹海도 결국은 그 林相에 변화를 가져오리라고 본다。

神武時에서 虛項嶺까지 六十里、虛項嶺에서 合水村까지 四十里로 이날 行程은 一百里였다。

우리가 虛項嶺을 넘어선 후 同伴이 한패가 되어 談話가 가끔 무르녹는데, 馬上에 오르지 않기로 고집을 쓰시던 敬菴이 피로했던지 이따금 동반들로부터 떨어지는 것을 볼 수 있었다。筏橋로 연결한 진펄 길이、사실 피로한 그에게서 적지않은 銳氣를 꺾었을 것이다。

오후 여섯시 가까워서 남쪽으로 大密林 속을 뚫고 나아가는 동안 앞에 白樺의 稚林이 섞인 깨끗한 翠巒이 보이고、중간으로 명랑한 氣色이 도는 洞壑이 있어서 雲樹의 사이에 오히려 귀밀을 심어놓은 山田이 보이고、무엇인지 人寰이 채를 잡은 氣色이 바라보이니 이것이 바로 甲山郡 普惠面 胞胎里였었다。

農事洞을 떠나 紅岩洞을 뒤로 한 후、無人之境에서 五일간 露營을 한 다음、第六日째 맞는 날 태양이 거의 다할 무렵 다시 이 人間世界에 나온 것이다。

南胞胎山의 거의 正西쪽에 北岸을 흐르는 계곡을 北溪水라 부르며、그 남쪽 將軍峰의 北岸에서 떨어지는 물을 南溪水라 부르는데、小小한 촌락을 지나 이곳에 와서 합류한다 하며、이 부락 이름이 또한 合水村이라고 불리게 된 것이다。

이 부락에 警官 駐在所가 있었는데、들어가니 麥茶를 시켜놓고 一行을 欵接한다。이때 惠山隊의 幹部에게 우리 同伴 七人은 이번 白頭山 巡禮의 길에서 의외로 군인 여러분들의 호의를 받은 데 대하여 感謝를 표하고 그들 惠山隊에서 탈퇴하여 自由行動을 하기로 하였다。그날 밤 우리는 村中에서 제일 정결한 區長집 舍廊에서 하룻밤을 쉬었다。

邊境同胞의 生活相——古風 그대로 木造建物

胞胎里는 鴨綠江 방면에서 白頭山으로 가는 도중의 最高地點의 촌락이다. 北溪水 上流에도 人家가 약간 있고, 南溪水를 따라 약간 올라가면 上中下의 촌락이 山谷間에 끼어 있지만, 계곡의 물이 합류하는 合水村에 속해 있었다. 合水村은 二十호 미만의 작은 촌락이지만, 講習所가 있고 駐在所가 있으며, 客主를 겸하고 있는 區長집이 있었다.

講習所를 방문하여 談話를 나누고 싶었으나 그럴 기회가 없었고, 駐在所는 主任되는 者가 일부러 찾아와서 그들의 所內에 함께 가서 留宿하기를 권했으나 간단히 사양했고, 오직 그들의 호의를 받아들여서 一行 가운데 三人이 그들의 목욕탕에서 목욕을 하기로만 하였다.

豆滿·鴨綠江의 邊境地帶는 駐在所와 稅關 監示所 등을 모두 一種의 城寨式으로 지었고, 長方形의 土城에는 正面으로 堡壘를 쌓아 城壁에다 총구를 내놓았고, 혹은 위에 望臺를 두었으며, 주위의 土城에 맞추어서 장방형의 줄 行廊을 짓되 外面은 通窓이 없고 안으로만 窓戶가 있으니, 日本人들의 경관 주택은 각각 所內에 두고 있었던 것이다.

國境地帶라 이 지방의 경비는 몹시 삼엄한데, 경관들이 부르는 경비노래가 이곳의 형편을 잘 설명하여 주는 듯싶다. 위험지대라고 해서 日本人은 加奉으로 二할을 더 주고, 일반적으로 국경수당금이 있으며, 또 在職 四年이면 恩給에 붙여준다는 특례를 베풀어주고 있다 한다. 그러나 그들의 생활은 상당히 단조로우며 가난에 쪼들린 모양이어서, 대부분 저축으로 後日의 설계를 하고 있는 것 같다.

우리가 구장집에 주인을 정하고 잠시 주위를 둘러보니, 洋服을 차린 승마객이 사랑방을 차지하고 馬貰를 안 치러줄 고자세의 태도로 나오는데, 이때 惠山團員 가운데서 有志가 중간에 들어 一圓 六十錢으로 削減하여 馬夫와 合意를 보았는데, 양복을 입은 그 사람은 그래도 불쾌한 낯으로 투덜거리고 있었다. 그가 채집한 高山植物을 도중에서 조금 잃어버린 분풀이인지는 모르지만, 안하무인격으로 위세가 당당하여 내가 물어보니 甲山郡 屬神에 사는 田某氏라고 한다.

요즘 社會가 혼란한 틈을 타서 일부 몰지각한 인간들이 왕왕 社會를 어지럽히고, 그 어떤 불순의 힘을 의지하여 조상을 팔아먹는 간악한 자들이 득실거리고 있다는 것은 現下 朝鮮의 實情이지만 이런 두메산골에까지 餘毒이 미치고 있는 것을 볼 때, 절로 통탄을 금치 못할 일이다. 이곳에는 나무와 숯이 풍부하고, 논과 밭이 상당히 있어서 衣食에 그다지 곤란을 보지 않으리라고 보아지나, 금테를 두른 營林署員들이 서슬이 시퍼래져서 설치는 것을 보면 人民들의 생활을 알 만도 하다. 田園을 보고 地下資源을 보고 그 지방의 실정을 논하기는 어려운 세상이라서 생활의 정도를 보지 않고서는 속단하기 어렵다. 다만 주민들의 혈색과 옷차림을 보고서 대강 짐작할 수는 있었다.

두 계곡의 물이 서로 합하여 마을 뒤로 급히 흐르는 溪流를 胞胎川이라 부르는데, 우리는 그 急湍에 들어가서 목욕을 하고 저녁을 먹은 후 취침키로 했으나, 連日 피곤한 여정을 무난히 마친 데 대해 이대로 잘 수 없다면서 巡禮善終의 축배를 들자기에 술과 닭을 우선 구하기로 했다. 그러나 아깝게도 닭과 술은 여기서 十里 이상 二十里를 가지 않고서는 구할 수가 없다고 하기에 단념하고, 마침 마을 사람이, 「이면수」라고 불리는 망둥이 비슷한 물고기를 가져와서 二十錢에 사가지고 밤을 보내기로 하였다。 저녁식사는 이 고장의 정식인 귀밀에 감자가 섞인 잡곡밥인데、 아까 사놓은 이면수가 말로 형언할 수 없는、 글자 그대로 珍味였고、 배추김치와 파김치가 있어서 흡족한 식사를 할 수가 있었다。 가뜩이나 露營 속에서 며칠 동안 군인들 밥만 얻어먹다보니 오늘밤 식사야말로 기막힌 성찬이 아닐 수 없었다。

마음껏 저녁을 마친 후에 조금 거닐다가 同伴들과 함께 샷자리 위에서 그대로 잠이 들었다。 온갖 긴장을 다 풀어놓고 곤히 자던 중 꿈결에 勵聲大喝을 몇 번이나 하였던지、 옆에서 자던 同伴들이 놀라서 달아날 뻔했다고 하기에、 스스로 苦笑를 금치 못했다。

다음날인 八月 三日 오전 다섯시에 일어났다。 역시나 밤에 개 짖는 소리와 닭이 우는 소리를 듣지 못했고 낮에도 볼 수가 없었다。 가축이라곤 돼지우리가 있으니、 돼지는 이들이 즐겨 먹기 때문인 것 같다。 그리고 그 외의 가축은 전연 기르는 바 없는 것을 보면 이 無盡한 草源과 密源을 두고 養蜂을 하지 않는 것과 함께 이해할 수 없는 일이다。

대체로 북쪽 지방의 주택은 장방형으로 되어 있고、 내부구조가 兩行의 방과 間을 두어 부엌을 놓고、 부뚜막이 안방으로 들도록 되어 있고、 대개 부엌 間으로 內部 全體의 문이 통하고 그 다음이 위칸 맨 위가 변소로 外面部는 男子用、 內面部는 女子用이어서 집 구조를 보면 변소가 南朝鮮의 안방과 같은 위치라고나 할까。 아무튼 우리가 인식하고 있는 안방처럼 상용하고 있었다。

또 길가의 집은 가끔 울이 없는 집이 있고、 大門이 없으며、 부엌의 뒤가 馬廏로서 喂養에다 近便하는 것을 볼 수 있었다。 이러한 몇 가지 구조는 그 제일 중요한 원인이 冬寒期의 採暖에 대비하기 위함이었다。 이같은 풍습은 肅愼 이래의 옛 기록에도 머무른 바로, 人畜이 아울러 食口이어서 牛馬에게는 더욱 말할 것이 없었다。 아마도 기후 풍토와 경제사정이 그렇게 만든 것이라고 볼 수 있다。 그리고 닭과 개가 흔하지 못한 것은 건축설계에도 그 원인이 많은 모양이며, 돼지우리만은 반드시 견고하게 만들었으니, 맹수의 침범을 막기 위해서였을 것이다。

北部에는 木材를 많이 써서 건축을 하기 때문에, 심지어 굴뚝도 통나무로 했고, 合水村 같은 곳은 마을 전체가 통나무로 짜올린 벽이며 지붕도 나무쪽으로 덮어서 남부처럼 穀草로 집을 덮거나 외로 얽어 벽을 두르는 일이 없으니, 이것은 오직 產物의 관계이며, 귀밀과 감저 등 耐寒性이 강한 작물이 주식이 되어 논농사는 거의 없는 데가 많다。 그리고 건축양식은 퍽 넓다고 볼 수 있다。

이 지방의 사람들이 부지런히 노력한 대가로 귀밀밥이라도 배불리 먹으며 통나무집에 살면서 겨울엔 불을 뜨시게 피워 방을 덥게 하면, 그런 대로 오붓한 平安을 누릴 수 있으련만, 부정과 부패 속에서 싹튼 巡査가 있고, 營林署員들이 있으며, 허울 좋은 吏員이 있고, 馬賊과 武裝 테러團의 사건이 잦아서 多事多亂한 때를 많이 겪고 있다는 것을 직감적으로 느낄 수가 있었다。

구장집 후면에는 이제 갓 세운 井上 순사부장의 殉職碑가 서 있었다。 어제는 혜산대가 이 촌락에 내려올 때 머리를 깎은 어린 아동들이 놀란 모습으로 길가에 서서 수없이 경례를 하고 있는 것을 보고, 그들의 심리적 작용을 어느 정도 이해할 수가 있을 것 같았다。

아무튼 邊境의 生活은 어렵기만 할 뿐이다。

桃花 안뜰 맑은 물——綠水重重鴨江上流

八月 三日 오전 일곱시에 同伴 七人은 惠山鎭을 향해서 合水村을 출발했다。떠나기에 앞서 말 한 필을 세내어 짐을 전부 실리고, 마을 사람들과 일일이 작별인사를 나누면서 마을을 내려갔다。지금도 마음에 戀戀한 것은 邊境地帶에서 온갖 고난을 다 겪고 있는 동포들이다。

그러나 이 방면에는 아직도 大大的으로 農業民을 移植할 여유가 있어서 茂山·甲山을 포함하면 二百萬 정보쯤 可耕地가 있다고 하거니와, 昨年에 問題視되었던 普惠面의 大興洞 普興里 등지에도 장래를 바라볼 수 있는 無際한 黑土帶가 있어서 개간하여 농경하기에 적당하며, 近年 天然林을 개척하고 人寰이 깊이 퍼져감을 따라 氣溫도 다소 변화되어 서리철이 좀 늦어지는 편이라고 한다。火田民의 移動安住地로서도 적당하고 각 곳의 災民들을 선택된 지방으로 살 곳을 마련하여 주면 퍽 좋을 것이다。

胞胎川의 살물을 따라 남쪽으로 남쪽으로 내려갔다。어젯밤 惠山本隊가 유숙하던 大坪里(큰버덩)에까지 왔다。合水村에서 여기까지는 七里 가량 된다。胞胎川이 여기 와서는 自開水라 불리고, 東岸에 花開山을 놓아볼 만한 경치인데, 柳蘭과「애기씨개나리」등 高原性의 草花가 길가에 피어 있어 이따금 조그만 群落을 이루었고, 警備隊의 交通 까닭으로 길은 제법 넓었다。

쉬지 않고 그대로 지나치는데, 맞은편 집에서 中年인 듯한 女人의 포달진 통곡소리에 잠깐이나마 잊었던 世上의 풍진 속에 다시 돌아온 긴박함을 스스로 느끼며 女人에게 無言의 동정을 금치 못했다。塵海苦樂은 본래 人間

의 당연지사가 아닌가!

이런 생각 저런 생각을 하는 동안 약 十里 가량 오니, 서쪽에서 碧溪 一曲이 山谷을 씻어내려 이 胞胎川에 합류하는데, 興慶水라 불리어지며 「베개」峯의 南岸 溪谷의 물이 北胞胎山의 餘脈을 끼고 여기까지 내려온 개울을 이름이다.

이곳에 마을이 있는데 개울의 이름을 따서 興慶村이며, 마을의 中央에는 눈에 뜨이는 집이 몇 채 있었으며 靑紅의 밝은 불을 켜서 곳곳에 매달아놓아 어둠을 밝혀주고 있었다. 주민들에게 물어보니, 그곳이 高橋採代所員의 숙소라고 한다.

이곳에도 木材로 구조한 閘門式의 筏渠가 있어 筏夫들이 모여 떼목을 만들고 있으니, 閘門을 닫아 물을 가두고 떼목이 다 된 후에 閘門을 열어 물결을 따라 멀리멀리 내려가는 것이다. 이러한 풍경은 도회의 나그네로서는 아주 새로운 감정을 일으킨다.

興慶水를 지나니 靑靑楊柳가 河橋別離의 정을 자아내는데, 大坪里에서 우리들의 昨智를 배워 짐짓 떨어진 茂山隊의 諸君이 貰馬를 타고 한 사람 두 사람 끄덕대며 내려오고 있었다.

右岸에 白樺林이 울창하고 左岸에는 낙엽송 키큰 나무 어린 나무가 서로 섞여 二段成長의 恢疎한 林相의 조화를 이루고 있는 것이 퍽이나 아름다웠다. 七、八十里를 왔는가 싶은데, 獨山의 連嶂이 마말르며 一派 長流가 서쪽에서 여울져서 소리도 요란스럽게 쏟아져내리는데, 이것이 長長 鴨綠江의 本流라 한다. 河幅이 七、八간쯤 되고 湛碧하기는 모두가 한결같다. 日前에 내가 分水嶺 위에서 江源을 잔으로 기울여 겨우 마실 정도였는데, 여기 와서는 벌써 一曲 長江이 되어 있었다.

鴨綠江을 끼고 내려가는 계곡의 풍경은, 奇幻進退의 變局은 적으나 대체로 奇秀映帶함이 一代의 形勝임에 부족함이 없었다.

四之嶺 마루에 올라서니 惠山隊의 軍兵들이 뒤끝에서 바쁘게 걸어가고 있음을 보고 혹시 우리가 지름길로 온 것이 아닌가 싶었는데 江岸峻嶺을 휘돈 비탈길이 내 눈을 속였다는 것을 알 수 있었다.

중간에서 과일장수를 만나 사과를 몇 개씩 먹고, 農山里 구역인 「깊은개」(深浦)를 지나 수양버들 그늘에서 옷을 벗고 푸른 강물을 휘저으며 목욕을 마치고, 점심을 먹은 후에 또다시 길을 떠났다.

이 一境에는 옥수수와 캐비의 農事가 많고, 이제야 누렇게 익어가는 보리밭도 있었다. 이곳의 이름이 農山里인데, 얼마 가지 않아서 동쪽으로 左岸에 수십 길 石碧이 솟고, 六、七 정보나 됨직한 田野가 열린 곳에 江谷이 老槐의 언덕으로 언덕 밑을 감돌고, 淸流가 滾滾한 곳에 반석이 띄엄띄엄 놓여 마치 인공으로 만들어놓은 좋은 휴식소와 같았다. 石碧의 그늘, 淸風이 마주치는 곳에서 쉬었다가 다시 일어나 서서히 길을 떠났다. 이날은 詣岱成純永씨가 발병이 나서 걷기에 대단히 불편해 보였다.

對岸은 滿洲의 長白縣境이라, 江에는 白衣人도 있고 푸른 옷을 입은 中國女子들이 물가 반석 위에서 빨래를 하고 있는 것도 보였다. 외모로 볼 때는 國境의 情趣가 한 폭의 아름다운 그림처럼 평화스러워 보인다.

興慶村에 떨어졌던 단원 가운데 우리들 몇몇이 고달픈 모습으로, 뗏목을 타고 내려가는 江上의 사람들을 부러운 듯이 언뜻 보내면서 오후 다섯시가 지나 서서히 佳林里에 도달했다.

農山里와 여기에는 모두 駐在所가 있는데, 北胞胎山의 남동쪽으로부터 내려온 물이 將軍峰 郭支(각시?)峰의 사이로 흘러 북쪽의 「푸른」峰, 남쪽의 「시루」峰 등을 돌아오면서, 길이 一、四〇〇여 미터 되는 연산의 물을 받아내려오는 佳林川이 동쪽으로 와서 本流와 합류하고, 촌락은 상당히 넓으며, 佳林川 위의 一座 木橋는 길이가 수십間이다。

合水村을 떠나 惠山鎭으로 오는 길이 둘인데, 하나는 南溪水를 잠깐 거슬러 開花山의 동편 계곡으로 郭沙峰을 西쪽에서 돌아나와 寶泰里 普天堡를 거쳐오는 길로서, 普天堡는 佳林川 上流 四、五里의 지점에 있어서 流筏所의 중요한 곳이기도 하다。또 다른 하나는 우리가 내려온 길인데, 일반적으로 등산객들은 이 길을 많이 사용하고 목상들은 전자의 길을 사용하고 있다 한다。

月坡가 우리보다 앞서 와서 숙소를 정했는데, 뜰에는 벌통이 쉰일곱 통이나 있었고, 房舍는 꽤 넓고 깨끗했다。귀밀밥에다 기름에 튀긴 닭고기를 얹어놓아서 배불리 먹었다。

얼마 전에 農山里를 지나올 때 길가의 집에서 豊艶한 北部의 美人이 있는 것을 보고 얘기 한마디 못해보고 그냥 지나와 버렸다고 아직도 섭섭해 여기는 동반도 있었다。북부의 여성들이 깨끗하고 또 豊艶하여, 남부의 많은 젊은이들을 황홀케 하는 것은 그다지 새삼스럽게 놀랄 만한 일이 아니다。

오늘 六十里를 오는 동안 對岸에는 이따금 支流가 있어서 青山疊疊 綠水重重의 風境을 이루었는데, 오직 灼灼한 桃花가 묘연하게 물 위에 떠 있지 않은 것이 북부에 온 夏季의 섭섭한 나그네 심정이라고나 할까。

鴨綠江에 떼를 타고——震人成敗의 根幹地帶

八月 四日。어젯밤에 편안히 잠을 자고 여섯시에 일어나 아침식사를 마친 후에 우리들은 얘기를 나누며 佳林

川의 뗏목을 기다리다가 그냥 열시에 출발하여 도보로 「천물」(泉水)까지 와서 江岸에 앉아 뗏목이 내려오기를 기다렸다. 여기도 筏渠가 있고 뗏목은 수십 쌍[隻]이나 밀려 있었다.

십여 리를 다 못 가서 뗏목이 올 때까지 담화를 하면서 쉬고 있다가, 오후 두시경에 뗏목이 떠내려오기에 그 가운데 가장 큰 뗏목을 타고 기쁨을 참으면서 천천히 下流를 향해 내려가기 시작했다.

아름이 넘는 통나무가 서로 묶여 펴진 데다가 水深은 얕고 水量은 많지 않아서 여울에 걸리고 말았다. 筏夫들이 온갖 노력을 다하였으나 실패로 돌아가고, 우리는 할 수 없이 下陸하여 筏夫들의 작업이 끝나도록 기다렸다. 筏夫들은 모두가 다 친절하였다. 그들이 苦心하여 뗏목을 다시 띄우는 작업을 하는 동안 이 방면에 대한 일반상식을 얻게 되어서 대단히 흥미로웠다.

이곳이 樺田里 구역인데, 警吏가 와서 大小를 斡旋하며 營林署 소속의 流筏을 신발하여 특히 출발을 빠르게 하는 데 조력해 주었다. 그리고 國境의 望을 보는 사람까지 동승케 했다. 드디어 세시 반에 뗏목은 움직이기 시작했다.

급류에 떠내리는 때는 빠르기가 살같은데, 숫는 물구비와 함께 백설처럼 하얀 거품이 마구 튀는다. 세차게 흐르는 강물이 바랑 밑을 둘 때에는 뗏의 꼬리가 미처 빠져나오지 못하고 석벽에 부딪쳐 와닥닥 몸을 흔들면서 사납게 떠내려가는데, 迅雷와도 같이 소리내며 내려가는 奔流에 휘말리는 바위돌들이 물거품 속에서 눈을 어리어, 마치 춤을 추는 魚龍들이 사람에 놀라 上流로 쫓기는 듯하다. 잔잔하고 깊은 안개 속을 지나면서 悠悠하고 蕩蕩한 情趣가 비길 데 없이 아름답다.

兩岸의 谷地가 대체로 모두 白衣人들의 촌락인데 물레방아 돌방아는 계곡마다 울려가며 찧고 있으며, 고기를 잡는 무리들은 그물을 끌고 싸대는데、 아이들은 강가에서 발가벗은 그대로 퉁벙대고 있었다。 쉴 사이 없이 지나가는 산과 들과 마을 그리고 잘 가꾸어놓은 田園이 모두 꿈나라같은데、 무더운 날씨에 아이를 업고 손를 끌며 邊境의 길을 가고 또 가는 襤褸衣를 입은 여자들은 무슨 일들을 하러 가는 것일까?

曩者 豆滿江을 끼고 올라오고 또 올라왔더니、 이제는 鴨綠江을 따라 내려가고 또 내려간다。 豆滿江은 실로 그 대부분이 虛曠하고 平坦한 대륙성을 띤 流域이지만、 鴨綠江은 前半 千里의 땅은 거의 다 협곡 속을 쏜살처럼 흘러내리는 것이다。

豆滿江은 東亞風雲의 중심지를 떠난 한쪽 모퉁이에 있어서、 새로 일어나는 부족들이 조용히 그 힘을 길러내어 天下에 雄飛를 할 반석을 굳히던 안전지대로 되었거니와、 반대로 鴨綠江의 谷地는 실로 震人 成敗의 급격한 抗戰地로 되었던 것이니、 松花江의 谷地에 悠悠히 그 太平烟月을 즐겨하던 北夫餘의 王業이 벌써 굳어가던 한편으로、 卒本夫餘의 草創한 邑落을 중심으로 필경은 天下의 풍운을 흔들면서 滿韓을 통일하여 大民族國家의 건설로써 震域人民들을 규합하고 萬年安全의 基礎를 세우려고 했던 東明聖王 이래 大高句麗의 根幹勢力은 실로 이 谷地에 두고서 旅順의 背後까지 내뻗친 摩天嶺의 山脈을 그 천연의 방벽으로 삼고、 앞으로 寬甸平野 뒤로 琿春平野까지 가 그 활동 범위의 원천이며 집단의 中樞를 심어 놓았던 고장이었으니、 天坪千里를 가로건너 이 長江의 급류에 떠내리는 자 실로 浩浩한 감회가 없을 수 없다。

만일 그 天上水의 줄기를 따라 曠遠한 松花江의 谷地에 第一着으로 大國을 건설한 것이 저 夫餘國이었다고 하면、 後進的으로 이 谷地에 들어와서 割據한 각 부족을 통합하면서 高句麗 九百年의 基業을 바로잡은 것은 「卒本」(夫餘)의 공로가 크다고 아니할 수 없는 것이다。 그러나 遼薊의 平野 東方風雲이 새롭게 일어나는 要衝에 부닻혀서는 五部의 軍國制로서 戰鬪的인 近世國家의 조직을 創成한 것은 스파르타적인 高句麗 사람들의 政治的 天才性이 그 당시 각 부족 사이에 뛰어남을 증명하고도 남음이 있는 것이다。

이 鴨綠江의 谷地 震人成敗의 機軸이 섞여서 오늘날 東敗 또 西辱의 過程的인 大受亂에 빠진 것이며、이 涓(夫餘)河의 溪谷에 흘러오는 자로서는 이 한번의 回顧가 없어가지고야……

最終으로 골을 떠나던 女眞人의 清朝 三百年 동안 내려온 역사도 이제는 다 시들고、世局은 온전히 그 翻轉의 幕을 접어들게 된 것이다。

우연하게도 樺田里를 지날 무렵 뗏목 위에서 姜晃河씨를 만나니 어찌나 반가운지 시간 가는 줄도 모르고 담화를 나누면서 많은 일에 斡旋했다。中流에서 中國人 소유의 뗏목을 갈아타고 다섯시 반에 惠山鎮 맞은편 江의 北岸에 내려 長白部에 가서 片時의 異國情操를 체험키로 했다。江岸에는 兩國의 부녀자들이 섞여 勞作을 하는데、木材가 쌓인 저쪽으로 市街를 들어가니 비록 粗率하나 오히려 殷富하고 生活樣式이 一部 質實한 기색을 띠고 있었다。

市街에는 이따금 단발을 하고 가볍게 옷을 입은 소녀들이 있는데、正服한 巡警들은 망대를 기점으로 하여 왕래를 하고 있었다。

음식점에 들어가 식탁을 빌려 僑居人과 함께 이 고장의 사정을 들으면서 저녁무렵까지 담화를 나누었다。

재작년에 安東縣을 밟아본 이후 滿洲의 도시를 찾기는 이번이 처음이다。

長白縣內에는 一,一三〇戶의 朝鮮人 同胞가 살고 있는데, 이 府內에 있는 朝鮮人 小學校는 近者에 中國 측의 教育權 回收로 그들의 官立小學校에 합동되어 一百三十명이나 되던 학생이 四十명으로 줄어들었다 한다. 그 실황을 시찰하지 못한 것이 유감이다.

저녁에 江을 건너 惠山鎭에 들어와 平元旅館에서 숙박키로 하였다. 惠山鎭은 원래 僉使의 鎭이라 光武 九年까지 韓國의 駐屯軍이 있었으나, 古代에는 馬賊의 침입이 왕왕 있어서 어떤 때는 全市街地가 잿더미가 되기도 했다 한다. 지금은 營林署가 있어서 材木을 이용하므로 그로 인하여 鴨綠江上에서 興旺하는 새로운 도시가 되어 昨今의 不況으로 沈滯는 하였으나 오히려 活氣가 있었다. 이곳은 一千여 호로 五千이 넘는 住民들이 살고 있다.

우리가 오는 것을 맞이하고자 陸路에 나아가 기다렸다는 本報支局 諸氏와 中外支局과 기타 諸氏가 來訪하여 한참 담화를 나누고 목욕을 한 후에, 온갖 근심 다 풀고 취침을 하였다. 여기도 高地帶가 되어서 낮에는 더위서 땀을 흘리나, 밤에는 기온이 내려가 솜이불을 덮고 잔다.

八月 五日, 아침식사를 마치고 이 지방 遺跡인 掛弓亭에 올라가니, 僉節制使의 遺跡이라 鴨綠江의 東岸에 있어서 아득한 벼랑 밑으로 굽이친 碧波가 흐르고, 건너편에는 長白府의 市街와 塔在山 위의 白塔이 우뚝 바라보여서 國境情操를 짙게 하는데, 이쪽엔 戰鬪演習을 하는 守備隊員들이 突擊喇叭에 맞추어 아우성을 치며 山坂으로 달리는 모습들이 보인다. 나팔소리는 언제나 斷腸의 悲哀를 갖는 듯하다.

白塔은 보통 중국식의 八角高塔으로 唐代遺物이라고 하나, 고증치 못하였다. 掛弓亭에 앉아 이 地方 名産인 참외를 마음껏 먹고, 掛弓亭을 내려와서 市街地를 한 바퀴 돌아다닌 후, 篤志 車時煥씨의 초대로 午餐을 잘 얻어먹고, 저녁에는 公普講堂에서 열린 講演會에 나가 「歷史的으로 본 朝鮮」을 한참 동안 말했다.

이 지방의 여자들은 퍽이나 質樸하고 또 實用的이어서 夏期에는 周衣를 대부분 폐지하고 거침없이 활보하고 있다. 그러한 때문인지 생활상태가 대체로 구빈자는 적은 듯 木板 지붕인 全市街는 다소 豊潤味가 있었다.

八月 六日, 半日을 별다른 일 없이 지내고, 오후 다섯시 조금 지나 惠山鎭을 출발했다.

本報支局 李學潽씨, 中外支局 朴世寬씨 그리고 이제 만난 姜奭河씨 외 諸氏들이 여러 가지로 우리를 위하여 友誼를 다하여준 데 대해서 매우 기뻤다. 掛弓亭의 뒤를 돌아 벌써 守備隊 營舍를 옆으로 두고 비탈길을 올라 馬上嶺을 넘기 시작했다. 海拔 九百三十六미터의 높이인데, 이 부근은 이미 울창한 산림은 구경할 수가 없었다.

馬上嶺을 넘어서 二十里를 더 나아가 雲籠江畔 雲籠里를 조금 지나서 育英學校가 있는 조그만 所在地에 도착했다. 이곳은 有爲한 청년들이 많이 배출되는 고장이다.

碧初 洪命熹씨가 저술한 《林巨正傳》에 의하면, 白頭山에 온 꺽정이가 森林 속 외딴 집의 딸인 雲籠이와 戀愛한 이야기를 그럴 듯하게 묘사하여 정취가 자못 짙었으며, 이곳에 들르게 됐음이 까닭 없이 기뻤다. 雲籠江은 멀리 가지 않아서 虛川江에 들어간다.

安溪嶺을 잠깐 넘어 山間으로 자꾸만 들어가는데, 촌락의 집은 둘씩 셋씩 떨어져 있고, 간혹 六, 七戶가 집단으로 있으며, 조와 감자와 옥수수를 심었으며, 中伏이 갓 지난 六月 上旬에 보리이삭이 벼이삭과 같이 고개를 숙이고 있으며, 모밀꽃은 감자꽃과 서로 어울리어 南國에서는 이해하기 어려운 광경이다.

嶺 위에서부터 살같이 흘러내리는 물을 나무를 파서 만든 홈대를 놓아 물을 대는 데 쓰고, 나머지 물로 방아를 돌려 이용하고 있었다. 물방아 옆을 지날 때마다 방아를 찧는 부녀자들의 모습이 보이는데, 소박하면서도 건실한 이들의 衣食生活이 이 지방의 공통된 인상이다. 이들의 소박한 생활 속에는 쓰라린 가난이 뿌리깊이 젖어들고 있지만, 그래도 모든 고난을 줄기차게 이겨나가는 저 아사달의 후예임에는 틀림이 없었다.

安溪嶺 너머 이쪽은 三水郡境인데, 大德山과 雲柱峯의 사이에 있는 海拔 一, 一三〇미터의 재를 넘어 돌아드는 완만한 골짜기와 白馬山과 白鳥峰이 치솟은 山岳帶 속에 私立學校와 市場이 있으며, 이 지방의 保安을 위한다는 憲兵隊가 있고 面事務所가 있는 작은 마을을 지나갔다.

이 코스는 원래 惠山 방면의 邊境地帶로 통하는 軍國 樞要한 길목이었으므로, 上峰에 烽火臺가 있고 길가에는 驛터가 있어서 萬疊山中에 오히려 開化의 꽃이 일찍부터 피었던 것이다. 甲山·三水·長津·豊山 각 邑은 이른바 高地帶 四郡으로 일컫는 터이거니와, 이 一境은 高句麗의 全盛時代에 卒本府의 管領下에 두었고, 渤海가 五京十六府를 베풀었을 때 率賓府로 고쳐 卒本의 遺韻을 지녔던 고장이니, 恤品·忽本 등 지명은 모두 卒本의 異譯으로 高句麗 時代의 傳統을 이어받음이다. 내 이제 天山에서 놀고 天坪을 건너 다시 이 卒本高原을 내려오니, 回顧가 비록 無用하나 一片 憧憬의 情이 그지없이 솟아난다. 걷잡을 수 없는 懷抱 이 무슨 懷抱인가!

山川이 그립고 村落이 그립고 田野穀作이 그립고 내 민족 내 동포가 더욱 그리워서 오른손에 헬멧 모자를 들어 오고가는 사람들에게 인사를 하고 답례를 하며 감정을 숨길 수 없는 자리에서는 눈물과 웃음으로 대답을 하며 새롭게 감회에 젖곤 했다. 소박하고 건장한 어떤 농부는 慌忙히 답례를 하여 주기도 했다.

아아! 開山 萬里 갈 길이 悠悠한데, 이 해는 벌써 저물어가는구나.

뿌옇게 먼지를 일으키며 달리는 자동차가 大洞川을 끼고 한참 와서 다시 虛川江으로 나오니, 石衣峯·蓮頭峰 등이 하늘 높이 솟아 그 위엄이 사뭇 엄숙하기도 하다. 첩첩이 가로놓인 連山을 좌우로 보며 달리는데, 중도에 강물을 끼고 좁다란 평야가 기다랗게 山谷中에 이어져 있었다.

일곱시가 지나서 해는 아주 졌는데, 우리는 鎭東川 다리를 건너 甲山邑에 들어갔다. 警吏가 쫓아나와 반기는 척 부산을 떨며 일행을 안내하는 것을 보니, 또다시 무슨 말 못할 사정을 가슴에 품은 이방인처럼 몹시 씁쓸함을 금치 못하면서 잠시 停留를 하고, 開闢에 支社가 있으므로 《朝鮮日報》 支局을 물으니 키가 훤칠하게 생긴 警吏가 꼬장꼬장한 자기네 말로 북쪽 맞은편에 있다고 한다.

長平山을 등지고 靈山의 蓮峰을 案으로 놓아 古代에는 이 地方의 雄州이던 面目이 남아 있는데, 돌로 쌓은 城은 반 이상이 무너졌는데 鎭北樓의 이층 敵樓가 아직도 당시의 웅장한 모습을 말해 주고 있다.

속력을 가하던 자동차가 虛川江을 건너 江의 南岸을 끼고 약 十里 왔을 때, 한 줄기 소낙비가 차창을 후리고 있었다. 날 저문 虛川江 비바람에 흥겨워 同伴들은 탄성을 연발한다.

비를 맞으며 오는 도중에 보니, 동서의 두 줄기 강물이 좁은 골짜기에서 서로 합류하는데, 동쪽은 黃水院이고 西쪽은 能耳江이라 한다.

흙탕물을 헤치면서 能耳江의 南岸을 지나 윗마을 비탈까지 오니, 三水로 가는 길이 트인 곳엔 峰 위에 翼然한 亭子가 있어 一段의 風致를 돕는다.

대단히 급한 커브를 돌아 해발 一, 一八六미터의 呼麟嶺을 넘을 때에, 비바람은 이미 지나갔고, 十一夜의 밝은 달이 벌써 中天에 걸려 있었다. 運轉手 李蓮峰군은 침착하고 지리에 밝아서 이 지방 사정을 찬찬하게 應酬한다.

벌써 呼麟嶺을 다 넘었는지 다시 能耳江을 건너 헐떡거리며 嶺을 넘는데, 이 嶺이 鷹德山嶺이라는 곳이라 한다. 달빛은 더욱 밝게 비추어서 山 등성이에 깔린 稚木林이 졸린 듯 잠잠하여, 행여나 침묵을 깨뜨릴까봐 고요적적한데, 자동차의 요란스런 엔진소리만이 준령에 울려퍼지고 있었다. 이 朗朗한 氣宇가 한없이 상쾌하여 무엇에 비길 바 없었다.

짧은 커브를 누벼 엮는 것은 嶺脊과의 平行하는 까닭이요, 더욱 올라가니 視野는 한창 넓어지나 달 아래 전개된 地境이 오직 淸虛蒼茫할 뿐이다. 俯瞰하는 峽谷美도 꿈과 같이 어렴풋하다.

그 절정에 다다르니 해발 一、五四六미터로 卒本高原을 넘어오는 최고 지점이고, 여기서 보면 서쪽으로 鷹德山은 멀지 않게 솟아 一、八三七미터가 넘는 주봉이 하늘 높이 솟아 고고히 푸르다. 應德山은 「매더재」로 馬騰嶺의 別譯이니 白頭大脈이 崔哥嶺으로부터 남쪽으로 뻗어나온 중간에서 厚峙를 지나 赴戰·黃草 諸嶺을 거쳐 大關嶺山脈으로 이어진 것이다. 德은 「덕」으로 高原을 이름이며, 「버덕」은 大坪, 매덕은 山坪 즉 臺地를 의미함이며 따라서 絕頂을 뜻함이다. 白頭山에 올라 天坪千里를 마음껏 관망하고 이제는 靈妙 傑出한 모든 山水를 구경하며 正幹泰嶺을 타고 내리는 것도 여간 즐거운 일이 아니다.

天坪의 南廓을 메운 者 胞胎山으로 雪嶺과 「갓모」峰 등 接天한 높은 산줄기로 되었고, 虛項嶺의 한 고개가 적이 交通에 이용할 수 있으나 馬上嶺 雲柱峰과 圓峰 鷹德嶺 등 卒本高原의 大山脈들은 古時代의 交通을 가로막았으니, 松花·鴨綠·豆滿 三江의 谷地에서 일찍부터 古震人 勃興의 歷史를 보되, 狼林 이남은 도리어 그 후진성을 모면키 어려웠던 것은 이러한 지리적 조건 때문이라고 할 수 있는 것이다. 허다한 마차가 北靑과 惠山 사이를 왕래하는 때는 이 절정을 거쳐야 하므로, 자연 이곳 절정에는 人家가 있게 마련이고, 간단한 山店도 있게 되었던 것이다.

鷹德山의 비탈길에서 이 지방 사람들을 많이 만났다. 그들의 말에 의하면 산을 조금 내려가면 藥水가 있는데, 병수들이 많기 때문에 여럿이 짝을 지어 공동으로 약수를 길어오는 것이라 한다.

잠시 下車하여 우리 배의미군들과 함께 얘기를 나누고 작별한 후 차를 타고 서서히 속력을 줄이면서 내려오니, 會麟嶺의 서쪽은 甲山郡境으로 高句麗의 옛 유적으로 諫議臺의 刻字가 있다고 하나, 찾을 겨를이 없었다. 鷹德嶺을 내려오면 그 중턱이 곧 豊山邑이라, 鷹德山, 三峰山(둔구峰), 高尺峰, 紫星山 등 남북으로 솟은 산이 모두 一, 七〇〇～一, 八〇〇미터의 泰山高嶽으로 莊嚴嶒峻하게 싸고 둘렀는데, 동서로 가로퍼진 高原部가 하나의 盆地로 되어 邑內의 標高만 해도 海拔 一, 一五〇미터(三, 七九五尺)로 朝鮮內 都市中에서는 가장 높은 지대이다.

甲山郡의 銅店 부근은 海拔 一千三百미터의 高原地帶로 이보다 오히려 더 높으나, 豊山邑은 古來로 大路를 끼고 있어서 「하늘 밑 첫 동네」라는 俗諺을 가졌던 곳이며, 往年 庚戌變局의 뒤에 郡廢合이 있을 때 豊山郡을 新設하여 이때 二十年에 일찍 오는 霜雪이 隣郡의 議도 적지 않지 않았으나 農作이 오히려 有望하고 더욱 惠山間의 통로로 이제는 자못 殷富한 山間의 도시로 발전되었다.

오후 열시 반에 停車를 하고 甲山旅館에 숙박키로 하였다. 惠山鎭에서 여기까지 二百八十里 길인데, 황혼이 물든 석양과 비가 온 뒤의 밝은 달밤에 재를 넘고 강을 건너고 꾸짜기와 숲 사이를 지나온 登山者의 淸福이 이날에야 비로소 많은 줄 알았다.

여관집 주인은 원래 連山의 光山金氏로서 三代째 여기서 살아왔다고 하는데, 이 지방 사정을 잘 알고 있어서 여러 가지 담화를 주고받았다. 이 여관은 방이 깨끗하고 應接이 嫺熟하였다.

날 밤은 高原의 밤이 맑고도 시원하여 三伏에 솜이불 덮고 자는데, 남쪽 지방의 국화꽃 피는 가을보다도 훨씬 기분이 좋았다.

이날 樹州가 身恙이 있어서 하루 종일 신음을 한 데다 車중에서 노고가 심한 까닭으로 한약을 두 첩 달여 먹고 잠을 잤었다.

厚峙嶺 내려 北青에——金城湯府의 關北雄府

八月 七日 이른 아침, 《朝鮮日報》 豊山支局長 李任洙씨가 내방하여 이 지방 사정을 자세히 얘기하여주고 市街地를 함께 돌기로 했다.

나무쪽으로 지붕을 이어 그 모양이 비슷비슷한 新生都市로 반듯하게 자리가 잡혔는데, 大路를 끼고 비스듬히 들어앉은 市街에는 山谷의 물이 좌우로 개울을 씻어내려 清淨高燥함이 천연적으로 이루어진 避暑地가 되었고, 人物들까지도 때물이 벗어져 居然愛着의 情이 든다. 이 고장의 名建物인 新築한 鄉校를 둘러보고, 아침식사를 마친 후에 간략하게 작별인사를 나누고 서둘러 길을 떠났다.

邑內의 부근에는 「범부채」와 기타 蘭科植物이 모를 부은 듯 퍼졌는데, 대체적으로 山에는 高山植物들이 떼를 이루고 있었다.

어느덧 자동차는 산모퉁이를 동으로 돌고 다시 서쪽으로 꺾여 高地帶의 협곡을 타고 歸京 길을 향해 달려가고 있었다.

아직도 가끔 있는 낙엽송과 백화목의 混成稚林帶를 지나 溪流를 따라 내리기 十數里에 문득 虛火嶺(海拔

一、三六六미터)의 높은 고개를 넘게 되었다。 嶺을 넘어 내려오니 동으로 흘러가는 一條 黃河가 있으니、 이것이 黃水院江이다。 그리고 이곳에 자못 殷富한 小都市가 있으니、 이름이 黃水院里로서 現代的 建物이 많이 있었다。 長橋를 건너자 그대로 臺地를 올라왔는데、 大圓峰(큰두른峰)으로 松洞山에 連한 海拔 一、四五〇미터의 절정 바로 밑에 평탄하게 깔린 벌판이 「배상개덕」이다。

四方이 十里 가량이나 되는 臺地에 白頭山 명산물인 들쭉의 灌木林이 덮여 무진장으로 생산되는데、 日本人 經營의 會社에서 창고를 만들어놓고 들쭉을 도매하여 淸凉飮料로 큰 이익을 독점하는 터이다。 조선의 백성들이 들쭉을 따 먹은 지 몇 천 년에 마침내 그 利權을 남에게 고스란히 빼앗겼으니、 생각하면 할수록 답답한 노릇이다。

「배상개덕」을 지나 把撥里에 내리니 예부터 驛村으로 市街는 제법 번창하였다。

여기서 다시 비탈길을 올라 어느덧 嶺의 절정에 닿으니 이것이 厚峙嶺이다。 海拔 一、三三六미터로 卒本高原에서 北靑平野에 내리는 最終의 高嶺이니、 北에서 내려오기는 높지 않은 듯싶으나 서남에서 오르자면 二千미터 가까운 들어엉킨 層峰疊嶂은 오히려 峻嶺을 위압하는 感이 있다。 절정에서 동남으로 내려오는데、 길고도 먼 고비가 짧은 간격을 두고 연방 사라지고 또 사라져서 直線은 十里 거리밖에 안되지만 五十里나 돌게 되어 속력을 줄인 채 정신을 모아 돌고 돌아 내려오는 行路가 여간 아슬아슬한 것이 아니다。

成諂岱의 「舘官舍使吏人公言聽訟 騎奇馬張長弓單戈出戰」 하는 漢文學者스러운 이야기에 好奇의 귀를 기울이지 않음은 아니나、 새까맣게 내려다보이는 絶峽의 기괴함이 때로는 소름이 끼칠 지경이다。 중턱에 「明堂덕」이 있어서 國師天王을 位하였다。

두 시간이나 보낸 뒤에 밑의 谷地에 내려오니 동쪽으로 흐르는 물이 있는데、 이 물이 北靑으로 흘러 南大川의

祖宗이라 하며、直洞(곧은 골)의 장터 거리에는 점포가 즐비하다。海拔 四千四百척이 넘는 峻嶺이므로、기후도 上下가 딴판이어서 봄·가을에는 반 개월 이상이 다른 自然界의 現象이 나타난다고 한다。

교통이 불편한 前代에는 厚峙嶺 이외에 하도 많은 泰嶺을 넘고 또 넘어 甲山·三水의 邊境에 가는 것은 다소 孤危한 感이 있었던 것도 전연 없다고는 말할 수 없겠다。

昔者 李施愛가 吉州에 叛하였을 때 물러와 이 嶺에 웅거하였다가 官軍의 追襲을 만나 패하여 梟首된 바 있다 하니、敗餘의 孤軍으로 이 絕地에 들어오게 되면 그 운명을 다시는 회복하기 어려웠을 것이다。

直洞에서 下車하여 따뜻한 국수로 요기를 하고 北青邑을 향하여 들어오는 길에는 산림과 마을도 몹시 殷富하고 瓦家가 윤택하며、書齋와 祠宇가 퍽이나 많았다。

南大川의 中流를 끼고 土城遺址가 뚜렷이 남아 있는 德城面을 지나 정오가 다 되어서 北青邑에 도착했다。邑內에 들어가니 때마침 장날이어서、거리에는 사람들이 들끓고 商店들이 즐비하여 번화함은 실로 關北 雄州임이 결코 虛名이 아니었다。사람들은 모두 다 활기를 띠고 있었으며、일반적으로 男女가 걸출한 모습들이었다。이들을 보니 그 어떤 새로운 힘이 솟아오르는 것 같았다。

날로 民族意識이 희박해져가고 가난과 곤욕 속에서 허덕이는 現下 조선 사회에서 이처럼 활기 왕성하며 건실한 우리 배달 겨레가 있다는 것을 온 나라 백성들에게 알려주고 싶다。끊이지 않는 무한한 인내와 노력으로 불사조와 같이 줄기차게 내일의 광명을 바라보며 활보를 하고 있는 아사달의 후예들을 보라! 우리 백의민족이여! 관북 웅주의 생생한 모습들을…… 여기에 불멸의 긍지가 있으니、우리는 내일을 의심치 말자。

지리적으로 볼 때 豊山에서 北青 사이는 二百四十里이다。

잠깐 시간을 내서 《朝鮮日報》 支局에 들어가니 李鍾淡씨가 趙宇씨와 함께 반기며 맞아주었다. 그리고 濟島 高龍煥씨가 반색을 하며 뛰어나와 악수를 나누었다. 新幹會 金裕百씨도 마침 나오셔서 만났었다.

모두들 함께 나가 市街를 둘러보니, 옛날 南兵使의 營門인 舊建物은 太伴이 헐리어 會社의 社屋으로 改建되었고, 洗箭門의 웅대하던 敵樓는 치워져 빈 터로 되었으며, 城壁 자리는 廻環道路로 되고 각종 학교와 회관과 교회당과 官公廨와 銀行 등 새로운 면목이 또한 볼 만하다.

北靑은 본래 肅愼古都라, 靑海面 土城里 一帶로서 그에 比定하며 石器時代의 유물이 많이 나오나, 아직도 분명히 단정되지 않은 바이다.

光海朝에 白沙 李恒福이 이 땅에 流謫되어 「鐵嶺 높은 고개 자고 넘는 저 구름아」의 悲歌를 남긴 바 있거니와 그의 遺風을 崇慕하는 老德書院이 東南坡 밖 東德山의 餘麓에 있고, 李之蘭의 英風을 생각게 하는 靑海祠는 碧海庵의 저쪽에 있어서 모두 이 고장의 名所로 되어 있다.

貞秀하여 보이는 靈德山은 市의 서북으로 靑崗嶮巃을 이루어 天成한 公園地이며, 북쪽으로 三角山 등으로 東德 남쪽과 서쪽으로 天儀峰 南嶺 등 雄麗한 山岳이 天府 金湯처럼 둘렀는데, 展開된 大野에는 몇 갈래로 흘러가는 南大川의 물과 수십 리 沃野가 펼쳐져 있었다. 참으로 기름진 땅이며 복된 고장이라 아니할 수 없었다.

近年 海內 海外에 이 지방 출신으로서 지도자가 각 방면에 많은 것도 다 갈은 까닭이 있는 것이다.

우리는 오후 다섯시에 北靑을 출발했다. 전송하는 白衣의 同胞들에게 일일이 작별인사를 나누며 京城으로 돌아가는 길을 재촉하였다.

編者註 《朝鮮日報》 一九三〇, 七～八. 一九三一年 流星社에서 單行本으로 刊行.

九月山登覽誌

(一九三四·七~八《東亞日報》)

妙音寺에서

六月 二十三日 海西巡禮의 길을 떠났다。 閑日月을 有意케 쓰는 것이 人生行路의 切要한 일이려니와, 唐藏京阿斯達의 檀君聖蹟地를 이룬 九月山을 中心으로 한 信川(舊 文化縣) 殷栗 일대는 평소 憧憬의 땅이요, 歷路에 長壽山의 奇勝을 보고 檀君聖母의 傳說地를 찾음도 흥미있는 일이다。 今番에는 安岳郡의 友人으로 年來에 來遊를 충동이던 默庵 全武吉군의 招誘에 따라 斷然히 길을 뜬 것이다。 오전 八時 四十分 京城驛發, 一路 西駛하는데, 汶山驛 부근까지 가는 동안 동으로 三角山彙의 嵯峨한 連峯이 雲霄에 솟아 덩그렇게 떠 있는 맵시란 그 雄逕한 氣와 森嚴한 勢가 漢陽 數千年에 줄곧 名都 됨에 걸맞는 背景임을 언제나 알아줄 일이요, 臨津江에 다가들 무렵부터 北南에 줄기차게 내뻗은 聖居·天摩·松岳의 連山이 마치 金刀鐵戟을 千里 連城에 꽂은 듯한 그 堅固 雄勁한 氣勢가 역시 王氏 五百年의 帝都 王京으로 東方風雲의 다가치는 際會에서 百戰成敗의 司命의 고장이 되던 松都의 地形地理로서의 科學的이면서 그러나 神秘한 因緣을 외치는 것 같다。 漢陽과 松都 山河襟帶의 景勝은 世間에 드문 바이지만, 여기에는 論外의 일이라 긴말은 그만두자!

麥作과 移秧狀況은 지금까지의 年形이 豊作임을 보이는데、開城驛을 지나 수많은 先賢의 遺墟碑에 居然 起敬의 感을 가지면서 자꾸 가는 동안 鷄井驛을 지나 金川 一境에 들어서매、松都 北西部의 大山彙인 天摩·豆錫의 精勵한 山脈이 시원스레 南北으로 가로 뻗고 左側으로 線路를 바짝 눌러 壁立千尺의 가파로운 翠崖가 塵寰에 시든 나그네에게 萬斛의 淸凉味를 가져다 준다。예서부터 南川 物開의 몇 驛을 지나는 동안 峯巒美가 제법 볼 만하다。오후 한 시 지나 沙里院驛에 내리니、맞아주시는 默庵 全군과 寒暄을 叙하고 이내 行程을 籌備한다。茶亭에 들어 中火하는 동안、가랑비 부슬부슬 장마의 시작인 듯 雨具까지 준비하며 市街를 一瞥하고、五時發 車로 西沙里院驛을 떠서 저무는 해 후줄근한 비에 朝鐵의 長壽山驛을 내려、雲雨가 허리 위에 시렁 들인 長壽山을 南으로 쳐다보며 담배 모종 한참 바쁜 農夫들에게 보이는 길 다져 물으며 妙音寺의 山門을 향하여 십리 자칫 되는 길을 徒步로 들어갔다。

長壽山은 黃海 金剛의 이름이 있고 近年에는 朝鮮八景의 하나라고 推稱되는 터이거니와、海拔 七百四十七미터 寶藏峯을 절정으로 높고 낮은 奇峯 怪岩이 太古紀로 新生紀까지에 걸쳐서의 產物인 雲母花崗岩으로 여간 많은 各種의 岩石을 網羅하여 전부가 거의 石山으로 되었으되、累萬年 겪고 겪은 風霜에 酸蝕되어 패이고 삭아든 岩層의 面面이 奇幻變怪의 千態萬樣으로 되고 間間이 곱게 썩은 검은 흙이 온갖의 草木으로 곳곳에서 자라나서 洞府와 絶崖 峯마루와 溪谷의 사이에 奇秀峻峭 玲瓏點綴한 超逸한 風景美를 나타내었으니、實로 名實이 어기지 않는 一域 勝區의 하나이다。

대추나무 듬성듬성 늘어선 村落을 두어 곳 지나 맑은 물이 소리쳐 흘러가는 溪谷을 거슬러서 비에 젖은 綠陰속에 자리잡은 어설픈 彌勒堂을 右로 보며 左右로 바투 다가선 巉巖한 峰巒을 헤쳐 가도록 深遠淸湛한 물굽을 감돌아 올라가는 것은 碧岩溪요、차차 되어(急)가는 벼랑을 올려디디어 怪岩磊落 머리 위에 七層의 石塔이 古色에 절어서 숲속 바위 위에 우뚝 솟은 것은 金銀塔이요、塔에까지 채 다 못 가 깊숙한 아구리를 어웅하게 벌린 일丈 넘는 岩窟이 길 옆에 서서 보매 妙音寺의 長方形의 지붕이 기왓골 번듯하게 碧岩溪의 北岸 中腹에 向陽하고 앉아 느티·밤·떡갈·벚(山櫻)·신(楓)·솔·잣나무 등 우거진 속에 파묻혀 있는데、때늦은 純白의 木蓮花가 눈에 띄어 魂을 끌고 뒤로는 寶積寶藏의 高峰들을 絕頂으로 瓊臺參差 錦帳搖落의 豪宕한 連理岩層과 蕭洒한 混合林의 豪遇飄逸 明麗幽靜한 峽谷美를 다하였으매、앞으로는 老岩의 數三個 巨岩이 溪谷 건너 이쪽(西南)으로 三人相會의 奇異相을 번쩍 솟치었다。둘이 서로 보며 會心의 微笑를 소리없이 띨 적에 빗소리가 와스스 雨傘을 후려쳐 巡禮者의 아득한 心境 居然 仙界에 든 듯 縹渺한 韻意를 말할 수 없다。

옛날 옛날 無男獨女의 외딸을 데리고 이 山中에 들어와 金銀窟에서 金銀을 캐던 一雙의 夫婦 偶然 得病하야 百藥이 無効하매 아버지는 먼저 죽고、어머니마저 뒤따라 가매、孑孑單身 홀로 남은 딸은 이러한 靈山에 함부로 金銀을 캐어 自然의 景勝을 나날이 깨쳐냄이 정녕 山神의 탈을 입음이라고 생각하자、울고 또 울며 모았던 金銀으로 이 七重의 石塔을 세워 兩親의 遺魂을 供養하고 안 돌아가는 발길 孤單히 돌이켜 간 것이라고 한다。

이날에 妙音寺 아래에 있는 長壽山 旅館에서 投宿하다。

懸菴旅舍에서

二十三日 이슥한 밤! 山에 찬〔滿〕 빗소리、시내에 울어예는 가느다란 물소리! 燈을 돋워 고요히 앉았으매

湛然 또 杳然!

秋風惟苦吟
擧世少知音
窓外三更雨
燈前萬里心

右는 崔孤雲의 伽倻山詩라 옮겨서 오늘밤 나의 心事를 비기겠다。翌朝 늦게야 起寢하야 안개비 맞으면서 시냇가에 洗漱하고、朝飯 마친 후에 비 개자 곧 떠났다。妙音寺는 高麗末期의 創建 이래 六百年에、輓近에는 高宗甲午 東學亂에 전부 兵火에 재 되었고、現存한 寺院은 그후 艱辛 重修한 것이라는데、방금 面目을 一新코자 勸善을 시작하여 材木 치장에 바쁜 중이다。長壽山의 本名은 雉岳으로 壬辰亂에 인근 避亂民이 이 深峽에 避禍하여 모두 延命長壽함을 얻었으매、고치어 長壽山이라고 案內書에 쓰였으나、《東國輿地勝覽》 本文에 벌써부터 長壽山의 記事가 있고、載寧章에는 雉岳爲名의 山이 없었으며、구태여 찾자면 數郡을 隔한 白川郡에 따로 雉岳山이 있은즉、이제의 長壽山名起原說이 信憑할 수 없고、後文 刀馬仙人의 緣起說이 차라리 흥미있다。

妙音寺 뒤로 돌아 東南으로 寶積峯이 된 비탈을 기어올라 「누둑」 비둘기 청승스레 우는 混成林이 터 어울린 으슥한 속을 걷어 數十丈씩 치솟은 垂直한 岩壁의 바싹 밑창으로 더욱 가파른 돌사다리를 치달았다。寶積峯에서 北東으로 감돈 峻嶺의 鞍部에서 북으로 一層峯에 올라 遠近形勢를 잠깐 보고、다시 남으로 돌이켜 層層의 石磴과 외나무 사다리를 디디고 오르면서 寶積峯의 거의 絕頂 「앞두길바위」에 올라섰다。여기는 本山脈의 복판이요

左의 寶藏峯과 함께 하늘을 만지는 二大 秀峯으로 神鳳이 춤추고 大鵬이 활개 벌린 듯한 雄健恢疎한 景象인데、杜鵑・躑躅・동백・山査 따위 灌水性의 길 넘는 濶葉樹가 喬木 蒼鬱한 밑창으로 어울리어 푹신한 落葉 더미 지난해 가을을 속삭여 말하는데、斷崖 가에 바짝 서서 고개 숙여 내려다보매、말과 같은 千길의 節理的 集塊岩의 森嚴한 낭이 바람받아 출렁대는 綠陰 속에 얼비치어 幽玄深邃巉巖沼遞함이 다시 莊嚴痛快의 情을 일으키고、머리 들어 둘러보매 長壽山의 西南 半壁이 한눈에 들고、東北으로 텅 빈 載寧・鳳山의 大平野가 눈에 겨워 먼 곳에 慈悲嶺洞仙嶺의 굼틀거린 모든 峯과 天摩・豆錫에서 내뻗은 山脈들이 氣勢 자못 雄遠하고、西北으로 安岳・信川・九月山의 連嶂疊崗은 혹 奇秀峻峭하고 磅礴疎脫하며 下聖鐵山 저편으로 栗谷先生 낚시터이던 작은 늪이 載新水組의 방죽이 되어 一片明湖 銀盤같이 넓었는데、載寧平野 한복판에 흰 물결 굽이치는 길게 눕인 載寧江은 西北으로 大同江에 쏟아져서 藏唐京 朝鮮의 中樞地帶이었을 이 江山의 形勝이 매우 通暢雄固함을 斷할 만하다。

綠陰에 앉아 땀 들이고 寶積峯의 한마루를 南廂에서 걸어 東北으로 向하였다。조금 가매 采眞庵의 허술한 집이 비탈진 臺地에 놓였는데、그의 東南으로 露積峯・촛대峯・뾰른峯에 가서 寶積의 最絕頂이 되고 庵의 北西에서 내뻗은 大三段의 淡白한 花崗岩層은 即 白雲臺라、千萬 켜 포개쌓인 곱게 된 層理集結의 皚白한 岩層이 全山에서 가장 優美明朗한 氣品을 지니고 있고 層理의 틈틈마다 알맞게 繁盛해진 各種의 翠林이 線과 點과 紋의 무르녹은 造化의 神匠을 나타내어 岩層美와 林相美와 峽谷美가 三位一體로 結成되어 있는 것이 확실히 造化의 絕品이다。뾰른峯은 「밝」峯、白雲臺는 「밝은」臺요、그대로 「배음」臺라、古文化의 社會에서 長壽山이 儼然 一座의 靈山인 것은 의심 없고、史上의 逸民인 刀馬仙人의 遊化地임에 걸맞는다。

감자밭 매는 山妻에게 길을 다져 물으면서 고개를 동으로 넘어 石門을 그늘 속으로 빠져 「독바위」편으로 向

하였다。 더욱 깊은 喬木과 灌木 濶葉密林의 다가붙은 「푸름의 터널」을 통하여 허리를 묻는 싱싱한 풀숲을 뚫고 지나는데, 애기씨개나리 초롱꽃은 말할 것도 없고 青柳草杜若 기타 高山性 玩賞植物이 퍽은 많아 第一番의 登山이 清祥靈遠의 感을 일으키는 반면, 나무밑동 바윗돌에 두껍게 덮인 푸른 이끼는 低溫과 濕氣의 高山性의 特徵을 인함이다。 가파롭고 미끄럽고 총총하게 휘덮인 속으로 石門을 넘고 斷岩의 밑을 돈 지 무릇 두 시간에 石洞十二曲의 上流인 獨바위골에 내려섰다。 때는 오후 두시 반경。 듣건대 西南峯에 高句麗 적부터의 遺跡인 長壽山城 옛터가 있어 많은 이야기를 가졌다 한다。 이번에는 가보지 않았다。

石洞十二曲

「獨바위」골을 내려서면 곧 石洞十二曲의 막다른 골이라。 예는 北으로 내린 비탈의 자칫 넓은 고장으로 幅 百間에 가깝고, 谷地에는 農戶가 몇이 있다。 딸기 사서 別味로 먹고 左右青山 기름진 濶葉林을 보며 시냇물을 따라 十一曲에 왔다。 밤나무·대추나무 그늘 깊은 속에 十數戶 農家가 점점이 헤어져 있는데, 洞後의 石山이 天城과 같이 높고 굳어 居然 雄健敦厚의 感을 일으키고, 檀君聖母의 起臥하던 古跡地로 유명하여진 「鹿足우물」이 半山의 윗斷崖의 中腹에 있다 하므로 새로 指路童子를 앞장 세워 登覽의 길에 올랐다。 시내를 건너고 山田을 지나고 混成密林을 헤쳐나아가 午食을 아니한 몸이 톡톡히 힘드는데, 머루 열매도 먹고 솔잎도 씹으면서 뻐꾸기새끼 어미 찾는 낮은 가지의 둥우리를 엿보고 하며 차차 怪岩 峭立한 벼랑을 오르니 구멍이 깊이 뚫려 하늘로 통한 것은 窓窟이요, 몇 十尺 岩壁의 복판에 어웅하니 가로 난 窟은 혹 옛적에 避亂하던 窟로 혹은 또 이 山의 主人格인

刀馬仙人의 棲息處로 鄕土人의 指點하는 바요、岩角을 더위잡고 岩角에 기어올라 발길이 거의 中腹에 미쳤을 때 옆으로 겨우 容身할 岩隙이 있어 두어 間 그리로 둘러 岩床을 올라서매、위로 岩屋이 덮이고 아래가 두어 자 너비의 數間의 石臺로 되었고、그 속으로 間口 一間쯤의 天然石窟이 열리어 數坪 面積의 맑고도 차디찬 물이 石間에 흘러드니 자못 神奇한 景象이요、石英質의 石臺 위에는 영락없이 또렷한 一個 鹿足 자국이 있어 窟을 향하여 박혔으니 원래 數三個의 鹿足 자국이 있던 것을 指路에 짜증난 山翁이 족여내다가 神罰에 죽고 겨우 남은 唯一의 것이라고 한다。그 冷水를 두세 잔 마시고 洗面하고 앉았으니 淸冷 凛冽한 중에 神氣가 精明하여지고 半日의 더위를 씻기에 넉넉하다。둘러보매 老松 古栢이 岩壁을 가리어 森肅하고 一府洞天이 下界같이 멀어져 보이니 이로써 聖后 傳說의 靈積地 됨에 彷彿하다。

鹿足神女의 傳說은 平壤 一境에도 있거니와 九月山과 南北으로 마주보는 곳에 地形上으로도 이 靈蹟이 있을 만하고 檀君王儉의 어머님이 이미 熊女 化身인 傳說이 있는 바에 그의 同一類緣인 鹿足神女가 怪할 것 없고、神鹿・神熊이 서로 對比되는 點에서 古記 撰者들이 收錄하기 이전에는 혹 熊后・鹿足이 곁들여 傳說 되었던가? 어찌했든 百仞崗頭石壁을 올라 蒙茸을 헤쳐 聖后古井에 淸泉을 길어 마신 것은 今日의 快事다。다시 溪畔에 내려 默庵과 함께 통조림 뜯어 療飢하고 斜陽을 띠어 내려오니、十曲、九曲、八、七、六曲의 逆코스라 굽이굽이 돌아내려가매 垂直으로 선 摩天의 絶壁은 層理石紋의 天然의 技巧를 다하였고、水量이 더욱 붓는 溪流를 核心 삼아 차차 다가선 怪岩巨石들은 鉤心鬪角이 서로 엇겨 並行한 樣은 造化의 巨匠이 神斧鬼戟을 마음껏 두르듯이 左顧右眄하매 應酬할 나위도 없고、이러한 絶壁의 꼭대기로 혹 圓錐塔形의 뾰족한 峯과 五十七階로 깎아올린 層理의 大石峯과 劍戟을 꽂은 듯이 날카로운 峯으로 된 者 있으니、가로대 玉女・시렁・喚仙 等 諸峯이요、골바람(谷風)과 시냇소라 함께 어울려 仙韻縹緲한 幽僻한 雅趣를 한참 돋우는데 聲咳를 한번 내면 山이 울려 골에 應함이 가장 우람하고 으리으리하다。六曲에 오매 百餘 坪의 펀펀한 잔디밭이 古來로 官民의 놀이터로 되던 바요、三曲의 龍沼는 새파란 맑은 물이 岩壁의 구멍으로 通했으니 龍과 龍駒出生 傳說의 마당으로 有名한 터이다。二曲 一曲 거의 다 내려온 곳에 左의 絶壁이 더욱 높아 七星臺와 「門낭」의 奇岩怪跡이 뚜렷한 것은 上刀馬峯이니 그밖에 懸庵의 奇勝이 있고 右로 古色이 검푸른 絶壁은 中刀馬峯이니 高麗 적의 刀馬仙人의 遊棲地라 오늘의 登覽을 예서 마친 것이다。바위 그늘에서 옷 벗어 하루의 旅塵을 씻고 돌아와 懸庵旅舍에서 投宿하였다。長壽의 風景은 三中心이 있으니 妙音寺의 洞府林泉의 美가 幽閑靜遠함이 하나、寶積峯의 展望과 특히 그 白雲臺의 俯瞰이 浩茫明麗하여 英氣를 기름에 넉넉한 者 또 하나요、石洞 열두 굽이 돌아가 또한 幽閑縹緲의 仙韻을 긷게(汲) 하는 바로 또 하나다。그러나 먼저 懸庵의 奇勝을 보고 一曲에서 石洞에 들어 順次로 十二曲을 돌고 獨바위에서 采眞으로 넘어 寶積峯上의 大展望을 하고 내려서 妙音에 자면서 碧岩洞의 泉石에 旅塵을 씻는 것이 最良한 코스일 것이다。

오늘은 二十四日 닭 잡아 旅膓을 채우고 來訪하신 李廷律씨 外 數人과 鄕土傳說을 漫談하다가 이내 就寢하다。

刀馬將軍과 姜邯贊

二十五日 朝飯 후 李廷律씨까지 一行 三人、잠시 懸庵奇勝을 더듬기로 하다。石逕이 峻坂에 달렸는데 치달으매 岩壁을 기어오름이요 외나무 사다리로 絶壁을 통한다。天成한 石門을 지나 階上에 오르니、十間 懸庵이 千仞絶壁에 얹히어 外壁이 石壁에 이었고 처마는 天空을 덮었으니、金剛山 摩訶衍을 생각게 하는 奇畏한 存在다。아른드

리 느티나무 기둥이 許久한 風雨에 삭아서 꺼칠한데、菴 뒤에는 다시 백척의 石壁이요 北東으로 툭 트인 展望의 眼界는 그지없이 通闊하다。北窓에 앉아 漫談하고 다시 東窓의 밖 小亭의 뜰 千仞石臺의 위에 눕거니 앉거니 미진한 鄕土傳說을 들었다。寶積峯 위에 胸襟보담 奇高의 趣를 보탠다。여기는 刀馬仙人의 遊棲地로도 유명하고 혹은 徐太保 熙와 姜太師 邯贊이 모두 刀馬仙人과의 道義의 交로 각각 訪問會談하던 고장이란 이야기도 있다。여기에서 東南으로 危岩棧道를 다람쥐로 돌아 「門낭」의 꼭대기 숙어진 斷崖의 위에 올라서면 곧 七星臺로 懸庵事蹟碑가 있다기에 三人이 다시 절 門을 나섰다。一段 石臺 위에 淸泉이 岩面에 괴어 甘洌함이 비길 데 없고、그 위는 天成의 岩厢으로 되었으니 奇하다。淸泉을 길어 듬뿍 마시고 斷崖의 가장자리(緣)를 十數間 돌다가 凜然하게 겁남이 登覽을 단념하고 그대로 내려왔다。淸泉 곁 판판한 岩壁에는

孤峯拔地立
一寺倚天想

의 五言 一聯의 石刻이 있으니、여기의 景象을 彷彿히 形容하였다。

刀馬仙人은 一名 刀馬將軍이니、高麗初期의 사람이요、風流郎徒의 파묻힌 奇傑이라、昭顔翠瞳에 風骨이 爽朗하고 豪宕의 槪 一世 眼空한 風이 있는데、名馬寶刀는 그가 항상 사랑하는 바이었고、豪邁한 機智는 凡俗에 벗어나며 超然히 物外에 逍遙하는 몸이로되 오히려 宗國民生의 休戚을 須臾도 잊지 아니하니、그의 高致는 永郎·述郎의 짝이요、憂國念民의 誠은 乙支公·成忠의 流며、見識料量은 輿首·圓光에 出入하고、劍馬의 術에 익숙함은 怪

由와 勿稽子를 想望케 하는 者라、스스로 數百年間 興亡史를 目睹하여 왔음을 말하고、渤海의 遺民으로 世를 避하여 東에 돌아왔다 하니、「玄妙之道」의 奧義와 眞髓를 이은 古仙道의 眞面目을 代表하는 者이던 것이다。長壽山에 棲息하야 刀馬峯은 즐겨 머무르던 데요、뾰른峯 白雲臺도 그 登臨의 터요、鹿足우물 觀音窟은 그 棲息하는 자리며、九月山의 思皇 阿斯의 諸峯과 聰秀山·慈悲山과 洞仙嶺 舍人岩 等은 往往 遊歷의 곳으로 되었으며、或 淸朗한 날에는 長淵海濱의 白沙汀과 그 海島絶勝인 勝仙峯 等이 그의 徜徉自適하는 땅으로 되었었다。寶刀名馬로 十二曲에 處하매 隱現閃忽함이 端倪할 수 없어 鄕土人은 그를 天降의 神將軍으로 믿어 일컬어 刀馬將軍이라 하되、그 姓名을 아는 이 없었고、因하야 이 山을 「장수」山이라 하니、將帥山이요 곧 長壽山의 山名起原이라 한다。

高麗 成宗 때 北方의 新强國 契丹의 蕭遜寧이 雄兵 四十萬으로 鴨水를 건너매、오직 侍郞 徐熙 刀馬仙人의 벗으로서 割地請和의 軟論을 排擊하고 中軍使로 北進할새、舍人岩에서 刀馬仙人과 會談하여 仙人의 籌策을 參고하고 意氣凛然 敵陣에 赴하야 片言으로 大敵을 물리쳤더니、후에 康兆가 不幸 粗率로써 敗하고 舍人會談 二十六、七년에 姜邯贊이 大軍으로 丹兵을 迎敵하려 갈새、刀馬仙人은 오히려 衰함이 없이 病卒한 徐太保를 슬퍼하며 다시 姜邯贊과 會談하야 淸野困敵의 策과 尾擊殲兵의 計를 共贊하고、姜太師의 「出山相助! 生民을 共濟하자」는 懇請을 遜謝하며 「나는 物外의 閑人이라 攘亂救民은 公으로써 足하다」고 하고、名馬寶刀로써 姜太師에 붙여 그 成功을 빌며 隻身으로 石洞에 돌아갔는데、후에 姜太師 興義驛의 凱旋에 榮耀가 一世에 極하였을 때 直時 心腹을 보내어 將帥山에 刀馬仙人을 뒤졌으나 杳然히 나오지 않고、그 후 終世토록 그는 다시 出入치 않았다고 한다。萬世 後에 그 遺風을 듣는 者 오히려 그 高蹈을 想慕하지 않을 수 없다。누가 가로대 「三曲의 龍沼는 仙人名馬의 나온 데요、「門낭」은 仙人의 寶刀로 에인 자취라」고 하니 그도 또한 흥미있는 說話이다。

二十五日 오전 懸庵을 떠나 朝鐵로 信川邑에 와서 午餐、自動車로 文化廢邑을 지나 柳川서 내려 徒步로 貝葉寺를 向하였다。예서 보매 더욱 또렷한 九月山의 莊麗한 山岳美가 圓錐形의 尖銳한 촛대峯(阿斯峯)의 英姿에서 훨씬 靈爽한 感을 주고、이 莊麗한 大山彙를 基點으로 삼아 東南으로 툭 트인 數百里 大野가 煙雲 속에 蒼茫하여 廣遠한 感을 일으킬 때、麥秀가 唐藏京의 빈 벌에 숙고 松栢은 三聖殿의 묵은 터에 거칠었는가 하면 空山寂寞한 속에 杜鵑이 목놓아 울고 적은 골물은 無心코 흘러만 간다。해질 골 내리는 비에 雨裝을 고쳐가며 貝葉寺의 洞口를 찾아 이제는 三聖里의 시른등을 넘는다。五、六百年 늙은 느티나무 그늘、浮屠와 石碑가 고스란히 선 山벌의 밑을 지나 긴 숲이 하늘을 가린 淸溪의 곁으로 시원스런 靑嶂의 높은 峯을 보며 山門을 향하여 들어가니、一座 土橋를 건너는 곳에 翼然한 大高樓를 앞에 놓은 古色蒼然한 大伽藍은 即 貝葉寺이니、古來 禪宗의 大本山이라 오늘부터 예 와서 投宿키로 하였다。旅裝을 고른 後에、默庵과 같이 시내에서 冷浴하고、夕飯 後에 僧侶에게 寺刹과 鄕土史蹟을 듣고、境內를 一巡한 後 就寢하다。旅舍가 簡淨하여 起臥에 맞는다。

翌朝에 일어나매 依然한 雨天으로 밤동안의 비가 저으기 줄었는데 朝食한 後 寺院을 巡覽키로 하다。正面 貝葉寺의 懸板을 건 二段大樓는 규모 자못 宏傑하고、高宗 丙子 雲養 金允植의 당시 豪僧 荷隱上人의 重修事蹟記가 있고、寒山寶殿은 法堂이요、左로 七星閣、右로 應眞殿은 全寺院이 합하여 長方形의 舖置인데、寒山寶殿은 結構 자못 典雅하여 정면으로 五層雲脚이 技巧 非凡하고 新羅 當年의 기둥을 仍用한 者 있다 하며、殿 안의 佛壇은 蓮

과 牧丹의 四段彫刻이 玩賞할 만하고, 三段으로 포개놓은 대뜰의 石階도 治石한 手法이 자못 精美하다.

法堂의 東側에는 本山의 開祖 具業祖師의 眞影을 安하였고, 境內에 花卉가 많은데 키가 五尺餘에 달하고 면적 거의 數坪씩 덮는 牧丹 포기가 몇 十이나 있는 것이 특색이며, 木造의 法華經板이 法堂 안에 쟁여 있고, 簇子에 그린 三十尺의 掛佛이 數十尺 木匣 속에 있으니, 旱魃의 때에 내어걸고 祈雨하면 靈驗이 있다고 한다.

寺僧의 說明과 重修記 및 事蹟碑에 의하면, 安岳郡 燃燈寺 事蹟과 함께 檀紀 二、四〇五년 漢明帝 永平 十五년 (西紀 七二)에 具業·興律 등 諸祖師가 文殊菩薩의 示顯에 의하여 佛舍利 三個를 지니고 東方에 들어와서 貝葉·月精·興律·燃燈의 各寺를 創建하고 佛舍利를 阿斯峯 꼭대기와 기타 數處에 묻은 것이 本寺 等의 開山緣起이다. 九月山 第二峯으로 貝葉의 主峯을 이룬 五峯이 標高 八百五十八미터가 넘고 迢遞한 氣勢가 諸峯을 누르니, 五臺山 그대로의 文殊·普賢 및 大勢至 觀音 等의 接駐地 된다 함은 釋家 當然의 說이려니와, 漢明帝 永平 十年에 西域佛法이 처음 漢土에 通하였은 즉 三、四년 후에 直時 海東에 건너왔다는 것이 未審한 일이요, 혹은 當時 樂浪帶方에 내왕하던 漢民族이 大同江口로부터 載寧江에 거슬러서 檀君 이래 大靈場인 白岳(배아)宮의 聖地에 그대로 釋氏의 新招提를 갈아세울 일이 全無하리라고도 할 수 없으나 現代佛法이 震域에 처음 왔다는 高句麗 小獸林王 二年(西紀 三七二)보다 앞서기 二百年에 벌써 佛氏의 寺院이 이 땅에 섰었던가? 애오라지 疑問이 없을 수 없다. 朝鮮 各地 先世佛敎의 靈蹟을 설명하는 자 적지 아니하나, 智異山 七佛庵의 駕洛國 七王子의 入山歸佛說話 그것에서처럼 夫婁仙道의 古信仰에 脈動하던 黃徒花郞들의 擅名하던 道場들이 後世에서 그 信仰上의 類緣이 가장 깊은 佛敎輸入과 함께 合流轉化의 新招提로 되던 바 있음에 起因한 年代脫落의 事蹟說話는 아닐는지? 東方文化史에서 흥미있는 문제이다. 이는 追後 再說키로 한다. 寺院을 본후 창 밖에 내리는 비를 보며 《法華經》을 두어 편 읽다가 닭을 사서 점심밥 달게 먹고 이윽고 右로 보이는 茂崖千仞의 檀君臺의 翠林이 으스름한 별 속에 그 英姿를 나타낼 때, 우리는 指路童子를 앞세우고 五峯 登覽과 檀君臺 巡禮 길을 떠났다. 절의 右側 西山의 밑창으로 느티·물박달·벚·자리알(榛)·떡갈나무들의 濶葉喬木들이 參天蔽日의 大樹陰을 이루었고, 그 아래는 千古에 스쳐가는 洞壑의 물소리가 幽閑明麗한 이 天地에 문득 生命의 躍動으로 외쳐지나는데 古栢老松은 다시 蒼勁한 氣勢를 돋워준다. 한 고개를 넘어 兜率菴의 깨끗한 집을 東으로 松林 속에 쳐다보며 「소터릿골」의 幽僻한 속에서 다시 一層峯을 지나 「사깃골」에 들어섰다. 예로부터 더욱 石磴土崖 險難한 길을 밟아 最終으로 尖銳한 上峯이 矮少한 密林 속에 덮인 곳을 西向으로 기어올랐다. 무성한 초목의 사이에는 수많은 고산식물을 보겠고, 밀림의 사이로는 왕왕 數十尺의 斷崖가 새어 보인다. 이윽고 우리는 頂上 五、六坪 楕圓形의 高臺에 다다랐다.

思皇峯과 祭天壇

五峯에서 보는 九月山의 全景과 그의 展望은 자못 좋다. 東으로 大野를 展開하고 長壽·慈悲의 모든 산맥이 둘러 天成의 屛障이 險固한 바 있는 데다, 北으로 載寧江 유역을 통하여 東西交通 길이 된 것은 그 地形地理의 大較요, 西에는 大同江의 下流 한 줄기 海灣이 內陸에 깊이 들어 鎭南浦 開港場은 市街가 歷歷히 보인다. 貝葉寺 저 너머 三聖里·馬韓洞·殿洞·花庄洞이 모두 檀君 因緣 혹은 古史 關係로 史蹟과 傳說을 남긴 고장이요, 馬韓洞 西南으로 朴達里·巨門洞·天府洞의 촌락도 모두 上代史와 古文化에 類緣할 같은 地名이며, 馬韓洞·朴達里 線에서 東으로 개울을 따라 平野部를 行하기 七、八里에 起伏한 丘陵을 基點으로 田畓이 널브러진 一帶의 原野가 있으니, 지금엔 「장장이벌」(莊莊坪)이라는 藏唐京 或 唐藏京의 옛터로서 그의 조금 西北 數十町의 地點에는 平壤의 柳京 南平壤의 楊州를 想望케 하는 「버드내」인 柳川里의 大村落이 있어 蒼茫한 古都 荒廢한 지난 자취가 登臨無限한 感을 줄 뿐이다。五峯을 중심으로 東에는 莊莊坪의 正北 主峯을 이룬 三百여 미터의 古靈山에 가기까지 八百미터、七百미터、六百미터、五百미터로 順序 좋게 遞降한 氣勢 있는 連山이 내뻗쳤고、비쓱 西南으로 십리 저쪽 九百五十三미터의 思皇峯이 九月山 最高峯을 이루어 자못 莊嚴한 體勢를 보이는데、南으로는 思皇峯에서 휘돈 山脈이 시루峯·阿斯峯·飛山峯이 되고、다시 月出峯·將軍峯으로 廣臺山·墨山이 되어 殷栗 邑內를 에둘러나간 것이다。이 一聯의 山岳과 洞壑은 모두 檀君과 后妃와 王子를 중심으로 史蹟과 想華의 玲瓏한 殿堂으로 된 곳이라、奇秀한 靑嶂翠巒이 才矗葱鬱하고 嵯峨參差함이 稀有한 峯壑美로 되었다。대체로 九月山彙가 그 전체에서 突兀한 石山으로 되었으나 土壤이 表層을 덮고 草木이 蒼鬱하게 퍼져 貞明한 氣가 磅礴한 勢를 겸하고 典雅한 韻이 瑰麗한 致를 合하였으니、唐藏京 阿斯達의 몇 千年來의 高蹈이 워낙 이만이나 하여야 할 바이다。

五峯의 東岸 斷崖가 잠깐 솟은 밑에 間口一丈 넘는 石窟이 있으니 迦葉窟로 즉 袈裟窟이요、雅化하여 金欄窟로 일컫는 者이니 迦葉原의 古史蹟을 想望케 하는 趣味 있는 명칭이요、思皇峯은 一名 四皇峯이니、思皇은 阿斯達에서 化神朝天하신 檀皇을 思慕하는 後代의 臣民들이 壇 모아 祭드림과 함께 그 永思恒慕의 情을 붙임이라 하며、四皇으로서는 桓因·桓雄·檀儉 三聖의 외에 그 大統을 繼述한 夫婁檀君까지를 合稱함이라 하니、이는 檀儉神人의 阿斯達朝天부터 이후의 地名起原임을 믿는 者이요、또 上皇峯이라고 하니、唐藏京의 當年 檀儉神人이 그의 在天한 父皇이신 桓雄天王의 神을 위하여 이곳에서 祭함에 因하였다는 地名起原의 鄕土傳說이다。思皇峯의 南岸에 배 形狀의 狹長한 地帶에 天作의 地形대로 城壇을 쌓았으니、《高麗史》顯宗四年 壬子 正月에 弓兀山城을 쌓았다는 記錄이 있는 外에 그 최초의 創始는 알 길 없고, 高 十五尺, 周一四, 三八六尺이며, 南北에 통로가 없고 오직 東西로 통하는 一條의 棧道가 中央의 臺地를 지나 兩便의 石門을 꿰었을 뿐이요, 中央의 조그만 臺地 東西로 狹長한 곳에 一座 天壇이 있으니, 石築으로 高 十五尺, 長廣 約 二十尺이요, 層階와 石欄이 있었는데, 石欄은 대체로 形跡만 남았으며, 그 制度가 江華의 塹城壇보다 整齊하고도 큰데, 風雨에 酸化한 품이 累千年來의 故建物이다. 《東國輿地勝覽》에 四王寺의 記事와 함께 「星宿醮祭故壇」의 文字를 남겼으니, 四王寺는 四皇과의 音相似로 佛家 四天王과 轉擬되어 역시 信仰轉化의 新招提를 造成함에 미친 것일 것이요, 「靈星社稷」을 祭하는 것은 夫餘·高句麗 이래 震人의 古俗이라, 平壤奠都하던 中代 이후의 高句麗의 列朝가 혹은 海山精明한 이 고장에 그 靈星을 醮祭하던 遺跡일 법하나 줄잡아서 그 시초는 「思皇追祭」의 古事로써 출발하였을 것이 차라리 鄕土傳說에서 수긍할 만하다.

壇의 南側 비탈진 樹陰 사이에 허술하게 頹落된 한 채 瓦家는 옛날 山城 別將의 舍宅이요, 그 아래로 四, 五채 草家가 남았으니, 山田을 갈아 甘藷와 조 農事를 짓는 농민의 주택이다. 城中 各 골의 물이 모두 외골로 모여 西로 漢川에 쏟아지니, 가까이 西海에 朝宗함이요, 城外에 흘러서는 瀑布로 되는 者이다. 四圍의 峯이 하늘을 막고 中間의 小盆地가 깊고도 으슥하여, 오전 十時 비로소 太陽을 보고 오후 四時 문득 황혼이 오니, 그야말로 두메 속 빈궁한 民生 그 艱困함을 비길 데 없다。 옛적에는 이곳에 左右倉을 두고 文化·信川·安岳과 殷栗·豊川·長淵·松禾·長連의 東西 八邑의 粟을 쌓아 非常을 準備하였다고 한다。 옛적 牛山 柳應斗가 九月山에 놀새, 牛山錄을 지어 白岳賦를 적고, 겸하야 詩와 詞를 쓴 바 있으니

帝車東指、移大朴於扶桑
華盖西臨、鍾元氣於弓葱
蔚乎中峯
謂之思皇
不自威而莫與之爭
不自高而莫與之抗
積而珠玉之窟宅
發而錦繡之屛障

이라고 하여 禮讚과 敍述을 힘썼었다。

檀君臺와 馬韓洞

牛山 柳應斗는 官承旨에 미치고 有志好學의 士이라 「巍乎思皇」이라는 題下에

五雲拂欝擁思皇
望裡威儀凛欲霜
法界清凉晨月白
孤城蕪沒夕煙蒼

九月山登覽誌

他年歸臥陶元亮
忽地登臨馬子長
此等名山天下幾
吾東雖僻足生光

이라고 東方에 이 山과 이 史蹟이 있는 것을 자랑하였다. 그는 九月山 文獻의 숨은 功勞者였었다.

五峯 思皇의 風景을 飽看하는 동안 西海에 듬뿍 쌓인 구름 뭉게뭉게 東으로 밀려 北으로 思皇 五峯의 峽中에 들자 마주치는 長風이 예서 半空으로 쏘아 急角度로 南進하는 氣勢 一時에 白雲千里의 웅대한 鋪陳으로 되니 마치 聖山의 巨靈이 遊子의 한만함을 許치 않는 듯 물병을 기울여 淸水를 한 잔 따라 山河에 넘치는 恨을 씻으려 峯 위에 붓고 마른 목을 한 잔씩 축인 후에 貝葉을 향하여 歸路에 올랐다. 寺院의 西側에서 十餘 尺 쏟아지는 洗心瀑의 웅덩이를 스쳐 西峯 위에 있는 檀君臺를 巡歷키로 한다. 石磴松崖로 절정을 지나 南岸에서 東으로 岩壁을 돌새, 지팡이·물병·모자를 다 벗어놓고 절정의 밑에 天成한 龕室처럼 된 石臺의 위를 몸을 굽혀 자칫 내려섰다. 東向한 위치에서 南北으로 五、六間의 펀펀한 懸盤이라 할까? 廣 數三尺의 花崗岩 바닥이 修鍊者가 靜坐瞑想키에 좋을 만하고 움쑥한 岩屋이 저으기 風雨를 避케 하니, 여기가 즉 檀君臺로 「檀君臺」 三字의 서투른 彫刻이 남아 있다. 한 손에 등걸을 잡고 배 깔고 엎드려 臺下를 내려다보니, 斷崖千仞 杳冥朔寞함에 凛然히 놀란지라, 일어서 正坐하며 呵呵大笑를 깨닫지 못하였다.

口碑로 傳함을 依하건대 檀儉神人 唐藏京에 遷都하였을 때, 皇子 夫婁가 洪水를 다스리고 그 외에 三子가 모두 民人을 위하여 盡瘁하는데, 檀儉神人은 한편으로 그 工役을 근심하며 한편으로 上皇峯에 올라 「弘益人間」을 上

天께 祈願하고 또 檀君臺에 앉아 鍊心遂志의 神事를 닦았다고 하며、 野翁들의 말에는 唐藏京에서 이 자리에 陟降할 제 蹊徑을 좇지 않고 臺로부터 곧 花庄벌에 내렸으매 신자국・손자국・무릎자국이 또렷이 박힌 바위들이 지금도 花庄벌에 몇 군데나 있다고 한다。 이날은 二十六日 貝葉에서 자고 이튿날 두 匹 말을 세내어 三聖殿으로부터 月精寺로 돌아 檀君朝天의 傳說地인 阿斯峯을 登覽키로 하였다。

「이러봐라 어이! 이러봐라 어이!」 고삐를 잡은 農村의 馬夫들은 이렇게 말을 몰며 우리를 巡歷의 길에 보내준다。 貝葉里를 나와 花庄洞을 지나 殿洞에 오니 즉 三聖里라、 말을 내려 馬夫에게 맡기고 또 하나의 馬夫를 앞장세워 산허리에 있는 이제는 빈 터인 三聖殿 古跡을 보려 간다。 五峯에서 東으로 뻗은 산이 예 와서 六百十四미터 넘는 「三峯」으로 되고 三峯의 바로 밑이 配天洞、 그 아래가 聖住洞、 三峯에서 뻗어내린 山이 三聖里에 와서 뭉치어 시루峯이 되고 떨어져 두 갈래로 그쳤으니、 시루峯은 小甑山으로 일컫는 者요、 시루峯 빽빽한 松櫟 속에 三間祠宇의 헐려난 廢墟가 있고、 그의 동편 골에 數十間 齋室의 끼친 터가 있으니、 어디나 오직 滿目荒蕪의 感을 보탤 뿐이다。

三聖殿은 어느 때의 創建인지 모르나、 上皇峯上에 있었다는 說과 후에는 大甑山 즉 香爐峯에 옮겼었다는 事實과 또 옮기어 現存하는 山麓에 왔다는 由來 등은 漢陽朝 成宗 辛卯 黃海觀察使 李芮의 啓文에도 있고、 文宗・端宗 즈음 右議政 柳觀의 上書에는 「不知刱於何代、 北壁有檀因天帝 東壁有檀雄天王 西壁有檀君父王」 云云의 文字가 있어 「檀君父王」에서 大統繼述者에 의한 題主인 形跡을 머물렀다。 예부터 木像을 奉安하였던 것이거늘 太宗朝에 河崙의 建議로 木像을 革하게 되었다고 하고 「鳥鵲不棲 麋鹿不入」의 靈蹟을 傳하였으며、 一時 平壤에 三聖殿을 移設한 후 마침 黃海一帶에 惡疫이 流行하므로 人民의 情願을 좇아 다시 九月山 聖殿을 存置하고 每年 春

秋로 致祭하였다는 記錄이 남아 있다。 지금은 廢墟된 지 벌써 十數年이다。 三聖里를 나와 馬韓洞에 왔다。 牛山錄에 「韓里唐藏兩朝廷之邱墟」라는 句가 있고 「韓里老石」의 題에

村名稱馬韓　兼有殊常石
臺荒躑躅紅　字沒菴苔碧
生於剖判初　立了興亡夕
文獻俱無徵　倘非箕氏跡

이라고 하였으니 殊常한 石碑에 刻字한 흔적이 남았는가 찾으려 하였으나、 牛山 이후 百數十年인 오늘날에 그도 猝然 발견할 수 없다。 馬韓의 명칭이 鴨北에도 있고 그 境域이 大同江 南岸에 미친 것은 是認하는 史家가 적지 않거니와 馬韓 唐藏이 아울러 한 들에 있는 것은 어찌하였든 흥미있다。

檀君遷都와 洪水難

馬韓洞의 地名由來는 그에 관한 考證은 率爾히 붓을 댈 바 아니요、 馬韓洞에서 앞으로 標高 七十五미터의 작은 산을 놓고 洞의 下流 東南部는 月陰洞으로 「어른」인지 「얼음」인지 무엇이고 因緣이 붙을 듯한 地名이요、 작은 산을 넘어 다시 原野部에 내리는 西北의 小谷地는 朴達里요、 朴達里의 또 東南 丘陵의 밖은 巨門洞이니、 巨門은 「검은」의 黑洞을 의미함직도 하나、 「검」의 神 혹 君王의 韻意를 생각하게 함이 注目되며、 朴達里는 마치 檀의

「박달」, 古代史의 見地에서 「밝따」 즉 神域 혹은 聖都 또는 帝京的 韻意를 表함에 매우 留意를 요하는 者이다。 이 一境은 모두 九月山의 直下 峽谷 溪壑의 美를 이웃한 땅이니, 地名分布 關係上 흥미있고, 上述한 莊莊坪은 예서 東方 약 十里 지점에 있으니, 《東國輿地勝覽》 撰出 當時 「至今遺跡尙存」이라고 명백한 文句를 남겼으나, 방금은 田夫野老가의 헐어 뭉갠 끝에 무슨 形跡을 찾을 수 없다。 그러나 白頭山의 周圍 朝滿 數千里의 地域이 합하여 天坪인 것처럼 九月山의 東岸 文化·信川 累十里의 丘陵 平低한 原野部가 통틀어 藏唐 舊地로 볼 것이요, 現存한 各地名은 그 중에 유연 깊은 지점일 것이다。

「乃往二千載 有檀君王儉 立都阿斯達」이라고 一然이 《三國遺事》에 썼고, 「經云無葉山 亦云白岳」이라고 阿斯達이 즉 白岳이요, 또 無葉山이라고 한다고 하였다。 無葉의 無는 貝의 誤寫로 貝葉寺의 그것처럼 「배어」(孕)의 寫音을 白 혹 百牙로 하는 대신 貝葉으로 한 적이 있었음을 因함일 것이요, 「在白州地 或 云在闕城東 今白岳宮是」라고 한 것은 高麗朝 中期末인 一然 當時에까지 阿斯達의 위치에 관하여 延白 一境에 있다는 說도 있었으나 實은 闕城東에 있음을 말함이니, 闕城의 城은 「기」로도 읽는 者로 文化郡의 古名 闕口의 口와 맞먹는 字요, 지금 九月山城이 思皇峰上에 있어 그것이 上代 이래 闕城(즉 闕口)의 稱號를 띠고 왔었다면, 聖母時代 以來의 敎政的 一都市이었을 阿斯達은 마땅히 闕城東인 現下 莊莊坪 附近에 있었을 것이며, 白岳宮은 三聖祠의 前身으로 貝葉寺란 佛宇의 先驅로 된 者였었음을 暗示함이다。 이는 後文에 別說하려니와 太伯山 神壇樹下에 降下한 桓雄天王인 神市氏의 아들로 平壤城에 都하여, 朝鮮의 近世的 國家建設의 太祖的 檀君이 되신 檀君王儉은 「又移都於白岳山阿斯達」이라고 하고, 箕子朝鮮의 처음에 「乃移於藏唐京, 後還隱於阿斯達, 爲山神」이라고 하여 一、九〇八歲나 長壽를 한 一個 超人인 檀君이 平壤에서 白岳山 阿斯達에 그리고 藏唐京에 그리고 도로 또 阿斯達에 遷徙往來를 몇

차례나 한 것처럼 하였으니、이는 大體 當時의 信文이 이미 없고、口碑에 傳하는 者를 採錄하매 自然 疎漏가 많음을 因함이겠다。 阿斯達・白岳・平壤・夫餘・百牙岡・白・貝葉 또는 負兒岳・浿水 等 古代社會에서의 言語上의 類緣 및 그 史的 行進의 關係는 따로 一說할 價値 있거니와、檀儉神人이 平壤서부터 洪水를 피하여 唐藏京에 遷都하였고、그 阿斯達인 白岳山 즉 九月山에 들어가 그 傳來의 信仰이요 敎法인 上山祭天과 鍊心修道의 神事를 行하였고、그리하여 化神朝天의 神話的 傳說을 낳았고、또 모든 派生的인 想華의 傳說을 낳은 바일 것이니、이것을 彷彿케 하는 《青鶴集》、《揆園史話》 등의 기록이 아직 信文으로 단정되지 못하였으나 오히려 이때의 消息을 말함일 것이다。 그리하여 藏唐京의 朴達里、白岳山의 上皇峯、그리고 祭天壇과 檀君臺 등이 儼存한 史蹟을 중심으로 수많은 神話와 傳說을 낸 바일 것이다。

鄕土傳說에 檀君께서 唐藏京에 遷都한 후 人民에게 農作을 힘쓰게 하고 稻作을 가르쳤다고 한다。 例의 柳氏牛山錄에 「唐庄脫稻」의 題下에

神君昔建都　爲此唐庄稻
稼穡是民天　山河其國寶
古來夏日長　黃入秋霜老
遺俗儉而動　農謳常及早

의 五律이 있고、「三國膏腴」의 題下에 第二聯으로

表裏山河天所府
光華日月帝之衢

의 二句가 있다。 曩日 雨中 徒步로 이들을 건너고 오늘 馬上에서 丘陵과 溪澗을 지나되 往事 오직 꿈같고 日月이 오히려 蒼茫할 뿐이다。 三聖里에서 學校에 모이는 學童을 보고 朴達里에서 運動場에 뛰노는 學徒들을 보며 대추나무・밤나무 듬성듬성 들어선 月精里의 村落을 들어서서 溪谷을 끼고 올라 月精寺의 洞口에서 말에서 내렸다。
貝葉寺의 幽閑深邃함에 比하여 저으기 遜色이 있으나 明朗貞麗함이 특색이 있고、正面에 長方形의 十間 大樓가 月精寺요、겸하여 萬歲樓의 扁額이 있어 結構 자못 견고하고 法堂에는 阿彌陀佛을 모시어 極樂寶殿이요、僧房의 精潔한 品이 焚香讀書하고 싶은 遊子의 情緒를 일으킨다。 여기는 九月山中 가장 英發貞明한 阿斯峯의 直下이라、午飯을 시켜놓고 우선 阿斯峯登覽의 길을 떠났다。 往年 白頭山의 天池에 놀고 天坪千里를 縱覽하며 왔었더니 今日 또 阿斯達 唐藏京에 놀게 됨은 塵世의 勝事이다。

檀君朝天의 想華世界

阿斯峯은 아씨峯의 寫音이니、아씨는「아지엄어이」의「아지」에서 脫化한 者로 원래는 가지(枝)에 해당한 말이나、仁의「어지」와 통하고、鳳凰의 古語「아시」와도 유사하며、母系中心 古社會의 血族團體와 그의 發展體인 氏族社會의 공통한 大母 즉「한엄어이」의 의미로서「아지엄어이」가 그대로 神格化한 時代에서 神女 聖母의 意味

로서의 「아씨」로 되어、阿斯達 즉 아씨따 즉 聖母山의 古跡을 머무른 者이나、古代의 各個 部族國家의 根據地로 太白 혹 白岳의 遺跡을 남긴 곳에 반드시 阿斯達·阿斯津 혹 聖母山 혹 阿珍浦·阿珍含城·阿尸村 또는 音汁伐 따위의 각종 명칭으로 附隨하는 者이요、新羅 智證王 十五年에 「置小京於阿尸村」 같은 것은 朴赫居世 發祥한 新羅 六部族의 根據地에는 옛날의 聖母村으로 仙桃·海尺 따위 赫居世王의 母后로 일컫는 「아씨」들의 阿尸村이 있었음을 證함이며、여기의 阿斯峯도 白岳山 阿斯達의 悠久한 名稱을 머무르고 있음에서 讀書者의 情感을 끄는 者이다。

月精寺의 老僧과 함께 寺院의 直後 圓錐塔形의 날카로운 峯을 一氣에 오르기로 한다。복사나무 늘어선 洞府를 거쳐 잣나무의 蒼健한 맵시를 到處에서 보며、盤石이 있는 下臺에서부터 점점 가파른 松崖石磴을 올라 中臺에 다다르니、펀펀한 三、四坪의 땅에 二個의 선돌과 七座의 自然石塔이 있는지라、예서 休憩하고、더욱 險峻을 더위잡어 濶葉密林 속에 잠겨 올라 절정인 上臺에 치달았다。上臺는 圓盤을 엎어놓은 듯이 약 十數坪의 自然石臺로 되고 處處에 躑躅·숫드레·갈나무·신나무의 叢林을 이루었는데、예서 보매 思皇峯은 一層 明朗雄偉의 感을 주고 思皇五峯의 사이가 鷄冠처럼 된 「달구」峯으로 檀君峯과 비슷한 명칭이요、香爐峯의 別名을 가진 시루峯으로 여기 阿斯峯에까지 玉潤珠暎의 淸祥한 품이 一點 危險의 相이 없고、南으로 飛山峯과 西로 月出·將軍 諸峯이 간격 좋게 배치되어 檀儉神人 化神朝天의 神話를 중심 삼은 想華世界의 空間的 調和가 精緻하게 됨을 수긍하겠다。

옛날 옛날 洪水難을 피하여 唐藏京에 오셨던 檀儉神人은 水亂이 평정되고 天下가 寧靜함을 본 지 몇 十年에 夫婁皇子에게 大統을 물리기로 하고 仙穀을 上皇峯의 南嶺에 머물러 平昔 上山禱天의 靈場으로 정하였던 峯上의 天壇에서 最後的 儀禮를 바치실 때 桓雄天王이 일찍 天界에서 가지고 내려와 이 산에 심었던 不老仙化의 金光의

瑤草는 전에 없던 滿天의 仙香을 피우고 그의 仙駕를 따르던 몇 隻의 瑞鳳은 飄渺한 羽樂을 아뢰는데 神龍이 龍塘에 춤추고 金鷄는 香爐峯下에 울어、玲瓏한 瑞氣는 聖地에 넘쳤었다。 檀儉神人을 戀慕하는 紫月仙女는 飛山의 淨土에서 最終의 瞻仰을 하고 皇子와 臣僚들은 阿斯峯의 上臺에서 敬虔의 瞻禮를 하였던 것이다。 이윽고 一陣祥風이 일어나며 五色의 彩雲이 上皇峯을 擁衛하자、瑞鳳이 앞길을 인도하고 神皇이 탄 雲車는 祥風에 멍에 하여 멀리멀리 天宮을 향하였던 것이다。 이윽고 바람이 자고 구름이 스러지고 鳳이 숨고 龍이 감추이고 金鷄는 소리 없는데、紫月仙女는 天宮을 향하여 飛山峯을 뜨고 大小의 臣僚는 天符三印을 받들어 夫婁皇子를 二世檀君에 推戴하고 弓履이 떨어진 上皇峯의 東北岸에 寶塔을 모았더니、萬道寶光은 寶塔에서 天地에 쏘였다。

그리하여 上皇 四皇의 峯에는 思皇禱天의 聖壇이 萬世追慕의 表로 남아 있고 照光洞 照射塔의 傳說은 지금까지 膾炙한 터이다。

阿斯의 靈峯이 이미 貞明英秀한데、峯下의 시내가 達泉내로 되어 唐藏平野의 中央에 貫流하니、上皇峯과의 中路에서 阿斯峯이 빛나는 聖地로 되었고、野翁은 혹 여기가 化神朝天의 靈場이라고 한다。 牛山 柳應斗 「阿斯朝暾」의 題下에 第二聯부터

擧世昇平春有像
群奸屛息夜無痕
丹葵拾盡三回首
何處瓊樓我聖存

그의 瑤草韻에

仙君昔下臺　手種金光草
服之臭味香　玩之景色好
雨甘而不肥　颶狂而不倒
寥寥千載間　有路無人掃

一薦의 瑤草詩史이다。

同「瑤草深香」願下의 第二聯으로

雪裡生生青玉藕
風前燁燁紫金光

「鳳林歸雲」의 願下에

寶林蒼翠礙疊雲

에서 비롯하여 第一聯에

渺渺天香隨佛祖
飄飄羽樂送檀君

現今 停轂寺·寶林里·鳳洞·照光洞·雙鷄洞과 龍塘 白鶴洞 등 傳說이 남은 터는 九月山 一帶 洞府 속에 있다。飛山峯은 鄕土人 사이에 檀儉神人의 第四子로 英勇絶倫하여 北狄南夷의 亂을 平定하던 夫餘가 飛山峯으로부터 浿河를 건너뛰어 北地에 왕래하였음에 地名이 起源되었다고 하며、紫月仙女가 天界로 向하던 곳에 紫月祠를 지었던 것이 後世에 紫月庵이 되었다가 近世에는 廢하고 觀音菩薩의 洛山寺가 있어온 지 오래라고 한다。牛山 柳氏 白岳賦에

褰余裳而超北溟是所謂飛山也
搔余首而問靑天尙無恙紫月否

「飛山超海詩」에 다음과 같은 시가 있다。

振衣上碧天　擧目無山海
鰲戴實非奇　鵬圖如可倍
但聞當世無　今見其人在
於氣象求之　必超何必待

九月山에는 많은 寺刹이 있는데, 지금엔 空山廢寺로 人跡이 寥寥한 者 몇이나 있고, 思皇峰 南嶺의 停轂寺와 飛山峰의 洛山寺는 貝葉·月精寺와 함께 佛刹의 名所요, 山水 明麗한 곳에 前代에 往往 隱逸士가 있어 高風을 塵世에 流傳한 者 있었으니, 山의 西方 淸洞 閑靜한 고장이 거기라고 한다。

이우고 더운 빛이 이마를 쬐고 선들바람이 옷깃을 헤치는데, 눈을 들어 둘러볼 때, 흰 구름 一萬길 西海에 솟아 茫茫한데 삽시에 열리는 틈에 宛然 天地의 杳茫한 海色이요, 六梁灣 저쪽으로 하늘가의 連山이 구름 속에 뫼뿌리를 감추었는가 하면, 殷栗 바다의 몇 개의 작은 섬들이 마치 銀露靑螺처럼 點點이 푸르렀고, 南으로 長山串一境, 藍玉같이 짙푸른 峰들이 雲海로, 나왔다 잠겼다 登山 遊子에게 반기며 아양을 준다。

우리는 절정의 서쪽 碧石에 앉아 江山風物을 마음껏 보다가 下山키로 하였다。 峯의 中央, 釋迦舍利를 묻었다고 전하던 自然石의 古塔은, 古物을 노리는 不德漢이 쓰러뜨리고 단지를 들추어낸 깨어진 조각이 있다。

九月山은 一名 白岳山이니, 白岳山은 「배어따」(「따」는 地域。古語에 「山」)의 音意 混譯일 것으로, 太白·小白 등과 함께 腹部의 「배」 혹 孕의 「배어」의 生生孳殖의 觀念에서 출발한 原生地를 의미하는 者로 一轉하여 天山聖域의 語意를 含蓄한 者요, 一名 阿斯達은 아씨따 즉 聖母山으로 古代社會 母系時代의 大母와 仙姑와 女神으로서의 天王을 信仰하던 時代의 遺跡인 것은 前述한 바 있고, 又名 弓忽山이니 弓忽은 九月과 함께 「걸」 혹 「고을」의 寫音으로 瀸 혹 白族系의 帝王에 대한 稱號로서 「검」 또는 「덩걸」(檀君)에서 轉化한 말일 것이니, 高句麗 五部中

帝王部의 桂婁部도 「걸」部요, 다같이 白族系의 王室을 가진 百濟의 已婁·蓋婁·古爾·契·久爾辛·蓋鹵 等 王이 모두 「걸」의 寫音으로 된 形跡을 남겼으니, 「고을」(郡)政治時代에서 나타난 「걸」 혹 「덩걸」로서 檀君의 語意를 붙인 것 같다. 又 今彌達이니 「검」 혹 「금미」는 神 혹 君王의 稱號로 今彌達은 神山帝山을 의미함이요, 그리고 九月의 「걸」과 「검」이 交互使用되던 形跡을 남긴 것이다. 又曰 甑山이니 시루峯에 그 韻意가 남았고, 「經云無葉山」의 無葉이 貝葉의 誤寫인 것은 前述하였거니와 九月·弓忽·今彌가 一類型이요, 白岳·貝葉이 一類型이어서 無葉은 孤立無緣의 것이니 貝葉의 誤일 것이 거의 분명하다.

白岳山·百牙崗이 모두 「배어따」 혹 「배어들」의 音意混譯으로 夫餘·平壤·負兒岳·浿河·沸流水 그리고 白山·太白山 등이 모두 「배어」 語根의 適用上의 變化인 것은 吾人이 曾說한 바 있거니와, 《三國遺事》에 「今白岳宮是」라고 한 것은 九月山에도 生生孳殖의 主神으로서 現代에서의 「三神」(胎神)에 대한 信仰에서처럼 古代仙道의 大靈場으로서 孕神의 宮으로서의 白岳宮 즉 배어 神宮이 있었던 것을 推斷케 한다. 新羅 炤智王 九年에 神宮을 柰乙에 두고, 柰乙은 「始祖初生之處也」라고 附記하였은 즉 柰乙은 「나을」 즉 生의 意요, 安城郡은 高句麗의 「柰兮忽」이니 「나잇골」이요, 新羅의 「白城」이니 「배엇골」로 「나어」와 「배어」가 交互使用되던 語詞上의 一例이다. 新羅에는 柰乙神宮이요, 高句麗系에 白岳神宮은 그 規模 社格의 優劣은 어찌하였든 각각 必有의 일이요, 貝葉寺의 先代에 白岳山 배어神宮은 이미 風流黃徒信仰의 根底로 되었을 것이다.

智異山 七佛事蹟은 지적한 바 있었고, 遼東城 育王塔에 따른 高句麗 聖王의 일, 新羅 訥祗王과 沙門 墨胡子의 일, 新羅 月城東의 迦葉佛宴坐石의 일 등등 前佛의 이야기를 전하는 자 없지 아니하나, 역시 모두 風流黃徒의 古神道의 遺跡을 말함은 아닐까? 僧은 曰 「중」이니 僧衆·徒衆 등 「衆」의 表音인 줄 여기는 者 적지 아니하나,

神敎僧徒의 殘骸인 「장님」이 「중」의 親近語요、「國人門帖處容之形 以辟邪進慶」(《三國遺事》)의 信仰의 對像으로 되던 新羅의 「處容」은 古神道의 偶像의 神體로서의 「제웅」 그것을 이름이니、次次雄과 處容、處容(제웅)과 지웅(중)은 一貫三珠의 古神道의 名詞일 것이며、新羅 炤智王 十年에 「射琴匣」의 劇的 事變에는 「內殿焚修僧」이 重要人物로 등장하였으니 法興崇佛보다 앞서기 九十五年에 벌써 內殿焚修의 僧이 있었은 즉 그는 崔孤雲 鸞郎碑에 說破한 「國有玄妙之道」의 古仙道의 僧官이었을 것이요、白岳神宮이 貝葉佛寺에 앞서서 白岳山의 千古靈場으로 되었을 것은 결코 架空臆斷의 說이 아니고、여기에서 檀佛合流의 片片의 史跡을 歷歷히 찾아낼 수 있는 것이다。

이날 月精寺에서 午餐、馬上에서 莊莊坪을 橫斷하여 安岳邑內에서 默庵 全君의 宅에서 一宿、歸京하다。

최종으로 牛山 柳氏의 詞藻 數篇을 붙여 九月山 文獻의 功勞에 酬하는 微衷을 표하려 한다。

白雲之峯
蔽桂之林
秋色深
上有石壁之嵾嵾
下有潭水之沈沈
王孫何處
淹留度光陰

그는 吟咏의 사이에 歸不歸의 王孫을 追慕하였다。이것을 다만 田園詩人的 一片의 感傷이라고 하기는 도리어

尊貴하다。

萬物之不吾棄兮
共此隣
何獨管領乎青山兮
吾不貧
春夏而紅綠者交映兮
可以怡吾神
秋多而零落者歸根兮
可以守吾眞

그의 澹如瑩澈한 胸海는 俗流에 멀리 벗어나는 尊敬할 賢士大夫이던 것이다。

編者註 이 紀行의 連載 第一~四回는 「長壽山遊記」라는 顯下에、連載 第五~一〇回는 「九月山登覽誌」로 각각 表示되어 있으나、前後 連結되는 內容이므로 여기서는 「九月山登覽誌」로 一括하였다。

民世安在鴻選集 5

安在鴻選集刊行委員會 編

1999년 12월 1일 초판인쇄/1999년 12월 3일 초판발행

發行者 金 京 熙

發行所 (株) 知識産業社

서울특별시 종로구 통의동 35-18

등록번호 1-363, 1969. 5. 8

전화 (734)1978 · 1958 (735)1216 팩스 (720)7900

값 25,000원

ISBN 89-423-1005-2 04910

ISBN 89-423-0001-4(전 5 권)